Partnerschaftszufriedenheit von Deutschen und türkischen Migranten

D1664217

Sabine Gründler

Partnerschaftszufriedenheit von Deutschen und türkischen Migranten

Der Einfluss soziologischer
und sozialpsychologischer
Determinanten auf Partnerschaften

 Springer VS

Sabine Gründler
Wiesbaden, Deutschland

Zgl. Dissertation an der Universität zu Köln, 2011

ISBN 978-3-531-19517-9   ISBN 978-3-531-19518-6 (eBook)
DOI 10.1007/978-3-531-19518-6

Die Deutsche Nationalbibliothek verzeichnet diese Publikation in der Deutschen National-
bibliografie; detaillierte bibliografische Daten sind im Internet über http://dnb.d-nb.de
abrufbar.

Springer VS

Gedruckt auf säurefreiem und chlorfrei gebleichtem Papier

Springer VS ist eine Marke von Springer DE. Springer DE ist Teil der Fachverlagsgruppe
Springer Science+Business Media
www.springer-vs.de

Danksagung

Diese Arbeit ist als Dissertation am Forschungsinstitut für Soziologie an der Universität zu Köln entstanden. Eine Promotion kann nur in einem hilfsbereiten und verständnisvollen Umfeld wachsen und gedeihen:

Zunächst danke ich meinem Doktorvater, Prof. Dr. Michael Wagner. Die konstruktiven Gespräche und fachlichen Anregungen haben zum Gelingen dieser Arbeit beigetragen. Ein großer Dank gilt auch Prof. Dr. Jürgen Friedrichs, meinem Zweitgutachter, der mich immer motiviert hat. Seine fachlichen Anregungen zu den türkischen Netzwerken und zu den migrationsrelevanten Bereichen haben diese Arbeit bereichert und neue Impulse gegeben.

Für die vielen konstruktiven Gespräche und kritischen Anregungen in den verschiedenen Arbeitsstadien möchte ich ganz ausdrücklich Dr. Imke Dunkake, Dr. Kim Lücking, Dr. Kirsten Heinsberg, Jennifer Klöckner M.A., Christine Gierse M.A., Dr. Ina Berninger und Dr. Bernd Weiß danken. Mein Dank gilt auch Arif Ünal, Leiter des Gesundheitszentrums für Migranten, Köln, für seine wertvollen fachlichen Impulse. Seine Erfahrungsberichte aus 15 Jahren psychotherapeutischer Betreuung von türkischen Migranten haben den Zahlen dieser Arbeit „Leben eingehaucht". Auch möchte ich Hanswerner Odendahl, Fachanwalt für Familienrecht, für seine juristische Beratung danken. Sein Wissen zum deutschen und türkischen Familienrecht hat geholfen, die Ergebnisse besser einordnen zu können.

Dankbar bin ich der Graduiertenförderung des Cusanuswerks, die mir die Möglichkeit gegeben hat, diese Arbeit zu verfassen. Bereichernd waren dabei auch die Bildungsveranstaltungen des Cusanuswerks, die Begegnungen mit Doktoranden aus anderen Fachbereichen und die Eröffnung interdisziplinärer Perspektiven. Dem Bundesinstitut für Bevölkerungsforschung danke ich für die Bereitstellung der GGS-Daten. Ebenfalls von unschätzbarem Wert war die Unterstützung des Forschungsinstitutes für Soziologie, darunter besonders: Barbara Harms, Martina Peters, Petra Altendorf und Joël Binckli. Danken möchte ich außerdem Aischa und Jamal Diabaté für ihre moralische Unterstützung.

Ganz besonders dankbar bin ich meinen Eltern, Hanne und Manfred Gründler, meiner Schwester Beate Gründler, sowie meiner Großmutter Maria Sistig und meinem Onkel Karl-Heinz Gründler, die mich beständig und liebevoll begleiten. Schließlich danke ich meinem Partner Houseine Diabaté für seine ermutigenden Worte, seine tatkräftige, unermüdliche Unterstützung, die hilfreichen Gespräche und für seine wohltuende Gelassenheit.

Sabine Gründler

Für Houseine und meine Familie

Inhaltsverzeichnis

Abbildungsverzeichnis

Tabellenverzeichnis

Abkürzungsverzeichnis

-	Hypothese falsifiziert
ρ	Korrelation nach Spearman
(-)	senkt
(+)	erhöht
*	Die Korrelation ist auf 10 %-igem Niveau (zweiseitig) signifikant.
**	Die Korrelation ist auf 5 %-igem Niveau (zweiseitig) signifikant.
***	Die Korrelation ist auf 1 %-igem Niveau (zweiseitig) signifikant
+	schwach signifikant (10 %-Niveau)
++	Hypothese vorläufig bestätigt (mind. 5 %-Niveau)
Abb.:	Abbildung
Anm. d. Verf.	Anmerkung der Verfasserin
AUF	Aufgabenteilungszufriedenheit
AV	abhängige Variable
BIB	Bundesinstitut für Bevölkerungsforschung
bzw.:	beziehungsweise
CAPI	Computer Assisted Personal Interview
CFA	Confirmatory Factor Analysis
CFI	Comparative Fit Index
D	Deutsche
DAS	Dyadic Adjustment Scale
df	Degrees of freedom
DFG	Deutsche Forschungsgemeinschaft

e.E.	entgegengesetzter Effekt
EFA	Exploratory Factor Analysis
EHE	Eheorientierung
f.:	folgende
ff.:	fortfolgende
FR	Faktorreliabilität
GGP	Generations and Gender Programme
GGS	Generations and Gender Survey
GGS-D	Stichprobe: deutsche Staatsbürger
GGS-G	Stichprobe gesamt
GGS-T	Stichprobe: türkische Staatsbürger
GGS-T1	Stichprobe: türkische Staatsbürger 1. Generation
GGS-T2	Stichprobe, türkische Staatsbürger 2. Generation
H	Gesamthypothese
h	Teilhypothese
HH	Haushalt
IR	Indikatorreliabilität
Kap.:	Kapitel
KH	Konflikthäufigkeit
KV	konstruktives Konfliktverhalten
LAT	Living Apart Together
LDI	Life Distress Inventory
LWMAT	Locke and Wallace Adjustement Test
M	Mittelwert
MAT	Marital Adjustment Test
Max.	Maximum
MdFS	Modell der Frame-Selektion

Min.	Minimum
mind.	mindestens
Mlm	Maximum-Likelihood-Methode
MLR	maximum likelihood estimation with robust standard errors
MSI	Marital Satisfaction Inventory
MV	Mediatorvariable
n	Fälle der Stichprobe
NEL	Nichteheliche Lebensgemeinschaft
ns	nicht signifikant
PAIRFAM	Panel Analysis of Intimate Relationships and Family Dynamics
PFB	Partnerschaftsfragebogen
PZ	Partnerschaftszufriedenheit
RAS	Relationship Assessment Scale
REL	Religiosität
RMSEA	Root Mean Square Error Of Approximation
r_{pb}	Punktbiseriale Korrelation
S.E.	Standard Error
SD	Standardabweichung
SE	Supressoreffekt
SEM	Structural Equation Modeling
SOZ	Sozialkapital
SPSS	Statistical Package for the Social Science (als Produktname)
ST	Paarstabilität
stand.	standardisiert
T	Türkische Migranten
Tab.:	Tabelle
TLI	Tucker-Lewis-index

UV	unabhängige Variable
v.	von
v.a.:	vor allem
vgl.:	vergleiche
vs.	versus
z. B.	zum Beispiel
z.T.	zum Teil
β	standardisierter Regressionskoeffizient
β_{ME}	Koeffizient für Mediatoreffekt (ME)
β_{SIM}	Summe der indirekten Effekte
β_{TE}	totaler Effekt

1 Einleitung: Liebe zwischen „Orient" und „Okzident"

Bereits vor etwa 100 Jahren thematisierte der deutsche Philosoph und Soziologe Georg Simmel die Qualität von Partnerschaften.

> „Was auch die Ehe sein mag, sie ist immer und überall mehr als der sexuelle Verkehr; so divergent die Richtungen sein mögen, nach denen die Ehe über diesen hinausgeht - daß sie über ihn hinausgeht, macht die Ehe erst zur Ehe" (Simmel: 1908).

Die Frage nach der Partnerschaftszufriedenheit ist bis heute ein populärer Forschungsgegenstand der Familiensoziologie und (familien-)politisch bedeutsam (Brandtstädter und Felser 2003: 7). Sie ist von gesellschaftlichem Interesse, bildet doch eine glückliche Partnerschaft ein wichtiges Fundament für die allgemeine Lebenszufriedenheit (z. B. Proulx et al. 2007, Bodenmann 2001: 85, Wolf 1987: 21) und für das psychische und physische Wohlbefinden[1] (z. B. Felser 2007: 447 ff.).

Umgekehrt ist eine niedrige Beziehungszufriedenheit mit einer hohen Konflikthäufigkeit (z. B. Weiß und Wagner 2010: 148) und mit einem erhöhten Trennungs- bzw. Scheidungsrisiko assoziiert (z. B. Arránz Becker 2008, Kersting und Grau 2003). Die Auflösung einer Partnerschaft kann schwerwiegende psychische, soziale und auch finanzielle Kosten verursachen (z. B. Peuckert 2008, Beelmann und Schmidt-Denter 2003). Simmel (1908) verweist hinsichtlich der Partnerschaftsqualität auf die Bedeutsamkeit der persönlichen Eigenschaften der Partner, die die Ausgestaltung der ehelichen Beziehung mitbestimmen.

Ergänzend dazu sind externe Bedingungen zu nennen, in denen die Ehe oder Lebensgemeinschaft „sozial" eingebettet ist. Diese Einbettung stellt Paare heutzutage vor verschiedene Herausforderungen. Vor allem in den westlichen Industrieländern sind in den vergangenen Jahrzehnten neue Voraussetzungen, Ansprüche und auch Bedürfnisse entstanden (Feldhaus und Huinink 2008: 15).

---

[1] *„Marital difficulties are the most common problem for which people seek psychological help, and their deleterious effects on physical and psychological well-being are reliably documented"* (Fincham und Bradbury 1987: 797).

Durch die gewachsenen individuellen Gestaltungsmöglichkeiten[2] und durch die
Abnahme sozialer Normierung (Schneider 1990: 458) wird die Paarbeziehung zu
einer immer instabileren Form des Zusammenlebens[3], wenngleich es immer noch
als erstrebenswert gilt, in einer funktionierenden und zufriedenstellenden Partnerschaft zu leben.

Die Abnahme partnerschaftlicher Stabilität wird häufig durch die Individua-
lisierungsthese erklärt (Stauder 2002: 41 ff.[4], Beck 1986: 161 ff.). Weitere Erklärungsansätze resultieren aus den sich verändernden gesellschaftlichen Rahmenbedingungen wie dem Abbau sozialer Sicherungssysteme oder veränderten Ar-
beitsmarktstrukturen, gesteigerter Mobilität und der zunehmenden ökonomischen
Unabhängigkeit der Partner voneinander durch eine steigende Frauenerwerbstätigkeit. Die Folgen für Partnerschaften sind vielschichtig. Mit dem Wandel vollzieht sich eine Loslösung der Institution Ehe von ihrer Versorgungs- und Absi-
cherungsfunktion. Darüber hinaus ist die gesteigerte Erwartungshaltung an Partnerschaften zu nennen, die in der Forschung auch als Emotionalisierungsthese[5]
bezeichnet wird (Nave-Herz 2004: 170 ff., Willi 2004: 7 ff.).

Hinzu kommen ökonomische Belastungen, die als „Verstärkereffekte" bei
bereits vorhandenen Spannungen fungieren können. Diese sozioökonomischen
Bedingungen nehmen Einfluss auf die partnerschaftliche Zufriedenheit. Denn es
ist zu vermuten, dass die sozialstrukturelle Positionierung eines Paares den Beteiligten gewisse Chancen aber auch Herausforderungen bietet, um ihr gemein-
sames Leben zu gestalten. Daher stellt sich die Frage: Kann eine sozialstrukturelle Benachteiligung die Partnerschaftszufriedenheit beeinträchtigen? Wenn dies
zutrifft, müssten ökonomisch Deprivierte häufiger in unglücklichen Partnerschaften leben.

Neben der ökonomischen Deprivation kann eine Migrationserfahrung eine
zusätzliche Belastung für Partnerschaften darstellen: Migration generiert eine
Reihe von erheblichen Veränderungen für die Partnerschaft. Die neue Lebenswelt im Aufnahmeland stellt eine große Herausforderung für die Flexibilität der

---

2   Überblick zu den theoretischen Erklärungsansätzen für den sozialen Wandel von Ehe, Familie
    und Partnerschaft bei Peuckert (2008: 326ff).
3   Beck und Beck-Gernsheim thematisieren das 1990 als „ganz normales Chaos der Liebe".
4   Der Autor erwähnt darüber hinaus u. a. den Strukturfunktionalismus oder auch die Anspruchs-
    steigerung, um die Instabilität von Partnerschaften zu erklären.
5   Nave-Herz (2004) konzeptualisiert die romantisierende Liebe sowie emotionale Motive für die
    Paarbildung und das partnerschaftliche Zusammenleben. Die Qualität einer Partnerschaft steht
    nach Nave-Herz im Zentrum, so dass der institutionelle Charakter der Ehe abgenommen hat. Ge-
    rade durch diesen emotionalen Anspruch wird die Partnerschaft instabiler, weil sie eine unsiche-
    re Basis für eine Beziehung darstellt. Denn mit zunehmender Beziehungsdauer vergrößert sich
    eine nüchternere Betrachtung des Partners, so dass auch die Toleranz gegenüber dessen Verhal-
    ten sinkt und mehr Konflikte entstehen.

Migrantenpaare[6] dar. Denn durch die Wanderung findet eine Reorganisation der *„ökonomischen, kognitiven, sozialen und zeitlichen Ressourcen"* (BMFSFJ 2000: 91) der Partner statt, die wiederum *„einen nachhaltigen Einfluss auf die Entscheidungsmacht und Aufgabenverteilung(...)"* haben (BMFSFJ 2000: 91). Des Weiteren bewirkt die Migration eine Veränderung des Erwerbslebens, z. B. den Eintritt von Frauen ins Berufsleben, aber auch die Möglichkeit der Bildung neuer sozialer Netzwerke (BMFSFJ 2000: 91).

Der Migrationsstatus wird in der Forschung überwiegend als Vulnerabilität und seltener als Ressource thematisiert (Koch und Arat 1998). Denn im Migrationskontext können sich besondere Ressourcen generieren lassen, über die die nicht gewanderte Bevölkerung eventuell nicht verfügt. Beispielsweise können enge intraethnische soziale Netzwerke verschiedene Vorteile bei der Jobsuche im intraethnischen Arbeitsmarkt bringen, andererseits aber auch den Integrationsprozess hemmen (Schnur 2008: 142).

Dem Migrationsstatus hat die deutsche Familien- und Partnerschaftsforschung im Gegensatz zu vielen anderen Faktoren bisher wenig Aufmerksamkeit geschenkt. Der Migrationshintergrund ist in diesem Kontext allzu oft nicht mehr als ein (möglicher) Indikator einer deprivierten sozialen Lage; die damit einhergehenden einstellungs- und verhaltensbezogenen Einflussgrößen haben, wenn überhaupt, vor allem in der Epidemiologie (Kotwal 2010, Richter und Hurrelmann 2009) oder in wenigen sozialwissenschaftlichen Studien (Wagner und Weiß 2010, Baykara-Krumme 2009, siehe Kapitel 3.4, S. 67) eine Berücksichtigung gefunden. Untersuchungen expliziter Annahmen über die Wirkungsweise des Migrationshintergrunds auf die Beziehungszufriedenheit, die die vielfältigen Aspekte partnerschaftlicher Lebenswelten berücksichtigen (z. B. Paarkonflikte, Religiosität, soziales Kapital etc.), stehen jedoch noch aus. Dies ist insofern verwunderlich, als dass Deutschland ein Einwanderungsland ist. Innerhalb der Migranten stellen die türkischen Zuwanderer[7] die größte Gruppe dar und sind seit nunmehr vier Jahrzehnten ein fester Bestandteil der Bevölkerung Deutsch-

---

6 Dies gilt vermutlich für alle Migranten, die aus den klassischen Anwerbeländern wie z. B. Italien, Griechenland etc. stammen.

7 Der in dieser Arbeit verwendete Begriff „türkische Migranten" bezieht sich aufgrund der besseren Lesbarkeit auf beide Geschlechter, wenn nicht ausdrücklich ein Geschlechterunterschied formuliert wird. Der Zusatz „türkisch" meint durchgehend die geographische und nationale Herkunft der Migranten. Dabei muss angemerkt werden, dass es unter den türkischen Migranten verschiedene ethnische und sprachliche Gruppen gibt wie z. B. Kurden, Tscherkessen oder Lasen, die in dieser Arbeit nicht getrennt voneinander betrachtet werden können. Es sei zudem darauf verwiesen, dass auf geschlechtsspezifische Wortdifferenzierungen aufgrund der Lesbarkeit verzichtet wird, d. h. beispielsweise der häufig verwendete Begriff „Partner" bezieht sich in dieser Arbeit auf beide Geschlechter, wenn nicht ausdrücklich die Rede von „Partner" und „Partnerin" ist. Gleiches gilt z. B. auch für die Begriffe „Migranten", „Türken" etc.

lands. Sie sind stark sozialstrukturell benachteiligt und weisen ein höheres Ar-
mutsrisiko (BMFSFJ 2000: 147) als die Mehrheitsgesellschaft auf. Darüber hinaus ist bislang weitestgehend ungeklärt, wie sich ein migrationsbedingter Wech-
sel auf die Partnerschaft von türkischen Zuwanderern auswirkt. Denn nicht nur
ökonomische, sondern auch kulturelle Aspekte beeinflussen die Möglichkeiten
von Paaren, sich den gegebenen Bedingungen der Aufnahmekultur durch eine
Modifikation ihrer „innerfamiliären Interaktionsstruktur" (BMFSFJ 2000: 91)
anzupassen.

Gibt es etwa kulturspezifische Protektivfaktoren für eine glückliche Partnerschaft? Oder funktionieren im Vergleich Partnerschaften von Migranten anders
oder gar besser als deutsche?

Noch seltener wird der Frage nachgegangen, ob es zwischen dem Migrationshintergrund und der Paarzufriedenheit vermittelnde, also indirekte Mechanismen gibt, die zwischen Deutschen und türkischen Migranten divergieren. Dies
erscheint jedoch bedeutsam, da sich verschiedene vermittelnde Faktoren (Mediatoren) zwischen Sozialstruktur und Partnerschaftszufriedenheit herausgestellt
haben (vgl. Arránz Becker 2008[8]). Bedeutsame zwischengeschaltete Einflussgrößen sind demnach z. B. die Religiosität oder auch die Geschlechterrollenorientierung. In diesen Aspekten unterscheiden sich türkische Migranten erheblich
von den Deutschen: Von den 2,8 Millionen Personen mit türkischem Migrationshintergrund, von denen die Hälfte in Deutschland geboren ist (Woellert et al.
2009: 18), bekennt sich die Mehrheit (etwa 2,5 Millionen[9]) zum muslimischen
Glauben und weist ein deutlich höheres Ausmaß an Religiosität auf (Thielmann
2008: 15). Diehl et al. (2009) verweisen in diesem Kontext auch auf eine hohe
Traditionalität[10] hinsichtlich geschlechtsbezogener Einstellungen bei türkischen
Migranten in Deutschland (Steinbach 2009: 93). Diese Divergenzen lassen auf
eine gewisse kulturelle Distanz zu den Deutschen schließen (Haug et al. 2009,
Wuermeling 2007[11]). Es gilt daher unter Berücksichtigung sozialstruktureller
Faktoren und verschiedener Werteinstellungs- und Verhaltenskomponenten nä-

---

8   Arránz Becker (2008: 301) kritisiert in diesem Zusammenhang zu Recht, dass über Replikatio-
    nen bisheriger Befunde zur Erklärung von Beziehungsqualität und -stabilität hinausgehend vor
    allem die vermittelnden Prozesse viel stärker fokussiert werden sollen.
9   Eine exakte Benennung der Zahl von Muslimen in Deutschland ist nicht möglich, da die islami-
    sche Religionszugehörigkeit im Gegensatz zur christlichen nicht zentral erfasst wird. Die Daten
    basieren auf Hochrechnungen (vgl. Religionsmonitor 2008).
10 Dies deckt sich mit den Befunden über die Türkei (Klaus 2008), in der ein hohes Ausmaß an
    Traditionalität in Ehen beschrieben wird.
11 Die Autorin versucht zu erklären, ob die Türkei zur EU und die EU zu Europa passen. Dazu
    verwendet sie die Europäische Wertestudie (2000), um die EU-Grundprinzipien Religionsfrei-
    heit, Demokratie, Gleichberechtigung und Rechtsstaatlichkeit zu messen. Obwohl es innerhalb
    der europäischen Länder erhebliche Unterschiede hinsichtlich der Einstellungen festgestellt wer-
    den, nimmt die Türkei eine klare Randstellung in diesem Ländervergleich ein.

her zu ergründen, wie sich die Partnerschaftszufriedenheit von türkischen Migranten und Deutschen erklären lässt.

Die dargestellten Defizite verdeutlichen, dass die Forschungslücke in der deutschen Familiensoziologie und Migrationsforschung[12] beachtlich ist: Jenseits der derzeitigen häufig vorgenommenen stereotypen Verortung von deutschen und türkischen Partnerschaften *„auf der Achse traditionell/rückständig versus modern/partnerschaftlich"* (Schröttle 2007: 146) existieren sehr wenige sozialwissenschaftlich abgesicherte und repräsentative Befunde über das partnerschaftliche Innenleben der Personen mit türkischem Migrationshintergrund in der Bundesrepublik. Daher wird in dieser Arbeit versucht, diese Forschungslücke ein Stück weit zu schließen.

1.1 Zielsetzung

Zunächst steht zur Disposition, wie zufrieden Deutsche und türkische Staatsbürger[13], die in der Bundesrepublik leben, mit ihren Partnerschaften sind. Zur Erklärung der Partnerschaftszufriedenheit werden drei Teilziele verfolgt.

Ein erstes Ziel (*Teilziel A*) besteht darin, zu klären, ob der Migrationshintergrund unter Berücksichtigung der sozialstrukturellen Merkmale eine eigenständige Erklärungskraft für die Paarzufriedenheit behält. Oder ob durch die Kontrolle der sozialen Lage sowie verschiedener Deprivationsindikatoren seine Bedeutung nivelliert wird. Selbst wenn der Migrationshintergrund seine Wirkung verliert, würde das jedoch nicht heißen, dass nicht dennoch bedeutsame Unterschiede zwischen Deutschen und türkischen Migranten bestehen. Diese müssten jedoch dann primär als sozial- und familienstrukturelle Effekte (nicht herkunftsbedingt) interpretiert werden. Dadurch kann jedoch nicht geklärt werden, wie die Wirkungsmechanismen zur Erklärung von Partnerschaftszufriedenheit bei Deutschen und türkischen Migranten funktionieren.

Daher ist es das zweite Ziel (*Teilziel B*) dieser Arbeit, zu untersuchen, wie diese Mechanismen funktionieren und ob sie sich voneinander unterscheiden. Dabei ist es notwendig, um Schichteffekte[14] möglichst auszuschließen, den Ein-

---

12 Aktuelle Perspektiven und Entwicklungen in der Migrationsforschung bei Kalter (2008).

13 Türkische Migranten sind in dieser Arbeit Personen mit türkischer Staatsangehörigkeit, die in Deutschland leben. Deutsche sind Personen mit deutschem Pass. Eine genaue und umfassende Definition der untersuchten Personengruppe findet sich in Kapitel 1.3. Weitere Erläuterungen zur Fallselektion erfolgen im empirischen Teil (siehe Kapitel 6.2, S. 145).

14 Es ist nicht das Ziel dieser Arbeit, eine den Türken sozialstrukturell gleichende deutsche Stichprobe auszuwählen und diese den Zuwanderern gegenüberzustellen, sondern grundsätzlich von der Unterschiedlichkeit der beiden Gruppen hinsichtlich der Bildungs- und Einkommensressour-

fluss der ökonomischen Deprivation (prekäre Einkommenssituation) auf die partnerschaftliche Zufriedenheit zu untersuchen. Da türkische Migranten häufiger ökonomisch depriviert sind und Forschungsbefunde allgemein einen negativen Einfluss (Spillover-Effekt) auf die Beziehungsqualität belegen (siehe Kapitel 3.1, S. 47), wird angenommen, dass die Wirkung der sozialen Lage auf die Partnerschaftszufriedenheit durch verschiedene Faktoren (Mediatorvariablen) vermittelt wird wie z. B. durch Paarkonflikte (Wagner und Weiß 2010). Zudem könnten neben den sozial- und familienstrukturellen Unterschieden kulturelle Besonderheiten in der Bewertung der partnerschaftlichen Zufriedenheit existieren: Deutsche und türkische Migranten unterscheiden sich eventuell hinsichtlich des Konfliktmanagements (Sadri und Rahmatian 2003), der Religiosität (Diehl und Koenig 2009), Wert- und Geschlechtsrollenorientierung (Wagner und Weiß 2010: 171) oder der sozialen Netzwerkstrukturen (Blasius et al. 2008). Denn die Wirkung der sozialstrukturellen Merkmale auf die Beziehungsqualität kann nur dann erschöpfend analysiert werden, wenn die verhaltens- und einstellungsbezogenen Mediatoren[15] Beachtung finden (Arránz Becker 2008: 301). Dabei erscheint es aufgrund der bisherigen Forschungslage sinnvoll, über den soziologischen Erklärungsrahmen hinausgehend eine (sozial-)psychologische Perspektive hinzuzuziehen und beispielsweise das partnerschaftliche Konfliktverhalten zu berücksichtigen. Auf diese Weise lassen sich theoretische und empirische Erkenntnisse beider Disziplinen synergetisch zu einem interdisziplinären Instrumentarium zusammenführen, um die Wirkungsmechanismen der Sozialstruktur und des türkischen Migrationshintergrunds auf die Beziehungsqualität besser entschlüsseln zu können. Es werden Gemeinsamkeiten und Unterschiede der Partnerschaftszufriedenheit komparativ zwischen deutschen und türkischen Partnerschaften quantifiziert sowie erklärende Faktoren der eventuellen Ungleichheit bezüglich der Partnerschaftszufriedenheit der beiden Gruppen anhand komplexer Modelle durch Strukturgleichungsmodelle näher untersucht. Darüber hinaus soll geklärt werden, inwieweit die Migration als *„mikrosozialer Beschleunigungsfaktor für die Modernisierung der Familie* (Anm. d. Verf.: Partnerschaft)" (Nauck 1985: 450) betrachtet werden kann. Denn es erscheint plausibel, dass neben den bekannten Bedingungsfaktoren zum Beispiel auch das Assimilationsniveau (z. B. Kenntnisse der deutschen Sprache) einen zusätzlichen Erklärungsmechanismus für partnerschaftliche Prozesse (Baykara-Krumme 2009: 74) und für die Partnerschaftszufriedenheit darstellt.

---

cen auszugehen. Denn diese unterschiedliche Positionierung im gesellschaftlichen System ist eine soziale Tatsache.

15 *„Eine Mediatorvariable, auch intervenierende oder Prozessvariable genannt, ist eine quantitative Variable, die den Einfluss der unabhängigen Variablen auf die abhängige Variable vermittelt"* (Ledermann und Bodenmann 2006: 30).

Zusätzlich soll in einem Exkurs geklärt werden (*Teilziel C*), ob die Generations-zugehörigkeit[16] einen Einfluss auf die Paarbeziehung hat und ob die zweite Generation der türkischen Migranten den Deutschen ähnlicher ist als die erste. Denn in der Migrationsforschung wird häufig angenommen, dass die zweite Generation von Einwanderern ein höheres Assimiliationsniveau aufweist als die der erste (z. B. Nauck 2001: 465). Dabei soll untersucht werden, wie stabil sich z. B. Werteinstellungen wie Religiosität oder Traditionalität der Geschlechterrollen über den Generationenverlauf halten. Von beispielsweise diesen Aspekten wird angenommen, dass sie partnerschaftliche Prozesse als intervenierende Größen beeinflussen. Dadurch soll insgesamt untersucht werden, ob die Wirkungsmechanismen zur Erklärung von Partnerschaftszufriedenheit sich intergenerativ innerhalb der türkischen Migranten unterscheiden und die zweite Generation der deutschen Mehrheitsgesellschaft ähnelt.

Insgesamt können auf diese Weise sowohl mögliche Übereinstimmungen als auch Differenzen zwischen den Untersuchungsgruppen beleuchtet und dadurch zusätzlich Rückschlüsse gezogen werden, inwieweit Befunde zur Partnerschaftszufriedenheit in Deutschland generalisierbar sind für die türkische Migrantenpopulation. Die Frage nach den sozialstrukturellen Einflussfaktoren und den individuellen Voraussetzungen für Paarzufriedenheit bei Deutschen und türkischen Zuwanderern (z. B. durch partnerschaftliches Konfliktmanagement, soziales Kapital etc.) kann daher als interessante Forschungsfrage betrachtet werden.

1.2 Untersuchungsaufbau

Untersuchungsgegenstand der Arbeit ist die Partnerschaftszufriedenheit der Deutschen und türkischen Migranten in der Bundesrepublik Deutschland. Die Analyse gliedert sich in drei Teilziele A, B und C, die zur Untersuchung der zentralen Forschungsfragen dienen.

Teilziel A thematisiert die Stärke des Migrationshintergrundes und Teilziel B die mögliche Divergenz der Mechanismen zur Erklärung von Partnerschaftszufriedenheit. Teilziel C erfolgt in Form eines Exkurses und geht der Frage nach, ob es einen Angleichungseffekt der Türken der zweiten Generation an die Deutschen gibt. Diese drei Teilziele finden sich im Untersuchungsaufbau wieder (Abbildung 1).

---

16 Denn es ist zu vermuten, dass sich die zweite Generation der türkischen Migranten von der ersten Zuwanderungsgeneration unterscheidet und hier Angleichungs- bzw. Annäherungseffekte an die deutsche Aufnahmegesellschaft zu beobachten sind.

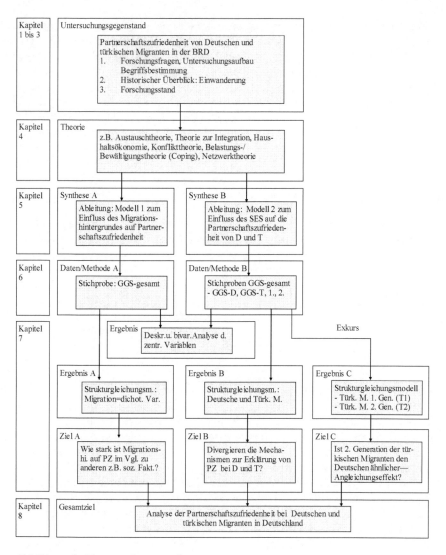

Abbildung 1: Untersuchungsaufbau

PZ = Partnerschaftszufriedenheit, D = Deutsche, T = Türkische Migranten,
T1 = Türkische Migranten der ersten Generation, T2 = Türkische Migranten der zweiten Generation.
SES = Sozioökonomischer Status, GGS = Generations and Gender Survey (Datenbasis)
Quelle: Eigene Darstellung.

Die Arbeit gliedert sich insgesamt in acht Kapitel: Im nachfolgenden Abschnitt 1.3 erfolgt zunächst eine Begriffsbestimmung. Danach wird in Kapitel **2** ein Überblick über die Geschichte der Einwanderung der türkischen Migranten nach Deutschland dargestellt, um die sozialen und politischen Bedingungen des Einwanderungsprozesses historisch zu beleuchten.

Im Anschluss daran werden aktuelle Befunde zur Erklärung von Partnerschaftszufriedenheit vorgestellt (Kapitel 3). Dabei wird eine Unterscheidung in nationale und internationale Studien vorgenommen. Dies ist zentral, um den bisherigen Forschungsstand zu erfassen, Desiderata aufzudecken, darauf aufbauend die vorliegende Arbeit abzugrenzen und zu konzipieren. In Kapitel 4 werden ausgewählte theoretische Konzepte aus soziologischer und (sozial-) psychologischer Literatur zur Erklärung von Partnerschaftszufriedenheit dargestellt, um ein theoretisch fundiertes Leitmodell entwickeln zu können. Die theoretischen Grundlagen werden im anschließenden Kapitel (Kapitel 5) synthetisch in zwei Forschungsmodellen (mit jeweils eigenen Hypothesen) miteinander verknüpft, die zur Untersuchung der Forschungsfragen abgeleitet werden. Zu Beginn des empirischen Teils wird zunächst die Datengrundlage dargestellt. Es folgt eine Beschreibung der verschiedenen Stichproben und die Operationalisierung der zentralen Konzepte. In Kapitel 7 folgen Ergebnisse der Analysen, darunter deskriptive Auswertungen.

Diese werden zunächst kurz für die Gesamtstichprobe, danach ausführlich sowohl für die Stichproben der Deutschen als auch für die türkischen Migranten vorgenommen.Im Anschluss erfolgt die bivariate Überprüfung der Zusammenhänge zwischen den zentralen Variablen und der Partnerschaftszufriedenheit. Danach werden die Hypothesen der beiden theoretischen Modelle (Teilziel A und B) multivariat untersucht. Schließlich wird in Form eines Exkurses der Untersuchung von Teilziel C nachgegangen. Dabei wird innerhalb der türkischen Befragten das zweite Forschungsmodell für die erste und zweite Generation getestet. Ferner erfolgt in einem Gruppenvergleich die Gegenüberstellung der zentralen Mechanismen zur Erklärung von Partnerschaftszufriedenheit. Dem folgt eine Zusammenfassung und Diskussion der Ergebnisse. Abschließend gibt Kapitel 8 einen Ausblick zu ausstehenden Erklärungen von Partnerschaftszufriedenheit.

1.3 Begriffsbestimmung

Es werden verschiedene Begriffe in dieser Arbeit verwendet, die einer näheren Erläuterung bedürfen. Nachfolgend werden die Definitionen von *Partnerschaft*, *Partnerschaftszufriedenheit* und *Migration* dargestellt.

Partnerschaft

In der Familiensoziologie werden unterschiedliche Begriffe verwendet, um die verschiedenen partnerschaftlichen Lebensformen zu beschreiben: Begriffe wie Partnerschaft, Paar, (familiale Zweier-)-Beziehung oder nichteheliche Lebensgemeinschaft (NEL[17]) haben sich etabliert, überlappen sich inhaltlich größtenteils, sind jedoch hinsichtlich des rechtlichen Status (Ehe vs. NEL) voneinander abzugrenzen. Im Theorieteil werden die genannten Begriffe synonym verwendet und beschreiben im Kontext dieser Arbeit ausschließlich exklusive, intime und heterosexuelle[18] Zweierbeziehungen innerhalb eines Haushaltes. Paare, die nicht (überwiegend, als Lebensmittelpunkt) einen gemeinsamen Haushalt teilen (LAT-Partnerschaften[19]), werden in dieser Arbeit nicht berücksichtigt. Denn die Befunde von Noyon und Kock (2006: 27) zeigen, dass sie sich von den Paaren mit gemeinsamem Haushalt deutlich im Hinblick auf die Bewertung ihrer Beziehungszufriedenheit unterscheiden. Der Begriff der Ehe wird nur dann benutzt, wenn Inhalte aus weiteren Untersuchungen und Theorien ausdrücklich Bezug auf Ehepaare nehmen. Im Allgemeinen lassen sich jedoch viele Paar-Theorien, die auf Untersuchungsergebnissen von Ehepaaren basieren, auch auf bestimmte Aspekte bzw. teilweise vollständig auf eheähnliche Partnerschaften übertragen (Levin 2004: 223).

---

17 Nave-Herz (2004: 103 ff.) diskutiert die nichteheliche Lebensgemeinschaft (NEL) als ein funktionales Äquivalent der Ehe. Analysen zu nichtehelichen Lebensgemeinschaften u. a. bei Klein und Lauterbach (1999).

18 Auch die Analyse der Zufriedenheit in homosexuellen Partnerschaften ist im Kontext der zentralen Fragestellung als interessant zu erachten. Eine wichtige Frage wäre z. B., ob sich in der Empirie Unterschiede zu einer heterosexuellen Vergleichsgruppe ergeben würden. Jedoch müssten dann weitere Theorien hinzugezogen werden, die von der zentralen Frage dieser Arbeit zu weit weg führen.

19 *„Living apart together"* (LAT) steht für eine eigenständige Familienform, bei denen die Partner in getrennten Haushalten leben (Überblick bei Levin 2004 und Asendorpf 2008).

Partnerschaftszufriedenheit

Zahlreiche Einflussgrößen beeinflussen die Qualität von Partnerschaften und verdeutlichen die Komplexität und Mehrdimensionalität dieses Konstrukts, das nach Bender (2003: 406) in verschiedene Aspekte gegliedert werden kann:

- Individuelle Merkmale der Partner (z. B. Biographie, sozialstrukturelle Faktoren)
- Übereinstimmungen in Partnermerkmalen (z. B. Homogamie in Bildung, physische Attraktivität)
- Gemeinsame Ziel- und Wertpräferenzen (z. B. Übereinstimmung von Bedürfnissen, Lebensstilen, gemeinsame Erwartungshaltungen an die Partnerschaft)
- Merkmale der Interaktion in der Partnerschaft (z. B. dysfunktionale Bewältigungsstile)

Oft ist im Kontext der Beziehungsqualität die Rede von einer „guten" Partnerschaft. Dahinter steckt die subjektive Bewertung der Qualität einer Beziehung (Karney und Bradbury 1995), die verschiedene Dimensionen besitzt und durch unterschiedliche Indikatoren gemessen werden kann. Glenn (1990) thematisiert zwei Forschungsrichtungen, die der „individual feelings", in der die Zufriedenheit als emotionale Komponente untersucht wird und von „adjustment", das vor allem die funktionalen Aspekte der Partnerschaft betrifft wie die Interaktion (Backmund 1993: 35, Sabatelli 1988). Bei den beschriebenen Konzepten gibt es Überschneidungen (Fincham und Bradbury 1987: 798 ff.), denn das „Funktionieren" hängt eng mit der subjektiven Beziehungsbewertung zusammen. Aufgrund der Interdependenz von partnerschaftlicher Interaktion und Qualitätsbewertungen von Beziehungen empfiehlt sich eine Abgrenzung (Lewis und Spanier 1979). Daher werden in dieser Arbeit einerseits die Partnerschaftszufriedenheit als individuelles subjektives Gefühl und andererseits deren funktionaler Aspekt wie die partnerschaftliche Konfliktinteraktion getrennt voneinander konzeptualisiert und gemessen. Ferner spielen bei der Bewertung der eigenen Zufriedenheit austauschtheoretische Aspekte eine wichtige Rolle, bei der die Partnerschaft nach Kosten und Nutzen bewertet wird, zum Beispiel hinsichtlich der Bedürfnisbefriedigung (Grau und Bierhoff 2003: 50), die die Zufriedenheit bedingt und damit die Qualität sowie den Fortbestand einer Partnerschaft (Banse 2003: 20, Hendrick et al. 1998: 138). Gleichermaßen muss jedoch kritisch angemerkt werden, dass unklar ist, ob die Bewertung von Interaktionen in Partnerschaften fortlaufend einer Kosten-Nutzen-Abwägung unterzogen wird. Vielmehr ist auch denkbar, dass besondere, die Partnerschaft direkt betreffende Ereignisse unter einer Kosten-Nutzen-Bilanzierung gesehen werden. Beziehungszufriedenheit lässt sich zudem auf unterschiedlichen personalen und zeitlichen Ebenen verorten:

- *personal:* Beziehungszufriedenheit wird auf einer subjektiven Dimension durch ein Individuum bewertet. Des Weiteren kann sie durch eine individuelle Bewertung des Partners „objektiviert" werden, d. h. Beziehungszufriedenheit wird auf der partnerschaftlichen Ebene in Bezug zueinander gestellt. Demnach könnte von einer „guten" Partnerschaft gesprochen werden, wenn beide Partner zufrieden sind.[20]
- *zeitlich:* Beziehungszufriedenheit kann einerseits als alltägliche Momentaufnahme ermittelt werden und andererseits als generelle Gesamtzufriedenheit.

Dieser Differenzierung folgend, wird in dieser Arbeit die individuelle subjektive Partnerschaftszufriedenheit *eines Partners* als generelle Gesamtzufriedenheit mit der Beziehung zum (Ehe-) Partner fokussiert.

Migrationshintergrund

Migration bedeutet „*den Ortswechsel eines einzelnen oder einer Gruppe aus einem Land in ein anderes (...)*"[21], wobei das Ziel in der bleibenden Niederlassung von einzelnen oder von ganzen Gruppen besteht" (Tufan 1998: 38). In dieser Arbeit stehen türkische Staatsbürger, die eingewandert sind und längerfristig oder dauerhaft in Deutschland leben, im Mittelpunkt. Sie werden als türkische Migranten oder Menschen mit türkischem Migrationshintergrund bezeichnet. Seit 2005 erheben das Statistische Bundesamt und die Statistischen Landesämter auch Daten zu Personen mit Migrationshintergrund (Bundesgesetzblatt 2010). Dabei werden folgende Personengruppen als „Menschen mit Migrationshintergrund" bezeichnet: zugewanderte Ausländer, in Deutschland geborene Ausländer, eingebürgerte Ausländer, Spätaussiedler und Kinder mit zumindest einem Elternteil, der eines der genannten Merkmale erfüllt. Um Wiederholungen zu vermeiden, werden die Begriffe „Zuwanderer", „türkische Migranten", „Türken", „Türkische Staatsbürger" und „Personen mit türkischem Migrationshintergrund" synonym verwendet. Diese Begriffe beziehen sich im Kontext dieser Arbeit auf Personen, die nicht über die deutsche, sondern ausschließlich über die

---

20 Diese dyadische Sicht ist bislang erst selten berücksichtigt worden (vgl. z. B. Wagner und Weiß 2008, Kopp 1997).
21 Binnenwanderung wird in dieser Arbeit nicht thematisiert.

türkische Staatsangehörigkeit verfügen (vgl. Haug 2010: 12) und in Deutschland gemeldet sind. Des Weiteren werden in der Arbeit die Begriffe „Integration" und „Assimilation" verwendet: In der ursprünglichen Begriffsbestimmung wird die Assimilation als Aufgabe der eigenen Kultur und das Aufgehen in der anderen Kultur betrachtet. Assimilation wird nach Nauck et al. (1997) wahrscheinlicher, z. B. je niedriger das Einreisealter, je höher das Bildungsniveau[22] und je besser die Sprachkenntnisse sind. Die Integration hingegen meint die Beibehaltung der eigenen Kultur bei gleichzeitigen Kontakten mit der Aufnahmegesellschaft (Nauck et al. 1997: 481). Esser (2000: 287) modifizierte diese Typologie und nennt die Partizipation an Aufnahme- und Herkunftskultur die „multiple Inklusion".[23] Integration wird demnach als der „Zusammenhalt von Teilen" zu einem kompletten System betrachtet, bei dem jeder einzelne Teil als „„integraler, also nicht wegzudenkender Bestandteil des Ganzen" zu verstehen ist (Esser 2000: 261 ff.).

---

22 *„Durch Bildung werden erheblich die gesellschaftlichen Teilhabechancen in der modernen Wissensgesellschaft beeinflusst. Auswertungen aus dem Mikrozensus verdeutlichen, dass in Deutschland lebende Personen mit Migrationshintergrund hinsichtlich des Schulbildungsniveaus über deutlich schlechtere Voraussetzungen verfügen als Personen ohne Migrationshintergrund"* (Haug et al. 2009: 209).

23 Einen Überblick über die verschiedenen Theorien geben Bednarz-Braun und Heß-Meining (2004).

2 Einwanderung türkischer Migranten nach Deutschland

Wanderungsprozesse sind vielfältig, komplex und aus unterschiedlicher Perspektive beobachtbar: „die Wanderung betrifft nicht nur die wandernden Menschen, sondern auch die Gesellschaften bzw. Regionen, zwischen denen diese Menschen sich bewegen" (Treibel 1990: 17). Daher sind Wanderungsprozesse soziologisch bedeutsam, sie haben verschiedene individuelle und gesellschaftliche Folgen. In diesem Kapitel werden die Phasen der Einwanderung türkischer Migranten nach Deutschland dargestellt. Ausgehend von einer Ursachenbeschreibung für die Anwerbung der „Gastarbeiter" und der Darstellung der Wanderungsmotive folgt die Migrationsgeschichte in drei Phasen, die sich zeitlich überlappen. Aus den Zyklen wird ersichtlich, wie aus den Gastarbeitern ausländische Arbeitnehmer wurden, die sich auf ein dauerhaftes Leben in der Bundesrepublik einrichteten.

Ursachen für die Anwerbung von „Gastarbeitern"

Es gab verschiedene Gründe für die Bundesrepublik (Hunn 2005: 33 ff.), aus dem Ausland Arbeitskräfte anzuwerben: Die enorme Arbeitsmarktexpansion in Deutschland wurde u. a. durch den verstärkten Außenhandel befördert. Damit einher ging das sogenannte deutsche „Wirtschaftswunder", das für eine massive Nachfrage an Arbeitern sorgte. Jedoch war es wohl zu Beginn weniger das Aufblühen der Wirtschaft, sondern vielmehr der Ausgleich des *„abnehmende[n] Interesse[s] der einheimischen Arbeitskräfte an bestimmten Beschäftigungsbereichen"* (Meyer 2002: 71). Weitere Ursachen benennt *Şen (2002)*: Die nachrückende geburtenschwache Kriegsgeneration und der Mauerbau 1961 führten dazu, dass der Arbeitskräftemangel immer größer wurde. Das wirtschaftliche Wachstum war gefährdet, da immer weniger Arbeitskräfte aus dem Osten kamen. Auch aus der Sicht der Türkei war die Aussendung von Arbeitskräften wirtschaftlich motiviert, da dort die Arbeitslosigkeit anstieg (Tufan 1998: 39)

Das Land wollte zudem Devisen ins Land bringen und „*später durch das Know-*
How der qualifizierten Rückkehrer die wirtschaftliche Modernisierung fördern"
(Jamin 1998: 69[24]). Aus Sicht der Bundesrepublik sollte die Beschäftigung von
Ausländern nur eine temporäre Erscheinung sein. Sowohl die Angeworbenen als
auch die Unternehmen vertraten die Ansicht, dass sie sich eine gewisse Zeit im
Land aufhalten würden, um genügend Kapital anzusparen und dann damit wieder
in die Türkei zurückkehren (Treibel 1990: 42). Die Anfänge der Anwerbung
basierten daher auf einem Rotationsprinzip, bei dem keine nachhaltige oder lang-
fristige Perspektive für die ausländischen Kräfte geplant war. Vielmehr wurde
eine modernisierte Form der Saisonarbeit favorisiert, bei dem jeweils kurzfristig
nach Bedarf neue Arbeitskräfte angeworben würden. Die Nachfrage nach Arbeitskräften in der Industrie wuchs aber derart, dass das Rotationsprinzip längerfristig nicht funktionierte. Zwischen 1961 und 1976 kehrte nur ein Drittel der
türkischen Migranten in ihre Heimat zurück (Arslan 2009: 24 ff.).

Einreisegründe

Die Mehrheit der heute in Deutschland lebenden türkischen Migranten wanderte
für eine Arbeitsaufnahme in Deutschland ein (Arslan 2009: 22 ff.). Nur ein
Bruchteil immigrierte wegen einer Ausbildung, etwas über 30 % wegen des
Familiennachzugs (Münz et al. 1999). Bei den Türkinnen dominierte hingegen
das Motiv des Familiennachzugs (über 80 %), lediglich etwa 10 % kamen aus
Gründen der Arbeitsaufnahme oder Ausbildung. In den sechziger Jahren war
jeder fünfte türkische Immigrant eine Frau. Bis 1965 waren 15.000 Türkinnen
angereist, davon waren bei Weitem nicht alle mit ihrem Partner migriert (Treibel
2008). Bei einer in Berlin durchgeführten Untersuchung von türkischen Migrantinnen (Acet 2008: 9) waren 44 % der befragten Frauen vor ihren Ehemännern
bereits in die Bundesrepublik eingewandert[25], da die Nachfrage nach ungelernten
Arbeitskräften sehr groß war, dass auch weibliche Arbeitskräfte eingestellt wurden.
          Wenngleich die Wanderungsmotive und auch die jeweiligen Hintergründe
sich ähneln, ist die Gruppe der türkischen Migranten keineswegs generalisierbar.
Armut ist ein Faktor, dennoch es gibt noch andere Wanderungsmotive, die die
Migration begünstigen (Hunn 2005: 71 ff.). Es ist die Chance für eine bessere
Zukunft, eine höhere Bildung und mehr Einkommen, die Realisierung von Aben-
teuerlust oder die Flucht aus repressiven bis hin zu lebensbedrohlichen Bedin-

---

24 Einen detaillierten historischen Überblick zu den Hintergründen des deutsch-türkischen Anwer-
    beabkommens von 1961 und 1964 bietet Jamin (1998: 69-84).
25 Überblick zur Organisation und Durchführung des Anwerbeverfahrens bei Hunn (2005: 79 ff.).

gungen (Jamin 1998: 208 ff.). Welche Motive auch treibende Kraft waren, fest steht, dass eine Vielzahl der damals eingereisten türkischen Arbeiter in Deutschland blieb. Deutlich werden die einzelnen Zyklen der dauerhaften Niederlassung türkischer Migranten im historischen Überblick nach Korte und Schmidt (1983: 15). Sie teilen den Einwanderungsprozess in drei Phasen ein, die sich im Wesentlichen an den politischen Maßnahmen und konjunkturellen Entwicklungen orientieren:

Phase 1: 1. Wanderungswelle – Der „Gastarbeiter" wird erfunden (1961-1976)

Im Jahr 1961 wurde die „Vereinbarung zwischen der Regierung der Bundesrepublik Deutschland und der Republik Türkei" zur Regelung der Vermittlung türkischer Arbeitnehmer unterschrieben (Eryilmaz et al. 2000). In der Bundesrepublik Deutschland war zu dem damaligen Zeitpunkt eine Vielzahl von Arbeitsstellen offen, für die gezielt Arbeitskräfte angeworben wurden (Hunn 2005: 79).[26] Zu Beginn der Anwerbung wurden in Deutschland Arbeitskräfte ohne Familienanschluss gesucht. Das bedeutet „Gastarbeiter" [27], die nach wenigen Jahren wieder in ihre Familien zurückkehren sollten. Das Ziel vieler war es damals, in ein paar Jahren durch intensives Arbeiten genügend Geld zu erwirtschaften, um sich selbst und ihren Angehörigen eine Existenz in der Türkei sichern zu können. Zwischen 1961 und 1973 kamen vor allem die qualifizierten Arbeitskräfte[28]. Es waren also nicht nur anatolische Landarbeiter und -wirte[29], die ohne jegliche Vorbildung oder Qualifikation in die Fabriken gingen. Zum Teil kamen auch einige aus den türkischen Großstädten, beispielsweise aus Istanbul.[30] Demnach unterschied sich auch das Niveau der Qualifikation, das nicht durchgängig niedrig war (Hunn 2005: 71, 72). In dieser Phase der Beschäftigung wird bereits deutlich, dass das Prinzip der Rotation nicht funktionieren konnte. Die türki-

---

26 *„Von 1961 bis 1973 wurden über die Verbindungsstelle [Anm. S. G.: Deutsche Verbindungsstelle in Istanbul] und die von 1963 bis 1967 bestehende Außenstelle in Ankara rund 640000 Türkinnen und Türken angeworben, was ungefähr 70 % aller in diesem Zeitraum auf legalem Wege in die Bundesrepublik eingereisten türkischen Arbeitskräfte entsprach"* (Hunn 2005: 79).

27 Der Begriff „Gastarbeiter" wird für solche ausländischen Arbeitskräfte verwendet, die von der bundesdeutschen Wirtschaft angeworben worden sind. Es handelt sich demnach um einen historischen Begri ff.

28 *„Eine Aufschlüsselung der Arbeitsmigranten, die die Türkei verlassen hatten, ergab, dass von den seit 1964 migrierten Arbeitskräften 38 % Fachkräfte waren"* (Tufan 1998: 40).

29 *„In vielen Fällen waren es nicht die Ärmsten, die gingen – die anatolische Landbevölkerung –, sondern gut ausgebildete, intellektuell bewegliche, vom Modernisierungsprozess bereits erfasste junge Leute aus den Städten, häufig Facharbeiter"* (Jamin 1998: 209).

30 Und auch aus Ankara und Izmir, d. h. insbesondere aus den westlichen und südwestlichen Gebieten der Türkei, verhältnismäßig fortschrittliche Regionen (Tufan 1998: 45).

schen Arbeitskräfte wurden vor allem im Bergbau, Baugewerbe, Eisen- und Metallindustrie sowie in der Textilindustrie[31] eingesetzt, allesamt Segmente, in denen längerfristig Arbeitskräfte gebraucht wurden. In diesen Bereichen waren immer weniger deutsche Arbeiter und Arbeiterinnen bereit, für geringen Lohn zu arbeiten (Treibel 1990: 44). Die Arbeitsmigranten arbeiteten häufig unter Bedingungen, die ein deutscher Arbeiter nicht akzeptiert hätte, aufgrund der hohen physischen und gesundheitlichen Belastungen (Oltmer 2010: 53). Ferner war es für die Arbeitgeberseite ökonomisch, nicht ständig neue Arbeiter anzulernen, sondern auf einen festen Mitarbeiterstamm bauen zu können (Şen 2002). Damit leisteten die ausländischen Arbeiter einen erheblichen Anteil am Strukturwandel, denn so konnten viele einheimische Arbeitskräfte beruflich aufsteigen. Ab 1964 stammten etwa 60 % der Arbeitsmigranten[32] aus dem Westen der Türkei, von denen 87 % in Westdeutschland Arbeit fanden, die anderen wanderten in andere westeuropäische Länder, vor allem in die Niederlande aus (Tufan 1998: 40). Der Anteil der weiblichen Arbeitskräfte aus dem Ausland stieg kontinuierlich an. Im Jahre 1972 waren es 29 %. Von diesem Anteil stammte ein Viertel der Frauen aus der Türkei (Boos-Nünning 1998: 304).[33] Im selben Jahr lebten sogar etwa 15 % der türkischen Arbeitsmigrantinnen ohne ihren Ehemann in Deutschland.

Phase 2: Der „Gastarbeiterboom" (1968-1973)

Seit den 1970er Jahren wurde die Nachfrage der Industrie nach billigen Arbeitskräften aus dem Ausland größer (Hunn 2005). Auch durch einen verstärkten Familiennachzug kamen damit immer mehr Personen aus ländlichen und damit auch eher rückständigen Gebieten[34], so dass damit auch der Anteil der Analphabeten unter den Eingewanderten anstieg. Der Anteil der Analphabeten lag zu Beginn bei den ersten Ankömmlingen sogar noch unter dem Durchschnitt der Türkei, da es sich mehrheitlich um qualifizierte Arbeitskräfte handelte (Tufan 1998: 46). Die deutschen Sprachkenntnisse stellen ein wesentliches Problem dar. Unter den Arbeitsmigranten war kaum einer, der sie beherrschte. Auch die Möglichkeit, nach der Arbeit einen Deutschkurs zu besuchen, nahmen wenige wahr

---

31 Überblick über die Arbeitswelten von türkischen Migranten bei Hunn (2005: 212 ff.).
32 Eine frühe sozialwissenschaftliche Befragung von u. a. türkischen Arbeitsmigranten in Köln findet sich bei Bingemeier (1970).
33 *„Die früheren wanderungssoziologischen Untersuchungen wurden überwiegend bei männlichen Migranten durchgeführt (...) Parallel entwickelte sich eine umfangreiche Literatur zur Lebenssituation von ausländischen Frauen und Mädchen in Deutschland"* (Boos-Nünning 1998: 304).
34 Zentral-, Süd- und Südostanatolien.

(Tufan 1998: 47). Im Jahre 1973[35] wurde schließlich ein Anwerbestopp erlassen (Hunn 2005: 343 ff.), für den jedoch weniger der „Ölpreisschock" oder andere arbeitsmarktpolitische Aspekte eine Ursache waren (BMFSFJ 2000: 38), sondern eher die Sorge darüber, dass die Arbeitsmigranten dauerhaft bleiben und damit soziale Probleme entstehen könnten. Bis zum Anwerbestopp reisten vor allem Einzelpersonen ein. Nach dem Anwerbestopp konnten Ausländer aus Ländern, die nicht zur Europäischen Union gehörten (und dazu gehörten türkische Gastarbeiter), nicht mehr nach Deutschland einreisen. Daher blieben viele von ihnen trotz Arbeitslosigkeit in Rezessionszeiten in Deutschland (Münz et al. 1999: 76). Schon Ende der 1960er Jahre zeichnete sich daher eine „*Verfestigung des Aufenthalts*" der Migranten ab (Oltmer 2010: 53).

Phase 3: Aus Gastarbeitern werden ausländische Arbeitnehmer[36] (1974-1977)

Der Anwerbestopp beeinflusste die Lebensplanung der türkischen Migranten (Hunn 2005: 357 ff.). Während noch bis Mitte der 1970er Jahre an eine Rückkehr gedacht wurde, wurde danach verstärkt ein längerer Aufenthalt in Deutschland eingeplant. Zusätzlich wurde der Prozess der Migration dadurch beeinflusst, dass die türkischen Arbeitskräfte nach fünf Jahren Aufenthalt in Deutschland das Anrecht auf eine unbefristete Aufenthaltserlaubnis bekamen sowie nach acht Jahren eine unbefristete Aufenthaltsberechtigung (Tufan 1998: 42). Bis 1974 war die Ausländer- und Eingliederungspolitik der Bundesrepublik „*immanent restriktiv*" strukturiert[37] (BMFSFJ 2000: 38). Ab Mitte der 1970er Jahre zogen schließlich verstärkt die Familien der Arbeiter nach (Şen 2002), gefördert durch eine 1975 neu eingeführte Kindergeldregelung (Korte und Schmidt 1983: 18 ff.). Diese beschriebenen Entwicklungen führten zu einer dauerhaften Verlagerung des Lebensmittelpunktes der türkischen Arbeitsmigranten und ihrer Familien in Deutschland bis ins Rentenalter oder sogar bis zu ihrem Lebensende (Münz et al. 1999: 78). Schließlich wurde im November 1983[38] ein Gesetz zur Förderung der

---

35 Ab hier beginnen laut Flam (2007) die Versuche, die Einwanderung durch verschiedene Maßnahmen zu verhindern.

36 Über die sozialen Folgen der Einwanderung und Gastarbeit berichtet Treibel (1990).

37 Denn die Behörden besaßen einen erheblichen Ermessensspielraum, weil bis in die 90er Jahre die Aufenthaltsbestimmungen nicht geregelt waren (BMFSFJ 2000: 38). Im Jahre 1974 wurde die „Stichtagsregelung" festgelegt. Sie besagte, dass nach dem 30.11.1974 eingereiste Familienmitglieder keine Arbeitserlaubnis mehr erhalten. Später wurde der Stichtag verschoben auf den 31.12.1976. Im Jahre 1980/81 konnten Minderjährige nach zwei und Ehepartner nach vier Jahren eine Arbeitserlaubnis erhalten (BMFSFJ 2000: 38).

38 Bundesgesetzblatt (1983) Stand 10.08.2011.

Rückkehrbereitschaft erlassen (Hunn 2005: 451 ff.), was seine Wirkung jedoch verfehlte.[39]

Status quo

Ende 2010 lebten[40] 1.629.480 türkische Staatsbürger in Deutschland, davon 852.633 Männer und 776.847 Frauen. Damit stellen die türkischen Migranten mit 24 % den größten Anteil der in Deutschland lebenden Einwanderer dar, gefolgt von den Italienern mit 8 % und den Polen mit 6 % (Destatis 2010). Ebenfalls stellen die türkischen Einwanderer auch die Gruppe mit dem höchsten Anteil an den in Deutschland Geborenen dar: 41 % der türkischen Staatsangehörigen sind in der Bundesrepublik geboren, von den italienischen Staatsbürgern sind es 12 % und von den Griechen 6 %. Die Aufenthaltsdauer beträgt durchschnittlich 24 Jahre. Das Durchschnittsalter der Türken in Deutschland liegt bei 38,3 Jahren (Frauen 38,2 Jahre und Männer 38,3), von denen sind wiederum 37,8 % ledig und 52,4 % verheiratet und 32,5 % in Deutschland geboren (Destatis 2010). Während sich die türkischen Migranten der ersten Generation größtenteils im Rentenalter befinden, sind die der zweiten Generation im Erwachsenenalter und zu einem großen Anteil in deutschen Bildungsinstitutionen sozialisiert (vgl. Gestring et al. 2006). Deren Kinder bilden die dritte Generation. Mittlerweile ist die Zahl der türkischen Bevölkerung am stärksten rückläufig, ein Trend, der seit längerem zu beobachten ist (Destatis 2010). Er kommt z.T. durch Fortzüge, vor allem aber durch Einbürgerungen und auch Sterbefälle zustande.

Insgesamt wird deutlich, dass die Bundesrepublik seit langem ein Einwanderungsland ist, deren größte Zuwanderergruppe die Türken darstellen. Aus den genannten Aspekten ist abzuleiten, dass diese Gruppe nicht homogen, sondern im Hinblick auf ihre Einwanderungsbiographie durchaus heterogen ist. Auch ihre Motivation und Ressourcen (z. B. Bildung, berufliche Fähigkeiten) im Migrationsprozess sind keinesfalls generalisierbar, was sie jedoch vereint, ist die Erfahrung der Migration, der Kontextwechsel von der Türkei nach Deutschland, der eine Reihe von Herausforderungen (Treichler 2002) mit sich bringt.[41]

---

39 Demnach bekamen Familien beim Verlassen der Bundesrepublik u. a. eine sofortige Ausbezahlung des zuvor in die Rentenkasse eingezahlten Betrages. 300.000 ausländische Arbeiter nahmen dieses Angebot in Anspruch und kehrten zurück in ihre Heimatländer. Die Zahl der Rückkehrer entsprach der durchschnittlichen Quote, so dass die Bundesregierung die Einführung des Gesetzes als nicht erfolgreich wertete (Acet 2008: 31).

40 In der Bundesrepublik leben insgesamt etwa 6,75 Millionen Personen mit ausschließlich ausländischer Staatsangehörigkeit (Destatis 2010).

41 Über Erfolge und Defizite der Integration türkeistämmiger Einwanderer berichten Sauer und Halm (2009).

3 Forschungsstand: Studien zur Partnerschaftszufriedenheit

Es gibt in der Paarforschung vielfältige Herangehensweisen, die partnerschaftliche Zufriedenheit zu erklären.[42] In diesem Kapitel wird daher zunächst ein kurzer Überblick auf die unterschiedlichen Zugänge gegeben. Im Anschluss werden Studien aus der deutschen, US-amerikanischen und türkischen Forschung dargestellt, die die soziologischen und (sozial-)psychologischen Dimensionen der Beziehungszufriedenheit thematisieren. Da es für die vorliegenden Forschungsfragen dieser Arbeit keine Referenzstudie gibt, werden Befunde erläutert, die in einem ersten Schritt den soziodemografischen Einfluss der ökonomischen Deprivation als partnerschaftliche Determinante darstellen. Denn für die Kompensation schwieriger sozialer Lebenslagen werden Unterschiede zwischen türkischen Migranten und Deutschen angenommen (Kap. 3.1). Im Anschluss folgt ein Überblick über zentrale Befunde zur Konfliktentstehung und -bewältigung und deren Wirkung auf die partnerschaftliche Zufriedenheit (Kap. 0). Hier wird in der Literatur vor allem das Konzept der Beziehungs-, Ehe- oder Partnerschaftsqualität thematisiert. Es werden internationale (Kap. 3.3) und nationale Studien (Kap. 3.4) aufgeführt, die zum einen Partnerschaftszufriedenheit oder Beziehungsqualität als abhängige Variable beinhalten und zum anderen den Einfluss der Migration thematisieren. In Kapitel 3.3 und 3.4 werden ausschließlich Studien berücksichtigt, die sich explizit auf einen Vergleich zwischen verschiedenen Gruppen beziehen, beispielsweise zwischen Paaren der Mehrheitsgesellschaft und zugewanderten Bevölkerungsgruppen.

---

42 Einen umfassenden Überblick zum Forschungsstand gibt Arránz Becker (2008).

Die Vielfalt der Perspektiven auf Partnerschaftszufriedenheit

Bei der Untersuchung von partnerschaftlicher Zufriedenheit werden sowohl inhaltlich als auch zeitlich verschiedene Perspektiven betrachtet: es gibt im Quer- (z. B. Arránz Becker 2008, Wagner und Weiß 2008, Hill 2004, Christensen und Walczynski 1997) und im Längsschnitt angelegte Studien (z. B. Ruiner 2010, Kalmijn 2007, van den Troost 2005, Amato et al. 2003, Kurdek 1995, Brandtstädter und Felser 2003, Orbuch et al. 1996, White und Booth 1991, Conger et al. 1990). Darüber hinaus werden verschiedene Determinanten in der Paarforschungsliteratur genannt. Mehrere von ihnen sind bereits ausgiebig erforscht und zentral bearbeitet worden (Überblick bei Arránz Becker 2008 und Hill 2004).

Zu den häufig untersuchten Einflussgrößen zählen z. B. sozialstrukturelle Faktoren wie das Geschlecht, Alter oder auch der Erwerbsstatus der Frau. Weitere sozial- und familienstrukturelle Determinanten der Partnerschaftszufriedenheit sind z. B. das Vorhandensein von Kindern, Ehedauer, Heiratsalter, Institutionalisierungsgrad[43], Bildung und der sozioökonomische Status (Felser 2007, Sternberg und Hojjat 1997, Karney und Bradbury 1995). Von einigen dieser Merkmale ist bekannt, dass sie direkt mit der Partnerschaftszufriedenheit zusammenhängen, wie beispielsweise das Geschlecht, denn Frauen sind (z. B. Brandtstädter und Felser 2003, Hassebrauck 1995) kritischer in der Beurteilung ihrer Partnerschaften. Die beschriebenen sozialstrukturellen Merkmale moderieren z.T. den Konfliktentstehungs- und auch Lösungsprozess. Beispielsweise kann ein finanzieller Engpass oder Arbeitslosigkeit Stress verursachen (Bodenmann 2003, Bleich und Witte 1992) und Konflikte hervorrufen. Da in dieser Arbeit der sozioökonomische Status als Merkmal sozialer Ungleichheit zentral ist, werden die genannten sozialstrukturellen Einflussgrößen der Vollständigkeit halber erwähnt. Jedoch wird auf eine Ausführung der empirischen Befunde zu den sozial- und familienstrukturellen Faktoren verzichtet. Weitere, vor allem in der Sozialpsychologie untersuchte Determinanten der Partnerschaftszufriedenheit sind die intergenerationale Scheidungstransmission (Diefenbach 2000), Transmissionserfahrungen aus der Herkunftsfamilie (z. B. Walper et al. 2010), die Wahrnehmung von Fairness, Austausch, Gerechtigkeit und Gleichberechtigung (Equity-Theorie, z. B. bei Grau et al. 2010, Mikula 1992), der Einfluss der Partnerwahl (z. B. Häring et al. 2010, Spörrle et al. 2010), die Machtverteilung (z. B. Nave-Herz 2004)[44], Erwartungen und Ansprüche an eine Partnerschaft (vgl. z. B. Wunderer

---

43 International vergleichende Studie (umfasst 17 Länder) zum Institutionalisierungsgrad und Paarzufriedenheit bei Stack und Eshleman (1998).
44 Überblick zu Befunden und soziologischen Theorien der Machtstrukturen bei Nave-Herz (2004: 157 ff.).

2005, Waller und McLanahan 2005), Attributionen/Selbst- und Partnerwahr-nehmung (z. B. Felser 2003, Kalicki 2003), Persönlichkeitsmerkmale wie z. B. Ausmaß an Maskulinität, Neurotizismus (vgl. Bender und Lösel 2003), Bin-dungsverhalten und Partnerschaftsrepräsentation (z. B. Stöcker et al. 2003), emo-tionale Nähe (z. B. Grau 2003), Konzepte zur faktischen Homogamie bezüglich der Bildung, des Alters und der normativen Einstellungen (Arránz Becker und Hill 2008, Hill 2004), Beziehungsstörungen (z. B. Hahlweg und Bodenmann 2003), sexuelle Zufriedenheit (z. B. Hassebrauck und Fehr 1999), der Lebensstil bzw. die Freizeitgestaltung (z. B. Crawford et al. 2002) und der Gesundheit (psychische und physische Gesundheit, vgl. z. B. Duetz et al. 2000).

Insgesamt wird deutlich, dass die Analyse positiv als auch negativ wirken-der Faktoren auf die Paarzufriedenheit seit langem Forschungsgegenstand der Soziologie und (Sozial-)Psychologie ist, welche in engem Zusammenhang mit dem psychischen Wohlbefinden[45] steht. In neueren Studien werden besonders die psychischen Belastungen durch beruflichen Stress, Entgrenzung von Erwerbsar-beit (Folgen der Auflösung von Grenzen zwischen Erwerbs- und Privatleben auf die Partnerschaft und das Familienleben z. B. bei Jurczyk et al. 2009, Boden-mann 2001) und prekäre Beschäftigungsverhältnisse (z. B. Heintze 2002, Conger et al. 1999, Bleich und Witte 1992) thematisiert, die die Partnerschaft belasten können. Dieser Tatsache soll in dieser Arbeit besondere Berücksichtigung fin-den, um die Belastungs- und Bewältigungsprozesse in deutschen türkischen Partnerschaften besser entschlüsseln zu können. In diesem Kontext zeigt die aktuelle Forschungslage, dass insbesondere Kommunikationsvariablen[46] und das partnerschaftliche Konfliktmanagement einen großen Einfluss auf die Partner-schaftszufriedenheit haben und als Prädiktoren für einen (un-)günstigen Partner-schaftsverlauf gelten (z. B. Karney und Bradbury 1995).

3.1 Ökonomische Deprivation und Partnerschaftszufriedenheit

In diesem Kapitel wird der Forschungsstand zu den Wechselwirkungen zwischen der sozialen Lage, des Erwerbslebens, insbesondere zwischen der ökonomischen Deprivation (z. B. durch die damit einhergehenden finanziellen Engpässe oder

---

45 Proulx et al. (2007) untersuchen in einer Metaanalyse den Zusammenhang von der Ehequalität und dem persönlichen Wohlbefinden (93 Studien sind in die Untersuchung eingegangen): Perso-nen, die eine niedrigere Ehezufriedenheit angeben, berichten auch gleichzeitig über ein höheres Niveau an depressiver Symptomologie als zufriedene.

46 In einer unveröffentlichten Tagebuchstudie mit 36 Paaren konnte die zentrale Bedeutung der partnerschaftlichen Kommunikation, insbesondere in Konfliktsituationen, aus dyadischer Per-spektive nachgewiesen werden (Gründler 2005).

Arbeitslosigkeit) und der partnerschaftlichen sowie familiären Situation dargestellt. Diese Wechselwirkungen werden häufiger auch als Spillover-Effekt (z. B. Tsai 2008, Watzek 2008) bezeichnet. Es wird davon ausgegangen, dass Stress und Belastungen aus einem Lebensbereich in einen anderen übergehen. Zumeist wird in der Forschung der negative Einfluss von Aspekten der Erwerbssituation auf das Privatleben thematisiert (seltener umgekehrt). Immer mehr Arbeiten widmen sich daher auch in jüngerer Zeit den Folgen von prekären sozialen Lagen, aus denen Belastungen für die Beziehung entstehen können (z. B. Voydanoff 2005, Rogers und May 2003). Es gilt als empirisch gut abgesichert, dass das Erwerbseinkommen und die -situation[47] mit der Zufriedenheit in der Partnerschaft zusammenhängen (White und Rogers 2000, Voydanoff 1990). Je höher das Einkommen ist oder je besser die Erwerbssituation bewertet wird, desto positiver ist dies für die Partnerschaftszufriedenheit (Jorgensen 1979). Neben dem Einkommen und dem Erwerbsstatus belegen einige Studien, dass besonders die subjektive Einschätzung der finanziellen Lage eine Determinante der partnerschaftlichen Zufriedenheit ist (van den Troost 2005[48], White und Rogers 2000, Conger et al. 1990). Zudem erzeugen externe Stressoren, besonders belastende Erwerbssituationen, partnerschaftliche Konflikte (Wagner und Weiß 2005: 245). Unter anderem postulieren sie, dass Belastungen „von außen", z. B. aus dem Berufsleben, Paarkonflikte erzeugen. Dieser Zusammenhang wird sowohl auf Individual- als auch auf Paarebene bestätigt.

Conger et al. (1990) untersuchen die Wirkung finanzieller Probleme auf die Partnerschaftszufriedenheit sowie Trennungsgedanken und -verhaltensweisen von Paaren in den USA. Die Befunde der interdisziplinären Forschergruppe verweisen auf den bedeutsamen vermittelnden Einfluss der ehelichen Interaktionsstile. Feindlichkeit und Gefühlskälte entstehen durch eine ökonomische Deprivation, die innereheliche Spannungen auslöst und die Ehequalität beeinträchtigt. Daraus folgt ferner ein mediierter Effekt von destruktiven Paarinteraktionsweisen. Diese verstärken den negativen Einfluss prekärer Finanzlagen auf die Ehezufriedenheit und -stabilität. Der Zusammenhang zwischen einem destruktiven Kommunikationsverhalten sowie weniger konstruktiven Äußerungen in Abhängigkeit finanzieller Sorgen ist jedoch bei Männern signifikant stark ausgeprägt. Stärker als Frauen reagieren sie eher mit negativen Affekthandlungen auf finanzielle Belastungen: das Paarklima wird durch ökonomischen Druck von Frustration, Wut und Depression geprägt (Conger et al. 1990: 652). Dabei korre-

---

47 Auch die Einkommensverteilung zwischen den Partnern kann eine Rolle spielen (Baas und Schmitt 2004), dies wird jedoch in dieser Arbeit nich thematisiert.

48 Niederländische Längsschnitt-Studie zu „Familiy and Child-Rearing in the Netherlands", es wurde die Entwicklung der Ehezufriedenheit der Geburtsjahrgänge 1940 bis 1955 untersucht (van den Troost 2005).

lieren feindliche oder unfreundliche Verhaltensmuster der Frauen hoch signifikant mit denen der Ehepartner. Die Autoren vermuten Wechselwirkungen zwischen den Partnern, die sie jedoch aufgrund des querschnittlichen Designs der Studie nicht testen können. Small und Riley (1990: 51) weisen einen Spillover-Effekt von beruflicher Belastung auf die Partnerschaft bei einer Untersuchung von 130 leitenden Angestellten und deren Partner nach. Vinokur et al. (1996) untersuchen 815 Jobsuchende und finden einen Zusammenhang zwischen der finanziellen Belastung und einem signifikant höherem Depressionsniveau bei den Arbeitslosen und deren Partnern, welches die Partnerschaft belastet. Auch im Rentenalter, so schließen Dew und Yorgason (2009: 7), könnte ein ähnlicher Effekt entstehen, hier ist es vor allem die finanzielle Sicherheit durch Kapital und Vermögen, die den ökonomischen Druck senken und damit negative Verstimmungen in der Partnerschaft reduzieren. Umgekehrt bedeutet dies auch, dass eine materiell deprivierte Lebenslage die subjektiv erlebte Alltagsbelastung hebt und dadurch mehr Paarkonflikte entstehen können (*„outside forces: work-related stress"*, Sillars et al. 1992: 127). Dieser sogenannte *„paarexterne Stress betrifft in Partnerschaften meist beide und stellt damit in der Regel eine dyadische Aufgabe zur Bewältigung dar"* (Bodenmann 2003: 484). Häufig reduzieren alltägliche Widrigkeiten in Berufs- und Hausarbeit sowie in der Familie und Freizeitbelastung gemeinsame Erfahrungen für die Partner und machen eine Regeneration von der empfundenen Stressbelastung schwierig bzw. unmöglich: *„Stress schränkt die für den Partner und die Partnerschaft verfügbare Zeit ein"* (Bodenmann 2003: 491). Die negative Wirkung von Stress konnte in einer prospektiven 5-Jahres-Längsschnittstudie nachgewiesen werden: Getrennte oder geschiedene sowie unzufriedene Paare hatten bereits Jahre zuvor ein höheres Stresslevel als die zufriedenen und stabilen (Bodenmann 2001: 89). Stress wird zumeist als subjektiv erlebter Stress im Sinne des transaktionalen Stressmodells (Lazarus und Folkman 1984)[49] erfasst und seltener durch objektive Faktoren. Er kann von außen in die Partnerschaft hineinwirken:

> „Arbeitslosigkeit und finanzielle Engpässe können eine Beziehung belasten, ein stützendes familiäres und soziales Umfeld kann sie entlasten" (Schneewind und Wunderer 2003: 247).

Die Relevanz des Stresserlebens erscheint hoch für die Bewertung der eigenen Beziehungszufriedenheit/-qualität, auch wenn die Herkunft von Stress oftmals

---

49 Der Lazarus'sche Ansatz räumt kognitiven Bewertungsprozessen von Alltagsstress eine zentrale Bedeutung ein (vgl. Lazarus 1981).

nur diffus und ohne eindeutige Zuordnung zurückverfolgt werden kann.[50] Wiese (2004) weist empirisch nach, dass berufliche und private Alltagsbelastung nicht trennbar sind. Aus dieser nahezu unmöglichen Trennung beruflich bzw. privat bedingter Alltagsbelastung ergibt sich ein allgemein empfundenes Stresserleben beider Partner. Von der Bewertung dieses Stresserlebens hängt schließlich ab, ob Paarkonflikte entstehen. Beispielsweise kann Stress im beruflichen Kontext an sich Konfliktursache sein. Folgendes Beispiel aus der Empirie belegt, dass Paarkonflikte durch Faktoren der Sozial- und Familienstruktur produziert werden können: In einer Längsschnittstudie von Conger et al. (1999) wird berichtet, dass finanzielle Engpässe, z. B. durch Arbeitslosigkeit verursacht, die Konflikthäufigkeit (als vermittelnde Größe) erhöhen und dadurch die spätere partnerschaftliche Zufriedenheit senken (Rüssmann und Arránz Becker 2004: 216, Kersting und Grau Ina 2003: 439). Die besonders destruktive Wirkung von Stress wird deutlich, wenn bestimmte Bewältigungsprozesse nicht erfolgen. Für die Analyse der exogenen Konfliktursache Stress und deren Einfluss auf Beziehungsqualität steht das dyadische Coping im Vordergrund (Reichle und Dette-Hagenmeyer 2008, Bodenmann 2001: 89, 1997: 7 ff., 1995: 119 ff.)[51]. Beruflich und privat belastete Alltagssituationen können problematische Persönlichkeitsaspekte und störende Verhaltensweisen zu Tage bringen (Bodenmann 2003: 493)[52], welche einen Paarkonflikt auslösen können. Stress führt jedoch nicht nur zu Paarkonflikten, sondern auch zu einer schlechteren Kommunikation zwischen den Partnern, welche einerseits einen Konflikt auslösen oder andererseits die Konfliktkommunikation begleiten kann. Konkret kann Stress zu Rückzug und zur Zurückweisung führen (Bodenmann 2003: 492). Jedoch sind *Stressoren* (Belastungsfaktoren) generell nicht als ausschließlich negativ zu bewerten, da sie der Beziehung auch eine Stabilisierung und Neuorientierung bieten können (Lösel und Bender 2003: 67). Zentrale Stressoren sind Arbeitslosigkeit und sozioökonomische Deprivation. Sie können als Determinanten des Familienklimas und des Stresslevels in einer Partnerschaft betrachtet werden (Heintze 2002). Die Befunde zeigen u. a., dass Arbeitslosigkeit sich in häufigen familiären Konflikten und Auseinandersetzungen zwischen den Familienmitgliedern entlädt (Heintze 2002: 272). Weite-

---

50 *„Dabei sind Wechselwirkungen anzunehmen: Man kann Ärger aus dem Büro mit nach Hause nehmen, aber auch Ärger von zuhause mit ins Büro. Kontextbedingungen von Mann und Frau sind zudem oftmals eng verwoben: [...] gemeinsame Kinder [...] der Kontext bildet gleichsam eine Hülle, die Paar- und Personensysteme einschließt"* (Schneewind und Wunderer 2003: 247).

51 Dyadisches Coping ist als eine Form der interpersonellen Belastungsbewältigung zu verstehen, die auf partnerschaftlicher Ebene stattfindet (ausführlich dazu siehe Bodenmann 2003, Bodenmann 2000).

52 *„So können Persönlichkeitsmerkmale wie Rigidität, Intoleranz, Ängstlichkeit, Dominanz usw. häufig unter Belastungen nicht mehr vertuscht und Schwächen sichtbar werden, welche den Partner stören und mit denen er nicht gerechnet hat"* (Bodenmann 2003: 493).

re Befunde zum Einfluss der Erwerbslosigkeit auf die Paarbeziehung zeigen u. a., dass sich aus Sicht der Arbeitslosen und ihrer Partnerinnen für die Partnerschaftszufriedenheit ungünstige Veränderungen ergeben (vgl. Bleich und Witte 1992: 741). Der emotionale Zusammenhalt (Kohäsionssinn sinkt, sexuelle Unzufriedenheit steigt) und auch die Anpassungsfähigkeit, die Regeln und Rollen der neuen Situation zu gestalten, verringern sich.

Umgekehrt gibt es auch den Spillover-Effekt von der Familie auf das Berufsleben: Partnerschaftsprobleme (besonders bei Männern in den ersten 10 Jahren einer Ehe) steigern das Risiko von Arbeitslosigkeit (Forthofer et al. 1996).[53] Barnett (1994) untersucht 300 Frauen aus der amerikanischen Mittelklasse, die voll erwerbstätig waren und in einer Doppelverdienerehe leben. Die wahrgenommene Qualität der Familienrolle der Frau moderiert dabei den Zusammenhang zwischen der Arbeitsplatzzufriedenheit und psychischer Instabilität. Der Spillover-Effekt gilt demnach nicht nur in Richtung Berufswelt auf Partnerschaft, sondern auch umgekehrt:

„When marital or parental experiences are positive, there is little relationship between job experiences and distress. When marital or parental experiences are negative, there is a stronger relationship between job experiences and distress. In addition, these interaction effects are not affected by gender" (Barnett 1994: 647).

Ein Geschlechterunterschied wird beim Vergleich mit den befragten Partnern der Frauen nicht entdeckt.

In einer weiteren Studie von Hughes et al. (1992) werden zwei Dimensionen der Arbeits-Familienwelt-Wechselwirkung postuliert. Zum Einen die Dimension des Rollenkonflikts und des Spillover-Effekts der negativen Gemütsstimmung durch Belastungen bzw. Anspannungen, zum Anderen die direkte Beziehung zwischen den Arbeitsplatzbedingungen und der Ehequalität (Hughes et al. 1992: 37). Die Arbeitsplatzbedingungen werden in zwei Dimensionen, auf struktureller und psychosozialer Ebene gemessen. Demnach werden auf struktureller Ebene flexibel vs. feste Arbeitszeiten und auf psychosozialer Ebene die subjektive Einschätzung in den Dimensionen „Bereicherung", „Druck ohne Unterstützung" oder „Unsicherheit" gemessen. Die Autoren finden Belege dafür, dass Wechselwirkungen aus Berufs- und Familienleben den Zusammenhang zwischen den Arbeitsplatzbedingungen und der Beziehungsqualität mediieren (Hughes et al. 1992: 31).

Jalovaara (2003) widmet sich dem Einfluss des sozioökonomischen Status auf das Scheidungsrisiko in Finnland. Die Autorin kommt zu dem Ergebnis, dass

---

53 *"These findings add to a small number of investigations indicating that problems at home are related to problems at work"* (Forthofer et al. 1996: 602).

Paare, bei denen beide Personen ein niedriges Bildungsniveau aufweisen, das Scheidungsrisiko niedriger ist. Berufstätige Frauen oder Hausfrauen mit erwerbstätigen Ehemännern haben im Vergleich stabile Ehen. Arbeitslosigkeit hingegen, betrifft sie nur einen oder beide Partner, erhöht das Risiko einer Scheidung. Ebenso ungünstig wirkt ein hohes Einkommen der Frauen, während ein hohes Einkommen des Mannes hingegen stabilisierend ist. Besonders destabilisierend wirkt das Einkommen der Ehefrau, wenn es das des Partners übersteigt. Jalovaara (2003: 77) diskutiert verschiedene Gründe für ihre Befunde: der destabilisierende Einfluss des Einkommens der Frau kann damit zu tun haben, dass Ehefrauen in Folge von persönlicher Unzufriedenheit mit der Partnerschaft Trennungsabsichten hegen und daher ins Erwerbsleben einsteigen. Außerdem kann es sein, dass eher Frauen mit niedrigerem sozioökonomischen Status heiraten als die statushöheren. Da in Finnland die Mehrheit der Frauen berufstätig ist, könnte der stabilisierende Einfluss des Hausfrauen-Konzepts daran liegen, dass eine hoch selektive Minderheit vorliegt, die von der Unauflöslichkeit ihrer Ehe besonders stark überzeugt ist (Jalovaara 2003: 78). Indirekt, und diese Aspekte werden nicht gemessen, werden außerdem Aspekte der Homogamie zwischen den Partnern eine Rolle spielen. Daher ist vermutlich auch ein niedriger sozioökonomischer Status beider Partner nicht problematisch für den Fortbestand einer Ehe.

Rogers und May (2003) analysieren in einer 12-Jahres-Panel-Studie und mithilfe von Strukturgleichungsmodellen den Prozess des Spillover-Effekts zwischen der Ehequalität (Zufriedenheit und Missstimmung) und der Arbeitszufriedenheit. Drei Fragen stehen im Mittelpunkt: Gibt es einen Zusammenhang zwischen Arbeitszufriedenheit und Ehequalität über einen längeren Beobachtungszeitraum? Geht der Spillover-Effekt von der Arbeit auf die Familie über oder ist es eher ein reziproker Prozess? Und sind diese Prozesse für die Geschlechter gleich? Die Autoren finden Belege dafür, dass Ehequalität und Arbeitszufriedenheit empirisch miteinander zusammenhängen. Auf längere Sicht ist jedoch die Ehequalität ein stärkerer Prädiktor für die Arbeitszufriedenheit als vice versa: Eine steigende eheliche Zufriedenheit hängt signifikant mit einer höheren Arbeitszufriedenheit zusammen. Hingegen ist eine wachsende Missstimmung im Zeitverlauf in der Partnerschaft signifikant assoziiert mit einer sinkenden Arbeitszufriedenheit. Geschlechtereffekte gibt es dabei kaum. Auch Voydanoff (2005) kann einen Zusammenhang zwischen der Arbeits- und Ehezufriedenheit belegen: Hier werden die Faktoren soziale Integration (z. B. Gemeinde-Engagement), der Konflikt zwischen Beruf und Familie sowie der Arbeits- und Ehequalität analysiert. Unter anderem konnte er folgende Hypothese verifizieren: *„Family-to-work conflict and facilitation partially mediate relationships between* *affective community resources and marital satisfaction and risk"* (Voydanoff 2005: 676).

Ähnlich fallen die Ergebnisse von Hansen (2005) aus: er analysiert, ob Arbeitslosigkeit die Ehestabilität beeinflusst. Mit einer auf acht Jahre angelegten Längsschnittstudie wurden Paare in Norwegen beobachtet. Dabei berücksichtigt werden zwischengeschaltete Variablen wie sozialer Stress und die geschlechterspezifische Attribution von Arbeitslosigkeit, da in der Literatur davon ausgegangen wird, dass Männer dadurch stärker leiden als Frauen (Verlust der klassischen traditionellen Ernährerrolle). Hansen kann das Scheidungsrisiko bei Arbeitslosigkeit belegen. Finanzielle Schwierigkeiten stellen eine zentrale Erklärung für den Einfluss der Arbeitslosigkeit des Ehemannes dar. Die Wirkung der Erwerbslosigkeit der Partnerin bleibt bei Berücksichtigung anderer Faktoren, was an der insgesamt hohen Frauenerwerbstätigkeit verheirateter norwegischer Frauen liegt. Demnach stellen arbeitslose Ehefrauen eine Minderheit dar (Hansen 2005: 146). Insgesamt wird deutlich, dass in dieser Studie einige nicht gemessene Faktoren ebenfalls eine Bedeutung haben wie z. B. der familiäre Kontext oder die Rollenverteilungen und Arbeitsteilung der Paare.

Die Arbeit von Rüssmann (2006) untersucht explizit die Wirkung der Sozial- und Familienstruktur (hier postuliert die Autorin unterschiedliche Konstellationen) auf das partnerschaftliche Konfliktpotenzial. Theoretisch bezieht sich Rüssmann auf die verschiedenen soziologischen Ansätze zu den Konflikttheorien, daneben beschreibt sie auch die konflikttheoretischen Ansätze in der Psychologie, wie beispielsweise in der Spieltheorie und Bindungstheorie. Unter anderem kommt Rüssmann zu dem Ergebnis, dass externe Belastungen Paarkonflikte auslösen, jedoch ein niedriger sozioökonomischer Status nicht unbedingt Meinungsverschiedenheiten über finanzielle Aspekte produziert (Rüssmann 2006: 354).

Die zitierten Befunde zeigen ein überwiegend klares Bild der Untrennbarkeit von Privat- und Berufsleben: partnerschaftliche Prozesse und die daraus resultierende Bewertung der Beziehung stehen im Kontext von externen Belastungen, die hervorgerufen werden können, durch z. B. berufliche Belastungen (Unsicherheit des Arbeitsplatzes, spezifische Anforderungen des Arbeitsplatzes) und ökonomische Deprivation, ausgelöst durch eine prekäre Erwerbssituation, finanzielle Engpässe oder durch Arbeitslosigkeit.

3.2 Konflikte und Partnerschaftszufriedenheit

Aus dem aktuellen Forschungsstand geht hervor, dass das partnerschaftliche Konfliktverhalten (Merkmale der Interaktion in der Partnerschaft) und die Häufigkeit von Paarkonflikten maßgeblich mit der Partnerschaftszufriedenheit zusammenhängt (Wagner und Weiß 2008, Arránz Becker et al. 2005b, Rüssmann und Arránz Becker 2004, Arránz Becker et al. 2005b, Schneewind und Wunderer 2003, Grau und Bierhoff 2003; Karney und Bradbury 1995; Hill und Kopp 2002: 265; Gottman und Krokoff 1989; Hahlweg 1986, Überblick über den Forschungsstand der 1990er Jahre bei Bradbury et al. 2000[54], Lewin 1948). Zudem gibt es in der psychologischen Forschung neuere Ansätze, die die Bedeutung von Stress und Spannungen durch Alltagsbelastungen in der Beziehung als negative Prädiktoren für die Paarqualität und -stabilität in den Mittelpunkt rücken. Es konnte in diversen Studien belegt werden (z. B. Reichle und Dette-Hagenmeyer 2008), dass besonders der partnerschaftliche Umgang (dyadisches Coping bzw. Stressbewältigung[55]) entscheidend ist für eine günstige Prognose der Paarbeziehung (vgl. Überblick: Bodenmann 2003) und Konflikte daher nicht nur negativ, sondern auch positiv für die Weiterentwicklung einer Partnerschaft sein können (Wagner und Weiß 2010: 218). Alltagsstress wird in der Stressforschung als unmittelbare Hauptursache von manifesten partnerschaftlichen Konflikten betrachtet, die eine niedrige Partnerschaftszufriedenheit und damit auch eine Trennung begünstigen kann. Paarkonflikte per se können als weder gut noch schlecht für die Paarzufriedenheit betrachtet werden (Wagner und Weiß 2008, 2005). Erst der Umgang mit ihnen, d. h. das Konfliktverhalten, das sich über die Kommunikation äußert, kann die Zufriedenheit positiv oder negativ beeinflussen:

> „Zwischen Konfliktpotenzial und Beziehungsqualität steht vielmehr das Interaktionsverhalten als intervenierende Variable, die entscheidend mitbestimmt, welche Konfliktlösestrategien von einem Paar präferiert und angewendet werden. Für die subjektive Bewertung der Zufriedenheit mit der Partnerschaft ist neben den unterschiedlichen Austauschprozessen die Kombination aus Konfliktpotenzial und Interaktionsverhalten bzw. Konfliktlösestrategien ausschlaggebend" (Arránz Becker et al. 2004: 16).

In den vergangenen Jahrzehnten ist eine Vielzahl an Studien zu diesen Zusammenhängen entstanden. Diese in ihrer Vollständigkeit abzubilden, wäre unmög-

---

54 *"Even when compared with the high level of scholarly output in previous decades, the 1990s witnessed a vast number of papers published on a wide array of topics pertaining to marital satisfaction. (...) The rationale for studying marital satisfaction stems from its centrality in individual and family well-being (...) from the need to develop empirically defensible interventions for couples that prevent (...) marital distress and divorce"* (Bradbury et al. 2000: 964).

55 Bewältigung wird von Reichle und Dette-Hagenmeyer (2008: 231) definiert als *„das Bemühen, Anforderungen aus der Umwelt sowie eigenen Ansprüchen, die die eigenen Ressourcen ausschöpfen oder überfordern, in einer Weise zu begegnen, die dem Individuum erlaubt, dennoch mit dem Stressor umzugehen."*

lich. Jedoch sollen in diesem Kapitel die Untersuchungen Erwähnung finden, die aufgrund ihres Designs besonders erkenntnisreich sind. Außerdem sollen solche referiert werden, die der Fragestellung dieser Arbeit nahe stehen.

Nachdem Hicks und Platt (1970) die Dekade der 1960er Jahre hinsichtlich der Befunde zur Partnerschaftsqualität beschrieben haben, widmen sich Spanier und Lewis (1980) später den 1970er Jahre. Sie stellen fest, dass in diesem Jahrzehnt die Datenerhebung deutlich ausgebaut wurde und eine Reihe von Fortschritten für das Feld der Paarforschung zu verzeichnen sind wie z. B. in der Konzeption der Studien oder in der vermehrten Verwendung von multivariaten Verfahren (Lewis und Spanier 1979: 825). Den größten Überblick über die Studien bis Mitte der 1990er Jahre bietet die Metaanalyse von Karney und Bradbury (1995), die 115 längsschnittliche Primärstudien (mit etwa 45.000 Ehen) zur Ehequalität und -stabilität untersuchen. Die Ehezufriedenheit, die positiv mit der Ehestabilität zusammenhängt, korrelierte beispielsweise positiv mit dem Alter, dem Einkommen des Mannes bzw. der Familie, Bildungsgrad und dem positiven Verhalten des Mannes. Negativ hingegen ist die eheliche Zufriedenheit assoziiert mit z. B. wahrgenommenem Stress, Frauenerwerbstätigkeit und dem Einkommen der Frau, elterlicher Scheidung (Intergenerationale Scheidungstransmission) und neurotischen Persönlichkeitsmerkmalen.[56] Die Autoren betonen außerdem die Bedeutung von adaptiven Ressourcen. Dies sind Lebensumstände und personelle Merkmale, die *„krisenhafte Belastungen des Partnersystems"* (Felser 2007: 450) kompensieren können. Ein Beispiel hierfür sind Bewältigungsstrategien bei Konflikten, die bestimmte sozial-kognitive Fähigkeiten voraussetzen wie z. B. Empathie. Auch Aspekte wie eine finanzielle Absicherung oder eine befriedigende Arbeitsstelle sind wesentliche Beispiele für adaptive Ressourcen in einer Partnerschaft (vgl. auch Karney und Bradbury 1995).

Kersting und Grau Ina (2003: 430 ff.) gehen in ihrem Ansatz gleichermaßen davon aus, dass Konflikte und besonders der Umgang mit diesen (Konfliktlösestrategien als adaptive Ressourcen) entscheidend für die Beziehungszufriedenheit sind. Sie leiten aus der Beziehungszufriedenheit ebenfalls Folgen für die Stabilität (Entscheidungen für eine Beziehungsauflösung) ab. Insbesondere negative Emotionen wie verbale Aggression beeinflussen laut Gavazzi et al. (2000: 669) die Partnerschaftsqualität.[57]

In prospektiven Längsschnittstudien kann Gottman (1994) vier Kommunikationsmuster herauskristallisieren, die besonders ungünstig für die partner-

---

56 Fünf Eigenschaften haben sich als besonders ungünstig herausgestellt: *"(...) neuroticism, extraversion, impulsivity, agreeablenes and conscientiousness (...)"* (Karney und Bradbury 1995: 21).

57 *"Both ‚husbands' and ‚wifes' reports of marital quality were predictive of both ‚husbands' and ‚wifes' verbal aggression levels; here, reports of lower marital quality were associated with higher levels of verbal aggression"* (Gavazzi et al. 2000: 669).

schaftliche Zufriedenheit sind, die sogenannten „vier apokalyptischen Reiter": Er konzipiert ein Modell für das partnerschaftliche Verhalten, in dem es zu einer Abfolge von Kritisieren, Herabwürdigen, sich verteidigen und abwehren kommt. Später ergänzen Gottman et al. (1998) die apokalyptischen Reiter um einen Fünften, der als provokative Machtdemonstration (belligerence) bezeichnet wird. Wilkie et al. (1998) betonen, dass Ehezufriedenheit nicht durch objektive Gerechtigkeit, sondern durch subjektiv wahrgenommene Arbeitsteilung im Haushalt determiniert wird, d. h. die subjektiv wahrgenommene Gerechtigkeit ist ausschlaggebend für den Einfluss auf die Beziehungszufriedenheit. Ebenfalls bedeutsam sind das partnerschaftliche oder eheliche Commitment, eine Identifikation mit der eigenen Beziehung.

Esser (2002) analysiert gleichermaßen das Commitment. Er entwickelt dafür das theoretische Modell der Frame-Selektion (MdFS)[58] und testet es mit den Daten der Mannheimer Scheidungsstudie. Neben dem Ehegewinn, dem Wert von Alternativen, den Opportunitäten (zum Finden einer Alternative) und den (Such-)Kosten wird darin die Orientierung an einem „mentalen Modell", welches die Unauflöslichkeit der Ehe beinhaltet, thematisiert. Esser (2002) kommt zu dem Ergebnis, dass die eheliche Stabilität vor allem davon abhängt, ob es einen orientierenden Rahmen gibt, der die Partnerschaft oder Ehe als gültig und unantastbar definiert. Damit verbunden ist eine normative Orientierung. Esser (2002) resümiert bei seinen Analysen zum (Re-) Framing der Ehe und den Anstieg der Scheidungsraten:

> „Die Ergebnisse lassen sich sowohl als eine nachhaltige Bestätigung des verwendeten allgemeinen theoretischen Konzeptes, des Modells der Frame-Selektion, sowie der gelegentlich vorgebrachten Vermutung werten, wonach im Zuge der zunehmenden funktionalen Differenzierung der Gesellschaft die ‚Ansprüche' der Partner an ihre Ehe in einem Maße gestiegen sind, dass sie in der gleichen Beziehung kaum noch erfüllt werden können" (Esser 2002: 472).

In der Studie *"Continuity and Change in Marital Quality Between 1980 and 2000"* (Amato et al. 2003: 1) wird die Beziehungsqualität durch drei Dimensionen untersucht: Paarzufriedenheit, Trennungs- bzw. Scheidungsvorhersagbarkeit und partnerschaftliche Interaktion. Durch gesellschaftlichen Struktur- und Wertewandel erklären die Autoren (ähnlich wie Esser 2002) signifikante Entwicklungen der partnerschaftlichen Interaktion in Bezug auf Beziehungsqualität. Ungünstige Einflussgrößen sind die neuen Formen des Zusammenlebens (z. B.

---

58 In dem Modell wird vorher dargelegt, wann instrumentell rationales und wann einstellungsbasiertes Verhalten erwartbar ist (Esser 2001: 259).

voreheliche Kohabitation) oder die steigende Frauenerwerbstätigkeit mit den Herausforderungen für die Vereinbarkeit von Beruf und Familie.

"In contrast, increases in economic resources, decision-making equality, nontraditional attitudes toward gender, and support for the norm of lifelong marriage were associated with improvements in multiple dimensions of marital quality. Increases in husbands' share of house-work appeared to depress marital quality among husbands but to improve marital quality among wives" (Amato et al. 2003: 1).

Eheliche Konflikte und Geschlechterunterschiede sind Gegenstand der Untersuchung von Eells und O'Flaherty (1996). Mit 248 Befragten weisen die Autorinnen die zentrale Rolle der Kommunikation während eines Paarkonflikts nach. Frauen nehmen mehr Probleme wahr als Männer innerhalb ihrer Partnerschaft. Darüber hinaus empfinden Männer, dass die Probleme gleich verteilt sind zwischen ihnen selbst und ihren Partnerinnen. Geschiedene und Getrennte geben mehr Problemfelder an und interpretieren sie als ernster und existenzieller als solche, die verheiratet sind[59]. Die Ergebnisse zeigen, dass zufriedenstellende Partnerschaften im Wesentlichen auch von der Güte der gegenseitigen Kommunikation abhängen. Je besser Individuen wechselseitig die Kommunikation des Anderen decodieren und je besser die Art der Kommunikation aufgenommen wird, desto besser ist die Beziehung. Jedoch wurden hier keine Einflüsse wie der Einfluss des Bildungsniveaus auf die Kommunikationsmöglichkeiten untersucht. Zudem basieren die Befunde nicht auf einer repräsentativen Datengrundlage.

Gavazzi et al. (2000) interviewen in ihrer Studie 152 verheiratete Paare, um die Effekte von expressiven Emotionen, psychiatrischen Symptomen und der Ehequalität auf die weiblichen und männlichen verbalen Aggressionsmuster zu analysieren. Verbale Aggression ist laut den Autoren ein immer noch zu wenig belichteter Faktor bei der Untersuchung der Beziehungsqualität. Sie vermuten, dass verbale Aggression ein guter Prädiktor für die Beziehungsbewertung ist. In ihrer Studie stellen sie fest, dass Partnerschaftszufriedenheit durch ein Zusammenwirken von verbaler Aggression und von problematischen Persönlichkeitsfaktoren beeinflusst wird. Ferner steht eine niedrige Ehezufriedenheit laut Gavazzi et al. (2000) in einem direkten Zusammenhang mit einem hohen Niveau an verbalen Aggressionen. Wie in einigen Studien zuvor berichtet (Gottman 1998, Straus und Sweet 1992), kann verbale Aggression als ein Akt verstanden werden, der die Intention hat, eine andere Person emotional zu verletzen. Sowohl kon-

---

59 Es bleibt jedoch unklar, ob die Problemfelder objektiv betrachtet für den Fortbestand der Partnerschaft existenziell sind oder nur existenzieller wahrgenommen werden, weil die Befragten schließlich auch bereits getrennt oder geschieden sind (vermutlich aufgrund der genannten Problemfelder).

struktives als auch destruktives Verhalten korrelieren in der vorhergesehenen Weise laut mehrerer empirischer Studien mit der Beziehungsqualität (z. B. Hill 2004, Rusbult et al. 1986a; 1986b; Rusbult et al. 1982). Ebenfalls konnte ein Zusammenhang zur Konfliktintensität empirisch nachgewiesen werden (Whitchurch und Dickson 1999: 688): Laut diverser Studien (z. B. Berry und Willingham 1997; Rusbult et al. 1986a) ergaben sich bezugnehmend auf Commitment und Beziehungsstatus auffallend negative Korrelationen zu destruktiven Verhaltensweisen *(neglect/exit)*. Die konstruktiven Verhaltensweisen wiesen hingegen nur einen schwachen Zusammenhang auf. Sprecher et al. (1995: 203) kommen zu anderen Ergebnissen. Sie untersuchten den Einfluss von expressiver[60] Interaktion (partnerschaftlicher Zusammenhalt, Sexualleben und unterstützende Kommunikation) auf die Partnerschaftszufriedenheit und auf das Ausmaß der Identifikation mit der Beziehung (Commitment). Alle drei Interaktionsformen hängen signifikant mit der partnerschaftlichen Zufriedenheit zusammen, am stärksten jedoch erweist sich der Einfluss der unterstützenden Kommunikation.

In der Studie „Entwicklung und Stabilität in Partnerschaften" (ESP-Projekt[61], Brandtstädter und Felser 2003) erfolgt eine empirische Überprüfung eines in Anlehnung an Karney und Bradbury (1995) entwickelten Arbeitsmodells. Die Studie liefert zentrale Befunde zu den Bedingungen und Prozessen, welche die Stabilität und Qualität von Paarbeziehungen (Brandtstädter und Felser 2003: 5) begünstigen und beeinträchtigen können. Bezugnehmend auf Beziehungsqualität stellen die Autoren fest, dass sich während der 14 Jahre eine Abnahme der Beziehungsqualität zeigt. Dies geht mit Resultaten anderer longitudinaler Studien einher. Am stärksten nimmt die Beziehungsqualität bei der jüngsten Alterskohorte ab (30-36 Jährige), während in der ältesten (53-59 Jährige) eine stabile Zufriedenheit zu beobachten ist. Die höhere Stabilität der Paarqualität bei den älteren Befragten ist durch Selektionseffekte erklärbar. Ältere Ehepaare sind länger verheiratet und *„stellen daher bereits eine im Hinblick auf Stabilitätsbedingungen und partnerschaftliche Ressourcen positive Selektion dar"* (Brandtstädter und Felser 2003: 107). Hinsichtlich des Geschlechts konnte hier kein Effekt festgestellt werden. Hingegen gibt es weitere Effekte, die die

---

60 Im Gegensatz dazu stehen instrumentelle Aktivitäten wie z. B. Hausarbeit. (Sprecher et al. 1995: 203)

61 Bei der ESP-Studie (Brandtstädter und Felser 2003: 107) wurden über 600 Ehepaare im Altersbereich zwischen 30 und 59 Jahren über einen Zeitraum von 14 Jahren untersucht (1983-1997). Mit einer weiteren kleineren Gruppe von Paaren, die sich während des Untersuchungszeitraums getrennt haben, wurden weitere Analysen vorgenommen, die vor allem die Aspekte des Zusammenhaltes und der Destabilisierung beinhalteten.

partnerschaftliche Entwicklung beeinflussen wie z. B. innere und äußere Barrieren, persönliche Ziele oder implizite Ehemodelle. Ähnlich wie Brandtstädter und Felser (2003) untersuchten auch Schneewind et al. (2004) die Bedingungen, die die partnerschaftliche Entwicklung beeinflussen. In ihrer Studie „Was hält Ehen zusammen?"[62] analysieren sie die Bedingungen und Konsequenzen ehelicher Stabilität.[63] Ziel ist es, anhand eines sehr komplexen integrativen Rahmenmodells zur Erklärung von Ehestabilität das Zusammenwirken von stabilitätsförderlichen Merkmalen aus verschiedenen Systemebenen (Person, Paar, Kontext – Vergangenheit, Gegenwart, Zukunft) empirisch zu untersuchen. Dabei werden unterschiedliche Muster der Beziehungsgestaltung differenziert – für zufriedene, bzw. weniger zufriedene oder unzufriedene Paare, für Eltern und Nicht-Eltern, für länger und kürzer Verheiratete.

> „Wie eine Person ihre Beziehung lebt und erlebt, hängt auch ab von ihrer Persönlichkeit, ihrem Lebensstil, ihren Vorstellungen und Werthaltungen, und diese sind geprägt durch die persönliche Beziehungsgeschichte" (Grau und Bierhoff 2003: 245).

Schneewind et al. (2004) beschreiben Positivität (Vertrauen, Sicherheit und Verlässlichkeit in der Partnerschaft) und Konfliktkompetenz (konstruktiver Stil) als wesentliche Einflussfaktoren. Bedeutsam, aber im Einfluss weniger stark für die Beziehungsqualität, sind günstige soziale und materielle Bedingungen. Die Beziehungsqualität der Herkunftsfamilie ist hingegen kaum relevant. Jenseits der bereits benannten Aspekte wird die Paarzufriedenheit auch davon beeinflusst, wie sich die gemeinsame Beziehungsgeschichte entwickelt und wie diese von den Partnern bewertet wird. Dabei spielt das Erleben von Nähe und Distanz eine Rolle[64]: Paare, die gleichbleibend ein hohes Maß an Nähe angeben, sind am zufriedensten. Ähnlich zufrieden sind diejenigen, die sagen, dass sie sich im Zeitverlauf immer näher gekommen sind. Distanz hingegen oder zunehmende Entfernung beeinträchtigen die Paarzufriedenheit. Des Weiteren wurden die

---

62 Durch qualitative Einzel- und Paarinterviews und Fragebögen wurden 64 Ehepaare in München und Umgebung zu ihrer Beziehung, ihrer gemeinsamen Partnerschaftsgeschichte, ihrer Herkunftsfamilie, Zukunftsvorstellungen sowie nach ihrem materiellen und sozialen Kontext befragt. Im Anschluss daran wurde basierend auf den Befunden dieser Pilotstudie die Hauptstudie geplant. In einem 4-Jahres-Zeitraum (2001-2005) wurden 663 bundesdeutsche Ehepaare befragt. Darüber hinaus konnte mit einem Teil der Stichprobe (188 Paare) von 2001 eine Längsschnittuntersuchung durchgeführt werden.

63 Schneewind et al. (2004: 225 ff.): Beziehungskompetenzen und Beziehungsmuster in stabilen (Langzeit-) Ehen: Ausgewählte Ergebnisse des Münchner DFG-Projekts „Was hält Ehen zusammen?".

64 Interessanterweise ist die Beurteilung von Nähe/Distanz bei zwei Dritteln der Partner fast gleich.

Partner befragt, wie sie sich gefunden haben und was dazu beitragen sollte, dass sich die Beziehung weiter entwickelt und intensiviert. Die Autoren untersuchen dafür sowohl die Schicksals- als auch die Wachstumsorientierung. Die zufriedensten Paare sind diejenigen, die an beides gleich stark glauben, d. h. die die Überzeugung vertreten, dass sie von Beginn an gut zusammen passen aber auch davon überzeugt sind, dass ihre Partnerschaft noch wachsen kann.

Die Entwicklung von Paarzufriedenheit untersuchen im Jahr 2001 auch Gräser, Brandtstädter und Felser (vgl. auch Felser 2007: 455 ff.) über einen Zeitraum von 14 Jahren mit der *Dyadic Adjustment Scale*[65]. Anfangs waren die Befragten der jüngsten Altersgruppe 30 bis 35 Jahre alt, die ältesten 54 bis 59 Jahre. Während des 14-jährigen Untersuchungszeitraumes sinkt die partnerschaftliche Zufriedenheit bei allen drei Altersgruppen ab. Dabei verläuft der Gradient der jüngsten Kohorte am steilsten nach unten. Mit zunehmendem Alter schwächt sich dieser Effekt weiter ab, so dass in der Kohorte der 54-59-Jährigen die Zufriedenheit auf dem höchsten Niveau verbleibt. Erklärbar ist dieser Effekt sicherlich mit der Selektivität, der "Positiv Auslese": In dieser Kohorte befinden sich die Paare, die am längsten verheiratet sind und daher tendenziell glücklicher sind, sonst wären sie vielleicht nicht mehr zusammen. Hinsichtlich der Geschlechter variiert die Paarzufriedenheit kaum, jedoch ergeben die Untersuchungen starke interindividuelle Differenzen zwischen den Partnern (Gräser et al. 2001).

Zur Vorbeugung von partnerschaftlichen Störungen, die gleichermaßen mit einer eingeschränkten Paarzufriedenheit einhergehen können, werden darüber hinaus psychologische Defizite als Auslöser für Partnerschaftsprobleme untersucht (Neyer 2003). Dabei spielt auch die Analyse von Kohärenzsinn[66] und anderen Persönlichkeitsmerkmalen als protektive Faktoren der Ehequalität eine Rolle (Felser et al. 1998; Lösel und Bender 2003). In der Psychologie werden außerdem kognitive und emotionale Aspekte berücksichtigt (vgl. Grau und Bierhoff 2003), die schließlich für die paartherapeutische Praxis bedeutsam sind (Hahlweg und Bodenmann 2003). Auf einen Einbezug dieser spezifischen psychologischen Komponenten wird in dieser Arbeit verzichtet. Im Kontext dieser

---

65 Die *Dyadic Adjustment Scale* (DAS von Spanier 1976 mit 32 Items) gilt als das international am häufigsten eingesetzte Verfahren zur Messung der Beziehungsqualität.

66 Er wird auch als *„Sense of Coherence"* (SOC nach Antonovsky 1979, 1987) bezeichnet und könnte eine wichtige Ressource zur Bewältigung von Belastungen sein, um die Partnerschaftszufriedenheit zu stabilisieren. Zentrale Komponenten des Kohärenzsinns sind Verstehbarkeit, Machbarkeit bzw. Bewältigbarkeit und Bedeutsamkeit bzw. Sinnhaftigkeit (Bender 2003: 408 ff.).

Arbeit ist die SESKI-Studie[67] von 2004 besonders hervorzuheben. Sie beinhaltet die Grundüberlegung, dass Kommunikations- und Interaktionsstile in Partnerschaften ihrerseits neben dem *„Paradigma des nutzenmaximierenden Akteurs"*[68] eine eigenständige Erklärungskraft für die konstruktive Konfliktbewältigung, Zufriedenheit und Beziehungsstabilität besitzen. Ziel der SESKI-Studie[69] ist, die Untersuchung der Wirkung sozial- und familienstruktureller Variablen auf die Beziehungsqualität unter besonderer Berücksichtigung des Interaktionsverhaltens durchzuführen. Die Voruntersuchung war als Paarbefragung konzipiert, um die Übereinstimmung hinsichtlich verschiedener Fragen zu testen. Das Ergebnis von divergierenden Antworten liegt bei 24 % und führt in der Hauptuntersuchung zur Befragung eines einzelnen Partners, der über seine Beziehung Auskunft geben soll. Die Hauptstudie ergibt, dass zunächst der interdisziplinäre Zugang einen deutlichen Erkenntnisgewinn bringt. Außerdem können Arránz Becker et al. (2004) nachweisen, dass Konfliktpotenzial und Interaktionsverhalten die höchsten Beiträge zu Vorhersage von Beziehungsqualität leisten.

Das neueste und vielversprechende Forschungsvorhaben zur Entwicklung von Partnerschaften heißt PAIRFAM. Es ist ein DFG-Schwerpunktprogramm für die Vorbereitung einer repräsentativen Längsschnittstudie zur Beziehungs- und Familienentwicklung in der Bundesrepublik Deutschland.[70] PAIRFAM steht für „Panel Analysis of Intimate Relationships and Family Dynamics". Dieses Panel wird seit 2008 jährlich als Wiederholungsbefragung durchgeführt mit 12.000 Befragungspersonen und thematisiert u. a. die Partnerschaftsgründung und auch deren Gestaltung, Paarstabilität u.ä. Im Rahmen von PAIRFAM sind eine Reihe interessanter Begleitprojekte angelaufen wie z. B. die Kölner Paarbefragung (2004-2008).

Die „Kölner Paarbefragung" ist das von Wagner und Weiß (2004-2008) durchgeführte Projekt „Paarkonflikte, Kommunikation und die Stabilität von

---

67 Die Studie zur Ehequalität unter Berücksichtigung der Sozial- u. Familienstruktur, des Konfliktpotenzials u. Interaktionsverhaltens wird im Folgenden SESKI-Studie (Hill 2004) genannt.

68 Die Autoren der SESKI-Studie (Hill 2004) möchten dieses ihrer Meinung nach sehr erfolgreiche Paradigma weniger in Frage stellen, als vielmehr einige Überlegungen hinzufügen. So bemängeln sie zu Recht, dass es ein beträchtliches empirisches und theoretisches Defizit im Hinblick auf die systematische Integration des Interaktions- und Kommunikationsverhalten in familiensoziologische Erklärungen gibt.

69 Die Stichprobe der Hauptstudie umfasste insgesamt 2.041 Personen, die zum Untersuchungszeitpunkt in einer ehelichen oder eheähnlichen Gemeinschaft lebten. Die Befragung fand telefonisch statt.

70 Leider jedoch sind die Daten der PAIRFAM-Studie für die Fragestellung dieser Arbeit nicht geeignet, da sie zu wenig türkische Befragte beinhaltet und die Interviews bisher lediglich auf Deutsch geführt werden. Um dieses Defizit zu beheben, ist seit längerem geplant, eine Migrantenzusatzbefragung durchzuführen.

Partnerschaften". Das allgemeine Ziel dieses Forschungsvorhabens besteht darin, die Stabilität von Partnerschaften zu erklären. Dazu werden Paarkonflikte, das Konfliktverhalten und die Paarkommunikation untersucht. Zu zwei Messzeitpunkten wurden dyadische Daten erhoben.[71] Das zentrale Resultat der ersten Projektphase ist die Entwicklung und Testung geeigneter Befragungsinstrumente zur Messung von Paarkonflikten, Kommunikation und Paarzufriedenheit. In der zweiten Projektphase werden die Hypothesen anhand von Längsschnittdaten überprüft. Des Weiteren werden spezielle statistische Verfahren getestet, um dyadische Daten besser analysieren zu können. Die Untersuchung ist als Längsschnittstudie konzipiert und wurde in zwei Wellen im Zeitraum von 2005 bis 2007 erhoben.[72] Es werden ein Modell des Konfliktverlaufs in Partnerschaften und verschiedene Hypothesen zu den Bedingungen von Konflikten vorgestellt. Auswertungen auf partnerschaftlicher Ebene ergaben folgende Resultate:

> „Enttäuschte Ansprüche und Erwartungen an den Partner, der Institutionalisierungsgrad der Partnerschaft, extreme Belastungen, die Persönlichkeit und das Konflikthandeln bestimmen relativ unabhängig voneinander das Konfliktniveau in Partnerschaften" (Wagner und Weiß 2005: 245).

Interessanterweise spielen jedoch macht- und ressourcentheoretische Erklärungen für die Entstehung und den Verlauf partnerschaftlicher Konflikte keine Rolle: Die Autoren der Studie finden weder Bildungs- noch Einkommenseffekte. Beim Konfliktverhalten sind zwei Strategien mit Konflikthäufigkeit assoziiert: das verbal-aggressive Streiten sowie der Rückzug (Wagner und Weiß 2005: 245). Auch die Bedeutung externer Belastung durch z. B. den Beruf oder durch soziale Kontakte zu Freunden und Verwandten für die Entstehung partnerschaftlicher Konflikte konnten die Autoren für die Individual- und auch Paarebene zeigen.

Ein weiteres PAIRFAM-Projekt ist die querschnittliche Untersuchung von Reichle und Dette-Hagenmeyer (2008). Darin werden die individuelle und dyadische Bewältigung von Alltagskonflikten und die Folgen für die Partnerschaftsqualität untersucht. Die Ergebnisse beruhen auf dyadischen Daten. In allen elf erhobenen Themen ist die Anzahl genannter Paarkonflikte eher gering, dabei sind kaum Geschlechterunterschiede feststellbar. Am häufigsten werden in den

---

71 Die Befragung wurde von Infas durchgeführt und umfasst Personen, die ihren 1. oder 2. Wohnsitz in Köln haben. Insgesamt konnten 216 gemischt- und 12 gleichgeschlechtliche Paare interviewt werden. Die Befragten sind in die folgenden 3 Altersgruppen aufgegliedert: 15-17, 25-27, 35-37 Jahre.

72 Für die Studie wurden 358 Personen in Köln befragt, von denen in 228 Fällen auch deren Partner interviewt werden konnten.

Lebensbereichen Freizeitgestaltung und Arbeitsteilung Meinungsverschiedenheiten berichtet (Reichle und Dette-Hagenmeyer 2008: 247). Die Partnerschaftszufriedenheit liegt hier sowohl für Männer als auch Frauen ähnlich hoch. Bivariat korrelieren die konstruktiven Bewältigungsmuster signifikant positiv mit der Partnerschaftszufriedenheit. Die destruktiven Verhaltensweisen wie erwartet negativ. In den Strukturgleichungsmodellen lässt sich die Relevanz des Akteurs- und des Partnerverhaltens für die Beziehungsbewertung nachweisen. Positives Verhalten zur Bewältigung von Alltagskonflikten begünstigt signifikant das Gemeinschaftsempfinden und die Partnerschaftszufriedenheit bei beiden Geschlechtern.

Insgesamt zeigt die Befundlage, dass es einen empirisch gut abgesicherten und eindeutigen Zusammenhang zwischen Paarkonflikten (deren Häufigkeit), die von externen Stressoren in die Beziehung hineingetragen werden, Konflikthandeln der Partner und der subjektiven Bewertung der partnerschaftlichen Zufriedenheit gibt. Insbesondere destruktive negative Kommunikationsmuster im partnerschaftlichen Konflikt können zusätzlich Meinungsverschiedenheiten produzieren und letztlich Eskalationsprozesse in Gang setzen. Diese dysfunktionalen Interaktionsprozesse (Christensen 1988) wirken sich wiederum ungünstig auf die Bewertung der Beziehung aus.

3.3 Partnerschaftszufriedenheit im interkulturellen Vergleich

Während in Deutschland noch außerordentlich wenig über partnerschaftliche Prozesse von Migranten bekannt ist, existiert in den USA seit Jahrzehnten ein eigenes Forschungsfeld, in dem Partnerschaften, dabei insbesondere die Untersuchung von Beziehungsqualität und -stabilität von Migranten im Vordergrund steht. Hier werden vor allem „African Americans" (vgl. z. B. Crohan 1996), „Latin Americans", oder aber auch andere Einwanderergruppen und deren Beziehungen untersucht sowie gegeneinander oder den in der Literatur bezeichneten „White Americans" gegenübergestellt. Wenngleich diese Studien nicht ausdrücklich türkische Zuwanderer thematisieren, sind die dort gewonnen Erkenntnisse ein Beleg für die Relevanz von kulturvergleichenden Studien. Bevor auf verschiedene Studien, vor allem aus den USA, eingegangen wird, soll eine Studie besonders hervorgehoben werden, die eine große Bandbreite an interkulturellen Vergleichen abdeckt:

Kalmijn (2007) untersucht die länderübergreifenden Unterschiede in Ehen, nicht-ehelichen Lebensgemeinschaften und Scheidungen in Europa im Zeitverlauf von 1990 bis 2000 aus makrotheoretischer Perspektive. Er stellt fest, dass sich die europäischen Länder hinsichtlich ihrer ehelichen Muster erheblich voneinander unterscheiden. Die verschiedenen Indikatoren der Ehe (z. B. Heiratsalter, Eheraten, Scheidungsraten und das Vorkommen von Nichtehelichen Lebensgemeinschaften) können nicht als allgemeingültigen Indikatoren betrachtet werden, um ein länderübergreifendes Erklärungsmuster für die „Haltbarkeit von Ehen" aufzustellen. In multivariaten Analysen wird erhoben, dass Indikatoren wie Geschlechterrollen, Säkularisierung, Arbeitslosigkeit und die Bildungsexpansion wichtige Erklärungsfaktoren für die Länderunterschiede darstellen. Auch bedeutsam erscheint die Rolle der historischen Kontinuität sowie der sozialen Desintegration, um Länderdifferenzen besser zu verstehen.

Demgegenüber stehen viele Befunde aus dem US-amerikanischen Raum, die innerhalb der amerikanischen Bevölkerung Paare aus verschiedenen Einwandererkontexten untersuchen: Bereits Ende der 1960er Jahre untersuchten US-amerikanische Forscher „African Americans" und deren Partnerschaftsqualität (McLoyd et al. 2000: 1077). Frühe Befunde thematisieren eine höhere Konfliktbelastung im Vergleich zu „European Americans". McLoyd et al. (2000) kritisieren in ihrem Review den Forschungsstand zur Ehequalität. Viele Studien weisen ihrer Meinung nach methodische Mängel auf, da sie z. B. die Familiengröße oder andere bedeutsame Merkmale der sozialen Lage nicht kontrollieren. Sie stellen fest, dass bis ins Jahr 2000 keine kulturabhängigen konsistenten Muster zu ehelichen Konfliktmustern gefunden wurden.

Flores et al. (2004) untersucht den ehelichen Konflikt und die Akkulturationsprozesse von Mexikanisch-stämmigen amerikanischen Eheleuten. An der Studie nahmen 151 Personen teil, die persönlich interviewt wurden. Das Ergebnis zeigt, dass stärker akkulturierte Eheleute dazu neigen, Konflikte in der Partnerschaft weniger zu vermeiden. Sie sind in ihrem Ausdruck von Gefühlen exaltierter. Ehemänner die mehr akkulturiert sind, berichten über mehr partnerschaftliche Konflikte im Bereich der Sexualität und über die Rücksichtnahme für den anderen. Bikulturelle und eher akkulturierte Ehemänner geben an, dass deren Frauen mehr verbal und physisch aggressiv seien, im Vergleich zu den ausschließlich mexikanisch-stämmigen Ehemännern. Die Befunde belegen insgesamt, dass akkulturierte Paare eher dazu neigen, ihre Gefühle im Konflikt zu zeigen, im Gegensatz zu weniger akkulturierten Paaren.

Heller und Wood (2000) analysieren den Einfluss von Religiosität und ethnischen Differenzen auf partnerschaftliche Intimität. Dabei vergleichen sie Paare, die hinsichtlich der ethnischen Herkunft und Religiosität gleich sind mit solchen, die sich in diesen beiden Merkmalen unterscheiden. Es wurden 25 jüdische Paare mit solchen verglichen, bei denen jeweils ein Ehepartner jüdischen Glaubens ist. Die untersuchten Paare waren alle kinderlos und in den ersten fünf Jahren ihrer Ehe. Die Ergebnisse belegen Gemeinsamkeiten in beiden Gruppen hinsichtlich des Ausmaßes an ehelicher Intimität und gegenseitigen Verständnisses. In den

Tiefeninterviews zeigte sich aber, dass der Weg dorthin unterschiedlich verlief. Intraethnische und -religiöse Paare berichten über eine größere Ähnlichkeit von Anfang an, die die Entwicklung der ehelichen Intimität fördert. Interethnische und -religiöse Paare hingegen geben an, dass sie die Unterschiede versuchen abzulehnen und auf diese Weise ihre Nähe und Intimität und gegenseitiges Verständnis aufbauen. Die Resultate dieser Studie zeigen, dass trotz unterschiedlicher Wurzeln und kulturellen Erfahrungen ein gleiches Niveau von Intimität erreicht werden kann.

Haque und Davenport (2009) untersuchen die Reliabilität des *Locke-Wallace marital adjustment test* (LWMAT, Locke und Wallace 1959) und befragten 51 verheiratete Muslime (31 Frauen, 20 Männer). Von 24 Partnern der Befragten liegen ebenfalls Daten vor, während die restlichen Fragen nur von 27 Angehörigen einer Dyade beantwortet wurden. Die Forscher postulieren, dass die Reliabilitätswerte bei muslimischen Partnerschaften der zweiten Generation der Migrierten höher sein werden und in der ersten Generation geringer, weil sie weniger akkulturiert sind. Genauso erwarten sie, dass die Perzeption von ehelicher Zufriedenheit vom Geschlecht abhängt (Haque und Davenport 2009: 162). Die Autoren kritisieren, dass dieses Instrument bisher nur bei anglo-amerikanischen Paaren und in einigen Studien auch bei „*non-white Americans*", wie z. B. Chinesen, getestet wurde. Auch merken sie an, dass die muslimische Bevölkerung in den USA multiethnisch zusammengesetzt ist aus dem arabischen und dem asiatischen Raum, aber auch aus afrikanischen Regionen oder Europa. Das LDI (Life Distress Inventory), entwickelt von Thomas et al. (1994), ist ein 18-item-Messinstrument, das die subjektive Unzufriedenheit im Alltag misst. Darüber hinaus kam der LWMAT[73] zum Einsatz, der *Locke and Wallace marital adjustment test*[74] (Locke und Wallace 1959: 251), der wie folgt definiert wird: "*...accommodation of a husband and wife to each other at a given time'*" (Haque und Davenport 2009: 161). Die beiden Skalen korrelierten signifikant negativ miteinander: Je größer die tägliche Unzufriedenheit steigt, desto mehr sinkt die allgemeine Zufriedenheit mit der Ehe. Das Cronbach's Alpha differierte zwischen beiden Skalen, was für unterschiedliche kulturelle Erwartungen bezüglich der ehelichen Zufriedenheit sprechen könnte. Durch die religiöse Charakte-

---

73 "*The LWMAT, developed by Locke and Wallace (1959), is a 15-item instrument designed to assess levels of satisfaction and accommodation of husbands and wives to each other*" (Haque und Davenport 2009: 161).

74 "*To test the applicability of the dyadic adjustment scale (DAS) on the Turkish population Fisiloglu and Demir (2000) compared the reliability and validity scores of the Turkish version of the DAS to the reliability and validity scores of the Turkish version of the LWMAT. The authors found that there was a high correlation between the reliability and validity scores of both instruments...*" (Haque und Davenport 2009: 161).

ristik des Islam ist Alkohol, da im Koran nicht erlaubt, als Stressor nicht bedeutsam. Ebenfalls weniger oft als in christlichen Partnerschaften ist der Streit über Kinder und die Verwandtschaft. Die Autoren vermuten, dass auch dies religiöse Gründe hat, weil der Islam dem Familienleben eine Priorität einräumt. Signifikante Geschlechterunterschiede können dabei nicht festgestellt werden, die Ursache sehen sie in der anderen Aufarbeitung ehelicher Probleme und Spannungen:

> „Perhaps because it is shameful to discuss one's marital problems outside of the marriage, couples are more inclined to discuss their marital issues with each other. Therefore, the perceptions of their marriages remain consistent with their partners' perceptions" (Haque und Davenport 2009: 167).

Den eingangs angenommenen Generationenunterschied bei den muslimischen Einwanderern können sie nicht nachweisen, weil die jungen Paare der zweiten Generation zumeist auch erst kurz verheiratet sind, und so die partnerschaftliche Zufriedenheit noch relativ hoch ist.

Karahan (2009) führt im Rahmen eines Paarkommunikations-Programms (Ondokuz Mayis University Permanent Education Center) eine Paarstudie mit 122 türkischen Paaren durch. An ihnen testet er die „Active Conflict Subscale of the Conflict Tendency Scale" (Dökmen 1996, 1989) und die "Conflict Resolution Scale" (Akbalik 2001). Die Paare wurden vor dem von dem Autor entwickeltem Konfliktkommunikationstraining und danach befragt und mit einer Kontrollgruppe verglichen, die nicht an dem Training teilgenommen hatten. Erfolge sind drei und sechs Monate später sichtbar. Die therapierten Paare zeigen konstruktivere Konfliktlösungsstrategien und eine geringere Konflikthäufigkeit in der Partnerschaft. Häufige Konfliktthemen werden in den Bereichen Intimität, Autonomie und den Beziehungen zu den Eltern bzw. Schwiegereltern berichtet (Karahan 2009: 226). Zudem weist Karahan (2009) eine eher egozentrisch orientierte Haltung nach, die dem Partner gegenüber wenig Empathie entgegenbringt. Die weiblichen Probanden gaben an, dass sie oft und auch schnell ihre Kontrolle verlieren, zu starken Gefühlsausbrüchen neigen, lange brauchen, um sich wieder zu beruhigen und dabei auch oft zunächst die Kommunikation mit dem Partner abbrechen. Die Partner zeigen ein rigides, autoritäres und bewertendes Konfliktverhalten, in denen sie ihre Partnerinnen für die Probleme verantwortlich machen. Zudem würden sie zu dominantem Verhalten neigen (so berichten die Frauen über ihre Partner) und häufiger Beleidigungen aussprechen und Befehle erteilen, die die Partnerin als verletzend und als missachtend empfindet. Um diese „*win/loose*-Strategie" zu überwinden, entwickelt der Therapeut durch diverse Rollenspiele „*win/win*-Strategien", um Machtkämpfe zu reduzieren.

3.4 Partnerschaftszufriedenheit bei Deutschen und türkischen Migranten

In Deutschland gibt es bislang erst zwei sozialwissenschaftliche Studien, die sich ausdrücklich mit der partnerschaftlichen Zufriedenheit von türkischen Migranten beschäftigen. Im Nachfolgenden werden die ersten Ergebnisse der „Berliner Studie" (Baykara-Krumme 2009) und danach die Untersuchung des Einflusses der Erwerbssituation auf die Partnerschaft bei Deutschen und türkischen Paaren im Vergleich (Wagner und Weiß 2010) dargestellt.

Im Jahr 2008 wurde die „Berliner Studie" (Baykara-Krumme 2010, 2009) als Begleitprojekt des deutschen Beziehungs- und Familienentwicklungspanels (PAIRFAM, Beschreibung der Studie S. 61) realisiert. Sie war als Vorstudie konzipiert, um ab der 3. Welle im Jahr 2010 der PAIRFAM-Hauptstudie als Zusatzbefragung für Migranten in Deutschland zu starten. Es wurden mittels einer Stichprobe von 429 türkischen Staatsangehörigen in Berlin Instrumente[75] aus dem Beziehungs- und Entwicklungspanel getestet und nach kulturellen Kriterien modifiziert. Ziel ist dabei, eine methodische Prüfung der Machbarkeit einer solchen Migrantenbefragung. Hierbei spielt insbesondere die Analyse der Teilnahmebereitschaft bzw. Ausschöpfungsquote und einer Prüfung von geeigneten Befragungsinstrumenten eine Rolle. Es wurden bilinguale und deutschsprachige Interviewer/innen eingesetzt, um Interviewereffekte z. B. bezüglich der Sprache und des Geschlechtermatchings zu testen. Außerdem wird die Interviewsituation thematisiert, um die Beeinflussung des Antwortverhaltens durch Dritte bei türkischen Migranten genauer zu untersuchen. In der Berliner Studie sind, im Vergleich zur PAIRFAM-Hauptstudie, wesentlich häufiger Kinder und (Ehe-) Partner anwesend. Jedoch nicht nur die Anwesenheit Dritter, auch deren aktive Partizipation an den Interviews werden dokumentiert. Es wird aber von den Interviewer/innen nur zu gut einem Viertel als das Antwortverhalten beeinflussend eingestuft. Die nachfolgenden Darstellungen basieren auf einem Ergebnisbericht[76] von 2009. Es wurden vier Gruppen aus zwei Studien verglichen:

Hauptstudie PAIRFAM (bundesweit)
* einheimische Deutsche
* türkeistämmige Migranten (deutsch-sprachig, ohne Übersetzungshilfen)

---

75 Die Fragebögen umfassen eine breites inhaltliches Spektrum und sind als Paarbefragung konzipiert. Zu den Themen zählen: Paarbeziehungen (Etablierung, Gestaltung, (In-)Stabilität) Familiengründung und -erweiterung sowie intergenerationale Beziehungen (Baykara-Krumme 2009: 3).

76 Bisher liegt zu dieser Studie ein Methodenbericht vor (Baykara-Krumme 2010). Darüber hinaus wurde ein working paper (Baykara-Krumme 2009) mit einigen ausgewählten Ergebnissen online publiziert.

Berliner Studie (Vorstudie für eine geplante Migrantenbefragung im Rahmen von PAIRFAM)
- türkische Staatsbürger
- türkische Staatsbürger, geringe deutsche Sprachkenntnisse
  (mit Übersetzungshilfen)

Die Autorin kommt zu dem Ergebnis, dass eine Befragung von nur deutschsprachigen türkischen Migranten „zu selektiven Befunden über familien- und partnerschaftsbezogene Muster und Prozesse in Migrantenpopulationen" beiträgt (Baykara-Krumme 2009: 74). Genauere Untersuchungen der Antwortmuster belegen häufigere Antwortverweigerungen bei türkischstämmigen Migranten und besonders oft bei türkischen Staatsangehörigen im Gegensatz zu einheimischen Deutschen. Zu einem gewissen Grad könnte dies auf kulturelle und sprachliche Verständnisschwierigkeiten schließen lassen. Insbesondere bei der Thematik partnerschaftlicher Konflikte ist dies auffallend, wenngleich die Antwortverweigerung selten über 10 % beträgt. Die Häufigkeit von partnerschaftlichen Konflikten wurde nach verschiedenen Bereichen erhoben: Gestaltung der Freizeit, Aufteilung der Arbeit, Finanzielle Dinge, Engagement in Schule, Umgang, Kindererziehung etc.. Die Mittelwerte sind für alle Konfliktthemen bei den Migranten etwas höher als bei den Deutschen. Noch stärker gilt dies für die türkischen Staatsbürger. Insbesondere Freizeitgestaltung und auch die Kindererziehung sind etwas häufigere Konfliktthemen als bei den deutschen Paaren. Ein weiterer Aspekt der Berliner Studie ist das Konfliktverhalten in der Partnerschaft, das dyadische Coping. Das Verhalten in Stresssituationen wurde über folgende Fragen gemessen:

- Emotionsbezogenes unterstützendes Coping (Gefühl von Verstehen geben, Raum geben, sich auszusprechen)
- Sachbezogenes unterstützendes Coping (Unterstützung bei Problemen)

Hier wurden kaum Differenzen zwischen den vier Gruppen festgestellt. Die befragten Zielpersonen wie auch die Partner schätzen sich überwiegend konstruktiv in ihrem Konfliktverhalten ein. Nur beim Item „Gefühl von Verstehen geben" zeigen sich Unterschiede. Türkische Staatsangehörige zeigen diese Verhaltensweise vergleichsweise seltener und bekommen sie auch weniger oft von ihrem Partner zugesprochen als Deutsche und als türkische Migranten der Hauptstichprobe. In einer zusätzlichen Skala wurde die Zielperson zu ihrem Konfliktstil und dessen des Partners befragt. Vier Konfliktmuster wurden thematisiert: Verbale Aggression (Partner beleidigen, anschreien), konstruktives Verhalten (zuhören und nachfragen, Anliegen verständlich machen), Vermeidung und Rückzug (in Schweigen verfallen, sich weigern, weiter darüber zu reden) und Manipulation (schnell beleidigt sein, Schuldgefühle machen). Bei der Analyse des Konfliktstils in Partnerschaften unterscheiden sich die Gruppen deutlich (Baykara-Krumme 2009): Wenig konstruktive Verhaltensweisen, wie Beleidigungen, Anschreien, und auch Rückzug sind häufiger bei den Befragten der Berliner Studie – insbesondere bei den türkischen Staatsbürgern – zu finden. Bei den nicht zugewanderten Deutschen hingegen häufiger konstruktive Konfliktverhaltensmuster. In den explorativen Faktorenanalysen der Konfliktstile zeigen sich lediglich eindeutige Befunde für die konstruktiven Konfliktstile, die destruktiven Verhaltensmuster weisen hingegen ein uneinheitliches Bild auf. Es ist denkbar, dass sich hier kulturelle Unterschiede zeigen. Außerdem wird in der Berliner Studie die partnerschaftliche Zufriedenheit erhoben. Die Werte sind in allen Gruppen groß und liegen bei über acht und variieren nur leicht in den Nachkommastellen (Baykara-Krumme 2009: 53). Insgesamt konnten die vergleichenden Analysen zeigen, dass eine Beschränkung auf die Gruppe der Deutschsprachigen zu selektiven Befunden führt, die keineswegs Rückschlüsse auf die türkischen Migranten, die die türkische Staatsbürgerschaft haben und eventuell noch zusätzlich über geringere Deutschkenntnisse verfügen, zulassen.

Wagner und Weiß (2010) untersuchen in ihrer Studie den Einfluss der Erwerbssituation auf deutsche und türkische Partnerschaften. Dabei verwenden sie die Daten des international vergleichenden Generations and Gender Survey (GGS, siehe Ruckdeschel et al. 2006), in dem die Befragten u. a. auch zu ihrer Partnerschaft befragt wurden (Individualdatensatz). Es kommen zwei Stichproben zum Einsatz: die erste Stichprobe umfasst deutschsprachige Personen, die zweite beinhaltet explizit türkische Migranten (mit türkischer Staatsbürgerschaft) in Deutschland. Die Analysen finden mit einem deutlich reduzierten Datensatz statt (Wagner und Weiß 2010: 176). In einem ersten Schritt analysieren die Autoren das Ausmaß und die Art der Partnerschaftskonflikte bei deutschen und türkischen Paaren. In einem zweiten Schritt thematisieren sie den Einfluss der Erwerbssituation auf die Partnerschaft und behandeln die Unterschiede zwischen den Deutschen und türkischen Migranten. Die Partnerschaftszufriedenheit[77] wird von männlichen türkischen Migranten am höchsten gewertet. Deutsche und türkische Frauen hingegen bewerten ihre Partnerschaftsqualität auf ähnlichem Niveau deutlich niedriger. In deutschen Partnerschaften werden wesentlich mehr partnerschaftliche Konflikte berichtet als in türkischen. Bei der Betrachtung des Konfliktverhaltens fällt auf, dass die deutschen Männer sich

---

77 Es wurde ein Index gebildet aus der Partnerschaftszufriedenheit und der subjektiven Paarstabilität. *„Die Partnerschaftsqualität ist linksschief verteilt und im Mittel (17,27) sind die Befragten sehr zufrieden mit ihrer Partnerschaft"* (Wagner und Weiß 2010: 182).

selbst am häufigsten konstruktiv betrachten. Unterstützt wird hier auch die These, dass die Häufigkeit von Partnerschaftskonflikten stark mit der Partnerschaftsqualität zusammenhängt. Dieser Zusammenhang wird durch ein konstruktives Konfliktverhalten[78] signifikant reduziert. Es zeigt sich, *„dass deutsche Männer und Frauen ruhiger ihre Meinungsverschiedenheiten austragen als es offenbar in türkischen Partnerschaften der Fall ist"* (Wagner und Weiß 2010: 182). Auch bezüglich der Geschlechterrollenorientierung unterscheiden sich die Türken erheblich von den Deutschen. Darüber hinaus sind auch Geschlechterdifferenzen erkennbar. Die türkischen Männer sind am traditionellsten, nachfolgend die türkischen Frauen. Deutlich weniger traditionelle Geschlechtsrollenmuster als die Migranten weisen die deutschen Befragten auf, bei denen ebenfalls die Männer traditioneller sind als die Frauen (Wagner und Weiß 2010: 183). Außerdem wird ein Interaktionseffekt bei den Deutschen nachgewiesen: Wenn ein konstruktives Konfliktverhalten angewandt wird, dann wird die subjektive Paarqualität von Konflikten, die zwischen den Partnern auftreten, wesentlich weniger beeinträchtigt. Ein konstruktives Konfliktmanagement erhöht somit erwiesenermaßen die Paarqualität.[79] Die Autoren stellen fest, dass ein positives Konfliktverhalten auch reziprok die Anzahl der Konflikte reduziert. Dieser Befund lässt sich jedoch nicht für alle vier untersuchten Gruppen nachweisen. Bei den türkischen Paaren ist der abschwächende Effekt des konstruktiven Konfliktverhaltens auf den Zusammenhang zwischen Konflikthäufigkeit und der Partnerschaftsqualität nicht gegeben. Auch sind die Zusammenhänge zwischen den partnerschaftlichen Konflikten, dem Konfliktverhalten und der Partnerschaftszufriedenheit sowie ihrer wahrgenommenen Stabilität bei den türkischen Migranten deutlich schwächer als bei den Deutschen. Zur Frage, ob es nun einen Spillover-Effekt gibt, konnten Wagner und Weiß (2010) einige Annahmen mit den Daten stützen: Eine geringe Arbeitsplatzsicherheit erhöht die Konflikthäufigkeit in allen vier Gruppen, auf das Konfliktverhalten hat sie jedoch keinen Einfluss. Die Arbeitslosigkeit erhöht nur bei den deutschen Männern die partnerschaftliche Konflikthäufigkeit. Diese Ergebnisse können als Indizien dafür betrachtet werden, dass türkische Partnerschaften weniger anfällig sind für belastende und prekäre

---

78 *„Das konstruktive Konfliktverhalten wurde mit einer fünfstufigen Skala (1 „nie" bis 5 „sehr häufig") erfasst"* (Wagner und Weiß 2010: 182).

79 *„Danach kommt es sowohl bei den türkischen Männern (-0,23***) als auch den türkischen Frauen (-0,40***) zu einer Reduktion der Partnerschaftsqualität, wenn überdurchschnittlich viele Konflikte wahrgenommen werden. Umgekehrt führt ein überdurchschnittlich konstruktives Konfliktverhalten dazu, dass auch die Partnerschaftsqualität steigt (türkische Männer = 0,37**, türkische Frauen = 0,56*)"* (Wagner und Weiß 2010: 188).

Erwerbssituationen als deutsche. Verschiedene Erklärungen werden von den Autoren vorgeschlagen. Es ist denkbar, dass:

- die Copingressourcen und das Solidarpotenzial in türkischen Partnerschaften größer sind.
- die Ursachen in der divergierenden Geschlechtsrollenorientierung bei türkischen Partnerschaften zu finden sind, die bei den Zuwanderern traditioneller ist.
- die Erwartungen der türkischen Migranten an ihre Arbeitsplätze bezüglich Entlohnung und Sicherheit geringer sind.

In der Beurteilung ihrer Befunde gehen die Autoren zudem darauf ein, dass auch die Höhe des Erwerbseinkommens die partnerschaftliche Zufriedenheit positiv beeinflusst. Weniger bedeutsam ist die Arbeitszeit (Vollzeit und Teilzeit). Wagner und Weiß (2010: 195) verweisen abschließend darauf, dass noch aussteht, warum der Spillover-Effekt bei türkischen Migranten schwächer ausfällt.

Zusammenfassend ist festzustellen, dass erste Ergebnisse dafür sprechen, dass sich Aspekte der sozialen Lage auf das partnerschaftliche Innenleben auswirken. Während die Befunde von Baykara-Krumme (2009) lediglich Anhaltspunkte auf deskriptiver und bivariater Ebene liefern[80], gehen die Analysen von Wagner und Weiß (2010) darüber hinaus und zeigen multivariate Zusammenhänge, wie die Erwerbssituation die Partnerschaftsqualität und -stabilität beeinflusst und wie dabei Interaktion innerhalb der Beziehung eine Rolle spielt. Die Autoren finden erste interessante Unterschiede zwischen Deutschen und türkischen Migranten, die darauf hinweisen, dass türkische Paare mit deprivierten Lebenslagen anders umgehen als deutsche, und damit womöglich über gewisse Kompensationsressourcen verfügen.

3.5 Zusammenfassung und Forschungsdefizite

Bezüglich der dargestellten Determinanten zur allgemeinen Erklärung von Partnerschaftszufriedenheit kann diese Arbeit zunächst auf diverse, bereits zitierte Forschungsbefunde zurückgreifen, um sich der Fragestellung dieser Arbeit anzunähern. Es gilt als empirisch gut abgesichert, dass eine ökonomisch deprivierte Situation vermehrt zu partnerschaftlichen Konflikten führt und gleichzeitig auch die konstruktiven Verhaltensweisen eingeschränkt werden. Im Vordergrund

---

80 Einen anderen Anspruch erhebt Baykara-Krumme (2009) auch nicht, denn sie hat lediglich erste Ergebnisse dargestellt.

dieser Arbeit stehen daher Indikatoren wie Arbeitslosigkeit und die Einschätzung der persönlichen finanziellen Lage, die u.u. das subjektive Stresserleben im Alltag beeinflussen, Paarkonflikte auslösen und die Partnerschaftsentwicklung mitbestimmen. Wagner und Weiß (2010) finden für deutsche Männer konfliktsteigernde Effekte der Arbeitslosigkeit. Die Befunde der Autoren zeigen zudem, dass sowohl für deutsche als auch türkische Partnerschaften *„eine Zunahme der Zufriedenheit mit der Arbeitsplatzsicherheit mit einer Zunahme der Partnerschaftsqualität einhergeht"* (Wagner und Weiß 2010: 190), jedoch ist der Spillover-Effekt bei der deutschen Stichprobe eindeutiger nachweisbar als bei der türkischen. Demnach wird der Einfluss der sozioökonomische Benachteiligung über verschiedene Faktoren vermittelt wird. Es gibt Hinweise darauf, dass es kulturell, herkunftsbedingte und religiös geprägte Aspekte gibt, die den partnerschaftlichen Konfliktprozess, die Bewältigungsstrategien und die Bewertung sowie Wahrnehmung der individuellen Partnerschaft determinieren. Insbesondere das konstruktive Konfliktverhalten kompensiert die negative Wirkung von Paarkonflikten und hat seinerseits einen positiven Einfluss auf die Paarzufriedenheit. Wagner und Weiß (2010: 194) belegen diesen Interaktionseffekt.

Für die Analyse von intervenierenden Einflussgrößen wie z. B. die Religiosität, partnerschafts-orientierte Werteinstellungen können bereits existierende sozialwissenschaftliche Arbeiten hilfreich sein, die sich mit türkischen Migranten in Deutschland beschäftigen. Einige Ergebnisse wurden bereits erwähnt, andere werden im späteren Verlauf der Arbeit zur Ableitung der Hypothesen herangezogen, da sie lediglich indirekt mit der Partnerschaftszufriedenheit assoziiert sind. Diese Studien behandeln einzelne Ausschnitte der türkischen Lebenswelten in Deutschland, z. B. das Themenfeld zur häuslichen Arbeitsteilung (z. B. Steinbach 2009, Nauck 1985), zur Einschätzung der ökonomischen Situation im Kontext sozialer Einbettung (Micheel und Naderi 2009), zu sozialen Netzwerken (z. B. Nauck 2007, Nauck et al. 1997, Haug 2007), Wechselwirkungen von Familien- und Migrationsbiographie (Morgenroth 1997), intergenerative Konflikte und gesundheitliches Wohlbefinden (Nauck 1997) sowie Werteinstellungen (z. B. Diehl und Koenig 2009, Diehl et al. 2009, Naderi 2008).

Insgesamt beweisen die dargelegten Befunde aus dem nationalen und internationalen Forschungsstand (vor allem US-amerikanischen Forschung, vereinzelt aus der Türkei) eindrücklich, wie sehr sich die Zuwanderer von der Mehrheitsgesellschaft unterscheiden können. Ergebnisse aus der Partnerschaftsforschung sind also keineswegs immer generalisierbar auf alle Migrantenpaare, so dass eine genaue Analyse der Gruppenunterschiede äußerst sinnvoll erscheint, besonders im Kontrast zur Partnerschaften der nichtgewanderten Aufnahmegesellschaft. Auch wenn die Erforschung der Faktoren von Partnerschaftszufriedenheit sowie die Entschlüsselung von personellen und kontextuellen Risiko- und Schutzfaktoren seit längerem Forschungsgegenstand der Sozial- und auch Verhaltenswissenschaften ist, bestehen dennoch erhebliche Defizite, die es auszugleichen gilt:

a. Methodische Probleme

Bei der Betrachtung des Forschungsstands zur Partnerschaftszufriedenheit ist festzustellen, dass die Befunde zu den Einflussgrößen auf die Beziehungsqualität nur teilweise konsistent (konsistente Befunde liefern z.t: Karney und Bradbury 1995; Kritik äußern Lösel und Bender 2003: 406). Durch methodische Unterschiede sind die Studienergebnisse oft schwer vergleichbar; Quer- und Längsschnittbefunde differieren zum Teil erheblich. Ein weiteres methodisches Problem ist die Dauer der Ehen bzw. nichtehelichen Partnerschaften. Sie variieren sowohl zwischen als auch innerhalb der Studien (vgl. auch Lösel und Bender 2003: 406). Darüber hinaus ist es sowohl durch theoretische als auch methodologische Variationen bisher nur begrenzt möglich, die Folgen des Konfliktverhaltens auf die Beziehungsqualität und Paarzufriedenheit einheitlich zu replizieren. Mögliche Gründe sind die unterschiedlichen Konzeptualisierung und Operationalisierungen der Studien, die auch in den Befunden der Metaanalyse von Karney und Bradbury (1995) zum Ausdruck kommen (Lösel und Bender 2003: 406, Kapp 2002: 19, Bradbury et al. 2000: 975). Die Schwierigkeit einer einheitlichen Untersuchungsstrategie lässt sich auch daran erkennen, dass es inzwischen eine Vielzahl[81] von Instrumenten zur Erfassung des komplexen Konstrukts Paarqualität gibt. Die Mehrdimensionalität drückt sich auch häufig in begrifflichen Ungenauigkeiten aus. Theoretische Konzepte wie z. B. Beziehungsqualität und -stabilität werden oft ungenau definiert, Paarzufriedenheit und -qualität werden z.T. synonym gebraucht. In dieser Arbeit soll daher eine klare Abgrenzung stattfinden. In der psychologischen Partnerschaftsforschung gibt es zudem eine große Anzahl an Studien, die vor allem kommunikative Prozesse thematisieren und eine hohe Erklärungskraft für die Partnerschaftszufriedenheit zeigen. Jedoch basieren diese Erkenntnisse größtenteils auf kleinen, nicht repräsentativen Stichproben (obere Schichten und beratungssuchende Paare sind laut Arránz Becker (2008) darin überrepräsentiert).

---

81 An dieser Stelle seien einige international häufig verwendete Messinstrumente genannt: Dyadic Adjustment Scale (DAS) (Spanier 1976) (32 Items), Marital Adjustment Test (MAT) (Locke 1951) (29 Items), Marital Satisfaction Inventory (MSI) (Snyder 1979) (280 Items), Partnerschaftsfragebogen (PFB) (Hahlweg et al. 1992) (30 Items), Relationship Assessment Scale (RAS) (Hendrick 1988) (7 Items).

b. Mangelnde Interdisziplinarität und Berücksichtigung der Komplexität partnerschaftlicher Prozesse

Immer noch gibt es wenige Studien, die die Partnerschaft aus interdisziplinärer
(soziologischer und (sozial-)psychologischer) Sicht erforschen. Zumeist bleibt
die stärker psychologisch ausgerichtete Forschungsausrichtung von der klassisch
soziologischen Scheidungsforschung getrennt. Der Einbezug von sozial-
psychologischen Erkenntnissen in die Analyse soziologisch relevanter Faktoren
von Beziehungsqualität ist relativ neu, so dass ein langfristiger eigener interdisziplinärer Forschungszweig sich gerade erst entwickelt (vgl. z. B. Arránz Becker
2008, Hill 2004): Zukunftsweisend ist dabei das PAIRFAM-Projekt der DFG
(2008-2022). Denn die Synthese von strukturellen Faktoren und partnerschaftlichen Interaktionsprozessen erscheinen äußerst vielversprechend. Zudem lassen
viele Studien laut Arránz Becker (2008) oft außer Acht, in welchen sozialen
Situationen und damit verbundenen Handlungsrestriktionen die Akteure sich
befinden. Genau hier können die soziologisch relevanten Determinanten ergänzend einbezogen werden, um der Komplexität partnerschaftlicher Prozesse besser gerecht werden zu können. Außerdem ist den vermittelnden Effekten bei der
Analyse partnerschaftlicher Zufriedenheit bislang wenig Aufmerksamkeit geschenkt worden, denn es ist zu vermuten, dass zwischen den soziodemografischen Variablen und der subjektiven Bewertung der Qualität der Partnerschaft
eine Reihe intervenierende Einflussgrößen zwischengeschaltet ist (vgl. beispielsweise Befunde von Wagner und Weiß 2010, Hill 2004). Für diese Art der
Analyse ist es notwendig, komplexe Modelle zu entwickeln. Die Befunde einiger
Studien (z. B. SESKI-Studie von Hill 2004, Längsschnittstudie von
Brandtstädter und Felser 2003) weisen zudem darauf hin, dass es z.T. latente
Dimensionen gibt, die den Prozess der Bewertung partnerschaftlicher Zufrieden-
heit beeinflussen und über einige Variablen ihren Einfluss vermitteln. Mögliche
Wechselwirkungen sollten daher mehr Beachtung finden. Theorien wie das
Stress-Adaptionsmodell (Karney und Bradbury 1995) bestätigen diese Forderung
nach einer reziproken Betrachtung von partnerschaftlicher Kommunikation und
Beziehungsqualität. Überdies thematisieren die Analysen von Arránz Becker et
al. (2005b) die Bedeutsamkeit von multivariaten Untersuchungen von Konflikten
und Kommunikationsstilen. Dabei heben die Autoren auch die Wichtigkeit der
Beachtung von Wechselwirkungen zwischen Konfliktintensität und Konfliktverhalten hervor: Die negativen Folgen von Konflikten können durch konstruktive
Konfliktstile teilweise abgemildert werden. In Anlehnung an diese Befunde stehen der partnerschaftliche Konflikt und auch das konstruktive Konfliktverhalten
thematisch im Fokus dieser Arbeit. Sie werden inhaltlich stärker gewichtet und

in einem multivariaten Untersuchungsdesign zu anderen Determinanten in Bezug gesetzt.

c.   Vergleichende Paarforschung in Deutschland

Es gibt bis auf wenige Einzelbefunde (z. B. Wagner und Weiß 2010, Steinbach 2009) bislang noch keinen komparativen Forschungszweig, der das partnerschaftliche Innenleben von Deutschen und (z. B. türkischen) Migranten in den Mittelpunkt stellt. Der türkische Sozialpsychologe Karahan (2009) widmet sich daher explizit den kommunikativen Prozessen in türkischen Partnerschaften[82], die, so seine Annahme, von kulturellen Faktoren geprägt sind.

"Western therapists face the challenge of negotiating religious and cultural boundaries without being ethnocentric or christocentric…" (Haque und Davenport 2009: 162).

d.   Heterogenität und Berücksichtigung der Forschung im Herkunftsland

Zudem bestehen in der nationalen Forschung noch weitere erhebliche Lücken: Die Betrachtung der Familien- und Migrationsforschung der Bundesrepublik hat gezeigt, dass die türkische Migranten-population oft als sozial einheitliche Gruppe konstruiert wird, ohne sie in den Generationen zu betrachten oder nach anderen soziodemografischen Merkmalen zu differenzieren. Daher soll bei den türkischen Migranten neben der Generations-getrennten Betrachtung die Kenntnis der deutschen Sprache berücksichtigt werden, da sie ein wichtiger Indikator für die Integration bzw. den Grad der Akkulturation darstellt (Nauck 2008). Zudem sollte in der wissenschaftlichen Untersuchung von türkischen Migranten Abstand genommen werden von einer kulturdeterministischen Sicht, in der weder individuelle Entwicklungsprozesse noch der soziale Wandel einbezogen werden (BMFSFJ 2000: 90). Problematisch erscheint das bisher dominierende Vorgehen, eine Migrantenforschung zu betreiben, die ausschließlich eine *„Ausländerforschung"* ist, und sich fälschlicherweise sowohl von den Errungenschaften der

---

82   *"Although divorce rates have increased rapidly in Turkey over the last 20 years (93,489 couples divorced in the country last year) (Population and Citizenship Directorate of the Turkish Republic, 2006), reports concerning the nature of marital conflicts among Turkish couples and appropriate intervention techniques are quite rare. Ours is a program designed to promote communication between Turkish couples in which many cultural factors are considered"* (Karahan 2009: 221).

Sozialforschung „hermetisch" abgrenzt sowie die Befunde aus den Studien in den Herkunftsländern ignoriert (BMFSFJ 2000: 90[83]). Das bedeutet für diese Arbeit, dass, soweit sie englischsprachig verfügbar ist, Forschungsliteratur aus der Türkei berücksichtigt wird.

---

83   *„Ein solcher Ergebnisaustausch mit Wissenschaftlerinnen aus den Herkunftsgesellschaften und eine Rezeption der dortigen empirischen Sozialforschung (...) ist bislang nur zögernd in Gang gekommen. Ein solcher Austausch kann nicht nur wesentlich zur Validierung von Befunden der Ausländerinnen-Forschung und zu einer Differenzierung des Bildes über die Herkunftsgesellschaften und deren rasanter Wandlungsdynamik beitragen, er wäre zugleich der bescheidene Ausdruck eines partnerschaftlicheren Verhältnisses zu diesen Ausländer-Nationalitäten"* (BMFSFJ 2000: 90).

4 Theoretische Grundlagen

Es existiert bisher keine explizite Theorie von Partnerschaftszufriedenheit, die kulturelle Faktoren, insbesondere die Rolle der Herkunft, thematisiert. Daher wird in dieser Arbeit auf verschiedene theoretische Konzeptionen zurückgegriffen (Opp 1999: 97[84]). Bei der Untersuchung von Partnerschaftszufriedenheit stellt die soziologische Forschung Zusammenhänge zwischen sozial- und familienstrukturellen Merkmalen und der Entstehung bzw. Entwicklung von Konflikten her und integriert zusätzlich austauschtheoretische Überlegungen (Wagner und Weiß 2010, 2008, 2005, Arránz Becker 2008, Hill 2004, Karney und Bradbury 1995). Dem gegenüber steht die sozialpsychologische Forschung, die beispielsweise Stress im Rahmen der Belastungstheorien als Auslöser von Paarkonflikten betrachtet (vgl. Überblick: Bodenmann 2003), dabei das Konflikt- und Bewältigungsverhalten thematisiert und daraus schließlich die Partnerschaftzufriedenheit erklärt (Karney und Bradbury 1995). Da verschiedene Arbeiten (Wagner und Weiß 2010, 2008, Arránz Becker 2008, Hill 2004) zeigen, dass sozialstrukturelle und sozialpsychologische Komponenten eine gute Basis zur Erklärung von Partnerschaftsqualität bilden, werden für die weiteren theoretischen Ausarbeitungen beide Perspektiven miteinander verbunden. In Kapitel 4.1 bis 4.5 werden durch Erläuterungen theoretischer Ansätze beider Disziplinen Hypothesen zur Erklärung von Partnerschaftszufriedenheit abgeleitet. Hier erfolgt sowohl eine Darstellung soziologischer als auch sozialpsychologischer Konstrukte, insbesondere der Copingressourcen wie z. B. die partnerschaftliche Kommunikation, die in der Sozialpsychologie vielfach im Kontext der Partnerschaftszufriedenheit beachtet wird. Aus dem Forschungsstand (Kapitel 3) ist die Komplexität der Wirkung von sozialer Ungleichheit auf partnerschaftliche Zufriedenheit ersichtlich. Als vermittelnde Instanzen zwischengeschaltet sind Faktoren wie z. B. Paarkonflikte über Geld und ein destruktives Konfliktverhalten. Daher liegt der Schwerpunkt von Kapitel 4 auf einer Ableitung von Hypothesen, die die Verbindungen zwischen solchen intervenierenden Variablen (Mediatoren) und der Partnerschaftszufriedenheit herstellen.

---

84 Die Vorgehensweise zur Modellbildung dieser Arbeit folgt den Überlegungen von Opp (1999) zur Komplexität und zu Strategien des Modellaufbaus.

KH = Konflikthäufigkeit, KV = Konfliktverhalten, h_ = Teilhypothese

Abbildung 2: Hypothesenbildung von Mediatorvariablen auf Partnerschaftszufriedenheit
Quelle: Eigene Darstellung.

Die dazugehörigen Hypothesen sind durch Kürzel gekennzeichnet, beispielsweise wie die Häufigkeit von Paarkonflikten durch „KH" abgekürzt. Sie sind lediglich Teilhypothesen und durch ein kleines „h" markiert. Beispielsweise die Teilhypothese zur Konflikthäufigkeit und Partnerschaftszufriedenheit lautet h_KH, zum Konfliktverhalten und der abhängigen Variable h_KV.

Danach werden in Kapitel 4.6 Schlussfolgerungen für die Konzeption eines eigenen Forschungsmodells gezogen. Abschließend erfolgt in Kapitel 4.7 eine graphische Darstellung aller verwendeten Variablen, die die Partnerschaftszufriedenheit determinieren. Im weiteren Verlauf der Arbeit (Kapitel 5) werden weitere Prädiktoren der Partnerschaftszufriedenheit vorgestellt und Hypothesen zu den Unterschieden zwischen Deutschen und türkischen Migranten abgeleitet.

4.1 Modelle zur ökonomischen Deprivation und Partnerschaft

Konflikte an sich sind zunächst als ein natürlicher Bestandteil aller menschlichen Beziehungen zu betrachten, auch in familialen Beziehungen und nicht per se negativ. Simmel (1908) grenzte in seinen Überlegungen zum Streit den Familienkonflikt von anderen Konflikten ab. Der Familienkonflikt sei eine Streitform *sui generis,* da die Familie charakterisiert sei durch eine enge Form des Zusammenlebens, speziell durch eine (teils erzwungene) soziale und ökonomische Verknüpfung der Familienmitglieder untereinander. Die besondere Qualität des allgemein familialen Konflikts bezieht sich gleichermaßen auf den Paarkonflikt (Fincham 2003, Schneider 1994). Konfliktsituationen in Partnerschaften ergeben sich nach Kersting und Grau (2003: 432) *[...] „aus der Unvereinbarkeit von perzipierten Handlungsmöglichkeiten oder aufgrund von Wahlalternativen, die von den Individuen als nicht gleichzeitig realisierbar interpretiert werden".*

Alltägliche Paarkonflikte und Streitigkeiten können nach Rusbult (Investitions-modell 1983)[85] als Beziehungskosten verstanden werden und wirken sich auf die Unzufriedenheit der Partner aus. Paarkonflikte besitzen jedoch nicht nur negative bzw. destruktive Dimensionen wie z. B. Rigidität, Rückzug, negative Emotionen und physische Aggressionen bzw. Gewalt. Positive bzw. konstruktive Funktionen müssen gleichsam betont werden. Obwohl Paarkonflikte[86] zunächst eine realisierte Bedrohung für eine Partnerschaft darstellen können, können sie bei einer für beide Partner erfolgreichen Konfliktbewältigung Zusammenhalt und Intimität fördern (Gottman 1994). Ähnlich dazu betonte Coser (1965: 36 ff.) [87] die gruppenfestigende und identitätsstiftende Funktion von Konflikten. Nach Tyrell (2001) charakterisieren folgende Besonderheiten den partnerschaftlichen, familialen Konflikt:

1. Die Interaktion im partnerschaftlichen Konflikt zeichnet sich aus durch *„enthemmte Kommunikation"*, da sie von *„disziplinierenden Auflagen und Formzwängen"* befreit sei (Tyrell 2001: 48 ff.).
2. Aufgrund der großen intimen Nähe und Verbundenheit kommt es in Partnerschaften eher zu intensiveren Konflikten als in nicht familialen Kontexten (Tyrell 2001, Coser 1965). Paarkonflikte sind durch ihre enge intime Qualität und die emotionale Abhängigkeit besonders anfällig für aggressives und gewalttätiges Verhalten (Gewaltnähe des Paarkonflikts[88]).
3. Paarkonflikte sind persönliche Konflikte, da sie auf das Selbst des Partners abzielen. In der Partnerschaft wird ein Konfliktverhalten praktiziert, bei dem Partner A gegen Partner B arbeitet:
    „Ehe- und Partnerkonflikte – als persönliche Konflikte – haben typisch die kommunikative Form des ‚Schlechtmachens', des ‚Herabsetzens' oder Kränkens' des Part-

---

85 *„Das Investitionsmodell von Rusbult postuliert, dass die Dynamik und Stabilität von sozialen Beziehungen vom Commitment der Beteiligten gegenüber der Beziehung abhängen. Das Commitment ist umso größer, je höher die Zufriedenheit mit der Beziehung und die Investitionen sind, und je geringer die Qualität der verfügbaren Alternativen ist"* (Grau et al. 2001: 29). Längsschnittliche Befunde zum Test des Investitionsmodells bei Rusbult (1983).

86 Paarkonflikte lassen sich in verschiedene Arten klassifizieren: *intrapersonell* und *interpersonell* (Endruweit und Trommsdorff 2002: 282), *basic* und *nonbasic* (existenziell vs. nicht-existenziell bei Scanzoni (1972: 72 ff.), *paarintern (internal)* und *paarextern (external)*. Da diese Unterscheidungen im Verlauf der Arbeit nicht weiter thematisiert werden, wird auf eine genauere Ausführung dieser Aspekte verzichtet.

87 *„[...] der Konflikt setze Grenzen zwischen Gruppen innerhalb eines sozialen Systems indem, er das Gruppenbewusstsein und das Gefühl der Absonderung von anderen stärke und so die Gruppenidentität innerhalb des Systems schaffe"* Coser (1965: 36 ff.).

88 Ein kurzer umfassender Überblick zur Gewalt in Partnerschaften und Familien befindet sich bei Hill und Kopp (2002: 235 ff.) und bei Nave-Herz (2004: 164 ff.).

ners. Oder sie haben die Gestalt von ‚Vorwürfen' an den Partner, die diesem Schuld und Fehler attributieren wollen" (Tyrell 2001: 51).

Paarkonflikte können u. a. durch sozialstrukturelle Bedingungen ausgelöst werden. Die negativen Folgen einer sozialen, ökonomischen Deprivation auf die Partnerschaft ist in der Familiensoziologie empirisch hinreichend belegt (z. B. Voydanoff 2005, Rogers und May 2003, Conger et al. 1990, Elder 1974 vgl. ausführlich Kapitel 3.1). Der Zustand der Entbehrung, der Deprivation und Armut, wird in der Literatur vielfältig diskutiert (Barlösius und Ludwig-Mayerhofer: 11 ff., vgl. Kapitel 3.1, S. 47) und ist in drei Kategorien unterscheidbar: dem absoluten, relativen und subjektiven Armutskonzept (Krause 1992: 3).[89] Im Kontext dieser Arbeit werden zwei verschiedene Formen der Deprivation thematisiert:

1. *Relative Deprivation (entspricht dem relativen Armutskonzept):* Diese gesellschaftliche, oder soziale und materielle Deprivation ist *„bezogen auf die Gesellschaft, in der man lebt"* (Krause 1992: 3). Sie kann gekennzeichnet sein durch Benachteiligungen auf dem Arbeitsmarkt z. B. durch einen niedrigen oder nicht vorhandenen Bildungs- und Ausbildungsabschluss sowie durch Arbeitslosigkeit. Arm ist in diesem Sinne, wenn ein *„in dieser Gesellschaft allgemein anerkannte[r] minimale[r] Konsumstandard"* (Krause 1992: 3) unterschritten wird. Dieser Ansatz ist allein abhängig von dem gesellschaftlichen Kontext (Kessler 2008).

2. *Subjektive Deprivation (entspricht dem subjektiven Armutskonzept):* Sie basiert auf der Beurteilung der eigenen materiellen Lage.[90] Eine subjektive Deprivation liegt vor, wenn eine Person wahrnimmt, dass sie selbst weniger besitzt als ihr möglicherweise zustehen sollte und eine Erwartungshaltung nicht erfüllt wird. Kritisiert werden an diesem Konzept die Schwierigkeit der *„interpersonellen Vergleichbarkeit"* (Krause 1992: 3) sowie die *„prinzipielle Messbarkeit"* von Wohlstand (Krause 1992: 3).

In den 1970er Jahren wird das Zusammenwirken von wirtschaftlicher Deprivation und sozialen Spannungen in der Familie erstmals durch Elder (1974) unter Berücksichtigung des sozialen Wandels theoretisch konzeptionalisiert. Demnach hat die sozioökonomische Deprivation schwerwiegende Folgen für das Innenle-

---

89 Zur Vollständigkeit sei erwähnt, dass z.T. auch von einem *„politischen Armutskonzept"* gesprochen wird bei Unterschreitung der *„staatlich festgelegten Kriterien von Unterstützungsleistungen"* (Krause 1992).

90 Die Relevanz der wahrgenommenen Benachteiligung im ökonomischen Sinne lässt sich auch begründen mit dem Thomas-Theorem: *„If men define situations as real, they are real in their consequences"* (Thomas und Thomas 1928: 572).

ben einer Partnerschaft. Sie führt zu einer Verschlechterung der wirtschaftlichen Lage des Haushaltes, welches negative Folgen für die Kinder hat, da finanzielle Mittel für den alltäglichen Bedarf, aber auch für eine erfüllende Freizeitgestaltung fehlen. Zudem erhöht ein größerer Einkommensverlust die Wahrscheinlichkeit von Streit und inneren Spannungen, von Uneinigkeit und Demoralisierung innerhalb der Partnerschaft. Gleichzeitig sinkt die Qualität der Familienbeziehungen insgesamt und damit auch die partnerschaftliche Zufriedenheit, die sich wiederum auch negativ überträgt auf den Umgang mit den Kindern. In einer späteren Studie konkretisieren Elder und Caspi (1990) ihre Überlegungen in einem dyadischen Modell, welches gleichermaßen die Wirkung von Entbehrungen auf beide Partner darstellt (Elder und Caspi 1990: 39). Da in dieser Arbeit Übertragungseffekte von elterlichen Konflikten auf Kinder nicht thematisiert werden, ist dieses Modell lediglich eine hilfreiche Ergänzung, um auf Paarebene die außerfamiliären Stressoren und deren Folgen für die Partnerschaft zu erklären. Das Modell integriert eine Reihe von empirischen Studienergebnissen zur Familiendynamik unter Stress und in Krisen. Belastende Ereignisse durch wirtschaftliche Verluste erzeugen demnach eine Reizbarkeit bei beiden Partnern, die sich in willkürlicher Disziplin (strafendes Elternverhalten) und in ehelichen Konflikten manifestiert. Bedeutsam erscheint auch hier die Verlinkung von wirtschaftlichem Verlust auf der einen Seite, der Reizbarkeit und ehelichen bzw. familialen Konflikten auf der anderen Seite. Jedoch fehlt eine Konkretisierung der Ursachen für Paarkonflikte sowie die Folgen für die Paarqualität, die die neueren Modelle von Conger et al.[91] (1994, 1992,1990) in verschiedener Weise leisten. Das Modell zum Einfluss der ökonomische Deprivation auf die Ehequalität und –stabilität von Conger et al. (1990) geht von einer objektiven finanziellen Krise aus („Economic Hardship" in Abbildung 3). Je niedriger das Einkommen oder je geringer die Arbeitsplatzsicherheit ist, desto stärker ist der ökonomische Druck und die Belastung für die Partnerschaft (Economic Strain). Dadurch erhöht sich die Wahrscheinlichkeit von unfreundlichen oder sogar feindlichen Interaktionsstilen zwischen den Partnern (Spousal Hostility). Gleichzeitig sinken die zwischenmenschliche Wärme, die Zuneigung und die Häufigkeit von unterstützenden Verhaltensweisen (Spousal Warmth). Während positive Paarkommunikation die eheliche Qualität (Marital Quality) steigert und die Instabilität senkt, hat die negative einen ungünstigen Einfluss auf die Paarzufriedenheit und verstärkt die Trennungswahrscheinlichkeit (Marital Instability). Darüber hinaus verschlechtert eine niedrige Bewertung der ehelichen Beziehungsqualität die Stabilität und erhöht das Risiko einer Scheidung.

---

91 Darunter auch Glen H. Elder.

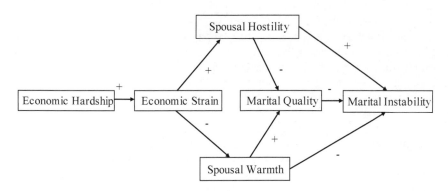

Abbildung 3: Modell zum Einfluss der ökonomischen Deprivation auf die
Ehequalität und -instabilität
Quelle: nach Conger et al. (1990)

Wenngleich Conger et al. (1990) in ihrem Modell nicht explizit den Paarkonflikt
erwähnen, ist er wohl eng verbunden mit dem Konzept des „Economic Strain".
Ferner passt dazu auch die „Spousal Hostility": Denn negative Interaktionsstile
führen zu Paarkonflikten oder sind Verhaltensweisen, die während eines Konflikts aufgrund eines starken ökonomischen Drucks auftreten (siehe Kapitel 3.1).
Daher konzipieren Conger et al. (1994) vier Jahre später das *Family stress model
of economic pressure and marital distress*. Es verdeutlicht und konkretisiert die
dyadische Ebene der Konfliktentstehung im Gegensatz zum älteren Modell von
Conger et al. (1990). Dabei wird der prozessuale Charakter von partnerschaftlichen Spannungen und Konflikten, ausgelöst durch finanzielle Probleme, stärker
in den Mittelpunkt gerückt. Jedoch integriert es nicht die Auswirkungen auf die
eheliche Qualität und Stabilität. Conger et al. (1994) haben dieses Modell zeitlich auf unterschiedlichen Dimensionen verortet. Dieses Längsschnitt-Design
wurde, um die Übersichtlichkeit zu gewährleisten, in Abbildung 4 ausgelassen.
Um hervorzuheben, dass ökonomischer Druck Paarkonflikte verursachen kann,
wurden die für diese Arbeit relevanten Aspekte grafisch hervorgehoben und den
im originalen Modell zwischengeschalteten Faktor „Depression" ausgelassen
(ökonimischer Druck → Depression → Paarkonflikt). Zudem kann dadurch eine
(durch eingefügte Vorzeichen) gerichtete Wirkungsabfolge der einzelnen Modellelemente visualisiert werden. Eine niedrige Bildung beider Partner (Frau und
Mann), die häufig mit geringeren finanziellen Möglichkeiten und einer schlechteren Positionierung auf dem Arbeitsmarkt korrespondieren, steigert den ökonomischen Druck in der Partnerschaft. Dieser äußert sich in der Sorge um offene
Rechnungen, welche wiederum die finanzielle Zufriedenheit mindert. Vorüber-

gehende finanzielle Engpässe oder dauerhafte ökonomische Deprivation können bei beiden Partnern das Risiko für depressive Verstimmungen steigern. Die Folge sind Paarkonflikte, die vor allem in den Lebensbereichen des Haushaltes (Arbeitsteilung, Finanzierung), der gemeinsam verbrachten Zeit und der Sexualität stattfinden.

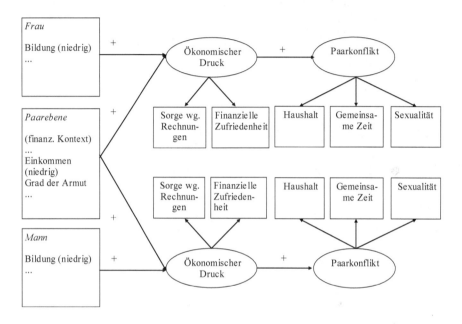

Abbildung 4: Vereinfachte Darstellung des „family stress model of economic pressure and marital distress"

Quelle: nach Conger et al. (1994). Die Darstellung wurde ergänzt durch Vorzeichen und inhaltliche Anmerkungen in Klammern. Lediglich die für diese Arbeit relevanten Aspekte sind dargestellt.

Paarkonflikte stellen nach verhaltenstheoretischen Erkenntnissen (z. B. Gottman 1994) eine Herausforderung an die Konfliktlösekompetenzen der Partner dar. Diesen Aspekt skizzieren Conger et al. (1990), während Elder und Caspi (1990) sowie Conger et al. (1994) in ihren Modellen darauf nicht näher eingehen. Adaptive und kommunikative Prozesse, durch die Spannungen, Belastungen und schließlich Konflikte ausgetragen werden zwischen den Partnern, sind jedoch zentral: Denn ohne ein effektives und an den Interessen der Partnerschaft orientiertes Konfliktverhalten kann die Beziehungsqualität sinken (Wagner und Weiß 2008). Alltägliche Paarkonflikte können nach Rusbult (Investitionsmodell 1983) als Beziehungskosten verstanden werden, als Bedrohung für die Partnerschaft und negativ für die Partnerschaftszufriedenheit. Die Ergebnisse von Arránz Becker et al. (2005: 251) belegen einen ungünstigen direkten Einfluss von Konflikten auf die Paarqualität und -stabilität. Eine positive Paarkommunikation kann dabei eine kompensierende Rolle übernehmen (Arránz Becker et al. 2005a: 275). Darüber hinaus argumentiert Arránz Becker (2008: 302) u. a. bezugnehmend auf Gottman (1994), dass eine *„negativ gefärbte Paarinteraktion – zumal wenn sie in Konflikten stattfindet, die selbst kritische Punkte im Beziehungsgeschehen darstellen – grundsätzlich einen besseren „Gradmesser" der Funktionstüchtigkeit von Partnerschaften darstellt als positive Kommunikation."* Demnach sollten manifeste partnerschaftliche Konflikte, die mit dysfunktionalen Konfliktstilen einhergehen, stärkere negative Effekte auf die partnerschaftliche Zufriedenheit erzielen. Wenn Konflikte innerhalb der Partnerschaft retrospektiv abgefragt werden, könnte zudem angenommen werden, dass die Befragten sich insbesondere an solche Paarkonflikte erinnern, die mit starken Emotionen verbunden waren (vgl. Stein et al. 1997).[92] Zudem verweist Arránz Becker (2008: 303) auf ein nicht unerhebliches Forschungsdefizit, dass besonders die Betrachtung des Ausmaßes oder der wahrgenommenen Intensität von Konflikten selten erfolgt. Wagner und Weiß (2008, 2005) können den Zusammenhang zwischen destruktiven Konfliktverhalten und der Konflikthäufigkeit deutlich nachweisen:

> „Zwei Typen des Konflikthandelns hängen mit der Konflikthäufigkeit zusammen: das verbal-aggressive Handeln sowie der Rückzug (…). Mit Abstand werden dann am meisten Konflikte berichtet, wenn beide Partner bei Konflikten aggressiv sind; neigen beide zum Rückzug, dann ist das Konfliktniveau etwas geringer" (Wagner und Weiß 2005: 245).

Auch weisen die Autoren (Weiß und Wagner 2010, 2008) nach, dass eine hohe Konflikthäufigkeit direkt mit einer niedrigeren Partnerschaftszufriedenheit zusammenhängt. Daraus lässt sich folgende Hypothese ableiten:

h_KH[93]:   Je mehr Konflikte in einer Partnerschaft auftreten (Konfliktausmaß) und je stärker die wahrgenommene Intensität derselben ist (Häufigkeit

---

92   *„… especially those that are relevant to their physical and psychological well-being (…) when the to-be-remembered event is personally meaningful, memory is quite accurate because of its emotional and stressful nature"* (Stein et al. 1997: 18).

93   „h" steht für Teilhypothese, „KH" für Konflikthäufigkeit.

von dysfunktionalen Konfliktstrategien), desto geringer ist die Zufriedenheit mit der Partnerschaft.

Während die bisher beschriebenen Konzepte vor allem die direkten Wechselwirkungen zwischen den finanziellen Belastungen und der partnerschaftlichen Lebenswelt fokussieren, zeigt der nachfolgende Ansatz von Karney und Bradbury (1995), welche Prozesse die verschiedenen Vulnerabilitäten in Gang setzen und wie dadurch die Partnerschaftszufriedenheit determiniert wird.

4.2 Copingressourcen: Belastung und Bewältigung

Besonders in der klinischen Psychologie haben sich Modelle zur Belastung und Bewältigung als gute Erklärungsansätze zur partnerschaftlichen Qualität erwiesen (z. B. Lösel und Bender 2003: 63). Ausgangspunkt ist dabei, dass nicht nur paarinterne Belastungen, sondern auch externe aus dem weiteren sozialen Kontext stammende Faktoren einbezogen werden. Denn berufliche Belastungen und ökonomischer Druck können das partnerschaftliche Leben stark beeinflussen und die Möglichkeiten der gemeinsamen Lebensgestaltung reduzieren (siehe Ökonomische Deprivation und Partnerschaftszufriedenheit, S. 47). Karney und Bradbury (1995: 23) verdeutlichen diese Mechanismen in ihrem Vulnerabilitäts-Stress-Anpassungsmodell.

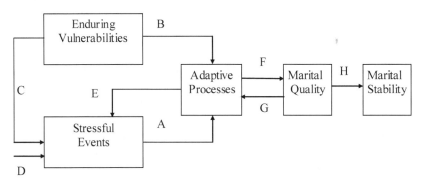

A, B, C... = Kausalpfade
Quelle: nach Karney und Bradbury (1995).

Abbildung 5:   Vulnerabilitäts-Stress-Anpassungsmodell

Sie akzentuieren darin die Wichtigkeit funktionaler Belastungs-und Bewälti-
gungsmechanismen für die Beziehungsqualität und -stabilität. Das Modell integriert u. a. die Austauschtheorie zur Erklärung ehelichen Funktionierens, darüber
hinaus insbesondere Ansätze aus der Verhaltenstheorie (*behavioral theory*). Die
Austauschtheorie geht von einer fortlaufenden Kosten-Nutzenbewertung der
Partnerschaftsinteraktion aus. Verhaltenstheoretische Konzepte thematisieren
ebenfalls die partnerschaftliche Kommunikation. Dabei messen sie der Konfliktinteraktion einen besonders großen Nutzen für die Beziehungsqualität und auch
Stabilität zu (Lösel und Bender 2003: 57). Das Modell führt verschiedene Vulnerabilitäten zusammen, die in adaptiven Prozessen verarbeitet werden, um eheliche Qualität und schließlich Stabilität zu erklären. Dabei werden Kausalbeziehungen zwischen den verschiedenen Komponenten angenommen, die teilweise
reziprok sind. Konflikte werden in diesem Modell als Stressoren dargestellt, die
einerseits von außen durch belastende Ereignisse (Stressful Events) auf die Beziehung einwirken (D). Damit sind z. B. kritische Lebensereignisse wie Jobverlust oder schwere Krankheiten gemeint. Darüber hinaus gibt es (A) verschiedene
Unannehmlichkeiten im Alltag wie Konflikte z. B. über die Aufgabenteilung im
Haushalt oder Stress von der Arbeit, die auf die Anpassungsprozesse (adaptive
processes) der Partner einwirken. Der Umgang mit belastenden Ereignissen wird
durch personale Eigenschaften mit determiniert (C). Zu diesen Charakteristika
zählen persönliche Schwächen oder Persönlichkeitsmerkmale wie z. B.
Neurotizismus als psychisches Defizit (enduring vulnerabilities), die indirekt
über belastende Ereignisse oder direkt auf die Anpassungsprozesse wirken.
Wenn beispielsweise ein Partner zu neurotischen Reaktionen neigt, kann dies
Konflikte erzeugen. Außerdem sind Motive und Vorstellungen des Partners be-
deutsam für den direkten Einfluss auf die Anpassungsprozesse innerhalb der
Partnerschaft (adaptive processes)[94] (B). Diese sind Strategien, um verschiede-
nen Alltagssituationen zu begegnen und besonders Konfliktsituationen zu bewältigen. Sie stehen in Wechselwirkung zu belastenden Ereignissen (E). Zentral im
Prozess der Anpassung sind individuelle und dyadische Copingressourcen, d. h.
Fähigkeiten zur angemessenen Konflikt/-Stressbewältigung: Tritt ein belastendes
Ereignis ein, wird es durch adaptive Prozesse in der Partnerschaft verarbeitet (E
und A). Auf diese Weise können Defizite in den relevanten Kompetenzen (Kon-
fliktlösefertigkeiten) die (F) Partnerschaftszufriedenheit (Marital Quality) und -
stabilität (Marital Stability) negativ beeinflussen (Bodenmann et al. 2003: 3).

---

94 *„In der klinischen Psychologie wird dieses Wissen um die Wirkung adaptiver Prozesse auf die*
   Beziehungszufriedenheit und Stabilität angewendet. Eine Mehrzahl an Studien zeigte, dass prä-
   ventive Interventionen, die kompetenzorientiert waren und die Ressourcen der Partner bezüglich
   des Konfliktumgangs unterstützten, signifikant die Beziehungsqualität verbessern konnten" (Bodenmann 2001: 91).

Dies wirkt wiederum negativ verstärkend (G) auf die adaptiven Prozesse, so dass eher destruktive Konfliktstile bevorzugt werden, was neue Belastungen erzeugen kann (E). Gleichermaßen sind die Eigenschaften in dem Modell nicht zwangsläufig negativ zu interpretieren. Neben problematischen Persönlichkeitseigenschaften, die direkt belasten oder belastende Ereignisse hervorrufen können, sind auch positive Eigenschaften denkbar, die Ausgleich schaffen. Diese Faktoren werden in der Paarinteraktion und -kommunikation durch adaptive Prozesse verarbeitet. Eine Adaption der Stressoren, d. h. der Umgang mit Konflikten, ist letztlich entscheidend für die Qualität (F) einer Partnerschaft. Eine höhere Beziehungsqualität bestätigt die adaptiven Prozesse und stabilisiert die Partnerschaft (H).

Für die partnerschaftliche Zufriedenheit ist demnach entscheidend, wie die Partner mit Belastungen umgehen. Dementsprechend denkbar ist, dass adaptive Prozesse zur Bewältigung jedoch nicht nur innerhalb der Partnerschaft, sondern auch im Dialog mit Familienangehörigen, Verwandten und Freunden stattfinden. Die Anpassungsprozesse sind in diesen sozialen Kontexten ebenfalls bedeutsam. Es ist anzunehmen, dass der soziale Kontext, die Einbindung in die Familie und in Freundschaftsnetzwerke, eine Rolle spielen, um Paare z. B. bei finanziellen Problemen organisatorisch oder materiell zu unterstützen. Daher werden nun einige theoretischen Konzepte zu Sozialkapital und Netzwerken näher erläutert, da sie als Copingressourcen einen Einfluss auf die Partnerschaftszufriedenheit nehmen.

4.3 Copingressourcen: Sozialkapital und Netzwerke

Sozialkapital ist nach Bourdieu (1983: 190) die Gesamtheit der Ressourcen, die durch die Einbindung in soziale Netzwerke gewonnen wird und bestimmte Handlungen oder Zugänge zu weiteren Ressourcen erleichtert oder überhaupt erst realisierbar macht. Soziale Netzwerke repräsentieren soziales Kapital im Bourdieuschen' Sinne[95], da sie individuelle Handlungschancen ermöglichen (vgl. detaillierter Überblick bei Franzen und Pointner 2007). Und sie werden als *„Produkt der sozialen Einbettung gesehen"* (Portes 1995: 13). Netzwerke können daher als Ressource für ein Individuum betrachtet werden. Ein weiteres Charakteristikum eines Netzwerkes ist dessen Größe und Dichte (Hurlbert et al. 2001: 220, Portes 1995: 13). Auch die Ähnlichkeit der Netzwerkmitglieder (Homophilie) spielt eine Rolle zur Beurteilung sozialer Netzwerke (vgl. Hurlbert et al. 2001: 220, Homophilie-Index von Marsden 1988). Das Konzept besagt,

---

95 Die Zugehörigkeit zu einer Gruppe kann als eine Ressource betrachtet werden. Die Partizipation des Akteurs an dieser Gruppe kann für sich selbst und auch für die Gruppenmitglieder von Vorteil sein (Bourdieu 1983).

dass eher Personen zu anderen Personen einen Kontakt pflegen, die ihnen bezüglicher verschiedener Merkmale ähnlich sind, beispielsweise hinsichtlich des Alters, der Religiosität oder der Bildung (Friedrichs et al. 2002: 71, 77). Lin (2001) teilt den Nutzen soziale Netzwerken in zwei Dimensionen ein, in den instrumentellen und den expressiven Nutzen. Der instrumentelle Nutzen erzielt soziale Zugewinne, der expressive Nutzen meint den Erhalt von Ressourcen. In der jüngeren Forschung wird verstärkt die soziale Einbettung und deren Zusammenhang mit partnerschaftlichen Prozessen thematisiert (Kopp et al. 2010, Kneip 2008).[96] Die soziale Umgebung stellt eine wichtige Vergleichsgröße und einen Orientierungspunkt für Paare und ihre Lebensmodelle dar, die zur Angleichung (Bestätigung) oder auch Abweichung des eigenen Verhaltens dienen.[97] Zudem ist soziales Kapital als Copingressource oder Unterstützungspotenzial zu verstehen (Badura 1981): Soziale Unterstützung hilft, die physische und psychische Gesundheit zu erhalten.[98] Aktive und emotionale Unterstützung durch Personen aus der nahen Umgebung hilft, belastende Lebenssituationen, die die Zufriedenheit senken oder den Zusammenhalt der Beziehung bedrohen, abzumildern. Zudem tragen sie dazu bei, partnerschaftliche Spannungen und Konflikte zu reduzieren bzw. zu kompensieren. Darüber hinaus ist es denkbar, dass auch umgekehrt eine generelle Zufriedenheit mit der sozialen Umgebung (Deindl 2005), der daraus resultierenden Unterstützung und dem Vertrauen durch emotionale Nähe, die Zufriedenheit mit dem Leben insgesamt, die Partnerschaft positiv beeinflussen (Felser 2007). Daraus wird insgesamt abgeleitet:

h_SOZ: Je höher das *soziale Kapital* ist, desto höher ist die Partnerschaftszufriedenheit.

---

96   Netzwerkeinflüsse auf Institutionalisierungs- und Auflösungsprozesse in Partnerschaften.

97   *„Signifikante Andere wie Eltern oder Freunde können darüber hinaus die Entstehung und die Stabilität intimer Paarbeziehung aktiv durch ihre Unterstützung fördern, oder durch ihre Opposition hemmen"* (Kopp et al. 2010: 101).

98   Die theoretische Überlegung, dass soziale Netzwerke auch für die Gesundheit eines Migranten ein Kapital darstellen, beschreibt Kotwal (2010). Diese soziale Nähe hängt positiv zusammen mit dem Gesundheitsstatus, mangelnde Nähe hingegen begünstigt die Wahrscheinlichkeit von psychologischen Problemen für beide Generationen. Die erste Generation der Türken hat schwächere soziale Netzwerke, und häufiger das Gefühl der sozialen Isolation und Ablehnung. Die zweite Generation ist den Deutschen schon ähnlicher, wenngleich die türkischen Frauen auch hier deutlich ein höheres Maß an Isolationsgefühlen aufweisen.

4.4 Modelle zu Sozialstruktur, Konflikt/-verhalten und Partnerschaft

In diesem Unterkapitel wird ein Überblick über die zentralen theoretischen Ansätze und Modelle gegeben, die sich dem Einfluss soziodemografischer Faktoren, der Entstehung und Bewältigung partnerschaftlicher Konflikte und der sich daraus erklärenden Beziehungsqualität, -zufriedenheit und -stabilität widmen. Das ist für die Fragestellung dieser Arbeit wichtig, da die nachfolgenden Ansätze verschiedene intervenierende Faktoren thematisieren, die den Einfluss der sozialen Lage auf die Partnerschaftsqualität, -zufriedenheit und –stabilität vermitteln. Dabei integrieren sie nach dem neuesten Stand verschiedene Theorien und Forschungsdisziplinen.

Der theoretische Ansatz der SESKI-Studie[99] (Hill 2004) basiert im Wesentlichen auf der Idee der Austauschtheorie (neben der Verhaltens- und Bindungstheorie). Im austauschtheoretischen Sinne werden folgende Faktoren für die Ehequalität als wichtig erachtet: Soziale und personale Ressourcen zur Ausübung ehelicher Rollen, Zufriedenheit mit dem Lebensstil und die Erträge aus der Interaktion mit dem Partner bilden den Ausgangspunkt zur Erklärung von Beziehungsqualität (Lewis und Spanier 1979: 289). Ob eine Partnerschaft stabil ist, wird u. a. durch eine Abwägung der Alternativen (ergeben sich aus der Opportunitätsstruktur[100]) und Barrieren bestimmt. Barrieren sind z. B. gemeinsame ideelle oder materielle Investitionen in die Partnerschaft wie gemeinsame Kinder und finanzielles Kapital. Alternativen sind jegliche Möglichkeiten, die als erreichbar erscheinen und eine erstrebenswerte Veränderung des Status Quo darstellen können. Bedeutsam sind dabei auch die wahrgenommenen Alternativen, ob es z. B. als attraktiv erscheint, wieder „Single" zu sein oder einen anderen Partner zu wählen. Insgesamt unterstellt die Austauschtheorie, dass eine Person ihren persönlichen Nutzen maximieren, und gleichzeitig die dafür zu leistenden Kosten möglichst gering halten möchte. Kosten werden laut der Austauschtheorie (Lewis und Spanier 1979) besonders in Stress- und Konfliktsituationen sichtbar. Gerechtigkeit im Geben und Nehmen und die Bedürfnisbefriedigung (Thibaut und Kelley 1959) spielen in diesem Kontext eine wesentliche Rolle. Konfliktsituationen unterliegen einer Kosten- und Nutzenbilanzierung, in der die Partner jeweils bewerten, wie adäquat der Paarkonflikt für ihre Bedürfnisse bzw.

---

99 Studie zur Ehequalität unter Berücksichtigung der Sozial- und Familienstruktur, des Konfliktpotenzials und Interaktionsverhaltens, durchgeführt unter der Leitung von Prof. Dr. Paul B. Hill am Institut für Soziologie, RWTH Aachen, DFG-Forschungsprojekt.

100 Basiert auf dem Merton'schen Konzept der Opportunitätsstrukturen (1938) im Kontext der Anomietheorie. Mit Opportunitätsstrukturen sind Gelegenheiten und Möglichkeiten gemeint, über die ein Individuum in seiner sozialen Umgebung verfügt. Dieses Konzept bezieht sich auch auf Webers Überlegungen zu Lebenschancen (Mackert 2010).

wie angemessen er für das Funktionieren ihrer Partnerschaft ist. Inadäquates und dysfunktionales Konfliktverhalten wird die Beziehungszufriedenheit der Partner langfristig herabsenken. Aus der subjektiven Einschätzung der Beziehungszufriedenheit beider Partner ergibt sich schließlich ein wichtiges Kriterium zur Bestimmung der Beziehungsqualität und -stabilität (Kirchler et al. 2000: 35, Hendrick et al. 1998: 137).

Abbildung 6 verdeutlicht diese Zusammenhänge: Dabei betrachten die Qualität und Stabilität voneinander losgelöst. Demnach sind unzufriedene-stabile Partnerschaften oder zufriedene-instabile Partnerschaften denkbar, neben den naheliegenden Paartypen „zufrieden-stabil" und „unzufrieden-instabil". Denn es kommt auf die wahrgenommenen Alternativen und Barrieren an, die von den Partnern abgewogen werden. Die Bewertung der Qualität ist ein weiteres Kriterium dafür, ob die Beziehung weitergeführt wird oder nicht.

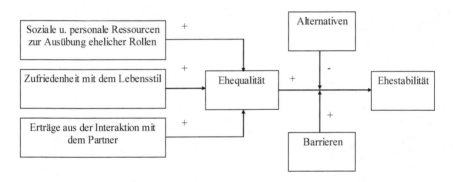

Abbildung 6:   *Ein austauschtheoretisches Modell zur Erklärung von Ehequalität und -stabilität*

Quelle: nach Lewis und Spanier (1979).

Die Qualität wird durch verschiedene Aspekte determiniert: durch die sozialen und personalen Ressourcen zur Ausübung ehelicher Rollen (z. B. Wert- und Einstellungsähnlichkeit), durch die Zufriedenheit mit dem Lebensstil und durch die Erträge aus der Interaktion mit dem Partner. Dazu zählen Belohnungen wie ein besseres Verständnis des Partners, Intimität etc.

Ferner erscheint es austauschtheoretisch plausibel, dass beispielsweise Defizite z. B. ökonomischer Art die Lebensgestaltung einschränken. Auf diese Weise ist die Ausübung ehelicher Rollen aufgrund mangelnder Ressourcen eingeschränkt oder gestört. Beispielsweise wird die Arbeitslosigkeit des Mannes in einer klassisch organisierten „Hausfrauenehe" einen Rollenkonflikt auslösen, da der Ehemann sich dadurch nicht mehr über seine Stellung als „Familienernährer" definieren kann. Aus dem Modell von Lewis und Spanier (1979) wird jedoch nicht ersichtlich, wie solche Konflikte in einer Partnerschaft verarbeitet werden. Dies leisten verschiedene Ansätze aus der Sozialpsychologie, die nachfolgend vorgestellt werden.

Copingressource: Die Bedeutung des Konfliktverhaltens für die Partnerschafts-
zufriedenheit

Konfliktverhalten ist durch partnerschaftliche Interaktion und Kommunikation gekennzeichnet und wird folgendermaßen beschrieben: Interaktion[101] ist definiert als „die elementare Einheit des sozialen Geschehens, in der Menschen ihr Handeln aneinander orientieren, gleich ob sie Erwartungen folgen oder sich widersetzen" (Endruweit und Trommsdorff 2002: 250[102]). Kommunikation ist der Interaktion untergeordnet, da sie eine spezifische Form des sozialen Handelns sei, *„durch das der Handelnde (Sender, Kommunikator, Adressat) mit Hilfe eines Kommunikationsmittels (Mediums) Mitteilungen für einen oder mehrere Menschen (Empfänger, Rezipient, Adressat) macht"* (Endruweit und Trommsdorff 2002: 180). Diese aufgeführten Definitionen bilden den Rahmen zum Verständnis des partnerschaftlichen Konfliktverhaltens.

Zahlreiche nationale und internationale Studien belegen den Zusammenhang von konstruktivem (funktionalem) Konflikt- und Kommunikationsverhalten und der partnerschaftlichen Zufriedenheit. Umgekehrt sind destruktive (dysfunktionale) Konfliktmuster ein guter Prädiktor für eine niedrigere Partnerschaftszufriedenheit (z. B. Wagner und Weiß 2008, Arránz Becker 2008, van den Troost 2005, Hill 2004, Karney und Bradbury 1995, Hill und Kopp 2002: 265, Gottman und Krokoff 1989, Hahlweg 1986). Verhaltensstrategien und Interaktionsstile – vor allem im Konflikt – spielen eine wichtige Rolle bei der Kosten-Nutzen-Bilanz der Partner (vgl. Abbildung 6)

> „In diesem interdependenten Prozess kommt es aber – so die Vermutung – nicht nur auf die wechselseitig geschaffenen (harten) Fakten bzw. Entscheidungen an, sondern auch darauf, wie diese in die Beziehung eingebracht, vermittelt, kommuniziert und verhandelt werden" (Hill 2004: 8).

---

101 Ausführlicher Beitrag zur familialen Interaktion von Fitzpatrick und Vangelisti (1995).
102 Ähnliche Definitionen befinden sich bei Backmund (1993: 48 ff.); Berger und Luckmann (1969); Hahlweg (1986: 62 ff.).

Lern- und Verhaltenstheorien liefern einen wichtigen Erklärungsansatz für die
Wirkung partnerschaftlicher Kommunikationskompetenzen auf die Beziehungsqualität und sind empirisch gut fundiert (Lösel und Bender, 2003: 57 ff.). Grund-
annahme der Modelle von sozialer Lerntheorie einerseits und kognitiv-
behavioraler Ansätze andererseits schreiben der täglichen Paarkommunikation
und besonders dem Verhalten in Konflikt- und Krisensituationen einen wesentlichen Einfluss auf Beziehungsqualität und Stabilität zu. Diese Ansätze thematisieren Kommunikations- und Interaktionsmuster, die entweder eher funktional
oder dysfunktional für eine Beziehung sein können. Ein unangemessener Umgang mit dem Konflikt, d. h. inadäquates Konfliktmanagement kann problematisch sein (Straus 1979: 85). Die Vermeidung eines Konflikts kann ebenfalls
Schäden anrichten, da dadurch feindliche Gefühle entstehen und so die Solidarität zwischen Menschen in Frage gestellt wird (Straus 1979: 75). Jenseits einer
Lösung von Konflikten führen verschiedene Konfliktverhaltensweisen auch zu
einer Fortführung des Konflikts oder zu einer Eskalation (vgl. Glasl's 9-Stufen
Eskalationsmodel).[103] Die Relevanz des alltäglichen Konfliktverhaltens[104] betont
Schneider (1994):

> „Anstelle eines vorsichtigen ‚Krisenmanagements' scheinen nicht über Konflikte
> hinweghelfende Konsensfiktionen die Stabilität der Beziehung aufrechtzuerhalten,
> sondern vielmehr die Art ihrer Lösung (z. B. Konflikte auszutragen und nicht zu un-
> terdrücken oder die Übereinstimmung der Partner in der Wahl der Mittel)" (Schnei-
> der 1994: 149).

Für die subjektive Einschätzung der Partnerschaftszufriedenheit ist daher eine
Verbindung von Konfliktpotenzial und Interaktionsverhalten bzw. Konfliktlö-
sungsstil entscheidend (dieses Zusammenspiel wird in Arránz Becker 2004 und
bei Rüssmann und Arránz Becker 2004 genauer beschrieben). Ausgehend von

---

103 Auf das 9-stufige Eskalationsmodell von Glasl (2004) wird nicht weiter eingegangen, da es bis
jetzt nicht fundiert empirisch belegt wurde. Glasl (2004) beschreibt darin, wie die Konfliktpar-
teien schrittweise die Kontrolle über die Situation verlieren und ihr Verhalten mehr durch eine
destruktive situationale Logik determiniert wird. Jede einzelne Stufe ist von einem bestimmten
Muster der Wahrnehmungen, Motive, Gefühlszustände und Interaktionsformen definiert. Zwischen jeder Konfliktstufe liegt ein Schwellenwert. Kritische Handlungen führen zu dessen Über-
schreiten in die nächste Stufe des Konfliktverlaufs.
104 Alltägliches Konfliktverhaltensweisen könnten auch als Alltagshandlungen definiert werden,
welche auf Alltagswissen basieren und als *„die Sphäre des natürlichen, spontanen, mehr oder
weniger unreflektierten Erlebens und Denkens verstanden werden, das sich auf den Ereignisbe-
reich des täglichen Lebens bezieht und die kognitive und affektive Grundlage der Alltagsroutine
bildet"* (Kirchler et al. 2000: 44).

austauschtheoretischen Überlegungen thematisiert daher das SESKI-Modell[105] verschiedene Determinanten der Beziehungsqualität: Geringe finanzielle Ressourcen stellen ein Konfliktpotenzial dar, weil sie Konflikte über die Ressourcenaufteilung in einer Partnerschaft erzeugen. Die Konflikte sind jedoch nicht direkt für die Beziehungsqualität belastend, die Häufigkeit allein reicht als Prädiktor für die Beziehungsbewertung nicht aus. Arránz Becker et al. (2004) verweisen in der SESKI-Studie auf die zentrale Bedeutung des Interaktionsverhaltens. Aus den Annahmen der Bindungs- und Verhaltenstheorie leiten sie die Bedeutsamkeit der intervenierenden Wirkung des Interaktionsverhaltens für den Beziehungserfolg ab (genauere Ausführungen bei Arránz Becker et al. 2004, Arránz Becker 2004).

In Anlehnung an Gottman (1989)[106] ist das Interaktionsverhalten während eines Paarkonflikts in zwei Bereiche aufteilbar:

1. *Konstruktives Konfliktverhalten* ist durch einen konstruktiven und problemlösenden, d. h. kooperativen Modus gekennzeichnet (durch paar-zentrierten integrativen Kommunikationsstil sowie Konfliktlösestrategien). Konstruktive Konfliktkommunikation zeigt sich in einer konsensfördernden Strategie. Sie ist nach Rüssmann und Arránz Becker (2004) gekennzeichnet durch *„Respekt, Zuwendung, positive Verstärkung, Metakommunikation und Problemlösungsorientierung"* (Rüssmann und Arránz Becker 2004: 61). Dieser Stil basiert auf einer grundlegenden Bereitschaft beider Partner, Konflikte anzupacken und sie zu lösen (Rüssmann und Arránz Becker 2004: 61).

2. *Destruktives Konfliktverhalten* ist durch einen destruktiven, aggressiven, d. h. konfrontativen Modus gekennzeichnet (durch ego-zentrierten destruktiven Kommunikationsstil oder Vermeidungstaktik, Aggression/Rückzug). Destruktive Kommunikation zeigt sich in einer dissens-fördernden Strategie. Sie äußert sich nach Rüssmann und Arránz Becker (2004: 61) über ein *„diffus-emotionales Verhalten"* der Partner in Konfliktsituationen, *„dominant oder gewalttätig"* zu werden, mit *„pauschalen Schuldzuweisungen"*, *„demütigend zu reagieren oder zwanghaft zu handeln"* (Rüssmann und Arránz Becker 2004: 61).

---

105 Eine detaillierte Darstellung der theoretischen Ableitung des SESKI-Modells findet sich bei Arránz Becker et al. (2004).

106 Gottman und Krokoff (1989) untersuchten Konfliktinteraktionen und entwickelten das sogenannte SPAFF (Specific Affect Coding System). Die Kategorien zur Messung des Ausmaßes von positiven und negativen Reaktionen bei Konflikten wurden zum Stressniveau der untersuchten Paare in Bezug gesetzt. Es zeigte sich, dass stressbehaftete Paare in Konflikten häufiger negative Reaktionen zeigen. Durch die bereits erläuterte Wechselwirkung zwischen negativen Impulsen innerhalb der partnerschaftlichen Kommunikation können Konflikte eskalieren.

Die beiden Modi (konstruktiv vs. destruktiv) der Konfliktinteraktion wirken sich unterschiedlich auf die Paarzufriedenheit aus. Gottman (1994) resümierte, dass häufigere positive Reaktionen auf einen Paarkonflikt im Verhältnis 5:1 zu negativem Verhalten eine glücklichere und stabilere Paarzufriedenheit begünstigen. In der Paarkommunikation ist eine optimale Relation vorhanden, wenn fünf positive Aussagen zu einer negativen Reaktion stehen.

Zum partnerschaftlichen Konfliktverhalten lässt sich eine weitere Unterteilung vornehmen.

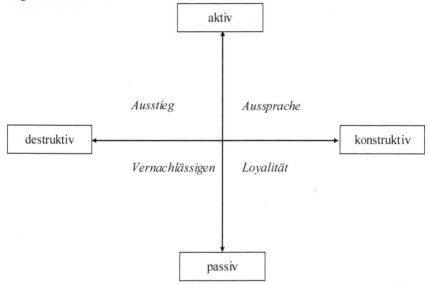

Abbildung 7: Typologie des Konfliktverhaltens
Quelle: nach Rusbult (1987).

Die Typologie nach Rusbult (1987) gliedert die Verhaltensweisen auf zwei Achsen: Konstruktivität vs. Destruktivität und Aktivität vs. Passivität. Diesen beiden Dimensionen weist Rusbult zwei konstruktive sowie zwei destruktive Verhaltensweisen im Paarkonflikt zu, wie sich in der folgenden Abbildung nachvollziehen lässt:

- Aussprache (*voice*): aktives Ansprechen der Unzufriedenheit mit dem Ziel der Verbesserung

- Loyalität (*loyality*): passives Hoffen auf Besserung
- Vernachlässigen (*neglect*): emotionale und physische Distanzierung vom Partner
- Ausstieg (*exit*): Androhung oder Realisierung einer Trennung[107]

Zwar wurden diese kommunikativen Verhaltensweisen als Reaktionen und nicht primär als Ursachen der (Un-)Zufriedenheit in Partnerschaften konzipiert. Jedoch betonen Rusbult et al. (1986a: 752; vgl. auch Noller et al. 1994), dass die Kausalrichtung dieses Zusammenhangs nur in einem längsschnittlichen Design eindeutig nachzuweisen ist. Bisherige Längsschnittbefunde deuten auf einen bidirektionalen Zusammenhang hin (Noller und Feeney 1998: 40). Rusbults Schema der Konfliktverhaltensweisen leistet mit der theoretischen Konzeptionierung eine bedeutsame Grundlage zum Verständnis der Wirkung partnerschaftlichen Konfliktverhaltens auf Beziehungszufriedenheit und –qualität. Denn in Verbindung mit dem Investitionsmodell von Rusbult (1980) lassen sich Zusammenhänge zwischen den Konfliktstilen und der Partnerschaftszufriedenheit herstellen: Durch hohe Investitionen und eine hohe Paarzufriedenheit entsteht eine starke Bindung zwischen den Partnern (Commitment). Daraus erwächst wiederum ein Interesse an partnerschafts-erhaltenden Konfliktstilen. Niedrige Investitionen, attraktive Alternativen und eine niedrige Partnerschaftszufriedenheit jedoch steigern die Wahrscheinlich von destruktivem Konfliktverhalten. Die Partner weisen dann ein geringeres Commitment auf und neigen dazu, auf ihren eigenen Nutzen statt auf den der Partnerschaft zu achten. Demnach wirkt die partnerschaftliche Zufriedenheit auf das Konfliktverhalten, umgekehrt aber ist die Reaktion auf einen Paarkonflikt bedeutsam für die wahrgenommene Qualität einer Beziehung (Rusbult et al. 1998, Rusbult et al. 1986a, 1986b). Aus dieser Verbindung von Konfliktverhaltensweisen und Beziehungsentwicklung erwächst die Bedeutsamkeit partnerschaftlicher Streitkultur, die sich aus den von Rusbult abgeleiteten Dimensionen ergibt. So könnte vermutet werden, dass sich in jeder Partnerschaft ein bestimmtes Konfliktverhalten entwickelt, miteinander zu streiten.[108] Dieser Konfliktstil könnte als Kombination aus den Konfliktverhaltens-

---

107 Die Abwanderung des einen Akteurs (*exit*) zieht den Widerspruch des anderen nach sich. Der Initiator dieser Entscheidung entzieht dem anderen die Wahlmöglichkeit.

108 Die Basis bilden Kommunikationskompetenzen, die als Ressourcen zur Bewältigung von Partnerschaftskonflikten zu verstehen sind. Sie resultieren aus vorausgegangenen partnerschaftlichen Erfahrungen sowie aus dem Kontext der sozialen Herkunft beider Partner. Daraus folgt, dass die Basis partnerschaftlicher Kommunikations- und Interaktionskompetenzen u. a. den Grenzen bzw. Möglichkeiten der jeweiligen Biografie der Partner unterliegen (Noller und Fitzpatrick 1993).

weisen beider Partner definiert werden.[109] Dass der vorherrschende Konfliktstil bedeutsam für die partnerschaftliche Entwicklung sein wird, ist höchst plausibel. Die Analyse partnerschaftlicher Streit- und Kommunikationskultur[110] ist daher zentral für die Determinierung von Partnerschaftszufriedenheit (Feeney et al. 1997). Folgendes ist anzunehmen:

h_KV: Wenn *konstruktives Konfliktverhalten* überwiegt, dann steigert das die Paarzufriedenheit.

Allerdings gilt für die Wirkung des Konfliktstils auf die Beziehungsqualität ein wechselseitiger Zusammenhang: „Im Einzelfall ist schwer feststellbar, ob sich eine Beziehung verschlechtert, weil die Partner negativ miteinander umgehen oder ob sich die Interaktion verschlechtert, weil die Partner mit ihrer Beziehung unzufrieden sind (Lösel und Bender 2003: 69).

Ansatz zur Erklärung des Zusammenwirkens sozialstruktureller und subjektiv-prozessualer Determinanten des Partnerschaftserfolgs (Arránz Becker 2008)

Arránz Becker (2008) bezieht in seinem Ansatz im Wesentlichen die beschriebenen Zusammenhänge zwischen dem Konfliktverhalten und der Beziehungszufriedenheit ein (siehe Abbildung 8). Er postuliert, dass bestimmte Merkmale der sozialen Situation wie z. B. die sozioökonomische Position oder die normative und kulturelle Orientierung einen Einfluss auf die individuelle Situationsdefinition und die Partnerschaftsgestaltung haben. Als Prädiktoren der individuellen Situationsdefinition und Partnerschaftsgestaltung untersucht er verschiedene Merkmale der sozialen Situation. Dazu zählen die Alternativen (Opportunitätsstrukturen im urbanen Raum), der Paarmatch (Homogamie), die sozioökonomische Positionierung, die Zusammensetzung des Haushaltes sowie normative und kulturelle Orientierungen und verschiedene Sozialisationserfahrungen (Ost-/

---

109 Zwei Arten (in Anlehnung an das Rusbult'sche Modell 1980) lassen sich grundsätzlich unterscheiden; solche, die in ihrer Kombination *funktional* oder *dysfunktional* für die partnerschaftliche Entwicklung sind (Gottman und Krokoff 1989: 51). Ein empirischer Beleg für diese Unterscheidung liefert die Paartypologie des Konfliktverhaltens von Ridley et al. (2001), welcher folgende vier Typen in einer Studie zu partnerschaftlichen Konfliktbewältigungsstilen herausfilterte: *sich engagierende Paare (mehr problemlösend), sich distanzierende Paare (mehr Aggression und Rückzug), Paare, bei denen sich der Mann zurückzieht, während die Frau sich engagiert, Paare, bei denen sich die Frau zurückzieht, während der Mann sich engagiert.*

110 "...'husbands' marital satisfaction was more frequently affected by how their wives resolved conflict than wives' marital satisfaction was affected by how their husbands resolved conflict" (Kurdek 1995: 153).

West-Unterschiede in Deutschland). Diese Faktoren beeinflussen u. a. die Konfliktwahrnehmung und die partnerschaftliche Interaktion, sowohl im Alltag als auch im Konflikt. In Abhängigkeit dieser zwischengeschalteten Aspekte entscheidet sich, ob eine Partnerschaft erfolgreich ist oder nicht. Partnerschaftserfolg definiert er über die Zufriedenheit und die Stabilität der Beziehung.

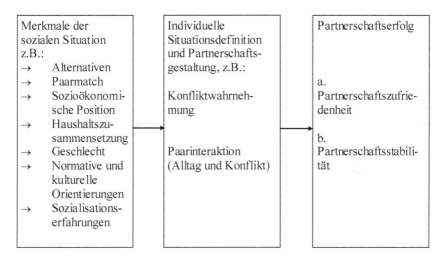

Merkmale der sozialen Situation z.B.:	Individuelle Situationsdefinition und Partnerschaftsgestaltung, z.B.:	Partnerschaftserfolg
→ Alternativen		
→ Paarmatch		a.
→ Sozioökonomische Position	Konfliktwahrnehmung	Partnerschaftszufriedenheit
→ Haushaltszusammensetzung		
→ Geschlecht		b.
→ Normative und kulturelle Orientierungen	Paarinteraktion (Alltag und Konflikt)	Partnerschaftsstabilität
→ Sozialisationserfahrungen		

Abbildung 8:   *Modell zum Zusammenwirken sozialstruktureller und subjektiv prozessualer Determinanten des Partnerschaftserfolgs*

Quelle: nach Arránz Becker (2008: 175).

Arránz Becker (2008) leistet mit diesem umfangreichen Modell einen wesentlichen Beitrag zur Erklärung von Partnerschaftszufriedenheit, zumal er auch stärker die psychologischen Faktoren wie die partnerschaftliche Wahrnehmung einbezieht und eine große Bandbreite an Prädiktoren testet. Erkenntnisgewinne leisten insbesondere die ausführlichen Analysen von zwischengeschalteten Variablen (Mediatoren) durch Pfad- und Strukturgleichungsmodelle, die die Mechanismen zur Erklärung partnerschaftlicher Zufriedenheit transparenter machen. Es könnte innerhalb des Modells jedoch auch angenommen werden, dass sozialstrukturelle Faktoren und Sozialisationserfahrungen beispielsweise der normativen und kulturellen Orientierung vorgeschaltet sind. Die Merkmale der sozialen Situation könnten demnach noch ausdifferenzierter und konsistenter (und mit Vorzeichen gerichtet) in ihren (Wechsel-)wirkungen miteinander dargestellt werden, da sie sich z.T. bedingen.

Insgesamt zeigen die aktuelleren Ansätze und Modelle zur Erklärung von Beziehungsqualität, -zufriedenheit die Bedeutsamkeit vermittelnder Mechanismen zwischen Sozial-und Familienstruktur einerseits und andererseits der wahrgenommenen Qualität und Stabilität von Partnerschaften. Gewinnbringend erscheint dabei auch die Integration sozialpsychologischer Theorien, um die partnerschaftlichen Prozesse, z. B. im Umgang mit ökonomischen Spannungen und die daraus resultierenden Paarkonflikte, besser zu verstehen. Wie von Arránz Becker (2008) thematisiert, determinieren weitere Aspekte die Bewertungsprozesse von Individuen. Dazu zählen z. B. die Wertorientierungen und Geschlechterrollenvorstellungen.

4.5 Einfluss von Wert- und Geschlechterrollenorientierung auf Partnerschaftszufriedenheit

Verschiedene Ansätze thematisieren die Bedeutung von Wert- und Geschlechtsrollenorientierungen für die partnerschaftliche Zufriedenheit und den Fortbestand von Beziehungen bzw. Ehen. In der Kausaleffekt-Hypothese wird die These vertreten, dass das voreheliche Zusammenleben an sich einen direkten oder indirekten negativen Einfluss auf die Qualität und Stabilität einer Ehe hat (Arránz Becker 2008: 47).

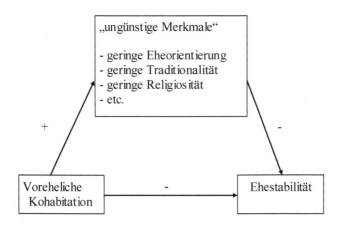

Abbildung 9:   Schematische Darstellung der theoretischen Wirkmechanismen der Kausaleffekt-Hypothese

Quelle: nach Arránz Becker (2008: 47)

Bedeutsam sind die zwischengeschalteten „ungünstigen Merkmale" wie z. B. eine geringere Eheorientierung, Traditionalität und Religiosität (siehe Abbildung 9), die Arránz Becker als Merkmale der sozialen Situation definiert. Die Kausaleffekt-Hypothese besagt (Arránz Becker 2008: 46), dass vorehelich kohabitierende Personen ein höheres Scheidungsrisiko besitzen. Ursache dafür sind Indikatoren eines unkonventionellen Lebensstils sowie andere individuelle „Vulnerabilitätsfaktoren" wie z. B.: Jüngere Geburtskohorte, Konfessionslosigkeit, Voreheliche Geburten, Scheidungserfahrungen in der Herkunftsfamilie, Arbeitslosigkeit, Straffälligkeit, skeptische oder ablehnende Einstellungen zur Ehe und Familie sowie eine niedrige Eheorientierung (Brüderl et al. 1997). Demgegenüber stellt Arránz Becker (2008: 46) die "Kinds-of-people-Hypothese". Diese besagt ein höheres Scheidungsrisiko bei vorehelich zusammenlebenden Paaren, weil vor allem gerade diese Personen nichteheliche Lebensgemeinschaften gründen, die z. B. eine geringere Eheorientierung aufweisen. Die genannten Überlegungen weisen mehrere Defizite auf. Arránz Becker (2008) kritisiert dabei die unklare Kausalität der Modellelemente. Zudem muss eine Probeehe nicht unbedingt negativ sein bzw. mit „ungünstigen" Merkmalen verbunden sein (Lois et al. 2009). Bei der vorehelichen Kohabitation können Informationen über den Partner gesammelt, die „Alltagstauglichkeit" und Passung der Partner (Matching vgl. Rohmann 2003: 320) überprüft werden. Außerdem ist bei der zunehmenden Zahl der nichtehelichen Lebensgemeinschaften (Lois 2008) z.T. von einer auf Dauer angelegten Kohabitationsform auszugehen, die parallel zum ehelichen Zusammenleben sich als eigenständige Form etabliert hat und ausdrücklich nicht als „Probeehe" verstanden wird.

Den genannten Überlegungen zu Wert- und Geschlechterrollenorientierungen folgend, werden die Einflüsse der Religiosität, der Traditionalität sowie der Eheorientierung näher erläutert, die Arránz Becker (2008) als Determinanten der partnerschaftlichen Zufriedenheit verwendet.

Wert- und Geschlechterrollenorientierung (Religiosität, Traditionalität der Geschlechterrollen, Aufgabenteilungszufriedenheit)

Religiosität und Partnerschaftszufriedenheit

Es stellt sich die Frage, inwieweit die Religiosität[111] und insbesondere ihre Stärke auf die partnerschaftliche Zufriedenheit wirkt. Eine hohe Religiosität geht *„mit einer Reihe weiterer Merkmale und Strukturen von Ehen einher, die eben-*

---

111 „...*higher general levels of religiosity at the societal level are linked to more positive correlations between religiosity and psychological well-being"* (Lavric und Flere 2008: 164).

falls stabilisierend auf Partnerschaften wirken: mit traditionellen Haltungen zu Geschlechtsrollen und Arbeitsteilung, einer erhöhten Fertilität, einer geringeren Neigung zu vorehelichen Kohabitation sowie einer höheren Partnerschaftszufriedenheit" (Arránz Becker 2008: 133). Mehrere Studien belegen Geschlechterunterschiede[112] bei der Religiosität (Miller und Hoffmann 1995) und einen stabilisierenden Effekt der Religionszugehörigkeit bzw. Religiosität durch eine verringerte Konflikthäufigkeit (Curtis und Ellison 2002, Hill und Kopp 2002), ein stärkeres Commitment (Verbindlichkeit und Verpflichtungscharakter der Ehe) und durch eine Steigerung der Ehequalität (Curtis und Ellison 2002, Myers 2006). Dudley und Kosinski (1990) belegen dies gleichermaßen, religiöse Partizipation hilft Paaren, konfliktvermeidende Strategien zu entwickeln. Darüber hinaus ist Religiosität auch bee Konfliktlösungsprozess aus diesen Gründen förderlich: *„think of the needs of others, be more loving and forgiving, treat each other with respect, and resolve conflict"* (Dudley und Kosinski 1990: 82). Ebenfalls sind auch die aus der Religiosität entstehenden Wertvorstellungen wie beispielsweise das Konzept der Selbstlosigkeit wichtig für die Intimität in der Partnerschaft (Wallerstein und Blakeslee 1995). Aus den Befunden lässt sich schließen, dass Religiosität eine wichtige Ressource für die partnerschaftliche Zufriedenheit darstellen kann. Daher ist zu vermuten:

h_REL: Je stärker das *Ausmaß der Religiosität* ist, desto höher ist die Partnerschaftszufriedenheit.

Traditionalität (Geschlechterrollenorientierung) und Partnerschaftszufriedenheit

„Unter einer (familialen) Geschlechterrolle werden diejenigen Verhaltensweisen subsumiert, die von Männern und Frauen in einer Partnerschaft erwartet werden" (Eckert 1979: 234). Die Geschlechterrollen zeigen sich in der Arbeitsteilung in unterschiedlichen Bereichen des partnerschaftlichen Zusammenlebens. Geschlechterrollen werden in Sozialisationsprozessen erlernt (Lynn 1966) und zumeist auf einer Skala von traditionell bis egalitär verortet. Traditionell heißt in diesem Kontext, dem Mann die klassische Ernährerrolle und der Frau die Bereiche Haushalt und Kindererziehung zuzuweisen (Stauder 2002: 23). Das Gegenteil davon meint eine egalitäre Geschlechtsrollenorientierung, bei der die Aufgabenverteilung geschlechtsunspezifisch funktioniert (Künzler und Walter 2001). In diesem Kontext wird Traditionalismus thematisiert, der eine Trennung und Scheidung[113] negativ sanktioniert, und daher laut Arránz Becker (2008: 138) die

---

112 *„Studies of religious beliefs and religious behavior have demonstrated consistently that females are more religious than males"* (Miller und Hoffmann 1995: 63).
113 Überblick zu Trennungs- und Scheidungsforschung bei Nave-Herz (2004: 167 ff.).

Beziehungsstabilität erhöht. Lye und Biblarz (1993) belegen empirisch, dass eine Traditionalität in den Werten tendenziell die partnerschaftliche Konflikthäufigkeit reduziert und die Ehezufriedenheit steigert. Denn im Zuge der „Modernisierungsgewinne" ist ein Anstieg höherer Bildungsabschlüsse bei Frauen in Deutschland zu beobachten, womit ebenfalls eine gestiegene Frauenerwerbstätigkeit einhergeht. Dadurch kommt es gerade in Doppelverdiener-Ehen bzw. Partnerschaften häufiger zu einer Doppelbelastung der Frauen (vgl. Margola und Rosnati 2003: 220). In einer traditionellen Partnerschaft, in der die Frau sich um den Haushalt kümmert, ist es jedoch ebenfalls denkbar, dass die Partnerin unzufrieden ist über die Aufgabenverteilung und es dadurch zu mehr Konflikten kommt. Denn durch den gesellschaftlichen Wandel mit den einhergehenden „Modernisierungsgewinnen" sind Frauen weniger (als früher) dazu bereit, eigene (berufliche) Lebensziele zugunsten der Partnerschaft bzw. der Familie zurückzustellen. Auch wenn die Befundlage hier unterschiedliche Ergebnisse zeigt, wird davon ausgegangen, da die Vereinbarkeit von Familie und Beruf (für berufstätige Mütter, deren Partner ebenfalls arbeiten) noch optimierbar ist (Ausbau der Kinderbetreuung für unter Dreijährige auf Basis des Kinderförderungsgesetz, KiföG: „Das Gesetz setzt Meilensteine für mehr Vereinbarkeit von Familie und Beruf").[114] Demnach müssten Partnerschaften, wenn sich die Frau freiwillig auf eine klassische Rollenverteilung einlässt, weniger konflikthaft sein, und damit zu einer höheren Partnerschaftszufriedenheit führen. Daher wird angenommen:

h_TRA: Je höher die Traditionalität der Geschlechterrollenorientierung ist (Traditionalität hinsichtlich Geschlechterrollen), desto höher ist die Partnerschaftszufriedenheit.

Aufgabenteilung und Partnerschaftszufriedenheit

Die erhöhte Erwerbsbeteiligung von Frauen seit den fünfziger Jahren stellt Partnerschaften vor die Herausforderung, häusliche Aufgaben neu zu verteilen und zu koordinieren (Stauder 2002: 15). Verschiedene Theorien können zur Erklärung der partnerschaftlichen Arbeitsteilung herangezogen werden: die Rollentheorie (Dahrendorf 1965), Haushaltsökonomie (Becker 1993), Ressourcentheorie (Stauder 2002: 28)[115], familiensoziologische Verhandlungstheorie[116] bzw.

---

114 BMFSFJ (2011).
115 Stauder (2002) bezieht sich auf Coverman (1985) und Ross (1987).
116 Hierbei wird die Spieltheorie einbezogen.

neue Haushaltsökonomie[117] (Stauder 2002: 30, Ott 1998), Doing-Gender-Ansatz (Berk 1985, Goffman 1977), Equity-Ansatz (Walster et al. 1978), Time-Availability Ansatz (Stafford et al. 1977), Honeymoon-Hypothese (Künzler 1999, 1994) und schließlich der Institutionalisierungsgrad (Künzler 1999). In dieser Arbeit wird der Equity-Ansatz thematisiert, da er empirisch gut belegt ist (bei Grau et al. 2010, Lavee und Katz 2002, Mikula 1992). Die Theorie unterstellt ein von beiden Partnern geteiltes Interesse an einer ausgeglichenen Arbeitsteilung. Dadurch entsteht ein wahrgenommenes Gleichgewicht, welches die Häufigkeit von Paarkonflikten senkt (Kluwer et al. 1997) und die Partnerschaftszufriedenheit erhöht (z. B. Lavee und Katz 2002). Die häusliche Aufgabenteilung ist zum Teil auch Ausdruck der Geschlechtsrollenorientierung innerhalb einer Beziehung. Zudem wird die Art, wie die Partner untereinander die Hausarbeit aufteilen, und wie die Vorstellungen der Aufgabenteilung zueinander kompatibel sind, von der subjektiv empfunden Fairness innerhalb einer Partnerschaft mit determiniert. In Studien zum Einfluss der häuslichen Aufgabenteilung auf die partnerschaftliche Qualität und Stabilität (Überblick bei Stauder 2002) zeigt sich empirisch die Relevanz einer als gerecht empfundenen Aufteilung: Lavee und Katz (2002) thematisieren die Arbeitsteilung, die wahrgenommen Fairness und die Ehequalität unter besonderer Berücksichtigung der Geschlechterideologie. Die Studie wurde in Israel durchgeführt[118], drei Gruppen wurden selektiert, die eine traditionelle, transitionale (Im Übergang zwischen traditionell und egalitär) und egalitäre Geschlechterrollenorientierung symbolisierten. Die Autoren kamen auf Basis von Strukturgleichungsmodellen zu folgenden Befunden: Die wahrgenommene Gerechtigkeit moderiert den Einfluss der Verbindung zwischen der Arbeitsteilung und der Ehequalität. Geschlechterrollenorientierungen moderiert diese Verbindung für Frauen, jedoch nicht für Männer. Für egalitäre Frauen ist eine mehr segregierte Arbeitsteilung direkt verbunden mit einer geringen Ehequalität, für Frauen in Übergangsfamilien (von traditionell zu egalitär) hat die wahrgenommene Fairness den größten Einfluss. Pina und Bengtson (1993) zeigen, dass insbesondere die subjektive Zufriedenheit der Frauen mit der Unterstützung ihrer Partner ein guter Prädiktor für eine positive Interaktion, wenig Konflikte, weniger Scheidungsgedanken und eine hohe eheliche Qualität ist. Zu ähnlichen Befunden kommen Kluwer et al. (1997: 635), die niederländische Paare und deren Konfliktprozesse im Kontext der Arbeitsteilung betrachten. Demnach ist die Unzufriedenheit mit der Aufgabenteilung auch mit destruktiven Konfliktmustern assoziiert, so dass angenommen werden kann, dass eine Zufriedenheit mit der Aufgabenteilung aus einer Passung der Erwartungen beider Part-

---

117 Neueste Befunde zur empirischen Evidenz familienökonomischer Verhandlungsmodelle bei Althammer et al. (2010).
118 Querschnittsstudie mit Muslimen, Juden und Christen.

ner bezüglich des Engagements im Haushalt resultiert. Insgesamt lässt sich aus den genannten Befunden ableiten:

h_AUF: Je höher die Aufgabenteilungszufriedenheit ist, desto höher ist die Partnerschaftszufriedenheit.

Commitment (Eheorientierung und subjektive Paarstabilität)

Commitment wird als emotionale Bindung und als *„die Wahrnehmung eines Verpflichtungsgefühls gegenüber dem Partner"* verstanden (Arránz Becker und Hill 2010: 155).[119] Damit kann auch ein innerer Zusammenhalt in der Partnerschaft gemeint sein, der die partnerschaftliche Zufriedenheit beeinflusst (Levinger 1965). Im Investitionsmodell von Rusbult (1980) wird die Rolle des Commitment dargestellt, welche die Beziehungsstabilität vorhersagt. Auf Basis der Austauschtheorie ist die wahrgenommene Verpflichtung gegenüber der Beziehung (Commitment) abhängig von der partnerschaftlichen Zufriedenheit, der Qualität der Alternativen und den materiellen und immateriellen Investitionen, die aneinander binden. Dazu zählen z. B. Wohneigentum oder Kinder, aber auch gemeinsame Erinnerungen und Rituale, die durch eine Trennung oder Scheidung an Wert verlieren würden. Rusbult thematisiert Commitment als Folge von Beziehungsqualität. Der gegenteilige Effekt ist jedoch auch möglich: starke subjektive Bindungs- und Verpflichtungsgefühle können auch die partnerschaftliche Zufriedenheit erhöhen.

Eheorientierung und Partnerschaftszufriedenheit

Johnson et al. (1999: 160) unterteilen Commitment in drei verschiedene Bereiche: der Wille, in der Ehe zu verbleiben, sich moralisch verpflichtet fühlen, in der Ehe zu verbleiben und sich gezwungen fühlen, in der Ehe zu verbleiben. In dieser Arbeit wird der moralische Aspekt des Commitments und die Trennungskognition (Arránz Becker und Hill: 153 ff.) näher untersucht. Sie zeichnen sich durch Trennungsgedanken, subjektive Instabilitätswahrnehmungen aus und sind empirisch assoziiert mit späteren Trennungen bzw. Scheidungen, die im austauschtheoretischen Sinne als mögliche *„high cost"*-Entscheidung zu verstehen sind. Der Zusammenhang zwischen Commitment[120] und der Partnerschaftszu-

---

119 Zur Handlungsrelevanz von Trennungsgedanken siehe Arránz Becker und Hill (2010).

120 Nock (1995: 508) definiert Commitment als antizipierte Kosten, die im Falle einer Trennung oder Scheidung entstehen würden. *„For each of the following areas, how do you think things would change? Your standard of living, your social life, your career opportunities, your overall*

friedenheit gestaltet sich ähnlich wie beim Einfluss der Religiosität (vgl. Kap 6.1.4) und hängt mit derselben empirisch stark zusammen. Der Glaube an die Unauflösbarkeit der Ehe ist religiös motiviert.

h_EHE: *Je höher die Eheorientierung ist, desto höher ist die Partner-schaftszufriedenheit.*[121]

Subjektive Paarstabilität und Partnerschaftszufriedenheit

In diesem Kontext passt auch das Modell der Frame-Selektion (MFS) von Hartmut Esser (2002), nach welchem in den kognitiven Modellen zur Ehe der beiden Partner eine zentrale Einflussgröße der (In-)Stabilität von Beziehungen gesehen wird (Esser 2002, 2001, 1999). Framing erfolgt in zwei parallel ablaufenden Selektionsprozessen (Esser 2002: 473): In dem einen wird ein gedankliches Modell der Situation (*frame*) ausgewählt, durch das die aktuelle Lage definiert wird. Das Framing von Situation ist ein Orientierungspunkt für die Interpretation von Situationen. Sie orientieren sich und ihr Handeln an kulturellen Mustern und haben daher eine breite gesellschaftliche Akzeptanz. In dem anderen geschieht eine Selektion des Umgangs mit der Situation im Kontext der weiteren Handlungen (Esser 2002: 473). Commitment kann in diesem Zusammenhang als unbedingte Loyalität zum Partner interpretiert werden. Diese „innere Rahmung" bestimmt dann auch die partnerschaftlichen Prozesse, besonders partnerschaftsförderliche Verhaltensweisen, die wiederum die Zufriedenheit begünstigen.

> Eine Ehekrise ist in diesem Zusammenhang ein Indikator für die nachhaltige Erschütterung der Fraglosigkeit dieser Orientierung bzw. für das Re-Framing der Ehe, etwa als „gescheitert" (Esser 2002: 473).

Daraus abgeleitet sinkt das Commitment gegenüber der Partnerschaft. Eventuell auch umgekehrt sinkt die Partnerschaftszufriedenheit, die wiederum negativ rückwirkt auf das Framing. Darüber hinaus kann das partnerschaftliche Commitment nicht nur als die Überlegung der im Falle einer Trennung entstehenden Kosten, sondern auch beispielsweise darüber ermittelt werden, mit welchen Motiven eine Partnerschaft geführt wird. Wiik et al. (2009) untersuchen

---

happiness, your sex life, being a parent." In der Studie von Nock (1995) wird das Commitment jedoch am stärksten vom Verpflichtungsgefühl gegenüber dem Partner und von dem imaginierten Commitment des Partners bzw. der Partnerin beeinflusst.

121 Höhere Partnerschaftszufriedenheit kann nach dem Modell der Frame Selektion auch umgekehrt das partnerschaftliche Commitment stärken.

daher drei Dimensionen, die Ernsthaftigkeit[122] bezüglich der Partnerschaft, die Partnerschaftszufriedenheit und Trennungsgedanken (subjektive Paarstabilität). Dabei vergleichen sie schwedische und norwegische zusammenlebende Paare und analysieren, ob sie sich im Hinblick auf ihr partnerschaftliches Commitment und die wahrgenommene Qualität von verheirateten Paaren unterscheiden. Verheiratete Befragte weisen ein signifikant höheres Commitment auf als unverheiratete zusammenlebende Paare, die keine Heiratsabsichten haben. Ferner sind die Zufriedenheitswerte verheirateter Personen höher, die Trennungsgedanken seltener und sie berichten über eine größere Ernsthaftigkeit bezogen auf ihre Partnerschaft (Wiik et al. 2009: 475 ff.). Nicht zusammenlebende Paare, die jedoch Heiratsabsichten haben, sind zufriedener mit ihren Partnerschaften als solche ohne, und haben auch ein höheres Commitment. Es ist kritisch anzumerken, dass sich das Konzept der subjektiven Paarstabilität und der Partnerschaftszufriedenheit ähneln und sich gegenseitig bedingen. Daraus folgt:

h_ST: Je höher die subjektive Paarstabilität ist, desto höher ist die Partnerschaftszufriedenheit.

Modell zur Erklärung der Partnerschaftsqualität durch Erwerbssituation

In Abbildung 10 werden die bisherigen Erkenntnisse der Folgen einer ökonomischen Deprivation auf die partnerschaftlichen Prozesse konkretisiert, um sie auf deutsche und türkische Migrantenpaare anzuwenden.

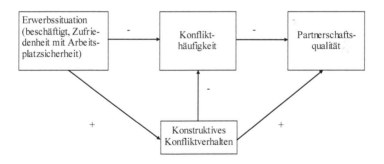

Abbildung 10: Theoretisches Modell zur Erklärung von Partnerschaftsqualität
Quelle: nach Wagner und Weiß (2010).

---

122 Sie hängt hoch signifikant mit der Religiosität zusammen (Wiik et al. 2009).

Im Modell erfolgt eine theoretische Verknüpfung von soziologischen und sozial-psychologischen Ansätzen. Wie im Forschungsstand[123] ausführlich beschrieben, gehen Wagner und Weiß (2010) von einem bedeutsamen Einfluss der Erwerbssituation auf die partnerschaftliche Zufriedenheit aus. Dabei analysieren sie insbesondere die intervenierenden Einflussgrößen der Konflikthäufigkeit und die vermittelnde Wirkung des konstruktiven Konfliktverhaltens.

Ausgehend von verschiedenen Stresstheorien wie der *„social stress theory"* (Aneshensel 1992) und dem *„vulnerability-stress-adaption model of marriage"* (Karney und Bradbury 1995, Abbildung 5) konstruieren Wagner und Weiß (2010) ein integratives Modell zur Erklärung von Partnerschaftsqualität, das die berufliche Situation und den partnerschaftlichen Konflikt in den Mittelpunkt stellt. Die *social stress theory* besagt, dass eine soziale Lage Stress auslösen kann, wenn eine Person dadurch nicht vollständig am Sozialsystem teilhaben kann oder die Art der Teilhabe nicht den erwarteten Nutzen bringt. Insbesondere eine prekäre soziale Lage beispielsweise durch Arbeitslosigkeit oder durch mangelnde Arbeitsplatzsicherheit löst bei den Beteiligten sozialen Stress aus, stellt eine psychische Belastung dar und beeinträchtigt die Copingressourcen wie z. B. das konstruktive Konfliktverhalten (Bodenmann 2003). Positiv formuliert reduziert eine günstige Erwerbssituation, gekennzeichnet durch eine Beschäftigung und Zufriedenheit mit der Arbeitsplatzsicherheit, die Konflikthäufigkeit und steigert das Ausmaß an konstruktivem Konfliktverhalten in Partnerschaften. Während Paarkonflikte grundsätzlich die Partnerschaftsqualität senken, wirkt ein konstruktiver Interaktionsstil bei Meinungsverschiedenheiten positiv (vgl. Kapitel 4.2). Wagner und Weiß (2010) untersuchen, welche Wirkung der Konflikt hat, wenn die Häufigkeit des konstruktiven Streitens berücksichtigt wird. Dabei beziehen sie sich auf Befunde, in denen gezeigt wird, dass weniger das Entstehen partnerschaftlicher Konflikte, sondern vielmehr der Umgang mit ihnen (Konfliktmanagement vgl. Mackey und O'Brien 1998) die Zufriedenheit der Partner determiniert. Darüber hinaus thematisieren sie, inwieweit soziale Ungleichheit bzw. die Herkunft (Migrationshintergrund) die beschriebenen Mechanismen beeinflussen.

Mögliche Unterschiede zwischen Deutschen und türkischen Migranten postulieren sie mithilfe von Überlegungen zum Spillover-Effekt und Kompensationseffekt. Laut Spillover-Effekt sind Einwanderer, weil sie häufiger strukturell benachteiligt sind, auch in ihren familiären und partnerschaftlichen Beziehungen besonders belastet (Geiger und Razum 2006, Razum et al. 2004). Dem gegenüber steht der gerade in der Epidemiologie ebenfalls häufig erwähnte Kompensa-

---

123 Kapitel 3.4: Partnerschaftszufriedenheit bei Deutschen und türkischen Migranten, S. 36.

tionseffekt *(„Healthy-Migrant-Effekt"*[124] bei Razum et al. 2004, Razum und Rohrmann 2002). Ein erhöhtes Solidarpotenzial in türkischen Migranten-Partnerschaften müsste demnach den Spillover-Effekt teilweise kompensieren oder verhindern (Wagner und Weiß 2010: 2). Daher sind eine geringere Konflikthäufigkeit und eine höhere Partnerschaftszufriedenheit von Migranten im Gegensatz zu statusgleichen Deutschen anzunehmen. Auf den Überlegungen der Kompensationseffekte bei türkischen Migranten basiert die spätere Hypothesengenerierung in Kapitel 5.2. Hier wird trotz einer stärkeren sozioökonomischen Deprivation bei den türkischen Migranten ein schwächerer Spillover-Effekt vermutet als bei Deutschen. Um die Kompensation zu konkretisieren, wird das Modell von Wagner und Weiß (2010) in Kapitel 5 auf der linken Seite ausgebaut durch weitere Merkmale der sozialen Lage und in der Mitte um verschiedene zwischengeschaltete Variablen wie z. B. Sozialkapital, Commitment etc. (siehe ausführlich in Kapitel 4.7).

4.6 Schlussfolgerungen für die Konzeption eines Forschungsmodells

Zur Untersuchung des Einflusses der ökonomischen Deprivation bei türkischen Migranten und Deutschen bieten die bisher vorhandenen theoretischen Perspektiven keinen direkten Erklärungsansatz für interkulturelle Differenzen. Es ergeben sich aber Anhaltspunkte für die allgemeine Untersuchungskonzeption: Finanzielle Probleme und berufliche Belastungen können zunächst eine Partnerschaft bedrohen (vgl. Spillover Effekt: Kapitel 3.1, S. 47), unabhängig davon, ob eine Person zugewandert ist oder nicht. Offenbar stellen prekäre Erwerbssituationen z.T. sowohl bei türkischen Migranten als auch bei Deutschen (Wagner und Weiß 2010) zunächst Risikofaktoren für die Qualität einer Beziehung dar. Der individuelle Stress eines Partners oder dyadischer Stress (in der Partnerschaft) kann nach Bodenmann (2003[125]) manifeste Paarkonflikte auslösen, da z. B. durch eine starke berufliche Belastung die für den Partner und die Partnerschaft verfügbare Zeit stark eingeschränkt wird. Empirisch weisen die beiden soziodemografischen Merkmale „türkischer Migrationshintergrund" und „sozioökono-

---

124 Im Bereich der Forschung zur gesundheitlichen Ungleichheit gibt es das Phänomen des „Healthy-Migrant-Effekt", ein Paradox, denn obwohl ein niedriger sozioökonomischer Status mit einer erhöhten Prävalenz gesundheitlicher Risikofaktoren einhergeht (Razum et al. 2004), haben Migranten einen „Mortalitätsvorteil" im Vergleich zu den Personen des Ziellandes.

125 Bodenmann (2003: 485, 2000) unterscheidet vier Stresskonzepte innerhalb von Partnerschaften. 1. individueller Stress bei nur einem Partner, 2. individueller Stress bei beiden Partnern unabhängig voneinander 3. individueller Stress, der beide Partner am selben Ort, aber im unterschiedlichen Maße betrifft, 4. dyadischer Stress, d. h. Stress, der beide Partner gleichermaßen betrifft und identisch ist.

mische Deprivation" Überschneidungen auf, wenngleich sie jedoch nicht dasselbe darstellen. Es lässt sich fragen, ob die durchschnittlich sozialstrukturell ungünstige Positionierung der türkischen Migranten und die damit einhergehenden Konfliktpotenziale durch eine *„rechtliche, soziale und kulturelle Diskriminierung"* (Gemende 2002: 195) oder eher durch *„Kulturkonflikte und Konflikte zwischen so genannten traditionellen und modernen Werten"* entstehen (Gemende 2002: 195). Die Assoziation der beiden Faktoren (Migrationshintergrund und soziale Deprivation) liegt deshalb nahe, da türkische Migranten deutlich häufiger als die Deutschen in sozial deprivierten Lagen leben.[126] Einwanderer sind häufiger von Arbeitslosigkeit betroffen, verhältnismäßig oft im Niedriglohnsektor arbeitend und selten in gutbezahlten, prestigeträchtigen Arbeitsverhältnissen zu finden (vgl. z. B. BMFSFJ 2000: 150). Es muss daher überprüft werden, welche Rolle die ökonomische Deprivation für Partnerschaften von Migranten spielt. Sie kann z. B. gekennzeichnet sein durch Arbeitslosigkeit, einen niedrigen Bildungsabschluss und ein geringes Einkommen, Merkmale, die insbesondere auf türkische Migranten häufiger zutreffen als auf Deutsche (vgl. BMFSFJ 2000: 147). Es kann daher grundsätzlich von einer unterschiedlichen Positionierung der Deutschen und türkischen Migranten in der Sozialstruktur ausgegangen werden, die für die Fragestellung dieser Arbeit als gegeben betrachtet wird. Es steht zur Disposition, inwieweit eine deprivierte Lage für die Entstehung partnerschaftlicher Konflikte, aber auch für das Konfliktverhalten und für die Zufriedenheit verantwortlich ist. Besonders soll überprüft werden, ob es tatsächlich ein höheres Solidarpotenzial in türkischen Partnerschaften gibt und Kompensationsmechanismen existieren, um die sozioökonomischen Benachteiligungen gegenüber der deutschen Mehrheitsgesellschaft abzumildern. Weitere sozialstrukturelle Größen, die auch empirisch erwiesenermaßen mit der Partnerschaftszufriedenheit zusammenhängen (z. B. Alter, Geschlecht), müssen mit kontrolliert werden.

---

126 *„So zeigt sich in der Sonderauswertung des Mikrozensus 1995, dass der Berufsstatus der erwerbstätigen ausländischen Ehemänner sich deutlich von dem der deutschen Vergleichsgruppe unterscheidet (Tab. V.9). Während 15 % der Deutschen Selbstständige, 38 % Angestellte und 36 % Arbeiter sind, liegen die Vergleichszahlen bei den Ausländern bei 7 %, 12 % und 78 %. (...) Die türkischen Ehemänner haben im Vergleich den höchsten Anteil von Arbeitern (87 %)"* (BMFSFJ 2000: 150).

Zusammenfassung

Insgesamt zeigt der Überblick zu den ausgewählten theoretischen Ansätzen, dass es zur Erklärung partnerschaftlicher Zufriedenheit im interkulturellen Vergleich sinnvoll ist, diverse Stränge und Perspektiven konzeptionell zu verbinden. Sinnvoll dafür erscheinen die Erkenntnisse aus den vorgestellten theoretischen Grundlagen der Austausch- und Investitionstheorien, familienökonomische Konzepte, Lern- und Verhaltenstheoretische Ansätze und schließlich der Belastungs- und Bewältigungs-Modelle. Bei der Belastungsbewältigung werden verschiedene Strategien berücksichtigt (in Anlehnung an Lösel und Bender 2003: 64):[127]

- *kognitive Strategien* (Wahrnehmung und Attribution der eigenen sozialen, ökonomischen Situation)
- *kommunikative Strategien* (z. B. konstruktive Konfliktstile)
- *beziehungsorientierte Strategien* (z. B. Kooperation in der Aufgabenteilung im Haushalt, Geschlechterrollenorientierungen)
- *spirituelle Strategien* (z. B. Ausmaß der Religiosität)
- *Strategien der sozialen Unterstützung* (z. B. durch Verwandte, Freundschaftsnetzwerke)

Die aufgeführten theoretischen Stränge werden im Verlauf dieser Arbeit z.T. noch vertieft und bei der weiteren Hypothesengenerierung (Kapitel 5) ausgebaut. Da es bisher keine Theorie zur Fragestellung dieser Arbeit gibt, ist eine explorative Vorgehensweise notwendig. Folgende Aspekte, die sich in der bisherigen Analyse der Partnerschaftszufriedenheit (vgl. Kapitel 3) als zielführend erwiesen haben, werden in dieser Arbeit übernommen: Dazu zählen der soziale Status (z. B. Erwerbssituation, Einkommen), die subjektive finanzielle Lage des Haushaltes, Paarkonflikte (nach Häufigkeit und Themen), Konfliktverhalten, Sozialkapital (soziale Unterstützung, Nähe), die Wertorientierung (Religiosität, Eheorientierung), die Paarstabilität (Commitment) und schließlich die Traditionalität hinsichtlich der Geschlechterrollen.

---

127 Sie unterscheiden insgesamt sieben Strategien zur Belastungsbewältigung. Zwei werden nicht in dieser Arbeit aufgeführt. Dazu zählen die *Strategien der individuellen Entwicklung*, die durch z. B. Autonomie oder Freizeitaktivitäten beschrieben werden. Und *emotionale Strategien* fallen ebenfalls heraus wie z. B. durch Zeichen der Zuneigung gegenüber dem Partner.

4.7 Determinanten zur Erklärung von Partnerschaftszufriedenheit

Nachdem in Kapitel 4 die Teilhypothesen („h") erläutert worden sind, erfolgt in diesem Kapitel die Darstellung der zenralen Determinanten. Diese bilden dann die Basis für die Ableitung der Gesamthypothesen (nur diese werden untersucht) in Kapitel 5.1 und 5.2, dargestellt mit dem Großbuchstaben „H". In Kapitel 5.1 gehen die Gesamthypothesen vom türkischen Migrationshintergrund aus (H_MIG) und sind verbunden mit den unter Kapitel 4 abgeleiteten Teilhypothesen „h_KH, KV…"(Mediatoren KH, KV…→Partnerschaftszufriedenheit). Nach demselben Prinzip erfolgt die Generierung der Gesamthypothesen in 5.2 vom sozioökonomischen Status ausgehend (H_SES) mit den bereits genannten Teilhypothesen. Die Modell- und Hypothesengenerierung ist nochmals in Abbildung 11 dargestellt.

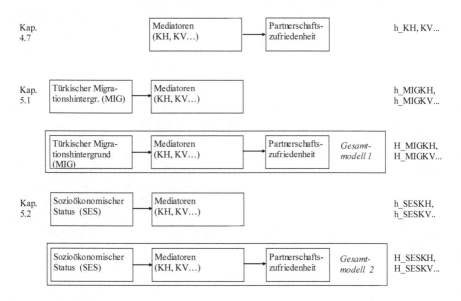

Abbildung 11: Schema zur Modell- und Hypothesengenerierung
Quelle: Eigene Darstellung.

Die belastenden Ereignisse sind im Kontext dieser Arbeit ein niedriger sozio-ökonomischer Status, der die Konfliktentstehung und die adaptiven Prozesse (Konfliktmanagement: „konstruktives Konfliktverhalten") in der Partnerschaft beeinflussen und schließlich die Partnerschaftszufriedenheit. Damit wird den Modellen von Conger et al. (1994, 1990) sowie Elder und Caspi (1990) gefolgt, die besonders einen geringen ökonomischen Status ins Blickfeld rücken. In Anlehnung an Baron und Kenny (1986)[128] wird im *Mediatormodell* von Elder und Caspi (1990) ein vermittelnder Einfluss der Paarinteraktion zwischen der sozialen Lage und Partnerschaftszufriedenheit unterstellt wird. In Forschungsarbeiten wie denen von Conger et al. (1999) oder Elder und Caspi (1990) zeigt sich, dass die Annahme von Mediationseffekten bei der Untersuchung des Einflusses der ökonomischen Deprivation auf die Partnerschaftsqualität zu einem wichtigen Erkenntnisgewinn führt. Sie belegen einen signifikanten Zusammenhang zwischen finanziellen Schwierigkeiten und einer destruktiven Paarkommunikation. Dieses dysfunktionale Interaktionsverhalten verstärkt als intervenierende Größe den Einfluss der sozialen Lage auf Partnerschaftszufriedenheit. Daher werden für die Bearbeitung der Fragestellung dieser Arbeit Mediatormodelle konzipiert, um die vermittelnden Einflüsse zwischen der sozialen Lage und Partnerschaftszufriedenheit genauer zu analysieren.

Ferner erfolgt eine Integration einzelner Modellelemente des Vulnerabilitäts-Stress-Anpassungsmodells von Karney und Bradbury (1995). Daraus werden die belastenden Ereignisse sowie die Anpassungsprozesse in Form der Konfliktinteraktion entliehen. Aus dem Modell zur Erklärung partnerschaftlicher Zufriedenheit durch Erwerbssituation und Paarkonflikt (Wagner und Weiß 2010) wird insbesondere die Bedeutsamkeit der sozialen Lage und der beruflichen Situation im Zusammenspiel von Konflikthäufigkeit und dem konstruktiven Konfliktverhalten für die Erklärung partnerschaftlicher Zufriedenheit abgeleitet. Zudem wurde dieses Modell auch explizit für einen Vergleich zwischen türkischen Migranten und Deutschen verwendet. Neben einem niedrigen sozioökonomischen Status gibt es weitere Merkmale der Sozial- und Familienstruktur, die die Konfliktentstehung (Konfliktpotenzial) und das Interaktionsverhalten deter-

---

128 Sie verweisen auf die funktionalen Unterschiede von Moderator- und Mediatorvariablen. Ledermann und Bodenmann (2006) definieren diese wie folgt: „Moderator- und Mediatorvariablen sind so genannte Drittvariablen, die sich in ihrer funktionalen Bedeutung unterscheiden. Dabei immer unabhängige Variablen, die gemeinhin auf der gleichen Stufe stehen wie die anderen unabhängigen Variablen. Welcher Variablen in einem konkreten Modell die Moderatorrolle zugeschrieben wird, ist kraft theoretischer Überlegungen zu bestimmen. (…) Eine Mediatorvariable, auch intervenierende oder Prozessvariable genannt, ist eine quantitative Variable, die den Einfluss der unabhängigen Variablen auf die abhängige Variable vermittelt.

minieren (SESKI-Leitmodell).[129] Aus den Überlegungen zur Kausaleffekt- und „kinds-of-people"-Hypothese (vgl. Arránz Becker 2008) werden die Mediatoren „Eheorientierung", „Religiosität" und „Traditionalität" (der Geschlechterrollen) abgeleitet. Die theoretischen Ansätze zur Netzwerktheorie dienen schließlich der Ableitung des Prädiktors „soziales Kapital". Bisherige empirische Befunde zu den direkten Zusammenhängen zwischen den genannten Mediatoren und der Partnerschaftszufriedenheit legen nahe, dass diese die Partnerschaftszufriedenheit bei Deutschen und türkischen Migranten in der Bundesrepublik beeinflussen könnten. Die herausgefilterten theoretischen Konzepte zur Erklärung von Partnerschaftszufriedenheit von Deutschen und türkischen Migranten in der Bundesrepublik werden nachfolgend zu einem Leitmodell zusammengeführt (siehe Abbildung 12).

Abbildung 12: *Leitmodell zur Erklärung von Partnerschaftszufriedenheit bei Deutschen und türkischen Migranten*

Quelle: Eigene Darstellung.

Dieses Leitmodell bildet in Kapitel 5 die Basis für die Ableitung von zwei Mediatormodellen für die Erklärung partnerschaftlicher Zufriedenheit, die gerichtete Beziehungen zwischen den einzelnen Modellelementen annehmen.

In der Literatur werden überwiegend zwei Ansätze thematisiert, um die Einflüsse der sozialen Lage auf die Partnerschaftszufriedenheit zu konzeptionieren: Durch mediierte oder moderierte Erklärungsmodelle (Arránz Becker 2008: 33).

---

129 Die Modelle von Arránz Becker (2008) und Rüssmann (2006) werden in der Zusammenführung nicht explizit erwähnt, da sie an dem Leitmodell von Hill (2004) orientiert sind und dadurch ausreichend repräsentiert sind.

Mediierte Modelle postulieren, dass sich die partnerschaftliche Kommunikation als Folge einer verschlechterten sozialen Lage verändert und dadurch die Partnerschaftszufriedenheit sinkt. Hierbei besteht eine starke Verbindung zwischen destruktiven Konfliktmustern und finanziellen Problemen. Moderierte Modelle unterstellen hingegen, dass die Paarinteraktion die Zufriedenheit nur *dann* beeinflusst, *wenn* die soziale Lage sich verschlechtert. Dieser Ansatz unterstellt, dass ökonomische Belastungen und die Kommunikation nicht stark zusammenhängen (Arránz Becker 2008: 33). Vielmehr wird von einer Wechselwirkung zwischen beiden ausgegangen. Mediatoreffekte[130] postulieren (siehe Abbildung 13), dass der Einfluss einer unabhängigen Variablen (X) auf eine abhängige Variable (Y) vermittelt wird durch eine Drittvariable (Mediator = M).

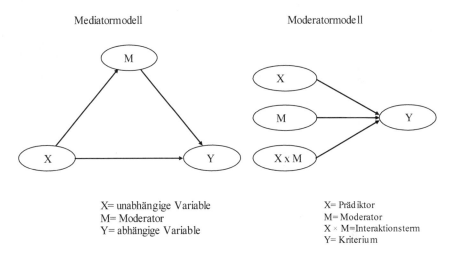

Mediatormodell   Moderatormodell

X= unabhängige Variable
M= Moderator
Y= abhängige Variable

X= Prädiktor
M= Moderator
X × M=Interaktionsterm
Y= Kriterium

Abbildung 13: Unterschied zwischen Mediator- und Moderatormodell
Quelle: Ledermann und Bodenmann (2006: 30 ff.).

Demnach sind diese Drittvariablen einerseits abhängige Variablen im Kontext der „ersten" unabhängigen Variablen und andererseits unabhängige Einflussgrö-

---

130 Mediatoreffekte unterscheiden sich von Moderatoreffekten: *„Die Annahme eines Moderatoreffekts ist verifiziert, wenn der Koeffizient der Interaktion X × M signifikant ist, und zwar unabhängig davon, ob der Effekt des Prädiktors X und des Moderators M, die als konditionale Effekte bezeichnet werden (...) per se signifikant sind oder nicht"* (Ledermann und Bodenmann 2006: 30).

ßen auf die zu erklärende zentrale abhängige Variable (Baron und Kenny 1986). Mehrere solcher Verbindungen bilden ein Mediatormodell. Der Test[131], ob ein Mediatoreffekt vorliegt, wird in vier Schritten vollzogen (Kenny et al. 1998, Baron und Kenny 1986)[132]. Sie sind zu unterscheiden von Moderatormodellen (siehe Abbildung 13). Darin ist ein Pfadmodell mit einer Prädiktorvariable (X), einer Moderatorvariable[133] (M) und einem Interaktionsterm (X x M) abgebildet, die auf die abhängige Variable (Y) einwirken. Die aufgeführten Konzepte im mittleren Kasten von Abbildung 12 sind in Anlehnung an die Ausführungen Mediatormodellen als Mediatorvariablen zu verstehen. Dabei wird unterstellt, dass sie einen vermittelnden Einfluss haben zwischen dem türkischen Migrationshintergrund bzw. dem sozioökonomischen Status einerseits und der Partnerschaftszufriedenheit andererseits. Aus den theoretischen Grundlagen wurden solche Mediatoren ausgewählt, die aufgrund des empirischen und theoretischen Forschungsstandes Unterschiede zwischen Deutschen und türkischen Migranten vermuten lassen. Dazu zählen soziales Kapital, Religiosität, Aufgabenteilungszufriedenheit und die Traditionalität der Geschlechterrollen. Damit verbunden auch die partnerschaftliche Stabilität und die Eheorientierung. Darüber hinaus alle Aspekte, die den Paarkonflikt betreffen, in seiner Häufigkeit als auch im Management desselben. Die „rechte Seite", d. h. die Mediatoren und Beziehungsqualität, bleibt in beiden Modellen, die in Kapitel 5.1 und Kapitel 5.2 dargestellt werden, bestehen. Lediglich die „linke Seite" variiert: Hier werden in einem ersten Schritt Hypothesen zum Einfluss des türkischen Migrationshintergrunds auf die Mediatoren, und dann vom sozioökonomischen Status auf die zwischengeschalteten Variablen abgeleitet.

In Abbildung 14 wird der Einfluss der Mediatoren, der zuvor beschriebenen soziologischen und (sozial-)psychologischen Determinanten, auf die abhängige Variable Partnerschaftszufriedenheit visualisiert. Die Mediatorvariablen (MV)

---

131 „*Weil in den verschiedensten Bereichen der Psychologie häufig nicht monokausale, sondern multikausale Phänomene vorliegen, kann nach Baron und Kenny (1986) bereits dann von einem Mediatoreffekt gesprochen werden, wenn das Einfügen eines Mediators zu einer signifikanten Verringerung des direkten Effekts zwischen unabhängiger und abhängiger Variablen führt...*" (Ledermann und Bodenmann 2006: 31).
132 Diese vier Schritte werden in Kapitel 6.3.2, S. 128, ausgeführt.
133 „*Eine Moderatorvariable ist eine qualitative (z. B. Geschlecht, Herkunft) oder quantitative Drittvariable (z. B. Alter), die den Effekt (Richtung und/oder Stärke) einer unabhängigen (Prädiktor) auf eine abhängige Variable (Kriterium) beeinflusst. D. h., dass die Stärke und/oder die Richtung der Beziehung zwischen einem Prädiktor und einem Kriterium abhängig ist von der Ausprägung auf der Moderatorvariablen. Moderatoren, die sowohl verstärkend als auch puffernd wirken können, sind dabei immer unabhängige Variablen, die gemeinhin auf der gleichen Stufe stehen wie die anderen unabhängigen Variablen*" (Ledermann und Bodenmann 2006: 30).

sind hier in vier Oberkategorien eingeteilt, in Copingressourcen, Commitment, Wert- und Geschlechtsrollenorientierung und Paarkonflikt.

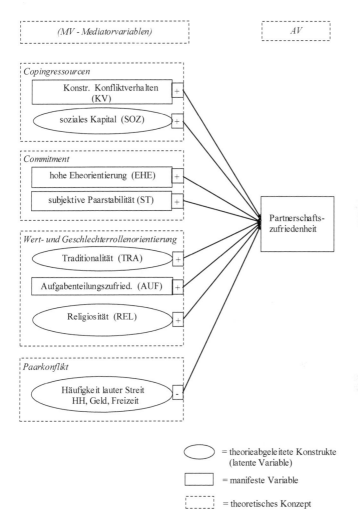

Abbildung 14:   Mediatoren und Partnerschaftszufriedenheit – Teilansicht für 1. und 2. Mediatormodell

Quelle: Eigene Darstellung.

Die jeweiligen gerichteten Wirkungsweisen der Mediatorvariablen auf die Partnerschaftszufriedenheit sind durch Vorzeichen kenntlich gemacht und spiegeln die bisher abgeleiteten Teilhypothesen aus Kapitel 4:

h_KV: Wenn konstruktives Konfliktverhalten überwiegt, dann steigert das die Paarzufriedenheit.

h_SOZ: Je höher das soziale Kapital ist, desto höher ist die Partnerschaftszufriedenheit.

h_EHE: Je höher die Eheorientierung ist, desto höher ist die Partnerschaftszufriedenheit.

h_ST: Je höher die subjektive Paarstabilität ist, desto höher ist die Partnerschaftszufriedenheit.

h_TRA: Je höher die Traditionalität der Geschlechterrollenorientierung ist (Traditionalität hinsichtlich Geschlechterrollen), desto höher ist die Partnerschaftszufriedenheit.

h_AUF: Je höher die Aufgabenteilungszufriedenheit ist, desto höher ist die Partnerschaftszufriedenheit.

h_REL: Je stärker das Ausmaß der Religiosität ist, desto höher ist die Partnerschaftszufriedenheit.

h_KH: Je mehr Konflikte in einer Partnerschaft auftreten (Konfliktausmaß) und je stärker die wahrgenommene Intensität derselben ist (Häufigkeit von dysfunktionalen Konfliktstrategien), desto geringer ist die Zufriedenheit mit der Partnerschaft.

In späteren Ausführungen werden ergänzend zu diesem Modell zwei Varianten der linken Teilansicht konstruiert und jeweils eigene Hypothesen abgeleitet, so dass am Ende von Kapitel 5 zwei zentrale Forschungsmodelle stehen, bei denen lediglich die linke Seite, die unabhängigen Variablen divergieren (1 Modell: ausgehend von türkischem Migrationshintergrund, 2. Modell: ausgehend vom sozioökonomischen Status).

5 Eine Synthese der Theorien zur Erklärung der Partnerschaftszufriedenheit von Deutschen und türkischen Migranten

In Kapitel 4 wurde der Zusammenhang zwischen den einzelnen Mediatorvariablen und der Partnerschaftszufriedenheit theoretisch abgleitet (Abbildung 14, S. 115). In Kapitel 5.1 und 5.2 werden die Hypothesen jeweils strukturiert nach den einzelnen Einflussfaktoren, Migrationshintergrund und sozioökonomischer Status, in zwei inhaltliche Blöcken (vgl. Unterkapitel 5.1, 5.2) eingeteilt. Diese Trennung ist notwendig, da der Migrationshintergrund eine Doppelfunktion innehat: Einerseits ist er ein kulturelles Merkmal und andererseits auch ein Indikator der sozialen Lage. Zur Entwicklung der beiden Ansätze werden neben theoretischen Konzepten auch ausgewählte empirische Befunde aufgeführt. Das Kapitel wird daher folgendermaßen gegliedert:

1. Türkischer Migrationshintergrund → Mediatoren → Partnerschaftszufriedenheit
In Kapitel 5.1 (S. 118) wird zunächst der Einfluss des türkischen Migrationshintergrundes auf jede einzelne Mediatorgröße bestimmt wie z. B. auf die Copingressourcen. Es soll geklärt werden, ob die Herkunft lediglich Ausdruck der sozialstrukturellen Positionierung ist oder ob er ein kultureller Indikator ist (vgl. Abbildung 15). Danach wird aus den einzelnen Zusammenhängen ein erstes Mediatormodell zum Einfluss des türkischen Migrationshintergrunds auf die Partnerschaftszufriedenheit konzipiert.

2. Sozioökonomischer Status → Mediatoren → Partnerschaftszufriedenheit
Im Anschluss daran wird in Kapitel 5.2 (S. 146) die Wirkung des sozioökonomischen Status auf die Mediatoren durch ein zweites Mediatormodell gezeigt (vgl. Abbildung 15). Der sozioökonomische Status fungiert darin als Indikator für belastende Ereignisse wie z. B. eine finanzielle Deprivation. Dabei werden Hypothesen zu den Unterschieden der Wirkmechanismen für jede einzelne Verbindung zwischen sozioökonomischem Status und den Mediatoren bestimmt. Zusätzlich erfolgen Annahmen darüber, wie sich Deutsche und türkische Migranten hinsichtlich jeder Hypothese voneinander unterscheiden.

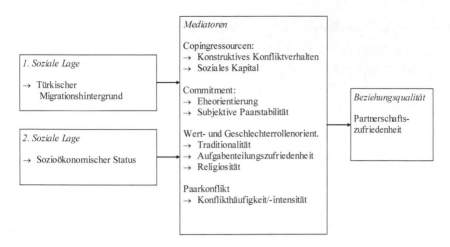

Abbildung 15: Forschungskonzeption
Quelle: Eigene Darstellung.

Nach der Ableitung der beiden Forschungsmodelle werden weitere Determinanten der Partnerschaftszufriedenheit kurz eingeführt. Da es sich bei diesen Einflussgrößen lediglich um Kontrollvariablen handelt, wird auf die Ableitung von
Hypothesen verzichtet. Den Abschluss von Kapitel 5 bilden eine Zusammenfassung und die Darstellung der beiden Mediatormodelle mitsamt den Kontrollvariablen.

5.1 Ableitung eines ersten Mediatormodells zum Einfluss des Migrationshintergrunds auf die Partnerschaftszufriedenheit

Da in der aktuellen Forschung kaum Annahmen über die Beziehung zwischen
dem Migrationshintergrund und der partnerschaftlichen Zufriedenheit bestehen
(bislang Wagner und Weiß 2010), haben die folgenden Ausführungen einen
explorativen Charakter. Aus bereits vorhandenen Befunden zur Erklärung partnerschaftlicher Zufriedenheit werden eigene Überlegungen zu den interkulturellen Unterschieden formuliert und integrativ miteinander verbunden. Dies bedeutet, dass es beispielsweise keinen Befund zum Einfluss der Religiosität bei

deutschen und türkischen Partnerschaften gibt, jedoch Untersuchungen zum Einfluss der Religiosität auf die Partnerschaftszufriedenheit. Da aus wiederum anderen Studien (z. B. Religionsmonitor 2008b) bekannt ist, dass Deutsche und Türken hinsichtlich des Ausmaßes von Religiosität divergieren, werden aus solchen Überlegungen, die sich aus dem verwandten Forschungs- und Theoriespektrum bedienen, Hypothesen zu den Unterschieden zwischen beiden Gruppen generiert. Der Hypothesenaufbau wird an einem Beispiel erklärt (siehe Abbildung 16): Die Hypothese, die von türkischem Migrationshintergrund auf die Mediatorvariable „Konflikthäufigkeit" geht, heißt Teilhypothese h_MIGKH. Die Mediatoren sind mit Buchstaben-Kürzeln wie z. B. „KH" gekennzeichnet.

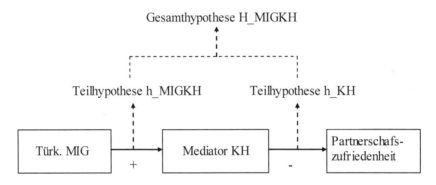

Abbildung 16: Beispiel für Aufbau der Hypothesen ausgehend von Migrationshintergrund (MIG)
Quelle: Eigene Darstellung.

Die Teilhypothese zum türkischen Migrationshintergrund (h_MIG) auf den Mediator „Häufigkeit Paarkonflikte" (KH) heißt demnach h_SESKH. Die Annahme von „Konflikthäufigkeit" auf die Partnerschaftszufriedenheit wurde bereits in Kapitel 4 beschrieben (Teilhypothese h_KH). Die Zusammenführung zu einer Gesamthypothese („H") heißt H_SESKH.

H_MIGKH: Türk. Migrationshintergrund → Paarkonflikte → Partnerschaftszufriedenheit.

Nach diesem Schema werden nachfolgend alle Verbindungen des türkischen Migrationshintergrunds auf die einzelnen zwischengeschalteten Variablen erläutert sowie die dazugehörige Gesamthypothese aufgeführt.

Türkischer Migrationshintergrund → Partnerschaftszufriedenheit (MIG→ PZ)[134]

Warum sollte sich die partnerschaftliche Zufriedenheit von Personen mit türkischem Migrationshintergrund von solchen ohne unterscheiden? Es gibt eine Reihe von Ansätzen, die Differenzen vermuten lassen: Migranten könnten einerseits aufgrund dieser Differenzen zur Aufnahmegesellschaft einen Kulturkonflikt (Baykara-Krumme 2007) erleben, der sich ungünstig auf die Partnerschaftszufriedenheit auswirkt. Im Gegensatz dazu kann andererseits auch angenommen werden, dass die Solidarität durch die Migration innerhalb der Partnerschaft (partnerschaftliches Commitment) und der Familie bzw. der sozialen Netzwerke stärker ist und die Partnerschaft sowie intraethnische Netzwerke als „Rückzugsräume" betrachtet werden (synonym Eingliederungsalternative bei Nauck 2004). In diesem Sinne könnte das Solidarpotenzial als soziales Kapital dienen, um Schwierigkeiten und Konflikte, die innerhalb oder außerhalb[135] der Partnerschaft auftreten, zu kompensieren (Baykara-Krumme 2007) durch emotionale, materielle oder organisatorische Hilfeleistungen. Einen wichtigen Hinweis, dass dies zutreffen könnte, zeigen Micheel und Naderi (2009) in ihrer Untersuchung[136] von älteren türkischen Migranten und Deutschen. Sie belegen einen signifikanten positiven Zusammenhang zwischen einer guten sozialen Einbettung und positiven Bewertung der finanziellen Lage, der bei den türkischen Zuwanderern deutlich stärker ist. Ferner können die Religiosität oder bestimmte Werthaltungen unterstützend wirken. Denn White und Booth (1991) thematisieren einen Stabilisierungseffekt durch die sogenannte normative Integration[137] im engen Familienoder Freundeskreis. Das bedeutet, wenn in der direkten Umgebung der Wert der Unauflösbarkeit der Ehe stark vertreten wird, kann dies die Entscheidung, in der Ehe zu bleiben oder sie aufzulösen, beeinflussen. Es ist umgekehrt anzunehmen, dass es eine Art „Ansteckungseffekt" ausgehend von Trennungs- oder Scheidungsereignissen in sozialen Netzwerken gibt[138]. Aufgrund dessen appellieren Kopp et al. (2010: 105) an eine stärkere Berücksichtigung der sozialen Einbettung, da der Konformitätsdruck davon abhängt, wie groß der Wille zur Zugehö-

---

134 Direkter Zusammenhang ohne Berücksichtigung der zwischengeschalteten Faktoren.

135 Überblick zu institutioneller Diskriminierung von Migranten im deutschen Bildungs- und Arbeitssektor bei Flam (2007). Ausführungen zu Vorurteilen und Stereotypen bei Petersen und Six (2008) sowie zu Anerkennung und Ausgrenzungsmechanismen bei Rommelspacher (2002).

136 Die Autoren verwenden dabei die bundesweit repräsentativen Daten des *Generations and Gender Survey*.

137 Damit ist das Ausmaß gemeint, *„mit dem sich Personen mit den etablierten Netzwerkstandards konform verhalten"* (Kopp et al. 2010: 106).

138 Es ist jedoch nicht auszuschließen, dass dies eventuell auch mit ähnlichen problematischen, destabilisierenden Lebenslagen erklärbar ist, in denen sich die Netzwerkpersonen gleichermaßen befinden könnten.

rigkeit und wie bedeutsam die Meinung oder die Fähigkeiten der Gruppe, zu der eine Person gehört oder gehören möchte, eingeschätzt werden. Je größer dieser Druck ist, desto eher müsste dies die Stabilität von Partnerschaften fördern. Andererseits kann dadurch auch die Unzufriedenheit wachsen, da an einer Partnerschaft festgehalten wird (*„werden muss"*), *„bis es nicht mehr geht und psychische Erkrankungen auftreten"* (Experteninterview[139] Ünal 2011). Aufgrund der Theorie des sozialen Vergleichs (Kessler et al. 2000: 255 ff.) kann daher vermutet werden, dass insbesondere durch den Status der Migration und durch die engen innerethnischen Netzwerkstrukturen von türkischen Zuwanderern in Deutschland (Blasius et al. 2008: 89) die soziale Umgebung eine zentrale Rolle für deren Partnerschaftszufriedenheit spielen könnten. Außerdem ist in diesem Kontext denkbar, dass türkische Migranten zur Beurteilung ihrer partnerschaftlichen Situation andere Maßstäbe anlegen, die sich eher an einer türkischen Bezugsgruppe orientiert. Dies geschieht vermutlich zumindest bei der Erwartungshaltung bezüglich ihrer sozialen und finanziellen Lage (Wagner und Weiß 2010: 174, Fischer und Wiswede 2002: 147 ff.). Die Bewertung der Partnerschaft kann stärker an funktionalen Gesichtspunkten orientiert werden. Zum Beispiel, ob der Partner ein guter Vater ist oder wie alltagstauglich die Beziehung ist. In konservativ-religiösen türkischen Milieus könnten diese Kriterien stärker gewichtet werden als die rein emotionale Aspekte, d. h. wie stark sich eine Person vom Partner geliebt fühlt oder umgekehrt (Experteninterview Ünal 2011). Daraus wird folgende Hypothese abgeleitet:

H_MIGPZ: Wenn ein türkischer Migrationshintergrund vorliegt, dann ist die Partnerschaftszufriedenheit höher.

Die beschriebenen möglichen Differenzen in den Erklärungsstrukturen der Partnerschaftszufriedenheit sind bislang nur in einigen Teilaspekten Gegenstand von sozialwissenschaftlichen Studien gewesen (vgl. Überblick Kapitel 3.4, S. 67). Sie werden in den nachfolgenden Ausführungen genauer erläutert.

---

139 Experteninterview mit Arif Ünal, 08.07.2011, Psychotherapeut für Ehe- und Familienkonflikte von türkischen Einwanderern und Leiter des Gesundheitszentrums für Migranten, Köln. Die kenntlich gemachten Zitate wurden vom Experten autorisiert.

Türkischer Migrationshintergrund und Paarkonflikt

Türkischer Migrationshintergrund und Konflikthäufigkeit (KH)

Die Daten des Armutsberichtes der Bundesregierung (vgl. BMFSFJ 2000: 147) zeigen, dass Migranten, und insbesondere türkische Zuwanderer, in Deutschland besonders betroffen sind von prekären Beschäftigungsverhältnissen und den damit verbundenen finanziellen Engpässen. Zudem ist bei den türkischen Migranten der Anteil der Ehen, bei denen der Mann erwerbstätig ist und deren Partnerinnen es nicht sind, mit 45,3 % (1995) sehr hoch. Bei deutschen Ehepaaren beträgt dieser Anteil lediglich 24,0 % (BMFSFJ 2000: 147). Eine ökonomische Deprivation verursacht familiäre Spannungen und Paarkonflikte (Kapitel 3.1, S. 47). Doch es gibt noch weitere Aspekte, die Konfliktpotenzial bergen. Gerade die türkischen Einwanderer der ersten Generation erleben einen Kulturkonflikt, der die Familienbeziehungen negativ beeinflusst (Baykara-Krumme 2007). Denn die Migranten der ersten Generation sind in der Türkei geboren, haben dort das Schulsystem durchlaufen und sind dadurch anders sozialisiert als ihre eigenen Kinder, die z.T. in Deutschland geboren wurden oder einen Teil ihrer Schullaufbahn in der Bundesrepublik verbracht haben. Konfliktsituationen entstehen dadurch immer wieder mit der Umwelt der Aufnahmegesellschaft, deren Normen nicht selten zu denen der Herkunftsgesellschaft im Widerspruch stehen (vgl. Steinhilber 1994: 257). Hinzu kommen Konflikte mit den zumeist in Deutschland geborenen und aufgewachsenen Kindern. Dadurch entstehen familiale Konflikte, ein Produkt der divergierenden Werte der türkischen und deutschen Lebenswirklichkeit, ein Spannungsfeld, in dem es unterschiedliche Rollenerwartungen gibt.

  Daraus lässt sich ableiten, dass der Zustand der Migration an sich eine besondere Herausforderung an die Partnerschaft darstellt (Vulnerabilitäts-Migrationsthese). Es gibt eine Reihe von Rahmenbedingungen, die diese These bestätigen und eine Differenz zwischen Deutschen und türkische Migranten nahelegen: Ein großer Teil der Frauen mit türkischem Migrationshintergrund und deren Familien und Partner leben in schwierigen sozialen Lagen, bezogen auf die Einkommens- und Wohnsituation und das Fehlen von Schul- und Ausbildungsabschlüssen (Schröttle 2007: 163). Zum Einen ist demnach an die soziale Lage der Türken in Deutschland, zum Anderen aber auch an weitere Krisen- und Konfliktpotenziale zu denken, die möglicherweise aus dem Migrantenstatus per se resultieren. Denn es sind: „*...34 % der türkischen Haushalte bundesweit – und damit deutlich mehr als in der Gesamtbevölkerung - vom Risiko der Armut bedroht"* (NRW-Mehrthemenbefragung 2008: 13). Darüber hinaus sind Diskriminierungserfahrungen unter den türkeistämmigen Migranten weit verbreitet:

„…72 % deutschlandweit haben die Erfahrung von Diskriminierung berichtet.(…) Insbesondere die Bereiche der ökonomischen Konkurrenz wie Arbeits- und Wohnungssuche sowie der Arbeitsplatz sind diskriminierungsintensiv" (NRW-Mehrthemenbefragung 2008: 14 ff.).

Neben der strukturellen Benachteiligung gibt es weitere Konfliktfelder, in denen sich türkische Migranten in Deutschland befinden: In der *Berliner Studie* (Baykara-Krumme 2009; siehe auch Kapitel 3.4, S. 67 ff.) wurde die Konflikthäufigkeit bei türkischen Migranten bereichsspezifisch erhoben. Im Mittel haben die Partnerschaften von türkeistämmigen Migranten eine etwas größere Konflikthäufigkeit als Einheimische. Noch stärker betroffen sind türkische Staatsbürger. Häufig ist die Freizeitgestaltung und auch das Thema Kindererziehung ein Konfliktthema. Im Gegensatz dazu stellen Wagner und Weiß (2010: 193) fest, dass die Deutschen (sowohl Männer als auch Frauen) ihre Partnerschaften und Ehen als konfliktreicher betrachten als die türkischen Migranten. Auch wenn hier die Befundlage uneindeutig ist, wird von einer Reihe verschiedener Vulnerabilitäten ausgegangen, die sich durch den Zustand der Migration ergeben, der an sich als eine besondere Herausforderung an die Partnerschaft betrachtet werden kann (z. B. wegen finanzieller, struktureller Benachteiligung auf dem Wohn- und Arbeitsmarkt). Daraus folgt, dass bei türkischen Migranten in Deutschland mehr Konflikte in der Partnerschaft vor kommen müssten als bei deutschen Paaren.

h_MIGKH: Wenn ein türkischer Migrationshintergrund vorhanden ist, dann erhöht sich die Wahrscheinlichkeit, dass es Paarkonflikte gibt.

H_MIGKH: Wenn ein türkischer Migrationshintergrund vorhanden ist, dann erhöht sich die Wahrscheinlichkeit, dass es Paarkonflikte gibt und dies senkt die Partnerschaftszufriedenheit.

Türkischer Migrationshintergrund und Copingressourcen (konstruktives Konfliktverhalten, Sozialkapital)

Türkischer Migrationshintergrund und konstruktives Konfliktverhalten (KV)

Konfliktverhalten besitzt eine identitätsstiftende Funktion, die der allgemeinen Definition von Interaktionen folgend, zu einer eigenen Realität innerhalb jeder Partnerschaft wird. Natürlich ist die Entwicklung dieser partnerschaftlichen Streitkultur immer auch in soziale und gesamt-gesellschaftliche Strukturen eingebettet, die u. a. durch soziale Normen bestimmt werden. Daher ist sie nicht ausschließlich eine *segregierte Teilwelt* (Berger und Kellner 1965: 224), sondern diffundiert zwischen innerer partnerschaftlicher Welt und äußerer Umgebung. Durch die partnerschaftliche Interaktion im Konflikt wird gegenseitiges Wissen vermittelt, welches den Umgang unter den Partnern erleichtert und der Konstruktion einer eigenen „partnerschaftlichen Wirklichkeit" dient (vgl. Berger und Luckmann 1969).

Warum sollten türkische Migranten anders streiten als Deutsche? Es gibt einige Befunde (z. B. Sadri und Rahmatian 2003), die nahelegen, dass Personen aus unterschiedlichen ethnischen Gruppen divergierende Konfliktmuster aufweisen. Konstruktive[140] Kommunikationskompetenzen sind Ressourcen zur Bewältigung von Partnerschaftskonflikten und resultieren aus dem Kontext der sozialen und kulturellen Herkunft beider Partner. Daraus folgt, dass die Basis partnerschaftlicher Kommunikations- und Interaktionskompetenzen[141] den Grenzen bzw. Möglichkeiten der jeweiligen Biografie der Partner, ihrer bildungs- und erfahrungsbedingten[142] sozialen und familialen Herkunft, unterliegen. Kompetenzdefizite (z. B. bezüglich Kommunikationsfertigkeiten) können insbesondere in Konfliktsituationen eine niedrige Beziehungszufriedenheit hervorrufen. Dies geschieht beispielsweise, wenn eine Person nicht über die Fähigkeit des Zuhörens verfügt. Daher ist zu vermuten, dass partnerschaftliches Konfliktverhalten umso erfolgreicher d. h. befriedigender verläuft, desto ähnlicher der soziokulturelle Hintergrund der Partner ist. So kann eine möglichst große Schnittmenge an kommunikativen Kompetenzen den Erfolg des alltäglichen Konfliktverhaltens fördern, so dass daraus eine subjektiv positive Bewertung der Beziehung resultiert. Abgestimmt auf die individuelle Streitsituation und die Persönlichkeit der Partner entwickeln sich (durch partnerschaftliche Austausch- und Anpassungsprozesse) eigene kommunikative Streitkulturen, die im Wesentlichen das Maß an Beziehungszufriedenheit determinieren.

> „In sum, individuals shape their relational cultures through the exercise of their communication skills, but these cultures can themselves strongly influence 'individuals' communication skills" (Burleson et al. 2000: 257).

---

140 In Anlehnung an Rusbults Typologie der Konfliktstile (Rusbult 1983, siehe Abbildung 7) ist ein konstruktiver Konfliktstil ein an dem Erhalt und Interessen der Partnerschaft orientiertes Verhalten.
141 Überblick zu partnerschaftlicher bzw. ehelicher Kommunikation bei Noller und Fitzpatrick (1993).
142 *People seek to accomplish tasks in relationships to receive (or supply) the provisions of those relationships. They pursue these tasks by exercising communication skills, but because they differ in their levels of skills, they are more and less successful in accomplishing tasks, and, therefore, in achieving relationship functions. The relational tasks that people needed to address these tasks, undergo continual change as societies, people, and relationships develop"* (Burleson et al. 2000: 251).

Demnach könnten neben paarspezifischen auch kulturspezifische Konfliktverhaltensweisen existieren. In Anlehnung an die empirischen Befunde von Baykara-Krumme (2009) sowie Wagner und Weiß (2010) erscheinen Differenzen der Konfliktinteraktion zwischen Migranten und Deutschen möglich. Bestimmte Verhaltensweisen, wie laut streiten und auch Rückzug sind häufiger bei den türkischen Migranten der Berliner Studie nachweisbar (Baykara-Krumme 2009: 54 ff.) als bei Deutschen. Karahan (2009) findet in der Untersuchung[143] von Konfliktverhalten innerhalb türkischer Partnerschaften bei den männlichen Probanden destruktive Zuhörstrategien (oberflächlich, selektiv, verteidigend und fallenstellend). Generell zeigen männliche Probanden signifikant häufig Probleme beim Ausdruck ihrer Emotionen, besonders im Hinblick auf das verbale Antwortverhalten, der Formulierung von Ich-Botschaften und Bestätigungsgesten bzw. Feedback gegenüber ihren Partnerinnen. Der türkische Sozialpsychologe (2009) ordnet diese Befunde als kulturell bedingt ein: *„Turkish culture does not encourage males to express their feelings"* (Karahan 2009: 226):

h_MIGKV: Wenn ein türkischer Migrationshintergrund vorhanden ist, dann ist die Häufigkeit von konstruktivem Konfliktverhalten geringer.

Diese Teilhypothese (MIG→KV) wird mit der Teilhypothese aus Kapitel 4 (KV→PZ) zusammengeführt. Die zu untersuchende Gesamthypothese lautet wie folgt:

H_MIGKV: Wenn ein türkischer Migrationshintergrund vorhanden ist, dann ist die Häufigkeit von konstruktivem Konfliktverhalten geringer und dies senkt den positiven Effekt auf die Partnerschaftszufriedenheit.

Es ist jedoch auch denkbar, und das legen die Forschungsbefunde der Berliner Studie (Baykara-Krumme 2009) und auch die von Wagner und Weiß (2010) nahe, dass das konstruktive Konfliktverhalten[144] bei türkischen Migranten weniger bedeutsam für die Erklärung von Partnerschaftszufriedenheit ist als bei den Deutschen. Eventuell spielen eher Aspekte der Geschlechterrollendifferenzierung und andere Copingressourcen (jenseits des konstruktiven Konfliktverhaltens) eine Rolle. Beispielsweise könnten bei der Streitschlichtung auch externe Personen wie Verwandte bedeutsam sein. Daher wird der türkische Migrationshintergrund in den nachfolgenden Hypothesen als Kompensationsmechanismus

---

143 Beschreibung der Studie in Kapitel 3.3.
144 Einige Fallstudien untersuchen in diesem Kontext gewaltsames Konflikthandeln in Partnerschaften bei Immigrantinnen aus der Türkei (z. B. Yilmaz und Battegay 1997).

thematisiert, der positiv assoziiert ist mit einem höheren sozialen Kapital (z. B. Blasius et al. 2008, Nauck 2007), einem stärkeren Ausmaß an Religiosität (Diehl und Koenig 2009) und vermutlich einem höheren Commitment. Diese Aspekte könnten alternative Copingformen darstellen, denen eventuell eine stärkere Rolle zukommt als der Bewältigungsstrategie des konstruktiven Konfliktverhaltens.

Türkischer Migrationshintergrund und soziales Kapital (SOZ)

Welchen Nutzen bzw. welche Wirkung hat ein soziales Netzwerk im Kontext der partnerschaftlichen Zufriedenheit von Deutschen und türkischen Migranten? In der Migrationsforschung wird der Begriff des Sozialkapitals seit längerem diskutiert (vgl. z. B. Faist 1997, Portes 1995) und durch folgende Dimensionen charakterisiert:

> „Zum Einen beeinflusst Sozialkapital Migrationsentscheidungen und Kettenmigrationsprozesse. Zum Zweiten hängen die soziale Einbettung und die Integration im Aufnahmeland mit dem Sozialkapital zusammen(…). Es (Anmerk. S. G.: das Sozialkapital) ergibt sich aus geteilten Werten, Solidarität, Reziprozitätsnormen und Vertrauen" (Haug 2010: 13).

Nach einer Studie von Gestring et al. (2006) sind die sozialen Netzwerke türkischer Migranten der zweiten Generation von besonderer Beschaffenheit: sie sind stark familienzentriert, sozial und ethnisch homogen und lokal begrenzt.[145] Ähnliches stellen Janssen und Polat (2006: 12) fest. Daher können sie als integrationshemmend und als die soziale Mobilität[146] einschränkend betrachtet werden. Ferner haben Netzwerke von statusniedrigeren Personen und/oder Angehörigen

---

145 In qualitativer Studie mit 55 Türken der zweiten Generation, alle mit Hauptschulabschluss, wiesen sie nach, dass 35 der Befragten nur Verwandte im Netzwerk hatten, die meisten Netzwerke waren lokal und status-homogen.
146 Ethnisch und sozial heterogene Netzwerke bringen mehr Ressourcen bzw. soziales Kapital, um den sozialen Status zu verbessernGranovetter (1973: 1378) thematisiert in diesem Kontext die Stärke von schwachen Beziehungen *(„strength of weak ties")* für die Chancen auf dem Arbeitsmarkt, die unverzichtbar sind für die Möglichkeiten eines Individuums und dessen Einbindungen in Gemeinschaften (vgl. auch Friedkin (1982). Demgegenüber stehen die starken Verbindungen („strong ties"), die als Brutstätte lokalen Zusammenhalts gelten können. Die Stärke von Beziehungen sind abhängig von vier verschiedenen Faktoren *„The strength of a tie is a [...] combination of the amount of time, the emotional intensity, the intimacy [...] and the reciprocal services which characterize the tie"* (Granovetter 1973: 1361).

einer Minorität laut Blasius et al. (2008: 89)[147] häufiger einen expressiven (z. B. emotionale Unterstützung) und einen geringen instrumentellen Nutzen. Im Hinblick auf die Leistungsfähigkeit bezüglich der Partnerschaft, deren Stabilisierung und alltäglichen Ausgestaltung könnte das Sozialkapital der türkischen Migranten anders beschaffen sein als bei Deutschen.

Putnam (2000) unterscheidet das soziale Kapital in zwei unterschiedliche Arten, in das *bonding social capital* und das *bridging social capital*. Bonding meint Beziehungen unter Personen mit gleichen Merkmalen wie z. B. ethnischer Herkunft, *bridging* hingegen sind Beziehungen zwischen heterogenen Personen hinsichtlich verschiedener Charakteristika. Die beiden Kapitalarten wirken unterschiedlich (2004): *Bonding social capital* besteht eher unter Personen mit z. B. ähnlichen Werten, die sich auch räumlich nahe stehen wie in der Nachbarschaft. Solche lokalen Beziehungen ermöglichen mehr Berührungspunkte der Personen untereinander, so dass hier eine stärkere soziale Kontrolle stattfindet. Die Personen tragen mehr Verantwortung füreinander und der Druck zu gruppenkonformem Verhalten steigt. *Bridging social capital* hingegen besteht eher zwischen Personen, die nicht unbedingt im gleichen Stadtteil leben und die z. B. unterschiedliche Wertvorstellungen haben (Greenbaum 1982). Durch die räumliche Distanz entstehen weniger Berührungspunkte. Solche Kontakte, wie z. B. zu Kollegen, dienen eher dem beruflichen Aufstieg und reichen weniger in die private Sphäre hinein.

Demnach könnte das *bonding social capital* die Funktion einer direkten sozialen Kontrollinstanz für Partnerschaften innehaben, welches im Sinne der *social control theory* (Hirschi 1969) bestimmte Verhaltensmuster sanktioniert, wie beispielsweise partnerschaftliche Konflikte, lautes Streiten oder die Option einer Trennung oder Scheidung. Der Fokus liegt hierbei besonders auf den so genannten psychologischen Netzwerken, bestehend aus signifikanten Anderen, die einem nahe stehen und eine zentrale Bedeutung im Leben haben[148] (Surra 1990). Türkische Migranten verfügen über stärkere familienorientierte Netzwerke[149] als Deutsche, da sie durch den Familiennachzug ihre sozialen Netzwerke nach Deutschland transferiert haben. Darüber hinaus verfügen sie oftmals auch über langjährige Freundschaften und soziale Kontakte, die sie bereits in der Türkei hatten (Schiffauer 2004: 68). Hieraus kann abgeleitet werden, dass diese

---

147 Blasius et al. (2008) untersuchen in der Studie „Doppelt benachteiligt – Leben in einem deutsch-türkischem Stadtteil" die Kontexteffekte armer und benachteiligter Wohngebiete auf die Bewohner/innen.

148 *„Darüber hinaus zeigt sich, dass positive Reaktionen der Eltern oder Freunde auf die Partnerschaft, ein ‚Labeling' des Paares als Einheit und andere Unterstützungsleistungen sich positiv auf die Partnerschaftqualität (subjektives Commitment, Zufriedenheit), die Verfestigung der Partnerschaft und die Partnerschaftsstabilität auswirken"* (Kopp et al. 2010: 107).

149 Überblick zu migrantischem Sozialkapital bei Schnur (2008).

Zuwanderergruppe über ein die Partnerschaft beeinflussendes Sozialkapital verfügt (siehe auch Kapitel 4.3: Copingressourcen: Sozialkapital und Netzwerke, S.
4.3). In den engmaschigen türkischen Netzwerkstrukturen sind die Paare stark
eingebettet und sozial kontrolliert.

Ferner besitzen türkische Netzwerke starke intergenerationale Überschneidungen (Nauck et al. 1997) und weist daher einen höheren Grad an Multiplexität
und Homogenität innerhalb der türkischen Netzwerkkerne auf. Über intergenerative Transmissionsprozesse, so ist zu vermuten, werden nicht nur der Eingliederungsprozess, sondern partnerschaftsbezogene Normen und Werte übertragen.
Daher kann hinsichtlich der Partnerschaft von einem größeren Einfluss und einer
stärkeren sozialen Kontrolle türkischer Netzwerke ausgegangen werden. Durch
die Nähe und Dichte innerhalb des türkischen Netzwerkes und die damit verbun-
dene Sanktionsdichte kann angenommen werden, dass eine Trennung oder
Scheidung für türkische Paare hohe soziale Kosten (Sanktionen) produzieren.
Die Kosten bestehen in Form von einer Einbuße des sozialen Ansehens und dem
damit einhergehenden möglichen Verlust (von Teilen) des sozialen Netzwerkes
(Verlust von Freunden oder Angehörigen). Auch die juristischen Konsequenzen
wiegen häufiger schwer: Nach einer kurzen Ehe kann die Scheidung, bei
Erwerbslosigkeit oder mangelnden Einkünften, den Aufenthaltsstatus gefährden
(Experteninterview Odendahl 2011[150]). Denn oft ist es gerade für die Ehefrauen
schwer, nach der Scheidung einen Einstieg ins Erwerbsleben zu finden, es man-
gelt häufig an deutschen Sprachkenntnissen und an einer Ausbildung. Wenn die
geschiedenen Frauen nicht für ihren eigenen Unterhalt aufkommen können, wird
die Aufenthaltsgenehmigung nicht verlängert. Den Geschiedenen (zumeist Frau-
en) droht im Einzelfall eine Abschiebung in die Türkei und damit auch unter
Umständen eine Trennung von den eigenen Kindern (Experteninterview
Odendahl 2011). Häufiger jedoch werden von den Scheidungswilligen die sozialen Kosten antizipiert, so dass Scheidungsanträge in einigen Fällen auch zurück-
gezogen werden (Experteninterview Odendahl 2011). Darüber hinaus sind viele
Scheidungswillige auch mit Problemen des Unterhalts konfrontiert, da sie im
Mittel deutlich weniger verdienen und oftmals mehr Kinder haben als Deutsche.
Wenngleich die Scheidung selbst vom Staat übernommen wird (aufgrund der
Einkommensverhältnisse), sind die nachfolgenden Kosten für getrennte Haushalte für viele eine große Belastung. Insgesamt sind die sozialen, emotionalen und
finanziellen Kosten einer Scheidung von türkischen Migranten höher zu bewer-
ten als die in vielen deutschen Partnerschaften.

Eine weitere Erklärung bietet der Minoritätenstatus: bei Türken stärkt dieser
Status vermutlich den Zusammenhalt in der Partnerschaft und zur Familie sowie

---

150 Hanswerner Odendahl ist langjährig tätig als Fachanwalt für türkisches und deutsches Familienrecht, sowie für Ausländer- und Asylrecht.

zu den „peers", so dass ein höheres Solidarpotenzial zu vermuten ist als bei Deutschen (Baykara-Krumme 2007). Hier ist als unterstützendes Argument die Solidaritätshypothese (Wagner und Weiß 2010: 171) anzuführen. Sie unterstellt, dass der „Minoritätenstatus" der Zugewanderten in der Aufnahmegesellschaft den Zusammenhalt in der Partnerschaft und Familie festigt bzw. steigert. Die Familie bzw. Partnerschaft wird als Schutzraum verstanden, der zum Einen als Rückzugsraum und zum Anderen als Ressource zur Konfliktbewältigung in der Aufnahmegesellschaft dient (Baykara-Krumme 2007). Insgesamt gilt daher für die Wirkung der sozialen Einbindung[151] auf die partnerschaftliche Zufriedenheit folgendes:

h_MIGSOZ: Wenn ein türkischer Migrationshintergrund vorhanden ist, dann ist das soziale (bonding) Kapital größer.

Diese Teilhypothese (MIG→SOZ) wird mit der Teilhypothese aus Kapitel 4 (SOZ→PZ) zusammengeführt. Die zu untersuchende Gesamthypothese lautet wie folgt:

H_MIGSOZ: Wenn ein türkischer Migrationshintergrund vorhanden ist, dann ist das soziale (bonding) Kapital größer und dies hat einen positiven Effekt auf die Partnerschaftszufriedenheit.

Die bisher vorgestellten Annahmen aus der Netzwerktheorie und zum sozialen Kapital werden in einer Synopse konzeptualisiert, um die Partnerschaftszufriedenheit zu erklären (siehe Abbildung 17). Die einzelnen Pfade werden im Text durch die Großbuchstaben gekennzeichnet. Personen mit türkischem Migrationshintergrund weisen häufig einen niedrigen sozialen Status auf (Pfad A) und verfügen daher laut Lin (2001: 51) über kleinere, homophile Netzwerke (geringere Heterogenität) und damit über ein größeres *bonding social capital* (eher als *bridging social capital*). Zumeist (Pfad B) erhalten die Personen in diesen Netzwerken Unterstützungsleistungen durch Familienangehörige und durch ihren Partner in verschiedenen Lebensbereichen (Nauck und Kohlmann 1998). Insbesondere Angehörige von Minoritäten (türkische Migranten sind laut Bundesregierung häufiger statusniedrig als Deutsche, BMFSFJ 2000) haben häufiger Netzwerke mit einem expressiven, eher emotionalen Nutzen (d. h. geringem instrumentellem Nutzen). Die Familienorientierung türkischer Netzwerke ist deutlich stärker als bei Deutschen (Nauck und Kohlmann 1998: 220 ff.). Sozial-

---

151 Greenbaum (1982: 383) stellt dazu fest: *„in short, weak ties may indeed be strong, but strong ties are stronger"*. Denn sie erzeugen Gruppensolidarität und erfüllen einen sozialen Nutzen (Lin 1999: 469), der bei türkischen Migranten ausgeprägter sein könnte als bei Deutschen.

kapital wird bei türkischen Migranten häufig durch Vorleistungen gebildet, daher sind die Solidarpotenziale hoch (Nauck 2001).

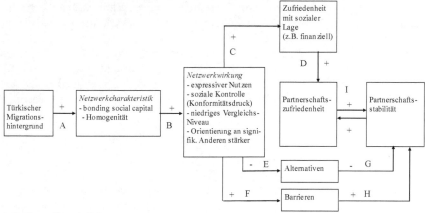

A, B, C... = Kausalpfade

Abbildung 17:   Die Wirkung sozialer Netzwerke und des Sozialkapitals auf die Partnerschaftszufriedenheit

Quelle: Eigene Darstellung.

Diese starke Einbettung in innerethnische Netzwerke kann jedoch auch von Nachteil sein und die individuelle (soziale) Mobilität durch einen starken Konformitätsdruck einschränken (*„downward leveling norms"* bei Portes 1998: 15 ff.) und zur ethnischen Segmentation führen (Esser 2001: 41).

Gleichzeitig ist durch die spezifische Charakteristik der türkischen Netzwerke denkbar, dass die Migranten hier ihr Vergleichsniveau ansetzen, ihre Referenzgröße definieren, um ihre eigene soziale Lage (z. B. finanziell, familiär) zu beurteilen. Ferner ist die Orientierung am signifikant Anderen stärker, da es im Alltag viele Berührungspunkte gibt, sowohl im Privaten als auch auf der Arbeit im Familienbetrieb, im Moscheeverein oder in türkischen Geschäften im eigenen Wohnviertel: Der Konformitätsdruck (Pfad C) könnte in sozialer, familialer Hinsicht die Partner bestärken, in der Beziehung zu verbleiben und Belastungen gemeinsam durchzustehen. Die starke Einbindung in familiale Netzwerke kann dabei hilfreich sein. Eventuell erfolgen hier (außerhalb der Partnerschaft) adaptive Prozesse, die Belastungen und problemhafte Situationen der Beziehung kompensieren. Dadurch wird die subjektive soziale Lage als positiv(er) empfunden. Da angenommen wird, dass sich die türkischen Migranten eher mit den Personen aus ihrer direkten Umgebung (die ebenfalls statusniedrig sind) vergleichen, kann dieser Abgleich eher positiv ausfallen. Die beschriebenen adaptiven Prozesse (Pfad D), die innerhalb und außerhalb der Partnerschaft ablaufen, können das Wir-Gefühl und die Solidarität der Partnerschaft steigern (vgl. Modell von Karney und Bradbury 1995). Zudem beeinflusst die positive Beurteilung der sozialen Lage die subjektive Bewertung der Partnerschaft und erhöht die Wahrscheinlichkeit, dass dadurch die Zufriedenheit steigt (Karney und Bradbury 1995). Auf der rechten Seite des Modells werden austauschtheoretische Überlegungen integriert (Abbildung 6): Vor allem die soziale Kontrolle und der Konformitätsdruck, wenn religiöse Normen eine Rolle spielen, mindern die Trennungs- und Scheidungsoption. Dadurch wird ferner die Opportunitätsstruktur verringert, andere potenzielle Partner kennenzulernen und die Vorstellung zu gewinnen, ein alternatives Lebensmodell zu dem aktuellen verwirklichen zu wollen. Gleichzeitig steigen damit auch die Barrieren, die die Partnerschaft stabilisieren. Partnerschaftszufriedenheit und -stabilität (Pfad I) befinden sich in einer Wechselwirkung (z. B. Hill 2004).

Türkischer Migrationshintergrund und Wert- und Geschlechterrollenorientierung (Religiosität, Traditionalität der Geschlechterrollen und Aufgabenteilungszufriedenheit)

Türkischer Migrationshintergrund und Religiosität (REL)

Religiosität gilt als ein Indikator von normativer Orientierung und kann, da sie existentielle Grundlagen betrifft, zu konflikthaften Wertdifferenzen führen. Zum einen zwischen den Partnern oder mit dem Wertesystem der Aufnahmegesellschaft bei den türkischen Migranten (Heaton, Albrecht und Martin 1985[152], Hill und Kopp 2002: 284). Bei türkischen Muslimen in Deutschland kann vermutet werden, dass es seltener zu partnerschaftlichen Differenzen kommt, denn in dieser Gruppe haben 73,9 % einen muslimischen Partner (Haug et al. 2009: 289[153]). Religiöse Homogamie und übereinstimmende Werteinstellungen gelten als positive Prädiktoren für die Partnerschaftszufriedenheit und -stabilität (Arránz Becker 2008: 68 ff.[154]).

---

152 Heaton et al. (1985) untersuchen den Einfluss von Wertdifferenzen auf Beziehungsstabilität.
153 Dies ist ein Beweis für die Relevanz ethnischer, religiöser sowie konfessioneller Zugehörigkeit bei Prozessen der Partnerwahl. Ähnlichkeit (Homogamie) in Wert- und Einstellungsbereichen des Alltags erscheinen bedeutsam. Zu den Gesetzen der Partnerwahl siehe Hassebrauck und Küpper (2003).
154 Der Autor referiert vor allem den Forschungsstand zur Homogamie von Personen, die christlichen Konfessionen angehören. Es ist jedoch zu vermuten, dass die Befunde z.T. auch auf muslimische Personen übertragbar sind.

Etwa 2,7 Millionen[155] Personen mit türkischem Hintergrund in Deutschland sind muslimischen Glaubens (Haug et al. 2009: 81). Bei diesen besteht im Vergleich zu den Deutschen ein höheres Ausmaß an Religiosität: Nach den Befunden des Religionsmonitors der Bertelsmann-Stiftung[156] befindet sich der größte Anteil an Hochreligiösen in Deutschland mit 41 % unter den türkischstämmigen Muslimen. Die türkischstämmigen Muslime, die meist als Gastarbeiter nach Deutschland gekommen sind und aus religiösen, ländlichen Familien stammen, gehören überwiegend der Gruppe der Sunniten an (vgl. Haug et al. 2009[157], Religionsmonitor 2008b[158]). Zudem gibt es Geschlechterunterschiede für das Ausmaß von Religiosität: Muslimische Frauen aus der Türkei (47,1 %) bezeichnen sich im Vergleich zu den Männern (35,8 %) selbst häufiger als „sehr stark gläubig" (Haug et al. 2009: 141).

Für das Konfliktgeschehen spielt Religiosität eine Rolle und es gibt empirische Belege für interkulturelle Differenzen: Die US-amerikanischen Forscher Lambert und Dollahite (2006: 439[159]) untersuchten, wie Religiosität Paaren hilft, Konflikte zu vermeiden, sie gegebenenfalls zu lösen und zu überwinden. Ihr Ergebnis lautet:

„…commitment to permanence encourages couples to reconcile because their religion influences them not to think about the possibility of divorce but to work on their relationships" (Lambert und Dollahite 2006: 447).

Im Kontext des Glaubens haben hoch-religiöse Paare aller abrahamitischer Religionen generell einen stärkeren Willen, sich nach einem Streit zu verzeihen:

---

155 Es sind 2.675.089 Personen. Dies ist die Summe der ausländischen und deutschen Muslime mit türkischem Migrationshintergrund (Haug et al. 2009: 81).
156 Sonderstudie zur muslimischen Religiosität in Deutschland (2008).
157 Autorinnen der Studie „Muslimisches Leben in Deutschland", durchgeführt vom Bundesamt für Migration und Flüchtlinge im Auftrag der Deutschen Islamkonferenz.
158 *„Danach sind 90 % der in Deutschland lebenden Muslime religiös, davon 41 % sogar hochreligiös. 5 % sind nichtreligiös. Im Vergleich dazu sind in der gesamtdeutschen Bevölkerung 70 % religiös (18 % davon hochreligiös) und 28 % nichtreligiös. Dabei zeigen sich erhebliche Unterschiede zwischen den Angehörigen der verschiedenen muslimischen Glaubensrichtungen und bezüglich ihrer nationalen Herkunft bzw. dem ethnisch-kulturellen Hintergrund. So ist Religiosität unter den hier lebenden Sunniten besonders ausgeprägt. Von ihnen werden 92 % als religiös und 47 % sogar als hochreligiös eingestuft (...). Bei der Unterteilung nach Sprachgruppen zeigt sich die höchste religiöse Prägung bei Türkisch- und Arabischsprachigen mit jeweils 91 %"* (Religionsmonitor 2008a).
159 Dabei führten sie Tiefeninterviews mit 57 hoch-religiösen, mittelalten Paaren aus den drei abrahamitischen Religionen (Christentum, Judentum und Islam). Religiosität messen sie über drei Dimensionen: individuelle Spiritualität und Glaubensüberzeugungen, religiöse Praktiken und das Engagement in einer Glaubensgemeinschaft.

"...religious beliefs and practices seem to function as a safe container in which marital conflict is prevented, resolved, and overcome" (Lambert und Dollahite 2006: 447).

Das nachfolgende Modell (Lambert und Dollahite 2006: 446) verdeutlicht dies: Religiöse Überzeugungen (*religious beliefs*) wirken hier in alle drei Phasen des Konfliktprozesses deeskalierend (*problem prevention, problem resolution* und *relational reconciliation*[160]).

In Abbildung 18 wird das Zusammenwirken von Religiosität und partnerschaftlichem Konflikt verdeutlicht. Die Religiosität (*religious beliefs*) hängt mit religiösen Praktiken (*religious practices*) zusammen, die wiederum die gemeinsamen Ziele (*shared purpose*) und die partnerschaftlichen Moralvorstellungen (*relational virtues*) beeinflussen und dadurch die Problem- und Konfliktentstehung verhindern können (*prevented problems*).

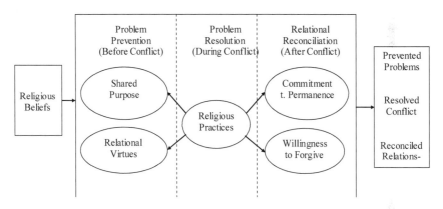

Abbildung 18: Der Einfluss der Religiosität auf die Phasen des ehelichen Konflikts
Quelle: nach Lambert und Dollahite (2006: 446).

Wenn ein Konflikt entsteht, hilft hoch-religiösen Paaren der Wille zum Verzeihen (*willingness to forgive*) sowie die starke Überzeugung (*commitment to*

---

160 „*Further, according to the literature, those couples who are more spiritual and religious tend to have better conflict management skills: 'Religious belief and practice helped couples prevent conflict by assisting them in developing a shared sacred vision and purpose, which in turn reduced marital conflict by decreasing stress levels in marriage and unifying couples*" (Lambert und Dollahite 2006: 448).

permanence) in der Partnerschaft zu verbleiben und den Konflikt gemeinsam mit dem Partner zu überwinden (*resolved conflict*).daraus kann schließlich auch eine optimierte Abstimmung der Bedürfnisse und Wünsche der Partner resultieren (*reconciled relationships*). Die beiden gestrichelten Linien, die die drei Konflikt-phasen unterteilen, repräsentieren die durchlässige Natur der drei Bereiche.

Religiosität durchdringt jedoch nicht nur das partnerschaftliche Konfliktge-schehen, sondern beeinflusst vor allem auch das Normen- und Wertesystem: Röhr-Sendlmeier und Yun (2006: 89 ff.) untersuchen in zwei Studien die Vor-stellungen über die Themen „Partnerschaft", „Ehe" und „Familie" von italieni-schen, türkischen und koreanischen jungen Erwachsenen der zweiten Migranten-generation. Sie vergleichen diese Gruppen mit denen deutscher junger Erwach-sener. In der ersten Stichprobe (n = 115), die repräsentativ für alle vier Ethnien nach dem Bildungsniveau zusammengesetzt ist, divergieren die Einstellungen stark zwischen den Gruppen. Italienische und türkische Migranten haben eine starke Orientierung an familiären Traditionen und Wertvorstellungen. Die korea-nischen und deutschen Befragten hingegen betonen eher die Wichtigkeit indivi-dueller und rationaler Einstellungen. Türkische Migranten erachten für eine Part-nerschaft oder Ehe Werte wie Ehrlichkeit, Treue, Kompromissbereitschaft und gegenseitige Unterstützung als besonders wichtig. Sowohl die Familiengründung als auch die Ehe empfinden sie weniger einschränkend als die anderen Gruppen. Religiosität betrachten sie als zentrales Element in allen Lebensbereichen (Röhr-Sendlmeier und Yun 2006: 105). Dabei fällt auf, dass alle weiblichen Befragten der Bedeutung der Religiosität in ihrem Leben eine höhere Bedeutung beimes-sen, als es die männlichen tun. Gleichzeitig lehnen alle weiblichen Probanden klare Aussagen zu einer klassischen Rollenverteilung ab. In einer zusätzlichen Untersuchung mit 100 Probanden wurden die Werteinstellungen von Gymnasias-ten überprüft, darunter Befragte aus den genannten Migrantengruppen. Die Per-sonen mit Migrationshintergrund sind den Deutschen ähnlicher als diejenigen der anderen untersuchten Gruppen. Insbesondere italienische und türkische Frauen verfügen über signifikant andere Werteinstellungen als diejenigen aus der Grup-pe der ersten Studie, in denen die Bildung gemischt zusammengesetzt war. Tür-kische Gymnasialschülerinnen weisen deutlich abgemilderte traditionsorientierte Wertvorstellungen auf. Es bleibt jedoch die Bedeutung der Religion. Die Ergeb-nisse der Studie von Röhr-Sendlmeier und Yun (2006) bestätigen die Überle-gungen zur Assimilationstheorie. Assimilationsdifferenzen sind auf die unter-schiedliche Verteilung von individuellen Ressourcen – insbesondere des Bil-dungsniveaus – zurückführbar (Nauck 2002).

Schiffauer (2004) beschreibt, wie sich bei den türkischen Migranten der ers-ten Generation, die seit Ende der 1969er Jahre einwanderten, eine Sonderform des Islam entwickelt. Er bezeichnet diese als „Arbeiterreligion", die „ dogmatischer" war als die aus ihrer Herkunftsregion in der Türkei. Diese Sonderform war „ *...bestimmt von den Gedanken einer Erlösung aus der als leidvoll empfundenen Fremde und einer Rückkehr in die Heimat"* (Schiffauer 2004: 20), die für die Migranten der zweiten Generation nicht mehr relevant ist. Aus dieser Tradition heraus entstanden die ersten Moscheevereine (Schiffauer 2004: 20), die nicht nur als Orte der Zuflucht gelten, sondern auch konkrete Hilfsangebote bereit halten. Insofern ist nicht nur die Religiosität selbst, sondern auch die religiöse Infrastruktur durch Moscheevereine als Bewältigungsressource für türkische Migranten zu verstehen. Etwa jeder Fünfte soll in einer religiösen Organisation Mitglied sein (Spuler-Stegemann 2008: 2).

In Kontext der beschriebenen Befunde erscheint die große Bedeutung der Religiosität türkischer Migranten evident (Spuler-Stegemann 2008). Sie kann als Kompensation bzw. „Gegenkonzept zum Wertesystem der Aufnahmegesellschaft" genutzt werden. Starke Religiosität und die Einbindung in religiösen Vereinen können insgesamt als Coping Ressource bzw. „Schutzschild" in Lebenskrisen, auch in partnerschaftlichen Krisen, und schwierigen, widrigen Alltagssituationen betrachtet werden (vgl. Religionsmonitor 2008b), so dass das Konfliktpotenzial bei stark Gläubigen geringer ist (Haque und Davenport 2009: 167, Lambert und Dollahite 2006: 448). Daher gilt:

h_MIGREL: Wenn ein türkischer Migrationshintergrund vorhanden ist, dann ist das Ausmaß der Religiosität größer.

Diese Teilhypothese (MIG→REL) wird mit der Teilhypothese aus Kapitel 4 (REL→PZ) zusammengeführt. Die zu untersuchende Gesamthypothese lautet wie folgt:

H_MIGREL: Wenn ein türkischer Migrationshintergrund vorhanden ist, dann ist das Ausmaß der Religiosität größer und dies hat einen positiven Effekt auf die Partnerschaftszufriedenheit.

Türkischer Migrationshintergrund und Traditionalität der Geschlechterrollenorientierung (TRA)

Die Geschlechterrollen im Herkunftsland Türkei[161] drücken sich in einer ungleichen Partizipation der Frauen am Arbeitsmarkt und im Bildungssystem aus.

---

161 Ein (nicht repräsentativer) Überblick über das weibliche Geschlechterbild in der islamischen Presse von 1985 bis Anfang der 1990er in der Türkei findet sich bei Gül und Gül (2000). *„In summary, the main aim of these four publications is to promote a return to the essence of Islam and to provide an intellectual base for Islamic revivalism against the institutions and values of*

Jedoch zeichnen sich seit Atatürks Reformen in den 1920er Jahren (Nauck und Klaus 2008: 286 ff.) einige Änderungen in wandelnden Geschlechteridentitäten, veränderten Arbeitsteilungen und in der partnerschaftlichen Kommunikation ab (Nauck und Klaus 2008: 299). Modifikationen in eher egalitäre Partnerschaften sind zu beobachten, in denen die Frau nicht länger „a silent partner" ist (Nauck 2002: 33). Die stärkere Einbindung der Frauen in den Bildungssektor und in den Arbeitsmarkt hat in der Türkei das Machtverhältnis zugunsten der Frauen in vielen Ehen verschoben. Damit einher geht eine steigende Notwendigkeit von eher kooperativen Beziehungsarrangements, besonders bei der innerfamiliären Aufgabenteilung in urbanen Milieus (Nauck 2008: 299). Diese Entwicklungen haben eine erhebliche Zusatzbelastung für Frauen geschaffen, die verschiedenen familialen, partnerschaftlichen und beruflichen Interessen zu bündeln.

Idema und Phalet (2007) untersuchen die Geschlechterrollenvorstellungen türkisch-deutscher Jugendlicher durch intergenerationale und interkulturelle Beziehungen. Dazu wurden Eltern-Kind-Dyaden des gleichen Geschlechts separiert voneinander über ihre Geschlechterrollenvorstellungen, Sozialisationsziele und Erziehungsstile in den Eltern-Kind-Beziehungen befragt (Idema und Phalet 2007: 71). Ferner wurde das Ausmaß von Akkulturation und der wahrgenommenen Diskriminierung in ihren Kontakten zur Aufnahmegesellschaft ermittelt. Idema und Phalet (2007) finden einerseits einen Zusammenhang zwischen guten deutschen Sprachkenntnissen und egalitären Rollenbildern. Andererseits belegen sie Geschlechterdifferenzen, vor allem bei Töchtern die Tendenz zu egalitären Geschlechterrollenorientierungen, bei Söhnen eine eher konservative Ausrichtung.

> „Darüber hinaus waren die egalitärsten Wertvorstellungen bei denjenigen Töchtern anzutreffen, die Mütter mit höherer Bildung und egalitären Wertvorstellungen hatten. Umgekehrt verstärkten die väterlichen Ziele im Bereich der religiösen Sozialisation und Diskriminierungswahrnehmungen konservative Wertvorstellungen bei den Söhnen" (Idema und Phalet 2007: 71 ff.).

Offenbar gibt es eine geschlechtsspezifische Transmission, deren Bedeutung auch Timmerman (2006: 125) betont. Vermutlich kann bei türkischen Migranten nicht von einer homogenen Geschlechtsrollenidentität ausgegangen werden. Stärker als die nationale oder ethnische Herkunft sind die Geschlechtsrollenorientierungen von Bildung und Alter (Generationenzugehörigkeit) abhängig

---

the Turkish republic, which are greatly influenced by modernism and secularism. All these publications attribute a strategic role to women in Islamic revivalism. Turkish women still have more spare time than Turkish men for Islamic religious activities at home and in the community" (Gül und Gül 2000: 21).

(Westphal 2007: 137). Dennoch gibt es empirische Hinweise, dass eine traditionelle Geschlechterrollenorientierung häufiger bei türkischen Migranten zu finden ist als bei Deutschen. Laut der Statistik des BMFSFJ (2000: 147) ist bei Türken in Deutschland der Anteil der Ehen, bei denen die Männer erwerbstätig sind und die Frauen nicht arbeiten, deutlich höher als bei deutschen Ehepaaren. In türkischen Ehen dominiert der Typus der „Hausfrauenehe" mit 45,3 % im Vergleich zu Ehen aus den EU-Staaten mit 28,2 % (italienische Ehen in Deutschland: 33,0 %), und zwar unabhängig von den im Haushalt vorhandenen Kindern und ihrem Alter. Die Ursachen können zum Einen durch die mangelnden Partizipationsmöglichkeiten der türkischen Frauen auf dem Arbeitsmarkt bedingt sein, sie können aber zum Anderen auch in einem höheren traditionellen Geschlechterrollenverständnis begründet sein. Dieses könnte aus dem islamischen Geschlechterverhältnis resultieren (Jagodzinski und Dülmer 2010: 237), das aus westlicher Perspektive keine Gleichheit vorsieht[162].

> „Islamische Gelehrte bedienen sich hier einer Rechtsfigur, die auch in der deutschen Rechtswissenschaft der Nachkriegszeit eine gewisse Rolle spielte: Das Gleichheitsgebot – so wird argumentiert – verlange nicht überall Gleichbehandlung. Es verlange Differenzierungen dort, wo es rechtlich relevante Unterschiede zwischen den Menschen gebe" (Jagodzinski und Dülmer 2010: 237).

Der Mann hat demnach im öffentlichen Leben und in der Berufswelt Vorrang, während die Frau für die Familie und Kindererziehung zuständig ist[163]. Es gibt demnach einen als „weiblich" und als „männlich" konnotierten Kompetenzbereich. Befunde von Westoff und Frejka (2007) stützen dies: Ihre Ergebnisse basieren auf dem *European Value Survey 1978-2008*. Muslimische Frauen weisen häufiger traditionelle Einstellungen auf als weibliche Befragte aus anderen Religionsgruppen. Gemessen werden diese Meinungen z. B. durch die Frage, ob die Hausarbeit ebenso erfüllend ist wie die Erwerbsarbeit.

Diehl et al. (2009) untersuchen die Unterschiede zwischen Deutschen und türkischen Migranten der ersten und zweiten Generation hinsichtlich der Geschlechterrollen, der häuslichen Aufgabenteilung und der Religiosität. Sie stellen zunächst fest, dass die Religiosität über die Generationen stabil bleibt. Außerdem

---

162 *„Dezidierter als die Bevölkerung aller anderen untersuchten europäischen Gesellschaften sind die in der Türkei lebenden Menschen der Ansicht, dass bei der Verknappung von Arbeitsplätzen Männer eher einen Anspruch auf Arbeit haben als Frauen"* (Jagodzinski und Dülmer 2010: 239).

163 *„Wer heute dem Islam vorhält, dass er die Ungleichbehandlung der Frauen mit überholten Vorstellungen über die natürlichen Unterschiede von Männern und Frauen legitimiere, der sollte sich daran erinnern, dass man ähnliche Anschauungen auch heute noch in der katholischen Kirche findet"* (Jagodzinski und Dülmer 2010: 254).

weisen sie nach, dass sowohl Deutsche als auch türkische Migranten mit stark ausgeprägter Religiosität eher konservative Geschlechterrollenorientierungen vertreten, auch bei Berücksichtigung der sozialstrukturellen Merkmale. Abgesehen davon beeinflussen starke religiöse Überzeugungen bei Deutschen nicht die Arbeitsteilung, bei türkischen Migranten hingegen schon. Ferner können sie belegen, warum Zuwanderer konservative Rollenmuster und eine traditionellere Aufgabenteilung aufweisen. Religiöse Überzeugungen sind ein Erklärungsfaktor, bei weitem jedoch nicht der wichtigste. Denn auch säkulare türkische Migranten sind konservativer als Deutsche mit einem ähnlichen sozialen Hintergrund. Die häufige Erklärung lautet, dass der Islam eine Ursache darstellt. Jedoch herrschen in anderen süd- und osteuropäischen Ländern gleichermaßen traditionelle Geschlechterrollen vor. Lediglich säkulare türkische Migranten der zweiten Generation haben häufiger egalitäre Geschlechterrolleneinstellungen als diejenigen der ersten Generation. Die Befunde sprechen insgesamt dafür, dass bei den Differenzen kulturelle Besonderheiten bei türkischen Migranten eine Rolle spielen, die losgelöst von der individuellen Religiosität, jenseits des muslimischen Glaubens, wirksam sind. Unabhängig von den unterschiedlichen Erklärungsansätzen, weshalb türkische Migranten häufiger konservativere Geschlechterrollen aufweisen, wird folgende Hypothese abgeleitet:

h_MIGTRA: Wenn ein türkischer Migrationshintergrund vorhanden ist, dann ist die Traditionalität der Geschlechterrollen größer.

Diese Teilhypothese (MIG→TRA) wird mit der Teilhypothese aus Kapitel 4 (TRA→PZ) zusammengeführt. Die zu untersuchende Gesamthypothese lautet wie folgt:

H_MIGTRA: Wenn ein türkischer Migrationshintergrund vorhanden ist, dann ist die Traditionalität der Geschlechterrollen größer und dies hat einen positiven Effekt auf die Partnerschaftszufriedenheit.

Türkischer Migrationshintergrund und Aufgabenteilungszufriedenheit (AUF)

Wenn in türkischen Partnerschaften häufiger das klassische Rollenmodell vorliegt, in der der Mann als Ernährer und die Frau für die Hausarbeit und gegebenenfalls für die Kindererziehung zuständig ist, dann gibt es weniger Konflikte im häuslichen Bereich bezüglich der Aufgabenteilung. Daher sollte auch die Zufriedenheit mit der Aufgabenteilung größer sein. Verschiedene Befunde stützen diese Überlegungen:

„Auch die Arbeitslosenquote ist bei den ausländischen Ehefrauen und besonders bei den ausländischen Alleinerziehenden sowie auch bei den ausländischen Ehemännern deutlich höher als bei den west- und ostdeutschen Frauen und Männern" (BMFSFJ 2000: 148).

1995 hatten die türkischen Ehefrauen mit 20,3 % den höchsten Anteil an den Arbeitslosen in Deutschland. Ursachen dafür sind die Kinderbetreuung oder auch berufsvorbereitende Maßnahmen. Außerdem liegen Gründe häufig in der vergeblichen Suche nach einer Arbeitsstelle. Lediglich 4 % möchten nicht berufstätig sein, weitere 4 % sind auf einen eigenen Job nicht angewiesen, da ausreichend finanzielle Ressourcen im Haushalt vorhanden sind. Etwa 12 % der Frauen sind erwerbslos, weil die Partner oder Eltern dagegen sind (BMFSFJ 2000: 148). Demgegenüber stehen Befunde über eine hohe Kooperation beider Partner in türkischen Ehen im Vergleich zu anderen Migrantengruppen (Kohlmann 1998, Nauck 1985) und einer geringen „Polarisierung der Geschlechterrollen" (BMFSFJ 2000:93) bei der Aufgabenverteilung im Haushalt bei türkischen Migranten. Demnach müsste folgende Annahme gelten:

h_MIGAUF: Wenn ein türkischer Migrationshintergrund vorhanden ist, dann ist die Aufgabenteilungszufriedenheit größer.

Diese Teilhypothese (MIG→AUF) wird mit der Teilhypothese aus Kapitel 4 (AUF→PZ) zusammengeführt. Die zu untersuchende Gesamthypothese lautet wie folgt:

H_MIGAUF: Wenn ein türkischer Migrationshintergrund vorhanden ist, dann ist die Aufgabenteilungszufriedenheit größer und dies hat einen positiven Effekt auf die Partnerschaftszufriedenheit.

Türkischer Migrationshintergrund und Commitment (Eheorientierung EHE, Paarstabilität ST)

Türkischer Migrationshintergrund und Eheorientierung (EHE)

Auf Einstellungs- und Bewertungsebene in normativer Hinsicht lassen sich Differenzen zwischen Deutschen und türkischen Migranten benennen. „Commitment" meint das Ausmaß an Identifikation sowohl auf affektiver als auch normativer Ebene, welches inhaltlich mit Religiosität und der subjektiv empfundenen partnerschaftlichen Stabilität korrespondiert (Arránz Becker 2008:

133). Affektives Commitment bedeutet die emotionale Verbindung zum Partner. Normatives Commitment zur Institution „Ehe" umfasst die unauflösliche Einheit zweier Personen. Demnach müsste eine hohe Eheorientierung (als intervenierende Variable) eine kompensierende Wirkung auf finanziell deprivierte Partnerschaften haben. Zum Beispiel könnte eine ökonomische Krise das Solidargefühl und „Wir-Gefühl" in einer Partnerschaft stärken. Dabei steht eine Rückbesinnung auf das, was eine Person (ideell) hat im Mittelpunkt und nicht die Fokussierung auf fehlende materielle Güter, auf das, was sie nicht hat. Es gibt verschiedene Ursachen, weshalb das eheliche bzw. partnerschaftliche Commitment bei türkischen Paaren stärker ausgeprägt sein sollte. Da einerseits bei türkischen Migranten häufiger religiöse Aspekte eine Rolle spielen und deren soziale Netzwerke stark verwandtschaftslastig sind, werden nachfolgend diese Aspekte im Kontext des partnerschaftlichen Commitments diskutiert. Da die Zuwanderer häufiger religiös sind und der Anteil der Hochreligiösen deutlich höher ist als bei den Deutschen, ist anzunehmen, dass dadurch auch der Glaube an die Unauflösbarkeit der Ehe stärker ist (Religionsmonitor 2008b, vgl. ausführlich Abschnitt: Türkischer Migrationshintergrund und Religiosität, S. 131). Nach Westoff und Frejka (2007) sind muslimische Frauen stärker familien- und eheorientiert. Es ist daher von folgender Wirkung des Migrationskontextes auf die Eheorientierung auszugehen:

h_MIGEHE: Wenn ein türkischer Migrationshintergrund vorhanden ist, dann ist die Eheorientierung größer.

Diese Teilhypothese (MIG→EHE) wird mit der Teilhypothese aus Kapitel 4 (EHE→PZ) zusammengeführt. Die zu untersuchende Gesamthypothese lautet wie folgt:

H_MIGEHE: Wenn ein türkischer Migrationshintergrund vorhanden ist, dann ist die Eheorientierung größer und dies hat einen positiven Effekt auf die Partnerschaftszufriedenheit.

Türkischer Migrationshintergrund und subjektive Paarstabilität (ST)

In türkischen Ehen sind die Trennungskosten größer als in deutschen (vgl. ausführlich Abschnitt: Türkischer Migrationshintergrund und soziales Kapital, S. 126). Denn der Konformitätsdruck müsste in türkischen Lebenswelten größer sein. Demnach wird die Realisierung einer Trennung seltener in Erwägung gezo-

gen. Dennoch vollzieht sich in der Türkei ein Wandel bezüglich des Trennungs-
und Scheidungsverhaltens:

"It may be assumed that increased expectations in marital quality, together with the
absence of premarital relationships, have increased early divorces. Moreover, Turkish statistic register many more women than men as having the status of 'divorced',
reflecting the much higher acceptability of remarriage for men than for women"
(Nauck und Klaus 2008: 298).

Auch wenn sich die Bedeutung der Ehe in den vergangenen Jahren in der Türkei
verändert hat, so ist das Innenleben türkischer Ehen eher hierarchisch gegliedert:

"thus, the spousal relationship is signified by the subsidiary status of women with
respect to prestige and power" (Nauck und Klaus 2008: 299).

Das höhere Commitment in türkischen Partnerschaften kann aber auch ein Effekt
des sozialen Lernens sein. Dieser entsteht durch die „*Wahrnehmung abweichenden Verhaltens und/oder die Übernahme abweichenden Verhaltens durch Interaktionen mit anderen Bewohnern, also durch Modell-Lernen (...). Ebenso bestehen aber auch positive Rollenmodelle*" (Blasius et al. 2008: 13). Zum Beispiel
durch Paare, die ihre Konflikte konstruktiv austragen oder sich therapeutische
Hilfe bei Eheproblemen suchen. Diese Aspekte bestimmen unter Umständen
auch das Verhalten und die Wahrnehmung der eigenen partnerschaftlichen Situation, die an der direkten Umgebung „gemessen" wird. Wenn Unglücklichsein in
einer Partnerschaft oder Ehe und Trennungsgedanken als eine normativ-
kognitive Form von abweichendem Verhalten (Denken) interpretiert wird, dann
ist davon auszugehen, dass bei den türkischen Paaren die Zufriedenheit ähnlich
hoch ist (trotz alltäglicher Widrigkeiten): Nach den Befunden von Friedrichs und
Blasius (2000) ziehen sie sich als ethnische Minderheit angesichts der „deutschen" Normenpluralität auf „ihre" Normen zurück. Dieser Effekt wird als Re-
Ethnisierung bezeichnet. In der Studie (Friedrichs und Blasius 2000) lehnen die
türkischen Befragten im Gegensatz zu den deutschen „deviante" Normen stärker
ab und sind dabei auch homogener. Anders als bei den deutschen Befragten
konnten bei den türkischen Befragten keine Unterschiede der Inakzeptanz abweichenden Verhaltens nach Alter, Schulbildung und Geschlecht festgestellt
werden. Die Befunde von Blasius et al. (2008) belegen diese Vermutung indirekt:

„Erstaunlich ist nun, dass, je höher der Anteil der Deutschen am Netzwerk türkischer Bewohner ist, desto höher ist auch deren Billigung von abweichendem Verhalten. Die deutschen Netzwerkpersonen „verschieben" offenbar die restriktiveren Ur-

teile der Türken in die Richtung liberalerer Einstellungen. Erstaunlich war weiterhin der Befund, dass bei den Türken ein hoher Anteil von Verwandten zu höherer Missbilligung abweichenden Verhaltens führt (…)" (Blasius et al. 2008: 111).

Offenbar spielt das Umfeld eine wesentliche Rolle bei der Meinungsbildung (Friedrichs 1997: 477, 482).[164] Soziales Lernen bzw. die Orientierung an „role models" ist am ethnisch homogenen Netzwerk orientiert: Rollenmodelle, wie eine „zufriedene Partnerschaft bzw. Ehe" aussieht, werden hier eventuell ein stückweit adaptiert. Die Befunde von Wagner und Weiß (2010) legen nahe, dass die türkischen Migranten in Deutschland eine stärkere Wertorientierung und Traditionalität haben. Sicherlich spielt hierbei auch das Milieu eine Rolle, dahingehend, dass es bedeutsam ist, wie abweichendes Verhalten (Trennung, Scheidung) bewertet und von der eigenen ethnischen Bezugsgruppe sanktioniert wird. Aufgrund der hohen sozialen Kontrolle in türkischen Netzwerken, Nachbarschaften und der höheren Eheorientierung ist zu vermuten, dass die Paarzufriedenheit trotz vermehrter finanzieller oder beruflicher Probleme nicht geringer ist als bei den deutschen Paaren. Die starke soziale Kontrolle kann aber auch dazu führen, dass türkische Paare häufiger unglücklich sind, weil sie nicht „ausbrechen" können aufgrund der hohen Austrittskosten. Weiterhin ist denkbar, dass es andere Erwartungen an die Partnerschaft gibt: Vielleicht wird die Güte einer Partnerschaft nicht nur nach emotionalen Aspekten, sondern stärker als bei deutschen Paaren, nach ihrer funktionalen Qualität und alltagspraktischen Funktionstüchtigkeit bewertet, z. B. in ihrer Qualität als Erziehungsinstanz bei einer Elternschaft. Am wahrscheinlichsten ist von allen genannten Möglichkeiten, dass es ein Zusammenspiel aus kontextuellen und individuellen Faktoren ist. Insgesamt wird von folgender Annahme ausgegangen:

h_MIGST: Wenn ein türkischer Migrationshintergrund vorhanden ist, dann ist die subjektive Paarstabilität größer.

Diese Teilhypothese (MIG→ST) wird mit der Teilhypothese aus Kapitel 4 (ST→PZ) zusammengeführt. Die zu untersuchende Gesamthypothese lautet wie folgt:

H_MIGST: Wenn ein türkischer Migrationshintergrund vorhanden ist, dann ist die subjektive Paarstabilität größer und dies hat einen positiven Effekt auf die Partnerschaftszufriedenheit.

---

164 Der Autor diskutiert im Kontext von abweichendem Verhalten (Kriminalität) die Normenpluralität und die Zunahme individueller Handlungsoptionen. Dabei thematisiert er verschiedene Sozialisationsinstanzen wie Familie, Freunde und Massenmedien.

Entwicklung eines ersten Mediatormodells

In Anlehnung an das Leitmodell zur Erklärung von partnerschaftlicher Zufriedenheit (Abbildung 12, S. 112) orientiert sich das nachfolgende erste Mediatormodell (Abbildung 19) an den zuvor beschriebenen theoretischen Ansätzen aus der Soziologie (u. a. Austausch-, Konflikttheorie), die mit Konzepten der (Sozial-)Psychologie (u. a. Belastungs-, Bewältigungstheorie) interdisziplinär verbunden werden. Die theoretischen Konzepte (gestrichelte Kästen) werden durch verschiedene theorieabgeleitete Konstrukte (z. B. Religiosität) oder durch manifeste Variablen (z. B. konstruktives Konfliktverhalten) verdeutlicht. Es zeigt, ob der Migrationsstatus per se über intervenierende Merkmale einen Einfluss auf die Partnerschaftszufriedenheit hat oder nicht. Im Gegensatz zum Leitmodell werden hier konkrete Richtungen zwischen den einzelnen Modellelementen postuliert, gekennzeichnet durch Vorzeichen. Das nachfolgende Modell verbindet die bisher rechte Seite (abgeleitet in Kapitel 4.7, Abbildung 14, S. 115), in der die Verbindung der Mediatoren und der Partnerschaftszufriedenheit dargestellt werden, mit den in diesem Kapitel entwickelten Hypothesen (vgl. linke Seite in Abbildung 19). Die linke Seite thematisiert verschiedene Pfade, die vom türkischen Migrationshintergrund, der unabhängigen Variable auf Sozialstruktur-Ebene auf die einzelnen Mediatorvariablen (MV) ausgehen. Die Herkunft aus der Türkei wirkt hier in verschiedener Weise auf die Copingressourcen, verstärkt das partnerschaftliche Commitment und hat einen positiven Einfluss auf die einzelnen Aspekte der Wert- und Geschlechterrollenorientierung. Gleichzeitig verstärkt er die Häufigkeit von Paarkonflikten.

Die Darstellung der kausalen Zusammenhänge ist als eine Reduktion des äußerst komplexen Themengebietes der Erklärung von Partnerschaftszufriedenheit zu betrachten und zeigt zwar gerichtete Pfade, die jedoch nicht immer als zwangsläufige Kausalität verstanden werden dürfen. Denn es sind auch Wechselwirkungen anzunehmen, die sich in einem querschnittlichen Untersuchungsdesign nicht analysieren lassen. Dazu zählt, dass das konstruktive Konfliktverhalten nicht nur Partner zufriedener macht, sondern zufriedene Paare auch eher als unzufriedene dazu neigen, konstruktiv miteinander zu streiten (vgl. z. B. Gottman 1994). In späteren rechnerischen Schritten werden zusätzlich sämtliche schichtspezifischen Variablen wie der sozioökonomische Status kontrolliert, um Schichteffekte auszuschließen.

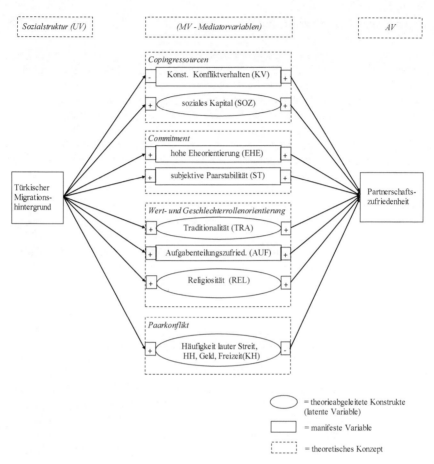

UV: Unabhängige Variable
MV: Mediatorvariable
AV: Abhängige Variable

Abbildung 19: *Erstes Mediatormodell zum Einfluss des türkischen*
Migrationshintergrunds auf die Partnerschaftszufriedenheit
(ohne Kontrollvariablen)

Quelle: Eigene Darstellung.

Es folgt ein Überblick über die Gesamthypothesen zum ersten Mediatormodell in
Anlehnung an die einzelnen Pfade in Abbildung 19:

H_MIGKH: Wenn ein türkischer Migrationshintergrund vorhanden ist, dann erhöht sich die Wahrscheinlichkeit, dass es Paarkonflikte gibt und dies senkt die Partnerschaftszufriedenheit.

H_MIGKV: Wenn ein türkischer Migrationshintergrund vorhanden ist, dann ist die Häufigkeit von konstruktivem Konfliktverhalten geringer und dies senkt den positiven Effekt auf die Partnerschaftszufriedenheit.

H_MIGSOZ: Wenn ein türkischer Migrationshintergrund vorhanden ist, dann ist das soziale (bonding) Kapital höher und dies hat einen positiven Effekt auf die Partnerschaftszufriedenheit.

H_MIGREL: Wenn ein türkischer Migrationshintergrund vorhanden ist, dann ist das Ausmaß der Religiosität größer und dies hat einen positiven Effekt auf die Partnerschaftszufriedenheit.

H_MIGTRA: Wenn ein türkischer Migrationshintergrund vorhanden ist, dann ist die Traditionalität der Geschlechterrollen größer und dies hat einen positiven Effekt auf die Partnerschaftszufriedenheit.

H_MIGAUF: Wenn ein türkischer Migrationshintergrund vorhanden ist, dann ist die Aufgabenteilungszufriedenheit größer und dies hat einen positiven Effekt auf die Partnerschaftszufriedenheit.

H_MIGEHE: Wenn ein türkischer Migrationshintergrund vorhanden ist, dann ist die Eheorientierung größer und dies hat einen positiven Effekt auf die Partnerschaftszufriedenheit.

H_MIGST: Wenn ein türkischer Migrationshintergrund vorhanden ist, dann ist die subjektive Paarstabilität größer und dies hat einen positiven Effekt auf die Partnerschaftszufriedenheit.

H_MIGPZ: Wenn ein türkischer Migrationshintergrund vorliegt, dann ist die Partnerschaftszufriedenheit höher (direkte Beziehung).

Für die Untersuchung der Forschungsfrage, ob sich die Mechanismen zur Erklärung von Partnerschaftszufriedenheit zwischen Deutschen und türkischen

Migranten unterscheidet, wird in Kapitel 5.2 (S. 146) ein zweites Mediatormodell verwendet, welches schrittweise abgeleitet wird.

5.2 Ableitung eines zweiten Mediatormodells zu den Unterschieden der Wirkmechanismen zwischen Deutschen und türkischen Migranten ausgehend vom sozioökonomischen Status

Im Nachfolgenden wird die Wirkung des sozioökonomischen Status auf die verschiedenen Mediatoren ausführlich dargestellt und Hypothesen formuliert. Das zweite Mediatormodell, welches in diesem Kapitel entwickelt wird, soll für nichtzugewanderte Deutsche (GGS-D) und für türkische Migranten in der Bundesrepublik (GGS-T) getrennt getestet werden. Während im ersten Mediatormodell geklärt wird, ob es einen Einfluss des türkischen Migrationshintergrunds bei Kontrolle aller schichtspezifischen Merkmale gibt, liegt der Schwerpunkt des zweiten Mediatormodells auf den interkulturellen Differenzen. Es soll geklärt werden, inwieweit die Mechanismen zur Erklärung von Partnerschaftszufriedenheit zwischen Deutschen und Zuwanderern divergieren. Der Hypothesenaufbau orientiert sich, ähnlich wie in Kapitel 5.1, am Muster von Abbildung 20: Die Hypothesen vom sozioökonomischen Status auf die einzelnen Mediatoren (z. B. Konflikthäufigkeit, -verhalten, soziales Kapital etc.) werden auch hier Teilhypothesen genannt. Sie sind gekennzeichnet durch „h_SES" mit dem Zusatz des jeweiligen Mediators, z. B. „KH".

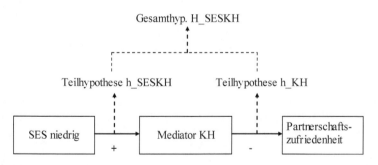

Abbildung 20: Beispiel für Beschriftung der Hypothesen ausgehend vom Status
Quelle: Eigene Darstellung.

Die Teilhypothese zum sozioökonomischen Status (h_SES) auf die Mediatorvariable „Häufigkeit Paarkonflikte" (KH) ist demnach wie folgt benannt: h_SESKH. Die Annahme von Mediatorvariable „Konflikthäufigkeit" auf die Partnerschaftszufriedenheit wurde in Kapitel 4 beschrieben (Teilhypothese h_KH). Die Zusammenführung zur Gesamthypothese wird durch den Großbuchstaben „H" dargestellt. Die Annahme, die beide Pfade (2 Teilhypothesen) miteinander verbindet, heißt H_SESKH.

H_SESKH: Sozioökonomischer Status → Paarkonflikte → Partnerschaftszufriedenheit.

Im Folgenden werden die Zusammenhänge zwischen dem sozioökonomischen Status und den einzelnen Mediatoren beschrieben. Soweit es der Forschungsstand ermöglicht, werden zusätzliche Annahmen darüber getroffen, wie sich die türkischen Migranten von den Deutschen unterscheiden könnten.

Sozioökonomischer Status und Partnerschaftszufriedenheit (SES → PZ)[165]

Der Einfluss der sozialen Lage, insbesondere der ökonomischen Deprivation, auf das Familienleben ist seit langem Gegenstand der Forschung (vgl. Kapitel 3.1, S. 47). Finanzielle Engpässe, z. B. durch unerwarteten Jobverlust oder durch Arbeitsunfähigkeit können den Zusammenhalt einer Familie bzw. Partnerschaft existenziell bedrohen (Conger et al. 1990). Armut wird indirekt vermittelt über Mechanismen wie einer gesteigerten Konflikthäufigkeit z. B. über finanzielle Aspekte (Rüssmann 2004: 130). Ökonomisch deprivierte Lebenslagen führen außerdem zu einer Verschlechterung der partnerschaftlichen Kommunikation (z. B. Conger et al. 1999, Matthews et al. 1996). Es ist anzunehmen, dass der sozioökonomische Status auch über andere Wirkmechanismen die Partnerschaftszufriedenheit beeinflusst. Ein niedriger sozioökonomischer Status führt zu einer Verringerung der Zufriedenheit bezüglich der sozialen Lage bzw. sozioökonomischen Position (Rüssmann 2004: 130). In diesem Sinne kann Armutsbewältigung als Stressor für die Partnerschaft verstanden werden.

Blasius et al. (2008: 70 ff.) beschreiben in ihrer Studie, wie die Bewohner von HöVi-Land (Kölner Stadtteile Höhenberg und Vingst) mit ihren starken finanziellen Restriktionen leben. Es gibt in den untersuchten Haushalten unterschiedliche Varianten, mit dem knappen Budget zu wirtschaften und auf diese Weise die Armut zu bewältigen. Dass Armut ein Belastungsfaktor ist, zeigt

---

165 Direkter Zusammenhang ohne Mediatorvariablen.

Andreß (1999) in seiner Untersuchung „Leben in Armut" auf Datengrundlage des SOEP (Sozio-Ökonomisches Panel). Westdeutsche Sozialhilfeempfänger fühlen sich demnach insbesondere in den Bereichen Urlaub und Freizeitbeschäftigung (80,7 %) eingeschränkt, gefolgt von Bekleidung (75,2 %), und Haushaltseinrichtung (53,4 %). Der Autor dieser Studie stellte zudem fest, dass Sozialhilfeempfänger seltener über die notwendigen Dinge verfügten (13 %) als andere aber noch deutlich seltener (28 %) über die entbehrlichen Dinge. Zudem könnte vermutet werden, dass es einen Zusammenhang gibt zwischen einer geringen Lebensqualität (materiell betrachtet) bzw. einem niedrigen sozioökonomischen Status und einer niedrigeren Paarzufriedenheit. Ein mediiertes Erklärungsmodell (vgl. Elder und Caspi 1990, vgl. ausführliche Beschreibung unter Kapitel 4.1, S. 78) legt die Annahme zugrunde, dass sich die Interaktion zwischen den Partnern als Folge einer belastenden Veränderung (z. B. Arbeitslosigkeit, ökonomische Schieflage, finanzielle Engpässe) verändert. Ökonomische Deprivation würde demnach Spannungen auslösen innerhalb der Partnerschaft. Die Zugehörigkeit zu einer höheren Schicht und eine hohe Zufriedenheit mit der ökonomischen Situation sind daher im Umkehrschluss assoziiert mit einer höheren Partnerschaftszufriedenheit und einer konstruktiven Partnerinteraktion. Dennoch spricht laut Wagner und Weiß (2010: 194) einiges dafür, dass auch wenn türkische Migranten häufiger von prekären Erwerbssituationen betroffen sind, ihre Partnerschaften offensichtlich weniger belastet sind.

H_SESPZ: Je niedriger der sozioökonomische Status ist, desto geringer ist die Partnerschaftszufriedenheit.

Sozioökonomischer Status und Paarkonflikt

Sozioökonomischer Status und Konflikthäufigkeit (KH)

Der Begriff Konfliktrisiko beschreibt die erhöhte Wahrscheinlichkeit der Entstehung von Paarkonflikten durch bestimmte Faktoren wie z. B. durch einen geringen sozioökonomischen Status (Rüssmann 2006: 271). Solche Faktoren bergen ein Potenzial, Konflikte zu verursachen. Konfliktursachen sind in einer Studie von Hill et al. (Rüssmann 2004: 121) als potenzielle Konfliktbereiche dargestellt, die sich aus der „subjektiven Einschätzung von Konflikten zwischen der befragten Person und ihrem Partner [...]" ergeben. Konfliktpotenzial ergibt sich daher aus der Anzahl der Konflikte in einer Partnerschaft und der daraus resultierenden Belastung (Rüssmann 2004: 103). Da diese Definition von Konfliktpotenzial enger und genauer gefasst werden kann, wird in dieser Arbeit der Begriff Konfliktursachen verwendet. Konfliktursachen (in Anlehnung an Hill 2004) können als eine in jeder Partnerschaft vorhandene Summe von Belastungsfaktoren[166] verstanden werden, die aus den sozial- und familienstrukturellen Merkmalen einer Partnerschaft abgeleitet werden können (Schneewind und Wunderer 2003: 243). Jede Partnerschaft ist durch spezifische Merkmale der Sozial- und Familienstruktur gekennzeichnet. Sie bestimmen darüber, wie Austausch- und Anpassungsprozesse innerhalb der Partnerschaft ablaufen. Daher bilden personale und soziale Ressourcen das grundlegende Instrumentarium, um die Herausforderungen partnerschaftlichen Zusammenlebens zu meistern. Einige Studien kommen zu dem Ergebnisse, dass die berichtete Konflikthäufigkeit in Partnerschaften eher niedrig ist (vgl. Rüssmann 2006: 395), unabhängig ob nun eine ökonomische Deprivation vorliegt oder nicht. Wagner und Weiß (2005: 243[167]) weisen nach, dass die berichtete Menge von Paarkonflikten vor allem mit der Datengrundlage variiert, insbesondere, ob Individual- oder Paardaten erhoben wurden. Eine getrennte Untersuchung auf beiden Ebenen ergibt, dass u. a. externe Belastung durch den Beruf Konflikte in der Partnerschaft auslösen. Blasius et al. (2008) stellen fest, dass vor allem die Empfänger von staatlichen Transferleistungen Entbehrungen auf der Ebene der Lebensqualität angeben. In diesem Kontext müssten im Bereich von Freizeitgestaltung und Finanzen bei Paaren, die z. B. von Arbeitslosengeld II leben, überproportional häufig von Streitigkeiten berichtet werden. Darüber hinaus untersuchten Wagner und Weiß (2010, vgl. Kapitel 3.4, S. 67) die subjektive Arbeitsplatzsicherheit und die Arbeitslosigkeit (als Indikatoren der Belastungen im Erwerbsbereich):

„So erhöht eine geringe Arbeitsplatzsicherheit die Anzahl der Paarkonflikte für alle der hier betrachteten Gruppen. Auf das Konfliktverhalten wirkt sich die Arbeitsplatzsicherheit dagegen nicht aus. Die Arbeitslosigkeit erhöht ebenfalls die Anzahl der Konflikte, allerdings gilt dieses nur für deutsche Männer. Die Ergebnisse deuten an, dass der hier betrachtete Spillover-Effekt bei deutschen Männern am stärksten ist" (Wagner und Weiß 2010: 194).

---

166 Neben den sozialstrukturellen Konfliktursachen gibt es psychologische Risikofaktoren (Neyer 2003: 165 ff., Bodenmann 2001), die Paarkonflikte begünstigen. *„Neurotizismus und negative Emotionalität sagen nicht nur die eigene Beziehungszufriedenheit vorher, sondern unabhängig davon auch die des Partners"* (Neyer 2003: 182). Jedoch muss auf eine explizite Berücksichtigung solcher psychologischer Phänomene in dieser Arbeit verzichtet werden, da dies den Rahmen sprengen und auch thematisch zu sehr vom soziologischen Schwerpunkt wegführen würde.

167 *„Kein Lebensthema erscheint im Durchschnitt besonders konfliktbeladen, die häufigsten Einschätzungen bewegen sich zwischen „sehr selten" und „gelegentlich"* (Wagner und Weiß 2005: 243).

Die Partnerschaften der türkischen Migranten scheinen insgesamt weniger stark belastet als die der Deutschen, die eher als „doppelt belastet" gelten, wenn sie ökonomisch depriviert[168] sind (in Anlehnung an Blasius et al. 2008).

Der Forschungsstand bietet zudem Anhaltspunkte dafür, dass ökonomische Deprivation unterschiedlich empfunden wird: Es ist zu vermuten, dass türkische Migranten zur Bewertung ihrer eigenen materiellen Situation eine andere Referenzgröße heranziehen als Deutsche es tun. Wie schon zuvor ausgeführt (Kapitel 4.3, S. 87 und Erläuterungen zu Abbildung 17, S. 130) ist davon auszugehen, dass es ein unterschiedliches Vergleichsniveau gibt: Die in Deutschland lebenden Türken vergleichen sich demnach nicht mit der deutschen Aufnahmegesellschaft, sondern mit Verwandten und Bekannten aus ihrem Herkunftsort in der Türkei. Nach Kessler (2008: 251) können solche Vergleiche aus rein „Vorgestelltem, Erinnertem und Idealisiertem konstruiert werden". Demnach hat diese Art der Deprivation auch eine kognitive und emotionale Komponente (Kessler 2008: 251). Diese resultiert aus einem wahrgenommenen Missverhältnis zwischen dem, was eine Person hat und dem, was sie beansprucht (Kessler 2008: 251). Mitglieder von benachteiligten Gruppen vermeiden es eher, sich selbst als benachteiligt zu beschreiben, als sie dies ihrer zugehörigen Gruppe zuschreiben (Kessler 2008: 254). Dieses Phänomen wird auch als Person-Gruppe-Diskrepanz bezeichnet und könnte auf die türkischen Migranten zutreffen. Individuelle relative Deprivation resultiert demnach aus „sozialen Vergleichen mit anderen Individuen und führt eher zu psychosomatischen Beschwerden wie Stress und Depressionen" (Kessler 2008: 255). Vergleiche mit anderen Personen führen laut einer Längsschnittstudie von Kessler et al. (2000) „im Durchschnitt zu moderateren Urteilen als Vergleiche zwischen sozialen Gruppen, in denen eher das Statusverhältnis zwischen diesen Gruppen abgebildet wird" (Kessler 2008: 255 ff.).

Dass türkische Migranten sich weniger ökonomisch depriviert fühlen könnten, belegt eine Studie von Micheel und Naderi (2009). Sie nehmen an, dass weniger die objektive (absolute Armut), sondern eher die subjektive Dimension eine Rolle spielt und eventuell Unterstützungspotenziale aus der sozialen Umgebung bedeutsam sind. Die Autoren belegen, dass die Höhe des Realeinkommens durchaus mit der Bewertung der subjektiven finanziellen Lage zusammenhängt (siehe Abbildung 21). Wenngleich dieses Modell nicht explizit Partnerschaften thematisiert, kann es für die Analyse der sozialen Lage von türkischen Paaren hilfreich sein. Micheel und Naderi nehmen an, dass die familiäre Einbettung (gemessen über allein- oder zusammenlebend), das generalisierte Vertrauen (über Vertrauen zu anderen Menschen und Glaube an deren Ehrlichkeit) sowie

---

168 Die finanzielle Zufriedenheit steigt laut Rüssmann (2006: 273) mit der Schichtzugehörigkeit. Dies führt laut der Autorin jedoch nicht zu mehr Konflikten über finanzielle Themen in den unteren Schichten.

die soziale Einbettung (Menschen zur Problemunterstützung etc.) einen positiven Einfluss auf die subjektive Einschätzung der finanziellen Haushaltssituation hat.

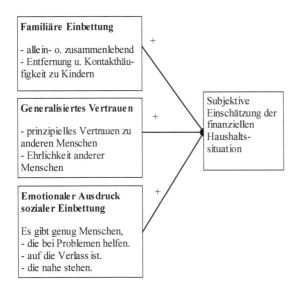

Abbildung 21: Die Determinanten der subjektiven Einschätzung der ökonomischen Lage

Quelle: nach Micheel und Naderi (2009).

Ihre Untersuchung (Micheel und Naderi 2009) zeigt, dass soziale Netzwerke für ältere Türkinnen und Türken einen stärkeren kompensatorischen Nutzen haben als für Deutsche, um eine finanzielle Deprivation auszugleichen. Demnach erscheint die subjektive Deprivation für die Fragestellungen dieser Arbeit aussagekräftiger als die absolute Einkommensarmut. Insgesamt müssten Türken, auch wenn sie häufiger in sozial deprivierten Lagen leben, weniger konfliktanfällig sein als Deutsche, daher wird angenommen:

h_SESKH: Je niedriger der sozioökonomische Status ist, desto geringer ist die Zufriedenheit bezüglich der sozialen Lage bzw. sozioökonomischen Position, welches Konflikte über finanzielle Aspekte hervorruft und auch die allgemeine Konflikthäufigkeit steigert. Dies müsste für Deutsche eher gelten als für türkische Migranten.

Diese Teilhypothese (SES→KH) wird mit der Teilhypothese aus Kapitel 4 (KH→PZ) zusammengeführt. Die zu untersuchende Gesamthypothese lautet wie folgt:

H_SESKH: Je niedriger der sozioökonomische Status ist, desto höher ist die Wahrscheinlichkeit, dass es Paarkonflikte gibt und dies vergrößert den negativen Effekt auf die Partnerschaftszufriedenheit. Dies müsste für Deutsche eher gelten als für türkische Migranten.

Sozioökonomischer Status und Copingressourcen (konstruktives Konfliktverhalten, Sozialkapital)

Sozioökonomischer Status und konstruktives Konfliktverhalten (KV)

In den theoretischen Grundlagen (vgl. Kapitel 4.1, S. 78) zur Stresstheorie und Copingressourcen sowie im Forschungsstand (vgl. Kapitel 3.147) wurde dargestellt, dass eine schwierige soziale Lage (z. B. prekäre Beschäftigung) Spannungen innerhalb der Partnerschaft auslösen und die Interaktion zwischen den Partnern darunter leiden kann. Aus den interkulturellen Untersuchungen gehen verschiedene Befunde hervor:

Wagner und Weiß (2010: 188) nehmen bei ihrem Vergleich an, dass eine prekäre Erwerbslage bei den türkischen Migranten weniger stark das Konfliktverhalten beeinflusst als bei deutschen Partnerschaften.

„Signifikant positive Koeffizienten lassen sich für die deutschen Männer (0,04***) sowie die türkischen Frauen (0,07**) beobachten. Für beide Gruppen gilt, dass steigende Zufriedenheit mit der Arbeitsplatzsicherheit zu einer Zunahme von konstruktivem Konfliktverhalten führt" (Wagner und Weiß 2010: 190).

Insgesamt betrachtet stellen die Autoren fest, dass die deutschen Männer im Vergleich zu den anderen drei Gruppen am konstruktivsten streiten; laut ihrer subjektiven Einschätzung bleiben sie bei partnerschaftlichen Konflikten am häufigsten ruhig. In der Berliner Studie (Baykara-Krumme 2009) unterscheiden sich die Mittelwerte der Konfliktstile für die Gruppen der Deutschen, türkischen Migranten (deutsch-sprachig) und Berliner Befragten (türkische Staatsbürger) erheblich: Es sind seltener konstruktive Verhaltensweisen bei türkischen Migranten zu beobachten. Häufiger lassen sich destruktive Konfliktverhaltensweisen wie z. B. Beleidigungen, Anschreien und auch Rückzug feststellen. Bei den

Deutschen werden häufiger konstruktive Konfliktverhaltensmuster genannt. Daraus folgt:

h_SESKV: Je niedriger der sozioökonomische Status ist, desto geringer ist das Ausmaß an konstruktivem Konfliktverhalten. Dies müsste für türkische Migranten eher gelten als für Deutsche.

Diese Teilhypothese (SES→KV) wird mit der Teilhypothese aus Kapitel 4 (KV→PZ) zusammengeführt. Die zu untersuchende Gesamthypothese lautet wie folgt:

H_SESKV: Je niedriger der sozioökonomische Status ist, desto geringer ist das Ausmaß an konstruktivem Konfliktverhalten und dies verringert den positiven Effekt auf die Partnerschaftszufriedenheit. Dies müsste für türkische Migranten eher gelten als für Deutsche.

Sozioökonomischer Status und soziales Kapital (SOZ)

Generell wird in der Forschungsliteratur vermutet, dass Personen in einer deprivierten Lage (z. B. niedriger oder kein Schulabschluss, geringes Einkommen) ein kleineres Netzwerk haben als solche, die in einer besseren ökonomische Lage sind (z. B. Blasius et al. 2008: 97). Die Position in einem sozialen System bestimmt darüber, wie viel soziales Kapital eine Person generieren kann. Umgekehrt kann sie, wenn sie über ein gewisses soziales Kapital verfügt, ihre Position verbessern (Lin 1999). Verschiedene Gruppen (Migrantengruppen) in einer Gesellschaft haben unterschiedliche Zugänge zu Sozialkapital. Dies hängt davon ab, wie sie sozialstrukturell positioniert sind (Lin 1999: 483).

Mehrere Studien zu sozialen Netzwerken bei türkischen Migranten und Deutschen (vgl. z. B. Blasius et al. 2008, Nauck 2001) thematisieren den Zusammenhang zwischen der sozialen Lage und dem sozialen Kapital. Und das Ausmaß von Sozialkapital ist wiederum bedeutsam für den Integrationsprozess von Migranten (Nauck und Settles 2001: 463). Blasius et al. (2008) belegen mit ihrer Studie, dass Türken, ob sie Transferleistungen beziehen oder nicht, starke soziale Beziehungen zu ihren Familien haben, was sich nicht negativ auf ihre Netzwerkgröße auswirkt. In ihren Netzen befindet sich zudem ein hoher Anteil der Verwandtschaft, was die intergenerationalen Beziehungen aber auch deren kollektive Wirksamkeit fördert, also ihr soziales Kapital (Blasius et al. 2008: 150). Nach den Fallstudien von Blasius et al. (2008: 85 ff.) zu den Bewältigungsstrategien für ökonomisch Deprivierte stellen die Autoren fest, dass es vor allem die sozialen Netzwerke sind, insbesondere die Familie, die den Betroffenen Rückhalt geben. Von dieser Seite wird sowohl psychische als auch finanzielle Unterstützung geleistet. Dies spricht für die Annahme, dass türkische Migrantenpaare im Vergleich zu nicht eingewanderten Deutschen über ein erhebliches Unterstützungskapital verfügen können, wenn sie eine Krise zu bewältigen haben. Die Studie von Micheel und Naderi (2009) verstärkt diese Annahme. In ihrer Studie untersuchen sie die subjektive Einschätzung der ökonomischen Lage älterer Türkinnen und Türken im Zusammenhang mit ihrer sozialen Einbindung. Unter in Deutschland lebenden älteren türkischen Migranten definieren sie Personen im Alter von 55 bis 79 Jahren. Dabei analysieren sie ihre soziale Einbindung im Vergleich zu gleichaltrigen Deutschen ohne Migrationshintergrund. Ausgehend von dem Befund, dass das Einkommen der türkischen Migranten, gemessen am Nettoäquivalenzeinkommen, wesentlich schlechter ist als das der deutschen Befragten, kommen sie zu einem erstaunlichen Ergebnis: Eine größere Gruppe der türkische Migranten gibt an, mit den verfügbaren Haushaltseinkommen gut zurechtzukommen. Daher wollen die Autoren klären, wie es zu dieser Widersprüchlichkeit kommt. Sie vermuten, dass soziales Kapital die finanziellen Defizite abfedert (siehe Abbildung 21). Sie postulieren drei Determinanten der subjektiven Wahrnehmung der Einkommenssituation: (1) Die Einbettung in familiäre Netzwerke; (2) der emotionale Ausdruck sozialer Einbettung; (3) allgemeines Vertrauen in Menschen. Bei multivariaten Analysen zeigt sich, dass, wie erwartet, die tatsächliche Höhe des Einkommens zentral für die subjektive Bewertung der finanziellen Haushaltssituation ist. Überraschend ist jedoch, dass tatsächlich der Grad der sozialen Einbettung relevant ist für die Bewertung der eigenen materiellen Lage. Abschließend zeigen die Autoren, dass soziale Netzwerke türkischer Migranten für die Kompensation ökonomischer Defizite von größerer Bedeutung sind als für die Deutschen in der gleichen Altersgruppe. Türkische Zuwanderer messen ihrem sozialen Netzwerk, das im Wesentlichen einem loyal organisierten Verwandtschaftssystem entspricht, einen starken instrumentellen Nutzen bei. Sie erwarten *„Hilfe in jeder Lage, Zusammenhalt in der Fremde und Einflussnahme zur Durchsetzung eigenfamilialer Interessen"* (BMFSFJ 2000: 113). Generell sollte jedoch gelten, dass eine soziale Deprivation auch mit einer geringeren sozialen Einbindung einhergeht, die jedoch bei den türkischen Migranten weniger stark ins Gewicht fällt. Daraus folgt:

h_SESSOZ: Je niedriger der sozioökonomische Status ist, desto geringer ist das soziale Kapital. Dies müsste für Deutsche eher gelten als für türkische Migranten.

Diese Teilhypothese (SES→SOZ) wird mit der Teilhypothese aus Kapitel 4 (SOZ→PZ) zusammengeführt. Die zu untersuchende Gesamthypothese lautet wie folgt:

H_SESSOZ: Je niedriger der sozioökonomische Status ist, desto geringer ist das soziale Kapital und dies verringert den positiven Effekt auf die Partnerschaftszufriedenheit. Dies müsste für Deutsche eher gelten als für türkische Migranten.

Sozioökonomischer Status und Religiosität (REL)

Seit Langem werden sozialstrukturelle Merkmale, und dabei insbesondere Bildung, Geschlecht und Alter, als Einflussfaktoren der Religiosität untersucht (z. B. Christopher et al. 1965). Flere und Klanjsek (2009) analysieren den Zusammenhang von sozialem Status und dem Ausmaß von Religiosität. Mit den Daten des World Values Survey zeigen sie eine moderate aber positive Verbindung zwischen einem niedrigen sozioökonomischen Status und einer hohen Religiosität in europäischen Ländern mit einer christlichen Tradition.

Türkische Einwanderer sind durchschnittlich religiöser als Deutsche (z. B. Brettfeld und Wetzels 2003). Diehl und Koenig (2009) untersuchen mit dem Generations and Gender Survey (GGS) die Religiosität von türkischen Migranten im Generationenverlauf. Dabei fokussieren sie die Migranten der ersten und zweiten Generation. Die Autoren kommen zu dem Ergebnis, dass die Religiosität der türkischen Einwanderer sich durch eine erstaunlich hohe intergenerationale Stabilität auszeichnet. Die klassische Assimilationstheorie sowie Konzepte der symbolischen oder kompensatorischen Religiosität bieten jedoch laut der empirisch geprüften Befunde ebenso wenig eine befriedigende Erklärung wie die Meinung, dass es in Migrantenfamilien eine hohe Wertestabilität gibt. Im Generationenvergleich zeigt sich, dass es keine Abnahme der Religiosität von der ersten zur zweiten Generation gibt. Auch die These, dass eine hohe Religiosität eine *„Domäne der gesellschaftlichen ‚Verlierer' ist oder lediglich einen Spezialfall einer generell hohen intergenerationalen Wertestabilität im Migrationskontext darstellt"* (Diehl und Koenig 2009: 300), konnte nicht bestätigt werden. Die Autoren schließen jedoch insgesamt aus ihren Ergebnissen, hinsichtlich der von ihnen postulierten kompensatorischen Funktion von Religion, dass vor allem jüngere türkische Einwanderer, die niedrigere Bildungsabschlüsse und weniger Kontakte zu Deutschen haben, etwas religiöser sind als die stärker strukturell und sozial assimilierten jungen Türken (Diehl und Koenig 2009: 314). Offenbar ist Religiosität[169] gerade in der zweiten Generation der Türken eher sozialstruk-turell erklärbar. Im Eurobarometer (2005) lässt sich ein Zusammenhang zwi-schen einer niedrigeren Bildung und einem häufigeren Glauben an Gott nach-weisen. Je früher die Befragten von der Schule abgegangen sind, desto eher glauben sie an die Existenz von Gott. Auf 65 % der Personen, die im Alter von 15 Jahren von der Schule gegangen sind, trifft dies zu (Eurobarometer 2005: 10). Die Befunde lassen insgesamt folgenden Schluss zu:

h_SESREL: Je niedriger der sozioökonomische Status ist, desto höher ist das Ausmaß von Religiosität. Dies müsste für türkische Migranten eher gelten als für Deutsche.

Diese Teilhypothese (SES→REL) wird mit der Teilhypothese aus Kapitel 4 (REL→PZ) zusammengeführt. Die zu untersuchende Gesamthypothese lautet wie folgt:

H_SESREL: Je niedriger der sozioökonomische Status ist, desto höher ist das Ausmaß von Religiosität und dies vergrößert den positiven Effekt auf die Partnerschaftszufriedenheit. Dies müsste für türkische Migranten eher gelten als für Deutsche.

Sozioökonomischer Status und Traditionalität der Geschlechterrollenorientie-rung (TRA)

Im Eurobarometer (2005: 28) kann ein hoher Zusammenhang zwischen dem sozioökonomischen Status und der Traditionalität hinsichtlich der Geschlechter-rollenorientierung nachgewiesen werden. Es wurde gefragt, ob eine Universitäts-ausbildung für Jungen wichtiger ist als für Mädchen. Je niedriger der Bildungs-abschluss ist, desto eher wird diese Einstellung vertreten. Die Zustimmungswerte zur Aussage „Männer sind bessere politische Führer als Frauen" steigen, je höher die Religiosität ausgeprägt ist und wenn eine eher rechtsorientierte politische Gesinnung vorliegt (Eurobarometer 2005: 38). Während in Deutschland 19 % dieser Aussage zustimmen, sind es in der Türkei über die Hälfte der Bevölkerung mit 58 % (Eurobarometer 2005: 30).

---

169 Diehl und Koenig (2009) liefern zudem Erklärungsversuche auf Basis makrosoziologischer Aspekte, die die Religiosität der Muslime auf die „*Diversifizierung des islamisch-religiösen Feldes und auf die Salienz von Religion als symbolischer Grenze gegenüber Einwanderern be-ziehen*" (Diehl und Koenig 2009: 300).

Timmerman (2006: 125) untersucht in einer qualitativen Studie die Geschlechterrollen von türkischen Migranten in Belgien.[170] Dabei geht es insbesondere um Ehen, bei denen die Ehefrauen aus der Türkei ausgesucht wurden.[171] Es wird argumentiert (2006: 130), dass traditionelle Geschlechterrollen bei türkischen Zuwanderern ein Resultat einer schlechten Schulausbildung und Benachteiligungen auf dem Arbeitsmarkt sind und dies insbesondere einen negativen Einfluss auf das Selbstbild der Männer[172] habe. In diesem Kontext spielt auch der Kemalismus eine wichtige Rolle für die Geschlechteridentitäten. Er betont im Vergleich zum Islam stärker die Rolle der Frau im öffentlichen Leben, der Schlüssel zur Emanzipation im Kemalismus[173] ist die Bildung (vgl. ausführliche Beschreibung des Verhältnis von Kemalismus zu Islam in der Türkei bei Agai (2004: 18 ff.). Timmerman (2006: 130) stellt fest, dass Geschlechterunterschiede in allen Kulturen bestehen und zu sozialen Differenzierungen führen. Insbesondere in der Türkei prallen ihrer Meinung nach zwei Systeme aufeinander: Der Kemalismus, in dem beide Geschlechter eine wichtige Rolle im öffentlichen Leben spielen, und die islamische Welt, in der die Organisation von Gesellschaft eher auf einer geschlechtergetrennten Arbeitsteilung basiert (Timmerman 2006: 130). Dies führt, obwohl die Türkei das einzige säkulare muslimische Land weltweit ist, zu einer dominanten Rolle der Männer in der türkischen Familienstruktur. Besonders gilt dies in ländlichen Regionen, wenn sie den westlichen Modellen von Familie und sozialem Leben gegenübergestellt werden. In den vergangenen Jahren wächst daher der Widerspruch zwischen Anspruch und Wirklichkeit, da nämlich Frauen auch immer häufiger berufstätig sind, sie aber gleichzeitig häufig die volle Verantwortung für die Hausarbeit und Kindererziehung zugesprochen bekommen. Dennoch stellt Timmerman (2006) auch eine Modifizierung im Migrationskontext bei der Geschlechterrollenorientierung fest.

Zu ähnlichen Ergebnissen kommen die Studien von Nauck (2001) sowie Kagitcibasi und Sunar (1997). Darin hat der Ehemann in türkischen Familien häufig die Autorität. Dies zeigt sich auch darin, dass bei einer Studie zu türki-

---

170 *"Labor migration from Turkey to Belgium started with a bilateral agreement between Turkey and Belgium in 1962"* (Timmerman 2006: 126).

171 *"On the basis of the population data of Flanders we see that in 2003 in 64.5 percent of the 17,386 married Turkish couples at least one partner was 'imported'"* (Timmerman 2006: 128).

172 *"As a consequence, many young Turkish men feel ignored or even threatened by Western society (...). Not only in the public domain do they have a hard time, but their patriarchal status in the private sphere is also under attack: Western public opinion has clearly chosen the side of the "poor oppressed women" in patriarchal clans and has shown an aversion to Muslim machismo"* (Timmerman 2006: 130).

173 *„Am 29. Oktober 1923 wurde in Ankara die Republik Türkei proklamiert, deren erster Präsident Mustafa Kemal (später Atatürk genannt) wurde. Die von ihm durchgesetzten Reformen und Veränderungen stellten einen Umbruch des politischen und gesellschaftlichen Systems dar"* (Agai 2004: 18).

schen Familien (Özel und Nauck 1987) festgestellt wurde, dass am häufigsten der Typus der männlichen Erstwanderung erfolgt ist (76,4 %). Lediglich 13,1 % der türkischen Migranten waren Frauen, gefolgt von 13,1 %, bei denen die Eheleute zusammen eingereist sind. Bei der Untersuchung dieser Gruppe stellt sich heraus, dass die *„ausgeprägtesten Leitbilder der Trennung von Aufgaben zwischen solchen des Mannes und solchen der Frau am stärksten in Familien männlicher Pionierwanderer zu finden sind. Demgegenüber favorisieren gemeinsam gewanderte Familien häufiger das Leitbild geringer Geschlechtsrollendifferenzierung"* (Nauck 2001: 9).

Karahan (2009) untersuchte die Konfliktlösungsstrategien von türkischen Paaren und analysierte dabei auch den Einfluss der Geschlechteridentitäten:

„Male partners regulate and make the final decisions regarding the rules by which the couple will abide in the family organization process (…). In many regions of Turkey, it is believed that childcare and housework is the full responsibility of female partners, and a male partner who assists in these areas may feel social and emotional pressure. Since most of the female partners had jobs and also bore heavy responsibilities with regard to housework, it is not surprising that they felt they received insufficient help from their spouses" (Karahan 2009: 227).

Daher kann von einer Doppelbelastung für berufstätige türkische Frauen mit Kindern (work-family-conflict) ausgegangen werden. Außerdem sind die innerfamiliären Interaktionsstrukturen im Laufe des Migrationsprozesses veränderbar zugunsten einer wachsenden Entscheidungsmacht der Ehefrau und einer stärkeren egalitären Orientierung beider Partner, in Abhängigkeit vom Bildungsniveau der Frau, ihrer Berufstätigkeit, der Aufenthaltsdauer und den Deutschkenntnissen. Gegenteilig wirken sich hingegen eine hohe Kinderzahl und eine starke Religiosität aus (BMFSFJ 2000: 94).

Auch Scheepers et al. (2002) belegen den Zusammenhang von Religiosität und Moralvorstellungen bei einem Ländervergleich mit dem ISSP (International Social Survey Programme). Vor allem die Bildung und die sozioökonomische Position der Frauen haben einen Einfluss auf die Geschlechterrollenidentität in der Partnerschaft und führen zu traditionellen Rollenbildern. Und die Konzepte von Geschlechteridentitäten von türkischen Migranten ähneln denen des Herkunftslandes (Timmerman 2006: 130). Demnach müssten türkische Frauen in der Bundesrepublik häufiger traditionell orientiert sein als deutsche, weil sie häufiger in einer Hausfrauenehe leben. Daher kann geschlussfolgert werden:

H_SESTRA: Je niedriger der sozioökonomische Status ist, desto höher ist die Traditionalität der Geschlechterrollen. Dies müsste für türkische Migranten eher gelten als für Deutsche.

Diese Teilhypothese (SES→TRA) wird mit der Teilhypothese aus Kapitel 4 (TRA→PZ) zusammengeführt. Die zu untersuchende Gesamthypothese lautet wie folgt:

H_SESTRA: Je niedriger der sozioökonomische Status ist, desto höher ist die Traditionalität der Geschlechterrollen und dies vergrößert den positiven Effekt auf die Partnerschaftszufriedenheit. Dies müsste für türkische Migranten eher gelten als für Deutsche.

Sozioökonomischer Status und Aufgabenteilungszufriedenheit (AUF)

Bildung ist eine wichtige Ressource auf dem Arbeitsmarkt. Wenn Frauen höher gebildet sind, dann ist ihre Partizipation am Arbeitsmarkt größer. Gleichzeitig sinkt ihre Beteiligung an der Hausarbeit und die Wahrscheinlichkeit einer egalitären Aufgabenteilung steigt (Lewin-Epstein et al. 2006). Daher müsste auch die Zufriedenheit mit der Aufgabenteilung im Sinne der Equity-Theorie größer sein, da das Arbeitspensum unter beiden Partnern gleich verteilt ist. Ein weiteres Argument bestärkt diese Annahme: Wenn eine niedrige Bildung eher mit einer traditionellen Geschlechterrollenvorstellung korrespondiert (Eurobarometer 2005), dann müsste in Partnerschaften von Personen mit niedrigem sozioökonomischen Status eine klassische Arbeitsteilung vorherrschen. Entscheidend dürfte sein, ob es eine Akzeptanz dieser Arbeitsteilung gibt bei beiden Partnern oder nicht. Beispielsweise werden Männer, die arbeitslos werden und eine traditionelle Geschlechterrollenorientierung vertreten, vermutlich mehr Konflikte mit ihrer Partnerin haben, weil sie ihre Rolle als „Ernährer" nicht ausüben können. Wertvorstellungen und Rollenverteilung können divergieren und verschiedene grundlegende Wertvorstellungen (u. a. von geschlechtsspezifischem Rollenverhalten) können Konflikte provozieren.

> „In diesem Fall sind unterschiedliche Handlungsziele wahrscheinlich und der Aufbau einer Paaridentität und gemeinsamen Paarkultur wird erschwert" (Wagner und Weiß 2005: 223).

Die Konvergenz von Geschlechtsrollenorientierungen in einer Partnerschaft lässt sich z.T. durch eine hohe subjektiv erlebte Zufriedenheit mit der Aufgabenteilung[174] bestimmen. Dass diese Übereinstimmung oft nicht gegeben ist, zeigen beispielsweise die Befunde von Rüssmann (2004). Frauen berichten im Ver-

---

174 Ein Überblick zur innerehelichen Alltagsorganisation bei Nave-Herz (2004: 152 ff.).

gleich zu Männern über ein höheres Konfliktpotenzial in Bereichen die mit traditionell weiblichen Aufgaben zusammenhängen (Erziehung und Betreuung der
Kinder, Ordnung und Sauberkeit, Aufteilung der Hausarbeit), da Ungerechtigkei-
ten in diesen Bereichen (Unzufriedenheit mit Arbeitsteilung) vorwiegend von
Frauen wahrgenommen werden (Rüssmann 2004: 127). Entscheidend ist, ob eine
Passung zwischen den Partnern bzgl. der Geschlechterrollenorientierung vorliegt
oder nicht. Diese Passung könnte in türkischen Partnerschaften häufiger vorhanden sein als in deutschen. Laut Gümen et al. (2003)[175] werden für die Hausarbeit
Differenzen festgestellt, bei denen die türkischen Frauen ihren eigenen Hausar-
beitsanteil höher einstuften als die deutschen Frauen und die Aussiedlerinnen.

> „Ebenso wiesen sie den Kindern mehr Hausarbeit zu als den anderen beiden Grup-
> pen, wobei der Tochter sogar mehr Hausarbeit zugeteilt wird als dem Mann. (…)
> Andere Verwandte wurden von den Aussiedlerinnen oder den Frauen aus der Türkei
> stärker in die Hausarbeitsverteilung einbezogen, als es bei deutschen Frauen üblich
> zu sein scheint" (Gümen et al. 2003: 225).

Auch Steinbach (2009) belegt mit ihrer Untersuchung zur häuslichen Aufgabenteilung bei Paaren mit türkischem Migrationshintergrund und Deutschen, dass
zunächst die türkischen Frauen mehr Hausarbeit verrichten, auch unter Berücksichtigung verschiedener soziodemografischer Merkmale. Unter Einbezug des
Institutionalisierungsgrades der Partnerschaft, der Geschlechterrollenorientierung, des Ausmaßes der Teilnahme an religiösen Veranstaltungen und der weiblichen Entscheidungsmacht kehrt sich der Effekt in den multivariaten Modellen
um. Demnach verrichten unter Berücksichtigung dieser ganzen Faktoren deutsche Frauen häufiger die Hausarbeit. Wer die Hausarbeit erledigt, hängt demnach
von der partnerschafts-und familienverlaufsbedingten Situation und vom Ausmaß der traditionellen Wertvorstellungen ab. Dennoch wird gefolgert:

h_SESAUF: Je niedriger der sozioökonomische Status ist, desto höher ist die
            Aufgabenteilungszufriedenheit. Dies müsste für türkische Migran-
            ten eher gelten als für Deutsche.

Diese Teilhypothese (SES→AUF) wird mit der Teilhypothese aus Kapitel 4
(AUF→PZ) zusammengeführt. Die zu untersuchende Gesamthypothese lautet
wie folgt:

H_SESAUF: Je niedriger der sozioökonomische Status ist, desto höher ist die
            Aufgabenteilungszufriedenheit und dies vergrößert den positiven

---

175 In dieser Studie wurden türkische Migrantenfamilien, Aussiedlerfamilien und nichtgewanderte
    deutsche Familien miteinander verglichen (Gümen et al. 2003).

Effekt auf die Partnerschaftszufriedenheit. Dies müsste für türkische Migranten eher gelten als für Deutsche.

Sozioökonomischer Status und Commitment (Eheorientierung, subjektive Paarstabilität)

Sozioökonomischer Status und Eheorientierung (EHE)/subjektive Paarstabilität (ST)

Armut und sozioökonomische Benachteiligungen sind als Risikofaktoren für die Partnerschaft zu betrachten (z. B. Conger et al. 1999). Sie verringern (vgl. Kapitel 3.1, 4.1) die Kommunikation, die positiven Gefühle der Partner füreinander (z. B. Conger et al. 1990), fördern die Entstehung von Konflikten (z. B. Dew und Yorgason 2009) und können die Stabilität einer Ehe gefährden (z. B. Conger et al. 1999). Daher muss davon ausgegangen werden, dass dies grundsätzlich für deutsche und türkische Partnerschaften gleichermaßen gilt. Jedoch sind Differenzen zu vermuten, da wie bereits beschrieben (vgl. Kapitel 5.1), angenommen wird, dass das Commitment in türkischen Partnerschaften durch die Einbindung in intraethnische Netzwerke und die Familiennähe stärker ist als in deutschen Partnerschaften. Wenn in religiös geprägten Lebenswelten Trennung und Scheidung als eine Form abweichenden Verhaltens betrachtet werden, denn Hochreligiöse betrachten die Ehe als unauflösbare Institution, dann müsste in türkischen Milieus, da sie in Deutschland häufiger stärker religiös sind als die Deutschen, insgesamt ein höheres Commitment vorherrschen. Innerhalb stark religiöser und traditioneller Milieus müssten sowohl die Verbalisierung von Trennungsgedanken als auch der Vollzug einer Trennung mit sozialen Sanktionen einhergehen. Das stärkere Commitment bei Migranten führt zu einer stärkeren Kompensation von sozioökonomischer Deprivation als bei Nicht-Zugewanderten. Es wird daher vermutet, dass deutsche Partnerschaften anfälliger sind für ökonomische Krisen als türkische, die ein höheres Solidarpotenzial aufweisen (vgl. Wagner und Weiß 2010). Demnach müsste Folgendes gelten:

h_SESEHE: Je niedriger der sozioökonomische Status ist, desto geringer ist die Eheorientierung. Dies müsste für Deutsche eher gelten als für türkische Migranten.

Diese Teilhypothese (SES→EHE) wird mit der Teilhypothese aus Kapitel 4 (EHE→PZ) zusammengeführt. Die zu untersuchende Gesamthypothese lautet wie folgt:

H_SESEHE: Je niedriger der sozioökonomische Status ist, desto niedriger ist die Eheorientierung und dies verringert den positiven Effekt auf die Partnerschaftszufriedenheit. Dies müsste für Deutsche eher gelten als für türkische Migranten.

Nachfolgend wird der Zusammenhang zwischen dem sozialen Status und der partnerschaftliche Stabilität bestimmt:

h_SESST: Je niedriger der sozioökonomische Status ist, desto geringer ist die subjektive Paarstabilität. Dies müsste für Deutsche eher gelten als für türkische Migranten.

Diese Teilhypothese (SES→ST) wird mit der Teilhypothese aus Kapitel 4 (ST→PZ) zusammengeführt. Die zu untersuchende Gesamthypothese lautet wie folgt:

H_SESST: Je niedriger der sozioökonomische Status ist, desto geringer ist die subjektive Paarstabilität und dies verringert den positiven Effekt auf die Partnerschaftszufriedenheit. Dies müsste für Deutsche eher gelten als für türkische Migranten.

Entwicklung eines zweiten Mediatormodells ausgehend vom sozioökonomischen Status zur Erklärung von Partnerschaftszufriedenheit bei Deutschen und türkischen Migranten

Ausgehend vom Leitmodell (Abbildung 12) geht das nachfolgende Arbeitsmodell (siehe Abbildung 22) von der unabhängigen Variable „niedriger sozioökonomischer Status" aus, um über verschiedene Mediatorvariablen die Partnerschaftszufriedenheit zu erklären.

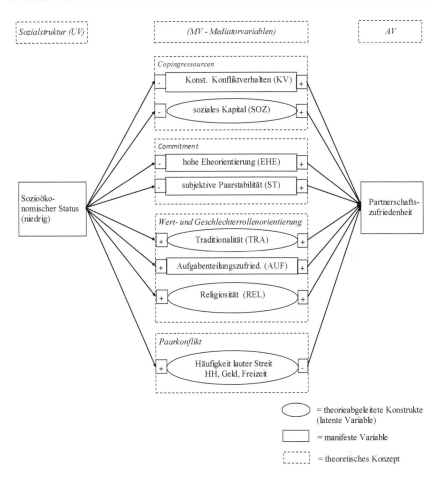

Abbildung 22: *Arbeitsmodell ausgehend von SES zur Erklärung von Partnerschaftszufriedenheit für Deutsche und türkische Migranten (ohne Kontrollvariablen)*

Quelle: Eigene Darstellung.

Im Gegensatz zum ersten Mediatormodell wird das zweite getrennt für Personen mit und einmal für solche ohne türkischen Migrationshintergrund getestet. Dadurch können sowohl für Deutsch als auch für türkische Migranten die Mechanismen zur Erklärung von Partnerschaftszufriedenheit analysiert werden. Im zweiten Mediatormodell wirkt der sozioökonomische Status in unterschiedlicher Weise auf die verschiedenen intervenierenden Größen. Er verringert beispielsweise die Copingressourcen, was wiederum auch den positiven Einfluss des konstruktiven Konfliktverhaltens und des sozialen Kapitals abschwächt. Die jeweiligen Hypothesen sind nachfolgend im Überblick dargestellt.

Es folgt ein Überblick über die Gesamthypothesen in Anlehnung an die einzelnen Pfade in Abbildung 22:

H_SESKH: Je niedriger der sozioökonomische Status ist, desto höher ist die Wahrscheinlichkeit, dass es Paarkonflikte gibt und dies vergrößert den negativen Effekt auf die Partnerschaftszufriedenheit. Dies müsste für Deutsche eher gelten als für türkische Migranten.

H_SESKV: Je niedriger der sozioökonomische Status ist, desto geringer ist das Ausmaß an konstruktivem Konfliktverhalten und dies verringert den positiven Effekt auf die Partnerschaftszufriedenheit. Dies müsste für türkische Migranten eher gelten als für Deutsche.

H_SESSOZ: Je niedriger der sozioökonomische Status ist, desto geringer ist das soziale Kapital und dies verringert den positiven Effekt auf die Partnerschaftszufriedenheit. Dies müsste für Deutsche eher gelten als für türkische Migranten.

H_SESREL: Je niedriger der sozioökonomische Status ist, desto höher ist das Ausmaß von Religiosität und dies vergrößert den positiven Effekt auf die Partnerschaftszufriedenheit. Dies müsste für türkische Migranten eher gelten als für Deutsche.

H_SESTRA: Je niedriger der sozioökonomische Status ist, desto höher ist die Traditionalität der Geschlechterrollen und dies vergrößert den positiven Effekt auf die Partnerschaftszufriedenheit. Dies müsste für türkische Migranten eher gelten als für Deutsche.

H_SESAUF: Je niedriger der sozioökonomische Status ist, desto höher ist die Aufgabenteilungszufriedenheit und dies vergrößert den positiven

Effekt auf die Partnerschaftszufriedenheit. Dies müsste für türkische Migranten eher gelten als für Deutsche.

H_SESEHE: Je niedriger der sozioökonomische Status ist, desto niedriger ist die Eheorientierung und dies verringert den positiven Effekt auf die Partnerschaftszufriedenheit. Dies müsste für Deutsche eher gelten als für türkische Migranten.

H_SESST: Je niedriger der sozioökonomische Status ist, desto niedriger ist die subjektive Paarstabilität und dies verringert den positiven Effekt auf die Partnerschaftszufriedenheit. Dies müsste für Deutsche eher gelten als für türkische Migranten.

H_SESPZ: Je niedriger der sozioökonomische Status ist, desto geringer ist die Partnerschaftszufriedenheit (direkte Beziehung ohne Mediator).

Nachdem die Hypothesen ausgehend vom sozioökonomischen Status über die Mediatoren auf die partnerschaftliche Zufriedenheit dargestellt wurden, die im empirischen Teil der Arbeit getestet werden, folgt nun eine kurzer Überblick über weitere Determinanten der Partnerschaftszufriedenheit, die bei beiden Forschungsmodellen als Kontrollvariablen einbezogen werden.

5.3 Kontrollvariablen: Weitere Determinanten der Partnerschaftszufriedenheit

Partnerschaftszufriedenheit wird durch eine Vielzahl von Faktoren beeinflusst (siehe Kapitel 3). Die zentralen sozialstrukturellen Variablen von ihnen werden nachfolgend kurz thematisiert. Sie werden als unabhängige Variablen zusätzlich neben dem Migrationshintergrund und Merkmalen des sozioökonomischen Status in den multivariaten Analysen kontrolliert, um z. B. Verzerrungen durch Alters- oder Geschlechtereffekte auszuschließen. Zu diesen Faktoren zählen die Anzahl der Kinder, das Geschlecht, die Frauenerwerbstätigkeit, das Alter (vgl. Arránz Becker 2008) und schließlich ein Indikator zur Messung der Integration (BMFSFJ 2000: 94).

Kind

Kinder können im investitionstheoretischen Sinne als immaterielle Investition in die Partnerschaft betrachtet werden (Überblick bei Arránz Becker 2008: 98 ff.) Das Vorhandensein von Kindern und deren Einfluss auf das partnerschaftliche Leben wird daher in vielen soziologischen und psychologischen Untersuchungen thematisiert (z. B. Belsky 1990, Huston und Vangelisti 1995, Reichle 1994). Es hat sich gezeigt, dass die Auswirkungen von Kindern auf die elterliche Beziehung komplex und im Kontext des Familienzyklus dynamisch und vielschichtig sind. Der negative Zusammenhang zwischen Kindern und Partnerschaftszufriedenheit gehört zu den am häufigsten replizierten Befunden in der Familiensoziologie (Arránz Becker 2008: 112). Einige Studien weisen nach (vgl. Metaanalyse von Twenge et al. 2003), dass die Beeinträchtigung der partnerschaftliche Zufriedenheit nur temporär während der ersten Lebensjahre des Kindes anhält und später die Paarzufriedenheit wieder steigt. Da die Befunde insgesamt belegen, dass das Vorhandensein von Kindern einen Einfluss auf die Partnerschaftszufriedenheit haben kann, werden in dieser Arbeit Kinder unter 18 Jahren einbezogen, die im selben Haushalt leben.

Geschlecht

Zunächst bildet die unterschiedliche Wahrnehmung zwischen den Partnern, die nicht zuletzt auch aus der Gegengeschlechtlichkeit resultiert, Ausgangpunkt für Paarkonflikte (Eckert et al. 1989). Nach Tyrell (2001) muss der Paarkonflikt daher in „*her conflict*" und „*his conflict*" (Tyrell 2001: 48 ff.) unterschieden werden. Hassebrauck (1995) findet eine höhere Konfliktwahrnehmung von Frauen und eine daraus resultierende Neigung zu kritischeren Bewertung der Qualität und Stabilität ihrer Partnerschaft.

> „Ein Vergleich der Rangreihen der problembelasteten Bereiche von Männern und Frauen zeigte eine erstaunliche Übereinstimmung. Allerdings wiesen die Frauen eine höhere Gesamtproblembelastung als die Männer auf. (…) Sowohl für die Männer als auch für die Frauen stand der Bereich „Kommunikation/gemeinsame Gespräche" an der Spitze der konfliktauslösenden Lebensbereiche" (Kröger et al. 2001: 123).

Frauen bewerten ihre partnerschaftliche Zufriedenheit geringer als Männer (Faulkner et al. 2005, Brandtstädter und Felser 2003: 60). Der aktuellen Befundlage kann insgesamt entnommen werden, dass die Wahrnehmung der Qualität einer Beziehung zwischen den Geschlechtern divergiert. Um Geschlechtereffekten entgegenzuwirken, wird dies kontrolliert.

Frauenerwerbstätigkeit

Die Frauenerwerbstätigkeit ist ein Prädiktor für Trennung und Scheidung (vgl. z. B. van den Troost 2005, Karney und Bradbury 1995, Überblick über aktuellen Forschungsstand bei Arránz Becker 2008: 86 ff., Mayer et al. 1991). Dies wird vor allem mit der finanziellen Unabhängigkeit der erwerbstätigen Frau von ihrem Mann begründet. Mit dieser sinken die Trennungs- und Scheidungskosten (siehe z. B. Greenstein 1990) für beide Partner, da die Frau allein für ihren Unterhalt sorgen kann. Weitere Ursachen[176] sind Zweifel oder Unzufriedenheit mit der Partnerschaft, weswegen Frauen ins Berufsleben einsteigen oder ihren Erwerbsumfang ausdehnen (Arránz Becker 2008: 87). Demnach ist nicht die Berufstätigkeit der Frau, sondern ihre Unzufriedenheit das destabilisierende Element für ihre Beziehung und der Erwerbsumfang nur ein Indikator dafür. Eine Längsschnittstudie von Rogers und Deboer (2001) belegt darüber hinaus, dass bei Eheproblemen das Einkommen der Frau auch einen vermittelnden positiven Einfluss auf die Ehequalität hat. Wagner (1997) beispielsweise zeigt, dass das Einkommen der Frau einen stabilisierenden positiven Effekt auf die Partnerschaftszufriedenheit hat. Arránz Becker (2008: 88) geht insgesamt von komplexen Effekten der Frauenerwerbstätigkeit aus, die nur in multivariaten Verfahren angemessen analysiert werden können.

Alter

Auch das Alter spielt für die partnerschaftliche Zufriedenheit eine Rolle (Karney und Bradbury 1995). Zum Beispiel können ältere Personen, die in einer Partnerschaft leben, überdurchschnittlich oft in einer Langzeitbeziehung sein, so dass hier ein Selektionsmechanismus vorliegen kann (Felser 2007). Es wirken hier in besonderer Weise die Ehe- und Beziehungsdauer auf die Bewertung der Partnerschaft. Demnach kann von einer positiven Selektion gesprochen werden: Ältere Personen leben häufiger in stabilen Beziehungen als jüngere. Das Zusammenspiel dieser Variablen haben Karney und Bradbury (1995) in ihrer Metaanalyse beschrieben:

> "Both greater age at time of initial measurement and greater age at marriage predict increased stability and satisfaction, but these effect are confounded by each other and with the effects of marital duration..."(Karney und Bradbury 1995: 21).

---

176 Überblick über den sozialen Wandel der Frau in Familie und Beruf bei Peuckert (2008: 229 ff.).

Grad der Integration: Deutschkenntnisse

Esser (2000) unterscheidet vier Integrationsdimensionen: (Ak-)Kulturation, Plat-
zierung (z. B. Einkommen), Interaktion (z. B. innerhalb des Wohnumfeldes) und
Identifikation (z. B. Einbürgerung, Heimatgefühl). Sprachkenntnisse des Auf-
nahmelandes sind Bestandteil der (Ak-)Kulturation, neben der allgemeinen Bildung sowie der Übernahme von Werten und Normen. Deutschkenntnisse sind,
ähnlich wie Bildung, ein Schlüssel zur Integration. Denn sie ermöglichen den
Zutritt zum deutschen Bildungssystem, helfen bei der Orientierung im Gesund-
heits- und Verwaltungssystem der Bundesrepublik und in die Eingliederung
kultureller Welten im Aufnahmeland.

> „Die Beherrschung der deutschen Sprache ist für den schulischen und beruflichen
> Erfolg der nachfolgenden Migrantengenerationen in Deutschland eine der wichtigs-
> ten Voraussetzungen" (BMFSFJ 2000: 218).

Daher können Deutschkenntnisse als Indikator für den Grad der Integration[177]
betrachtet werden, sie sind zentral für den Eingliederungsprozess (BMFSFJ
2000: 94). Haug (2010: 49) betrachtet interethnische Kontakte, Freundschaften,
Partnerschaften und Ehen als Indikatoren einer Integration. Beim Vergleich der
einzelnen Migrantengruppen[178] lassen sich deutliche Differenzen feststellen: Bei
den türkischen Migranten, besonders den Frauen, herrschen intraethnische Konstellationen vor. Daraus folgt, dass für partnerschaftliche Prozesse der Grad der
Integration bedeutsam ist. In einigen Modellen dieser Arbeit werden daher die
Deutschkenntnisse der türkischen Migranten kontrolliert.

5.4 Zusammenfassung

Ziel war die Zusammenführung der in Kapitel 4 und Kapitel 5 hergeleiteten
Teilhypothesen zu Gesamthypothesen. Dazu erfolgte in Kapitel 4 die Formulierung von Teilhypothesen, die den Einfluss der verschiedenen Mediatorvariablen
auf die Partnerschaftszufriedenheit thematisieren. Diese Teilhypothesen wurden
danach mit denen verbunden, die die Verbindung des türkischen Migrationshintergrundes auf die Mediatoren beschreiben (Kapitel 5.1). In einem weiteren

---

177 Weitere Indikatoren, die im Rahmen dieser Arbeit nicht berücksichtigt werden können, sind z. B.
   die Dauer eines Schulbesuchs außerhalb Deutschlands (vgl. Pisa-Studie), Gründe für Migration
   nach Deutschland (vgl. Shell-Jugendstudie). Überblick zu den Indikatoren zur Erfassung des
   Migrationshintergrundes bei Kuhnke (2006).
178 Dazu zählten u. a. Zuwanderer aus Italien, der Türkei, Griechenland, Polen, ehemaliges Jugoslawien, Polen und Aussiedler.

Schritt wurden Teilhypothesen entwickelt, die den Zusammenhang vom sozio-ökonomischen Status auf die Mediatorvariablen erläutern. Auch diese Teilhypothesen wurden mit denen aus Kapitel 4 verknüpft. Darüber hinaus fand eine Unterscheidung statt, ob die so entstandenen Gesamthypothesen eher für Deutsche oder eher für türkische Migranten zutreffen könnten (Kapitel 5.2). Durch eine Verknüpfung soziologisch und (sozial-)psychologisch bedeutsamer Konzepte konnte auf diese Weise ein interdisziplinärer Erklärungsrahmen für partnerschaftliche Zufriedenheit bei deutschen und türkischen Paaren geschaffen werden. Die theoretischen Konzepte wurden in zwei Modellen mit jeweils dazu abgeleiteten Hypothesenblöcken (vgl. Kapitel 5.1und Kapitel 5.2) konkretisiert. Es wird in beiden Modellen unter Kontrolle zentraler soziodemografischer Größen von folgenden vermittelnden Einflussgrößen ausgegangen (Mediatorvariablen siehe Kapitel 4): Paarkonflikt, Konfliktverhalten, soziales Kapital, Religiosität, Geschlechtsrollenorientierung und Commitment. Es werden diesbezüglich Gemeinsamkeiten und Differenzen der Partnerschaftszufriedenheit zwischen deutschen und türkischen Partnerschaften untersucht.Die beiden Modelle entsprechen den nachstehenden Forschungsfragen und stellen sich graphisch wie folgt dar:

Mediatormodell 1

Hat der türkische Migrationshintergrund einen Einfluss auf die partnerschaftliche Zufriedenheit unter Kontrolle von soziodemografischen Variablen? Diese Fragestellung wird in Abbildung 23 nachgegangen.

Mediatormodell 2

Inwieweit divergieren die Mechanismen zur Erklärung von Partnerschaftszufriedenheit, wenn dies getrennt für türkische Migranten und für die Deutschen untersucht wird? Im Mittelpunkt steht im nachfolgenden Modell (Abbildung 24) der Einfluss des soziökonomischen Status (Bildungsniveau, Arbeitslosigkeit und subjektive Einschätzung der finanziellen Lage) auf die Partnerschaftszufriedenheit. In einem ersten Schritt kann mit diesem Modell geprüft werden, ob die Wirkungsmechanismen der sozialen Lage auf die Partnerschaftszufriedenheit zwischen Deutschen und türkischen Migranten divergieren oder nicht. Darüber hinaus werden in einem gesonderten Modell, nur für türkische Migranten, zusätzlich die Deutschkenntnisse kontrolliert. Es soll geprüft werden, ob das Assimilationsniveau, gemessen über die Kenntnisse der deutschen Sprache (im Modell nicht dargestellt), einen zusätzlichen Erklärungsmechanismus für partnerschaftliche Prozesse und damit auch für die Partnerschaftszufriedenheit von türkischen Migranten darstellt. Die graphische Darstellung gestaltet sich wie folgt (siehe Abbildung 24).

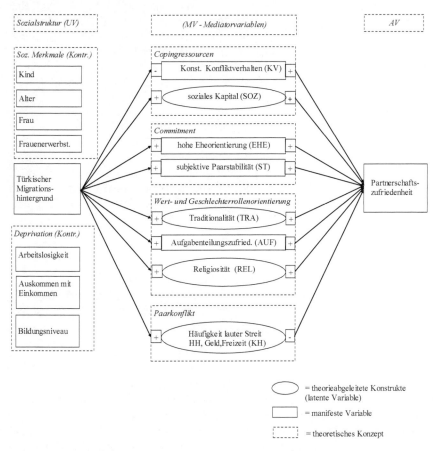

UV: Unabhängige Variable
MV: Mediatorvariable
AV: Abhängige Variable

*Abbildung 23:   Mediatormodell ausgehend vom türkischen
             Migrationshintergrund zur Erklärung von
             Partnerschaftszufriedenheit (einschließlich Kontrollvariablen)*
Quelle: Eigene Darstellung.

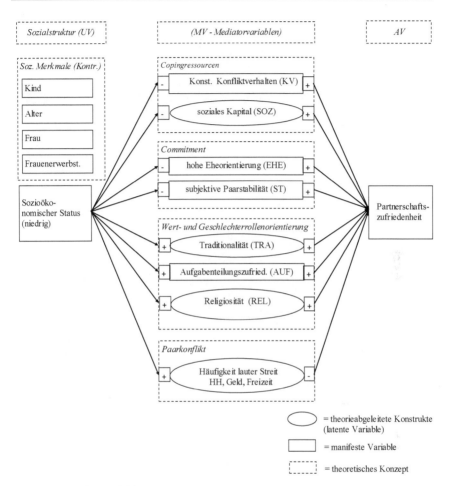

UV: Unabhängige Variable
MV: Mediatorvariable
AV: Abhängige Variable

Abbildung 24: Mediatormodell ausgehend von SES zur Erklärung von Partnerschaftszufriedenheit von Deutschen und türkischen Migranten (einschließlich Kontrollvariablen)

Quelle: Eigene Darstellung.

6 Empirischer Teil: Daten und Methode

In diesem Kapitel werden zunächst die Datengrundlage (6.1) und die Kriterien der Stichprobenselektion beschrieben (6.2). Im Anschluss daran folgt eine Darstellung der methodischen Vorgehensweise (6.3). Das Kapitel schließt mit den Operationalisierungen der zentralen Konzepte und verwendeten Variablen (6.4).

6.1 Datengrundlage: Generations and Gender Survey

Datengrundlage dieser Arbeit bildet der deutsche *Generations and Gender Survey* (GGS)[179], durchgeführt vom Bundesinstitut für Bevölkerungsforschung, *BIB*. Diese bundesweite und repräsentative Panelstudie ist eingebettet in das internationale *Generations and Gender Programme*[180] und thematisiert die Familienbeziehungen in Industrieländern. Die internationale Koordination zwischen den beteiligten Ländern (und den Partnerinstituten wie dem BIB) führt die *United Nations Economic Commisssion for Europe* (UNECE, Genf) durch. Der GGS ist multidisziplinär konzipiert. Dazu zählen z. B. soziologische, politikwissenschaftliche oder psychologische Ansätze (Naderi et al. 2009). Er umfasst verschiedene Themenfelder wie z. B. zu den Bereichen der Lebensplanung, Familienentwicklung (Fertilität), Partnerschaft, zu den Beziehungen zwischen den Generationen und Geschlechtern sowie zu Wertvorstellungen. Die erste[181] Hauptstichprobe in Deutschland wurde 2005 erhoben (im Nachfolgenden *GGS-D* genannt), in einem repräsentativen Sample mit 10.017 deutschsprachigen Befragten. Demnach sind auch Personen vertreten, die keine deutsche Staatsangehörigkeit besitzen. Die Ziehung der Stichprobe für die Hauptbefragung wurde in mehreren Stufen gezogen. In einem ersten Schritt wurden die Haushalte nach dem Prinzip des „random-route-Verfahrens" selektiert (vgl. detaillierte Ausführungen zum Stichprobendesign bei Ruckdeschel et al. 2006). Hier werden Personen nach dem Zu-

---

179 Der GGS wird im Abstand von drei Jahren in insgesamt drei Wellen durchgeführt.
180 Die Mitgliedsländer führen die Studie selbst durch.
181 Die Daten zur zweiten Welle sind für dieses Forschungsvorhaben zu spät aufbereitet worden. Daher war die Möglichkeit, eine Längsschnittuntersuchung durchzuführen, nicht möglich. Außerdem stellt die Panelmortalität bei deutschen und türkischen Befragten bei der zweiten Welle ein „*gravierendes Problem*" dar (Naderi et al. 2009: 14).

fallsprinzip in jedem Bezirk in Abhängigkeit von der Größe der Gesamtbevölkerung aus dem Einwohnermeldeamt ausgewählt. Zusätzlich wurde 2006 eine
repräsentative Stichprobe unter den in Deutschland lebenden türkischen Staatsbürgern gezogen (im Nachfolgenden *GGS-T* genannt). Dabei konnten insgesamt
4.045 Personen befragt werden. Für die Stichprobenziehung der Türken wurde
zunächst definiert, welche Gemeinde mindestens 20 gemeldete türkische Staatsbürger hat. Danach wurden die Befragten per Zufallsverfahren aus diesen Ge-
meinden selektiert. Beide Stichproben enthalten Befragte im Alter zwischen 18
und 80 Jahren, die in Privathaushalten leben.

Die Interviews wurden persönlich durch mündliche Befragungen durchgeführt. Dabei kamen parallel CAPI-Fragebögen (Computer-Assisted-Personal-
Interviewing) zum Einsatz, programmiert auf Laptop-Computern. Das Programm
wurde vor der Hauptbefragung in einem Pretest geprüft (Ruckdeschel et al.
2006: 11). Darin wurde die GGS-D-Fragebogenversion von 2005 mit 115 Befragten und der GGS-T mit 50 Befragten getestet. Die Hauptstichprobe wurde in
der deutschen Sprache erhoben, während die Zusatzbefragung sowohl deutsch-
als auch türkischsprachige Varianten enthielt. Der GGS-Fragebogen umfasst für
die Haupt- und Zusatzbefragung insgesamt elf Bereiche, darunter Fragen zum
Haushalt, zu den Kindern, zur gegenwärtigen Partnerschaft (Partnerbiographie),
Eltern und Elternhaus, Kinderwunsch, Gesundheit und Wohlbefinden, Erwerbstätigkeit und Einkommen (auch Informationen dazu über den Partner), Transferleistungen (z. B. Sozialhilfe) sowie zu Wertvorstellungen und Meinungen gegenüber Partnerschaft, Familie und Gesellschaft (Naderi et al. 2009: 12 ff., Ette
et al. 2007: 12). Die Fragebögen der Migrantenstudie gleichen inhaltlich denen
der GGS-Hauptbefragung. Im GGS-T wurden Fragen zu Sprachkenntnissen und
-gewohnheiten sowie zu den Bleibeabsichten der Interviewten erhoben (Ette et
al. 2007: 11). Die Interviewdauer der GGS-Migrantenbefragung war im Mittel
mit 73 Minuten deutlich länger als die der Hauptbefragung, die 16 Minuten kürzer war. Dies wird vor allem damit begründet, dass hier die Zahl der Haushaltsmitglieder größer ist als in der Hauptbefragung und häufiger Übersetzungshilfen[182] benutzt wurden. Bei 67 % wurden keine Übersetzungshilfen verwendet,
bei 12 % durchgehend, bei weiteren 6 % regelmäßig, 9 % ab und zu sowie 7 %
selten. Bei diesen Interviews, die von deutschsprachigen Interviewern durchgeführt wurden, kamen computerunterstützte türkische Sprachhilfen zum Einsatz,
um gegebenenfalls eine türkische Übersetzung der Fragen anbieten zu können.
Die Ausschöpfungsquoten der beiden Befragungen (Haupt- und Nebenbefra-
gung) unterscheiden sich deutlich: Während die Ausschöpfung bei der Hauptbefragung bei 55,3 % liegt, ist die der Migrantenbefragung geringer mit 34,1 %.

---

182 GGS – Übersetzungshilfe türkischsprachige Fragebögen.

Ursachen liegen beispielsweise darin, dass der Anteil der Nicht-Erreichten und qualitätsneutrale Ausfälle höher sind. Besonders in Ballungsgebieten waren die Zielpersonen häufiger bereits umgezogen, ohne umgemeldet gewesen zu sein.

6.2 Kriterien der Stichprobenselektion

Für die Untersuchung der Forschungsfragen werden verschiedene Stichproben gebildet. Zunächst wird durch die Zusammenführung der GGS-Hauptbefragung und der Zusatzstichprobe mit den in Deutschland gemeldeten türkischen Staatsbürgern ein Gesamtdatensatz erstellt. Dieser zusammengesetzte Datensatz „GGS-G" umfasst insgesamt 14.062 Personen. Aufgrund der Fragestellung dieser Arbeit wurde der GGS-Gesamt-Datensatz nach verschiedenen Kriterien selektiert. Es ist für die Thematik bedeutsam, dass alle Befragten zum Befragungszeitpunkt in einer Partnerschaft leben und mit dem Partner einen gemeinsamen Haushalt haben. Denn relevant ist das Konfliktgeschehen in Partnerschaften, darunter besonders alltägliche Themen wie zum Beispiel über „Hausarbeit". Da Paare, die keinen gemeinsamen Haushalt haben („Living apart together", LAT), nicht einbezogen werden, reduzierte sich die Anzahl der analysierbaren Fälle insgesamt auf 9.196.

Ferner wurden alle Personen nicht in die Analysen aufgenommen, die weder einen deutschen noch türkischen Pass besitzen. Auf diese Weise fallen aus der GGS-Hauptbefragung Personen mit Migrationserfahrungen aus den ehemaligen GUS-Staaten und aus dem restlichen Süd- und Osteuropa wie z. B. Italiener oder Polen heraus. Als „deutsch" gelten diejenigen Befragten[183], die die deutsche Staatsangehörigkeit haben (keine doppelte) und die in Deutschland geboren sind (vgl. Wagner und Weiß 2010: 176). Als „türkisch" bzw. „Personen mit türkischem Migrationshintergrund" gelten diejenigen Befragten, die die türkische Staatsangehörigkeit haben (keine doppelte) und die in der Türkei oder in Deutschland geboren sind (vgl. Wagner und Weiß 2010: 176). Durch diese Kriterien verringert sich die Zahl der Fälle insgesamt auf 8.103. Darüber hinaus werden nur deutsche Befragte einbezogen, deren Eltern in Deutschland geboren worden sind. Als Personen mit „türkischem" Migrationshintergrund gelten in dieser Arbeit nur Personen, wenn das Geburtsland mindestens eines Elternteils die Türkei ist. Wenngleich das Geburtsland noch immer keine genaue Angabe zur Wanderungserfahrung der Elternteile darstellt, ist dieses Kriterium sinnvoll,

---

183 *„Vorgeschlagen wird hier eine Vorgehensweise, bei der die Zuordnung zu Personen mit Migrationshintergrund über eine Kombination der Geburtsländer des Befragten und seiner beiden leiblichen Eltern erfolgt und über die sich weiterhin wichtige Merkmale/Dimensionen des Migrationshintergrundes bilden lassen"* (Kuhnke 2006: 30).

um den eventuell vorhandenen Migrationshintergrund des Befragten zu berücksichtigen (Kuhnke 2006: 31)[184]. Denn eine Person, die in Deutschland geboren ist und die deutsche Staatsangehörigkeit besitzt, hat nach der Definition des Statistischen Bundesamtes einen Migrationshintergrund, wenn ein Elternteil nicht in Deutschland geboren ist. Derselbe Selektionsschritt ist für die Partner der Befragten nicht durchführbar, da diese Informationen nicht erhoben wurden. Insgesamt stehen in der GGS-Gesamt-Stichprobe (GGS-G) nach Berücksichtigung aller Selektionsschritte 7.252 Fälle für die Analyse zur Verfügung. In GGS-G sind 951 deutsch-türkische Partnerkonstellationen[185] enthalten.

Für weitere Analyseschritte fallen diese binationalen oder interethnischen Paare aus der Untersuchung heraus (vgl. auch Steinbach 2009: 88). Es werden zwei Teilstichroben aus GGS-G gebildet: GGS-D (Deutsche) und GGS-T (Türkische Befragte). Demnach sind im GGS-D „deutsche" Befragte, die mit einem „deutschen" Partner zusammen leben. Im GGS-T sind „türkische" Befragte, die mit einem „türkischen" Partner zusammen sind. Darüber hinaus sollen nur Personen in die Analysen einbezogen werden, die Angaben über ihre Partnerschaftzufriedenheit[186] gemacht haben. Insgesamt befinden sich aufgrund der beschriebenen Selektionsschritte abschließend in GGS-D 4.667 und in GGS-T 1.634 Fälle.

Eine weitere Reduktion der Fallzahl findet bei den multivariaten Berechnungen durch fehlende Werte (*missings*) statt. Da fehlende Werte zu verzerrten Ergebnissen führen können, wurde bei den aufgenommenen Variablen überprüft, ob die dazugehörigen fehlenden Werte zu systematische Verzerrungen und Fehlinterpretationen von Modellergebnissen führen. In der Literatur werden überwiegend Schwellenwerte bis zu 10,0 % (z. B. Schnell et al. 1999) angegeben, die als tolerabel gelten. Diese Grenze wurde für die in dieser Arbeit untersuchten Variablen nicht überschritten.

---

184 „*Über die Geburtsländer der jeweiligen Person lässt sich deren ethnische/territoriale Herkunft zuordnen. Dabei stoßen wir allerdings auf das Problem, dass bei Angabe von Staaten, in denen mehrere, oft sehr differente Ethnien leben, wie beispielsweise dem ehemaligen Jugoslawien, eine Unterdifferenzierung nicht möglich ist.*" (Kuhnke 2006: 31). Anmerkung der Verf. dazu: Dasselbe gilt für die Türkei.
185 Die Mehrheit der Konstellationen bilden türkische Männer mit deutschen Partnerinnen.
186 0,6 % der Befragten bedeutet, dass 82 Personen keine Angaben gemacht haben.

6.3 Auswertung und statistische Verfahren

Im Zentrum der Untersuchung steht die Überprüfung der direkten und indirekten Effekte auf die Partnerschaftszufriedenheit im interkulturellen Vergleich. Dafür werden in einem ersten Schritt deskriptive und bivariate Verfahren (z. B. Partialkorrelationen) verwendet, um die Hypothesen zu prüfen. Darüber hinaus werden die theoretisch postulierten Modelle multivariat getestet. Zur Testung von Mediatormodellen haben sich in der Sozialwissenschaft *Strukturgleichungsmodelle* etabliert (Ledermann und Bodenmann 2006, Hancock und Mueller 2006, Jöreskog et al. 2001, Jöreskog und Sorbom 1982). Deren entscheidender Vorteil besteht in der Einbindung latenter Variablen (Messmodelle). Durch diese können Messfehler berücksichtigt werden, die in einfachen Korrelations- oder Regressionsanalysen mit lediglich beobachteten, messfehlerbehafteten Variablen nicht möglich sind (Geiser 2010: 42, Hancock und Mueller 2006: 1 ff.). Damit sind nicht nur statistisch korrekte Schätzungen von theoretisch postulierten Zusammenhängen durchführbar. Strukturgleichungsmodelle (Kühnel 2001[187]) erlauben außerdem eine explizite Analyse von *„komplexen Theorien über Mess- und Zusammenhangsstrukturen"* (Geiser 2010: 42). Durch Modelltests kann dabei überprüft werden, ob ein theoretisch postuliertes Modell zu falsifizieren ist oder nicht (Geiser 2010: 42). Falls die Abbildungen der theoretisch hergeleiteten Modelle (vgl. Kapitel 5.4, S. 168 ff.) in dieser Arbeit implizieren, dass auch Kausalbeziehungen geprüft werden, muss auf die Datenbasis (1. Welle des GGS) verwiesen werden. Durch die vorliegenden Querschnittsdaten kann eine Überprüfung nicht stattfinden. Die in eine Richtung ausgerichteten Pfeile beziehen sich daher auf die theoretischen Annahmen, die den Modellen zugrunde liegen. Zur Visualisierung dieser Modelltests haben sich Pfadmodelle etabliert. Die Strukturgleichungsmodelle werden mit dem Statistik-Programm Mplus (Version 5.1, Muthén und Muthén 1998-2008)[188] berechnet. Zur Schätzung wird der Maximum-Likelihood-Schätzer (MLR) benutzt, da die abhängige Variable „Partnerschaftszufriedenheit" aufgrund ihrer elf Ausprägungen als „quasi-metrisch" aufgefasst werden kann. Zudem kann damit ihrer stark linksschiefen Verteilung angemessen begegnet werden (vgl. auch Wagner und Weiß 2010: 181). Nachfolgend wird der Aufbau eines Strukturgleichungsmodell erläutert, das aus zwei Elementen, den Mess- und Strukturmodellen, besteht.

Nachfolgend werden die einzelnen Bausteine von Strukturgleichungsmodellen erläutert. In drei Unterkapiteln erfolgt zunächst die Beschreibung des Aufbaus von Messmodellen und der Durchführung von konfirmatorischen Faktoren-

---

187 Detaillierte Ausführungen zum Potenzial dieser Methode.
188 Weitere Informationen über die Software befinden sich auf der nachfolgenden Internetseite www.statmodel.com.

analysen (6.3.1). In Kapitel 6.3.2 werden die Grundlagen zum Strukturmodell dargestellt.

6.3.1 Messmodell und Konfirmatorische Faktorenanalyse

Ein Messmodell besteht aus manifesten und latenten Variablen. Latente Variablen basieren auf theoretisch abgeleiteten Konstrukten, die durch beobachtbare manifeste Variablen messbar sind. Um ein Messmodell zu konzipieren, werden zunächst in einer explorativen Faktorenanalyse die in Frage kommenden manifesten Variablen hinsichtlich ihrer Zugehörigkeit zu einer theoretisch postulierten Dimension untersucht. Diese Variablen werden in einem weiteren Schritt einer konfirmatorischen Faktorenanalyse unterzogen (Geiser 2010). Eine konfirmatorische Faktorenanalyse (*confirmatory factor analysis, CFA*) ist ein Messmodell, in dem ausschließlich ungerichtete Zusammenhänge bestehen.[189] Es können konfirmatorische Faktorenanalysen erster und zweite Ordnung konstruiert werden. Da in dieser Arbeit aufgrund der theoretisch postulierten Modelle nur solche erster Ordnung berechnet werden, werden die zweiter Ordnung[190] nicht ausgeführt (siehe ausführlich bei Geiser 2010: 71 ff.). Ein Messmodell erster Ordnung ist in Abbildung 25 dargestellt. In Abbildung 25 ist das Konstrukt „Paarkonflikt" dargestellt. Ein solches Modell postuliert, dass verschiedene Skalen auf einer inhaltlichen Dimension laden, ob beispielsweise verschiedene Konfliktthemen in der Partnerschaft auf der theoretisch postulierten Dimension „Paarkonflikt" liegen. Bei der Berechnung mit Mplus werden u. a. Modellfitindices sowie un- und standardisierte Parameterschätzwerte ausgegeben. In Abbildung 25 wird zunächst deutlich, dass die (standardisierten) Faktorladungen λ (Lambda) für die manifesten Variablen (X), d. h. der Häufigkeit der Konfliktthemen „Hausarbeit" (0,632), „Geld" (0,638) und „Freizeitgestaltung" (0,665) insgesamt bei über 0,6 liegen und damit die Gütekriterien zur Faktorreliabilität erfüllen (siehe Erläuterungen dazu Tabelle 1).

---

189 Oder wenn zwischen den aufgenommenen Faktoren keine Zusammenhänge bestehen (CFA mit orthogonalen Faktoren, vgl. Geiser 2010: 65).

190 Ein Modell zweiter Ordnung wird durch die Bildung eines weiteren Faktors konstruiert. Zum Beispiel könnten paarexterne und paarinterne Paarkonfliktthemen operationalisiert werden. In der übergeordneten Ebene wird dann die Verbindung zwischen diesen beiden Faktoren geschätzt, wie gut sie das Konstrukt „Paarkonflikt" messen.

Latente	Faktor-	beobachtbare/	Fehler-
unabhängige	ladun-	manifeste Variablen	term ε
Variable η	gen λ	(X)	

Messmodell
(1-Faktormodell)

$\bigcirc$ = latente Variable

$\square$ = manifeste Variable

ε = Fehlerterm für die Indikatoren
ζ = Latente Residualvariablen der latenten unabhängige Variablen

Abbildung 25: Aufbau einer konfirmatorischen Faktorenanalyse
Quelle: Eigene Darstellung in Anlehnung an Geiser (2010: 42).

Damit bilden sie die latente unabhängige Variable η (Eta, „Paarkonflikt") gut ab. Jeder Indikator besitzt einen Fehlerterm ε (Epsilon), der im vorliegenden Beispiel in allen drei beobachteten Variablen ähnlich ausfällt. Im Strukturmodell, welches nachfolgend unter 6.3.2 beschrieben wird, werden Regressionen von z. B. manifesten Variablen wie „Migrant" auf den Faktor η („Paarkonflikt") geschätzt. Dabei wird der Regressionskoeffizient β und ζ, (Zeta), die latente Residualvariable der latenten unabhängigen Variablen, angegeben (Geiser 2010: 42).

6.3.2 Strukturmodell

Neben dem Messmodell ist das Strukturmodell für den Aufbau eines Strukturgleichungsmodells zentral (Chin und Todd 1995). Das Strukturmodell bildet die
theoretisch postulierten Zusammenhänge durch Pfadmodelle ab. Diese Pfadmodelle bestehen aus mehreren multiplen Regressionsanalysen, die eine simultane
Prüfung komplexer Modelle ermöglichen (siehe Abbildung 26).
    In Abbildung 26 wird ein Messmodell (1. Ordnung, grau hinterlegter Kas-
ten), wie es zuvor in Kapitel 6.3.1 dargestellt wurde, mit einem Strukturmodell
verbunden, so dass ein Strukturgleichungsmodell entsteht.

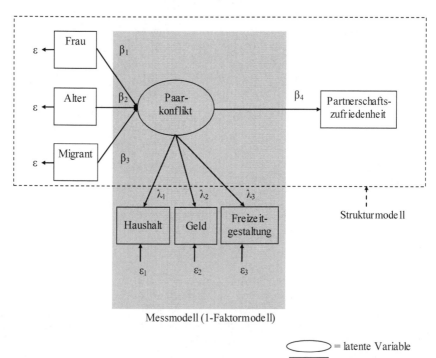

ε = Fehlerterm, β = Pfadkoeffizient, λ = Faktorladungen

Abbildung 26: Aufbau eines Strukturgleichungsmodells
Quelle: Eigene Darstellung in Anlehnung an Geiser (2010: 42).

Die drei manifesten Variablen „Frau", „Alter" und „Migrant" sind darin durch Regressionen mit dem Messmodell „Paarkonflikt" verbunden. Die Zusammenhänge werden durch Pfadkoeffizienten β (Beta) indiziert. Das latente Konstrukt „Paarkonflikt", welches durch die drei manifesten Indikatoren „Haushalt", „Geld" und „Freizeitgestaltung" gemessen wird (mitsamt den Fehlerindikatoren ε), steht wiederum mit der Regression zur abhängigen Variable „Partnerschaftszufriedenheit" in Verbindung. Die Pfeile repräsentieren gerichtete Zusammenhänge. Zur Bewertung des berechneten Modells werden verschiedene Kriterien herangezogen, die die Güte anzeigen (siehe Tabelle 1). Es werden dabei globale und lokale Bedingungen unterschieden (Homburg und Baumgartner 1995):

Globale Gütekriterien

Es gibt verschiedene Gütekriterien, zu denen der *Chi-Quadrat-Test* (χ^2) zählt. Durch diesen wird die Nullhypothese getestet. Wenn der *Chi-Quadrat-Test* signifikant ist, muss sie abgelehnt werden. Die Freiheitsgerade (*df*) basieren auf der Subtraktion der Anzahl geschätzter Modellparameter von der Anzahl der einbezogenen Information (z. B. Varianzen, Mittelwerte etc.) (Geiser 2010: 60). Der *Comparative Fit-Index* (CFI) gehört zu den *"Incremental Fit Indices"*[191] und ist ein zentrales Gütekriterium von Modellen, sowohl von konfirmatorischen Faktorenanalysen als auch von Strukturgleichungsmodellen. Insbesondere bei höheren Fallzahlen und einer Abweichung von der Normalverteilung, bei denen der *Chi-Quadrat-Test* (χ^2) zumeist signifikant wird, bietet der CFI eine robustere Orientierungsmöglichkeit. Er vergleicht die Passung des Zielmodells mit dem *Baseline-Modell* (in Mplus das Unabhängigkeitsmodell[192]) (Geiser 2010: 60). Auch der *Tucker-Lewis-Index* (TLI) setzt den Fit des Zielmodells mit demjenigen des Baseline-Modells gegenüber und überprüft, inwieweit das Zielmodell auf die vorliegenden Daten passt. Bei der Interpretation des TLI gilt wie beim CFI ein Wert von ≥ 0,9 (Geiser 2010: 61). Der *Root Mean Square Error of Approximation* (RMSEA) wird auch zur Modellbewertung hinzugezogen und sollte kleiner als ≤ 0,05 sein.

Lokale Gütekriterien

Lokale Gütekriterien beziehen sich vor allem auf die Bestandteile des Strukturgleichungsmodells, z. B. auf die einbezogenen latenten Variablen wie z. B.

---

191 Demgegenüber stehen die *„stand-alone"*-Gütekriterien" (vgl. Hu und Bentler 1995). Diese betrachten das Modell selbst, ohne Bezug auf das Nullmodell.

192 Im Unabhängigkeitsmodell wird angenommen, dass alle aufgenommenen Variablen nicht zusammenhängen und damit die Kovarianzmatrix der beobachteten Variablen eine Diagonalmatrix bilden (Geiser (2010): 60). Demnach weisen die beobachteten Variablen des Modells zwar Varianzen auf, jedoch keine von Null abweichenden Kovarianzen.

„Paarkonflikt". Deren Indikatoren werden durch die *Indikatorreliabilität* (IR) sowie die Signifikanz der Faktorenladung (t-Wert: *Est./S. E* in Mplus) bewertet. Der IR-Wert liegt zwischen Null und Eins und zeigt, welcher Varianz-Anteil des Indikators den theoretisch postulierten Faktor erklärt. Ausreichend erscheinen Werte ab 0,4 (Homburg 2000: 91), die außerdem mindestens auf dem 5 %-Niveau signifikant sein sollten (vgl. *two-tailed p-value* und t-Wert in Mplus). Die *Faktorreliabilität*[193] (FR) weist nach, wie gut der Faktor durch die einbezogenen Indikatoren repräsentiert wird. Hinzugezogen wird dabei auch die *durchschnittlich erfasste Varianz* (DIV).[194] Um von einer guten Messung auszugehen, sollten bei metrisch skalierten Variablen sowohl die FR als auch die DIV mindestens einen Wert von 0,5 erreichen (Bagozzi und Yi 1988).

Tabelle 1: Globale und lokale Gütekriterien zur Beurteilung von Modellen

Globale Gütekriterien	Anspruchsniveau
χ^2/df	ns
Comparative Fit-Index (CFI)	$\geq 0,9$
Tucker-Lewis-Index (TLI)	$\geq 0,9$
Root Mean Square Error of Approximation (RMSEA)	$\leq 0,05$

Lokale Gütekriterien	Anspruchsniveau
Indikatorreliabilität (IR)	$\geq 0,4$
Faktorreliabilität (FR)	$\geq 0,5$ bzw. 0,6
Durchschnittlich erfasste Varianz (DIV)	$\geq 0,5$

Quelle: verändert nach Übersicht: Dunkake (2010: 151), Geiser (2010: 60 ff.).

Bei der Interpretation der Strukturgleichungsmodelle werden zunächst die standardisierten Pfadkoeffizienten β der einzelnen Regressionen, zwischen den verschiedenen Bestandteilen des Modells, betrachtet (vgl. z. B. Abbildung 26, S. 180). Sie liegen im Wertebereich von -1 bis +1. Zur Darstellung werden Pfaddiagramme verwendet, in denen die Beziehungen zwischen den Variablen (Pfade) durch Pfeile und Koeffizienten gekennzeichnet sind. Beispielsweise vergrößert ein positiver Pfadkoeffizient den Einfluss der unabhängigen auf die abhängige

---

193 Im Wertebereich von Null bis Eins.
194 Im Wertebereich von Null bis Eins.

Variable, ein negativer verringert ihn (vgl. z. B. Abbildung 47, S. 248). Ab einem Wert von mindestens 0,2 wird von einer relativ starken direkten Beziehung gesprochen (Chin 1998). Neben diesen direkten Zusammenhängen müssen auch die indirekten analysiert werden. Ob nun lediglich von einem indirekten Zusammenhang oder sogar von einem Mediatoreffekt gesprochen werden kann, hängt von verschiedenen Kriterien (Holmbeck 1997, Baron und Kenny 1986[195]) ab, die für jeden einzelnen Pfad eines Strukturgleichungsmodells geprüft werden müssen:

1. Prädiktor X muss einen signifikanten Effekt auf den Mediator (Z) ausüben,
2. Prädiktor X muss in einem Regressionsmodell ohne Kontrolle des Einflusses der Mediator-Variable einen signifikanten Effekt auf die endogene Variable (Y) haben,
3. Mediator (Z) muss einen signifikanten Effekt auf die abhängige Variable ausüben
4. der Effekt des Prädiktors (X) auf die abhängige Variable (Y) muss sich verringern, wenn in einer multivariaten Regression als zusätzlicher Prädiktor (auf Y) die Variable Z aufgenommen wird.

Wenn die vier Kriterien zur Bestimmung von Mediatoreffekten erfüllt sind, wird in einem nächsten Schritt unterschieden, ob es sich um partielle oder totale Mediatoreffekte handelt (siehe Abbildung 27). Danach lässt sich feststellen, ob beispielsweise der Effekt von „Migrant" (X) auf die Partnerschaftszufriedenheit (Y) partiell oder komplett (total) erklärt wird über die Mediatorvariable „Paarkonflikt" (Z).

▪ Partieller Mediatoreffekt: Wenn Z (intervenierende Variable) von X (exogene Variable) und simultan Y (endogene Variable) von Z beeinflusst wird, gleichzeitig X aber direkt auf Y wirkt, ohne Intervention von Z,
▪ Totaler Mediatoreffekt: Der Effekt von X auf Y wird komplett durch Z erklärt, durch Aufnahme der intervenierenden Variablen Z besteht kein Zusammenhang zwischen X und Y.

Hilfreich bei der Analyse der Mediatoreffekte ist der Vergleich der Größe des Mediatoreffekts zum Pfad „Migrant → Paarkonflikt → Partnerschaftszufriedenheit" mit dem Koeffizienten des direkten Effekts von „Migrant → Partnerschaftszufriedenheit" (unter Berücksichtigung der indirekten Effekte).

---

195 Sie plädieren für eine konzeptuelle und statistische Differenzierung von Moderator- und Mediatorvariable (siehe Beschreibung der Unterschiede in Kapitel 4.7).

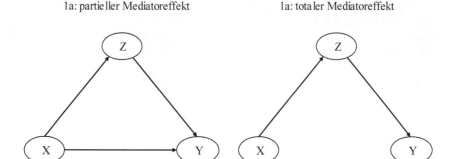

1a: partieller Mediatoreffekt   1a: totaler Mediatoreffekt

X = exogene Variable, Y = endogene Variable, Z = intervenierende Variable

Abbildung 27: Partieller und totaler Mediatoreffekt
Quelle: Eigene Darstellung.

Wenn beispielsweise der Wert des Mediatoreffekts 0,080*** beträgt und der direkte Effekt 0,020*, und der totale Effekt insgesamt 0,112*** beträgt (Summe aus *allen* indirekten Beziehungen), dann läge ein partieller Mediatoreffekt für den Pfad „Migrant → Paarkonflikt → Partnerschaftszufriedenheit" vor.

6.4 Operationalisierung

Zunächst werden die Operationalisierungen der *latenten* Variablen (Messmodelle) *Paarkonflikte, soziales Kapital, Religiosität und Geschlechterrollenorientierung (Traditionalität)* für die Stichprobe GGS-G[196] (Kapitel 6.4.1), erläutert. Danach werden die *manifesten* Variablen (Kapitel 6.4.2), zur *Partnerschaftszufriedenheit*, zum *Commitment*, dem *sozioökonomischen Status*, und *Aufgabenteilungszufriedenheit* aufgeführt. Zusätzlich erfolgt die Operationalisierung der soziodemografischen Kontrollvariablen (Alter, Geschlecht, Frauenerwerbstätigkeit). Alle Variablen sind Determinanten der Partnerschaftszufriedenheit, die in Kapitel 4 und 5 eingeführt wurden.

---

196 n = 7.252 Personen.

6.4.1 Operationalisierung für latente Variablen

Durch die Anwendung von konfirmatorischen Faktorenanalysen (CFA) kann getestet werden, ob die durch die explorativen Faktorenanalysen ausgewählten Indikatoren die theoretisch postulierten Konstrukte adäquat messen. Diese Messmodelle sind zentrale Bestandteile zur Testung der Strukturgleichungsmodelle im weiteren Verlauf der Arbeit. Zur Beurteilung der Güte der berechneten Modelle (inwieweit das Konstrukt auf die vorliegenden Daten passt) werden die bereits ausgeführten globalen und lokalen Kriterien (siehe Tabelle 1) verwendet (Faktorladungen, χ^2-Test, CFI, TLI und RMSEA). Die Konstrukte und Indizes werden auf Basis der Stichprobe GGS-G berechnet. Alle Faktorladungen sind hoch signifikant (p = 0,000) und werden daher nachfolgend nicht explizit angegeben.

Zunächst wird das Konstrukt „Traditionalität der Geschlechterrollen" für die Stichprobe „Gesamt" überprüft (Abbildung 28). In der Ellipse ist das latente Konstrukt abgebildet, welches über die drei in den Kästchen dargestellten manifesten, beobachteten Variablen gemessen wird. Die Werte an den Pfeilen stellen die Faktorladungen dar. Die Pfeile, die von rechts auf die Kästchen weisen, sind die Fehlervariablen der Indikatoren. Bei der Berechnung einer konfirmatorischen Faktorenanalyse mit diesen drei Variablen sind die Fitindices sehr gut, abgesehen vom hochsignifikanten Chi-Quadrat-Test, der aufgrund der hohen Fallzahl entsteht (CFI = 1,0, TLI = 1,0, RMSEA = 0,000). Die Indikatoren weisen allesamt gute Faktorladungen auf, die einbezogenen Variablen leisten mit den Werten 0,625 („Alter des Mannes"), 0,628 („höheres Einkommen") und 0,593 („politische Führer") einen hochsignifikanten[197] Beitrag zur Erklärung der Traditionalität[198]. Eine zusätzliche Untersuchungsmöglichkeit auf deskriptiver Ebene bietet die Bildung eines Summenindexes aus den dargestellten drei Indikatoren. Für alle Befragten (GGS-G) ergibt sich ein Mittelwert von 7,77 (SD = 2,74, Min. = 1, Max. = 15).

---

197 In Mplus (Muthén und Muthén (1998-2008) wird bei Faktorenanalysen die Signifikanz der Ladungen angegeben.

198 Die explorative Faktorenanalyse zum Konstrukt „Traditionalität der Geschlechterrollen" ist auf Nachfrage bei der Autorin erhältlich.

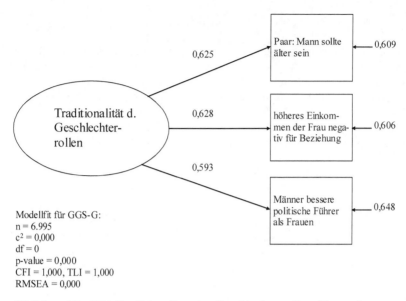

Abbildung 28: CFA Traditionalität der Geschlechterrollen (Gesamt)

Quelle: Eigene Darstellung.

Einen gleichermaßen hohen Modellfit (CFI = 1,0, TLI = 1,0, RMSEA = 0,00) weist die CFA zum sozialen Kapital[199] auf (Abbildung 29). Die Variable „Verlassen auf andere"[200] zeigt mit einer Faktorladung von 0,800 den höchsten Beitrag zur Erklärung von Sozialkapital, die Items „Nähe zu Menschen"[201](0,717) und „Problemunterstützung"[202] (0,702) liegen gleichauf und laden ebenfalls hochsignifikant auf dem 1 %-Niveau. Die Summe der Items zur Messung von sozialem Kapital beträgt im Mittel 13,83 (SD = 1,71), das Minimum liegt bei 3 und das Maximum bei 15. Demnach berichten die Personen aus der Stichprobe „Gesamt" über ein hohes Maß an sozialer Unterstützung.

---

199 Die explorative Faktorenanalyse zum Konstrukt „Soziales Kapital" ist auf Nachfrage bei der Autorin erhältlich.
200 „Es gibt genug Menschen, auf die ich mich absolut verlassen kann."
201 „Es gibt genug Menschen, denen ich mich nahe fühle."
202 „Es gibt genug Menschen, auf die ich mich bei Problemen stützen kann."

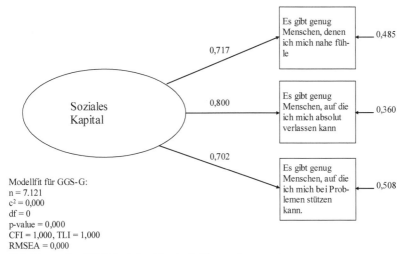

Modellfit für GGS-G:
n = 7.121
$c^2 = 0,000$
df = 0
p-value = 0,000
CFI = 1,000, TLI = 1,000
RMSEA = 0,000

Abbildung 29: CFA Soziales Kapital (Gesamt)

Quelle: Eigene Darstellung.

Zur Messung von Religiosität werden in der Literatur vier Dimensionen vorgeschlagen: Dazu zählen die allgemeine Religiosität, die private religiöse Praxis, die rituelle Religiosität und die intellektuelle Dimension der Religiosität (Haug et al. 2009, vgl. auch Studie: Muslimisches Leben in NRW 2010[203]). Diese Dimensionen sind in Abhängigkeit des Bekenntnisses, der Herkunft und der Geschlechtszugehörigkeit unterschiedlich gut messbar. Im GGS werden die genauen Bekenntnisse z. B. der Christen (z. B. römisch-katholisch oder evangelisch-lutherisch) und Muslime (z. B. sunnitisch, schiitisch oder alevitisch) nicht erhoben, es werden lediglich die Kategorien „christlich", „muslimisch", „anderes Bekenntnis" sowie „ohne Bekenntnis" vorgegeben. Aufgrund dessen ist eine genaue Messung der Religiosität problematisch. Dies zeigt sich auch bei der Bildung der latenten Variable „Religiosität". Die konfirmatorische Faktorenanalyse zu Messung von Religiosität erweist sich auf Basis des *Generations and Gender Survey* als schwierig. Denn für die Bildung eines Faktors empfiehlt sich generell eine Anzahl von mindestens drei Indikatoren. Jedoch zeigt sich bei der

---

203 Mitwirkung: Prof. Sonja Haug, Dr. Anja Stichs, Stephanie Müssig und Nilden Vardar (Bundesamt für Migration und Flüchtlinge) und für die Landesregierung Nordrhein-Westfalen war Wael El-Gayar beteiligt.

explorativen Faktorenanalyse[204], dass die Items zur Teilnahmehäufigkeit an religiösen Veranstaltungen oder zur Wichtigkeit einer Taufe keine eindeutigen Befunde ergeben. Dies ist damit zu begründen, dass sie zur Erhebung von christlicher Religiosität eher geeignet sind (Kecskes und Wolf C. 1995: 62[205]).

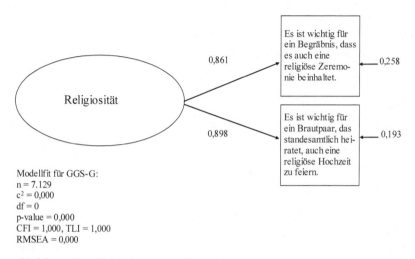

Modellfit für GGS-G:
n = 7.129
c^2 = 0,000
df = 0
p-value = 0,000
CFI = 1,000, TLI = 1,000
RMSEA = 0,000

Abbildung 30: CFA Religiosität (Gesamt)
Quelle: Eigene Darstellung.

Im Islam sind diese beiden Aspekte zur Messung des Ausmaßes von Religiosität jedoch nicht adäquat. Beispielsweise spielt für muslimische Frauen das Beten (private religiöse Praxis) eine stärkere Rolle als die rituelle Praxis durch Teilnahme an religiösen Veranstaltungen oder am Freitagsgebet, welches für Frauen nicht verpflichtend ist (Haug et al. 2009: 161). Gleichermaßen ist eine Taufe wie im Christentum im Islam nicht bedeutsam, da ein Kind von muslimischen Eltern keines Aufnahmerituals in die Gemeinschaft der Gläubigen bedarf. Die Items zur Messung von christlicher Religiosität werden häufig fälschlicherweise direkt in eine islamische Terminologie übersetzt (El-Menouar 2011: 4). Daher werden nur

204 Die Explorative Faktorenanalyse zum Konstrukt „Religiosität" ist auf Nachfrage bei der Autorin erhältlich.
205 Die Autoren diskutieren die Messung der Dimensionen von christlicher Religiosität (1995: 57 ff.) und verwenden zur Analyse der Akzeptanz christlicher Rituale einen Index aus „Taufe", Heirat" und „Beerdigung".

die Items „religiöses Begräbnis"[206](0,861) sowie „religiöse Hochzeit"[207] (0,898) einbezogen. Die beiden Faktorladungen sind aufgrund ihrer Koeffizienten und ihrer hohen Signifikanz als äußerst gut zu bewerten, um das latente Konstrukt „Religiosität" abzubilden. Bei der Bildung eines Summenindex zeigt sich ein Mittelwert von 7,12 (SD = 2,48, Min.= 1, Max. = 10).

Die Häufigkeit von wahrgenommenen Konflikten spielt im Kontext der Fragestellungen der Arbeit eine bedeutsame Rolle. Im GGS werden insgesamt neun Konfliktthemen erfasst: „Hausarbeit", „Geld", „Freizeitgestaltung", „Sex", „Beziehung zu Freunden", „Beziehung zu Eltern und Schwiegereltern", „Erziehungsfragen", „Ob man Kinder haben soll" und „Alkoholkonsum". In verschiedenen Studien (Arránz Becker 2008, Wagner und Weiß 2008, 2005, Hill 2004) wird angenommen, dass weniger die Konfliktthemen sondern eher deren Häufigkeit einen Einfluss auf die Partnerschaft hat. Aufgrund einer durchgeführten explorativen Faktorenanalyse können lediglich drei der neun Konfliktthemen, Hausarbeit", „Geld", „Freizeitgestaltung", untersucht werden. Die anderen Konfliktthemen fallen aus der Analyse raus, da sie statistisch nicht die Kriterien für die Konstruktion eines Faktors Paarkonflikte erfüllt haben. Es werden insgesamt für die 12 Monate vor dem Befragungszeitpunkt wenige Konflikte berichtet. Die wenigen fehlenden Werte innerhalb der drei Variablen208 wurden einbezogen und mit der Kategorie „nie" gleichgesetzt, um nicht Fälle zu verlieren. Über Haushaltsthemen streiten die Befragten im Mittel 1,68 mal (SD = 0,84), über Geld 1,63 mal (SD = 0,83) und über die Gestaltung der Freizeit 1,66 mal (SD = 1,6). Das Minimum liegt in den drei Konfliktfeldern bei 1, das Maximum beträgt 5. Wenngleich das Streitthema „Freizeitgestaltung" in der EFA etwas niedriger lädt, konnte es in den CFAs der drei Stichproben (GGS-G, GGS-D, GGS-T) insgesamt einbezogen werden. Dies ist auch inhaltlich begründet, da die Gestaltung des partnerschaftlichen Lebens jenseits der Alltagspflichten und des Erwerbslebens als Konfliktpotenzial untersucht werden soll.

Von den nicht in die CFA aufgenommenen Themen hat das Streiten über „Alkohol" in türkischen Partnerschaften kaum eine empirische Relevanz, lediglich 9,7 % der Migranten geben an „selten" bis „sehr oft" darüber zu streiten, 90,3 % (n = 2066) nie, bei den Deutschen 80,8 %, n = 4213). Die Konfliktberei-

---

206 Ich werde Ihnen jetzt einige Aussagen über religiöse Zeremonien vorlesen und möchte gerne wissen, wie stark Sie jeweils zustimmen: „Es ist wichtig für ein Begräbnis, dass es auch eine religiöse Zeremonie beinhaltet". Es ist wichtig, ... 1: stimme zu, 2: stimme zu, 3: stimme weder zu noch nicht zu, 4: stimme nicht zu, 5: stimme überhaupt nicht zu. Die Variable wurde rekodiert, so dass hohe Werte einer stärkeren Zustimmung entsprechen.

207 „Es ist wichtig für ein Brautpaar, das standesamtlich heiratet, auch eine religiöse Hochzeit zu feiern" (s.o., in gleiche Richtung rekodiert wie Variable zu Begräbnis).

208 Fehlende Werte bei Streitthema „Haushalt" (0,5 %, n = 40), „Geld" (0,5 %, n = 39) und „Freizeit" (0,5 %, n = 36).

che „Erziehung" betrifft nur Paare mit Kindern, hier fehlend 6,7 %, (n = 503) der Werte in der Stichprobe „Gesamt". Und das Thema „Sexualität" weist darin ebenfalls einen hohen Anteil fehlender Werte auf mit 9,4 % (n = 707). Insbesondere türkische Befragte zeigen hier hohe Anteile fehlender Werte: 15 % (n = 347) haben keine Angaben zum Streitthema „Sexualität" gemacht. Die türkischen Frauen[209] haben am häufigsten ihre Antwort verweigert mit 18,2 % (n = 196), gefolgt von den türkischen Männern mit 12,2 % (n = 151) und den deutschen Männern (6,6 %, n = 161) und Frauen (7,1 %, n = 199), die nahezu gleichauf liegen. Insgesamt lässt sich kein Summenindex für die drei ausgewählten Konfliktthemen (Haushalt, Geld, Freizeit) bilden. Dieser würde nur eine begrenzte Aussagefähigkeit besitzen, da z. B. der Summenwert 8 durch unterschiedliche Antwortkombinationen zustande kommen kann.

Zur Bildung eines Faktors wird neben der Streithäufigkeit auch das Konfliktverhalten einbezogen. Vier Konfliktstile werden im GGS durch folgende Frage gemessen: „Wenn Sie eine ernsthafte Meinungsverschiedenheit mit Ihrem(r) (Ehe-) Partner/in haben, wie oft... a) behalten Sie Ihre Meinung für sich; b) diskutieren Sie die Meinungsverschiedenheit ruhig aus; c) streiten Sie und werden laut; d) endet es in Gewalttätigkeit." Die Antwortskala ist fünfstufig (1 = „nie" bis 5 = „sehr oft"). Durch einen Filter wurde diese Frage nur solchen Personen gestellt, die in mindestens einem der neun Konfliktfelder „selten" mit ihrem Partner gestritten hatten. Für eine Einteilung in konstruktive und destruktive Verhaltensweisen wurden Korrelationen[210] mit der Partnerschaftszufriedenheit berechnet. Die Befunde zeigen, dass über alle Gruppen hinweg das „laut Streiten" konstant höher (bei Werten über 0,1) mit der Partnerschaftszufriedenheit signifikant negativ zusammenhängt, was für die anderen Streitstile nicht gilt. Für die Konstruktion des Faktors wird auf Basis der beschriebenen Korrelationen und einer explorativen Faktorenanalyse[211] lediglich das destruktive Konfliktverhalten „laut streiten" verwendet. Diese Variable weist in der Stichprobe „Gesamt" einen Mittelwert von 1,83 auf (SD = 0,87, Min.= 1, Max. = 5). Gewalttätigkeit kann, da hier fast alle Befragten „nie" angegeben haben, nicht einbezogen werden. Das „ruhig Ausdiskutieren" hingegen wird als eigenständige manifeste Variable in die Untersuchung aufgenommen (Operationalisierung siehe Kapitel 6.4.2, S. 192). Es wird im Mittel deutlich häufiger von den Befragten berichtet, mit einem Wert von 3,07 (SD = 1,38, Min.= 1, Max. = 5). Abbildung 31 stellt

---

209 Bei bundesweiten repräsentativen Befragungen von Migrantinnen zum Thema Gewalt gegen Frauen berichten Interviewer, dass das Wort „Sex" bei einigen türkischen Migrantinnen als Tabuwort gilt und als Thema, dass sie nicht mal mit ihrer Freundin besprechen würden (Schröttle und Müller 2004: 122).
210 Auf Nachfrage bei Autorin erhältlich.
211 s.o.

die Ergebnisse der konfirmatorischen Faktorenanalyse zum Konstrukt *Paarkonflikt* dar.

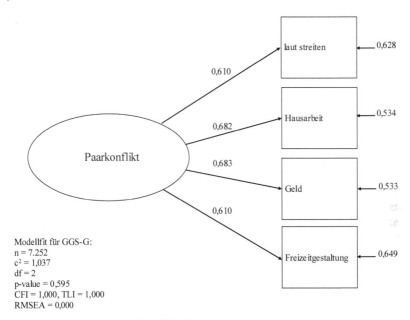

Modellfit für GGS-G:
n = 7.252
c² = 1,037
df = 2
p-value = 0,595
CFI = 1,000, TLI = 1,000
RMSEA = 0,000

Abbildung 31: CFA Paarkonflikt (Gesamt)
Quelle: Eigene Darstellung.

Sie erweist sich als valide Messung, der Chi-Quadrat-Test ist insignifikant. Alle vier aufgenommenen Indikatoren laden mit einem Wert, der größer als 0,600 ist. Es wird deutlich, dass die Häufigkeit der Konfliktverhaltensweise[212] „laut streiten" (0,610) offenbar dieselbe inhaltliche Dimension misst wie die Frage nach der Frequenz der Streitthemen[213] Hausarbeit (0,682), Geld (0,683) und Freizeitgestaltung (0,610).

---

212 Mit ernsthaften Meinungsverschiedenheiten gehen Paare in ganz unterschiedlicher Weise um. Wenn Sie eine ernsthafte Meinungsverschiedenheit mit Ihrem(r) (Ehe-) Partner/in haben, wie oft ... streiten Sie und werden laut: 1 – nie, 2 – selten, 3 – manchmal, 4 – häufig, 5 – sehr oft.

213 Ich werde Ihnen jetzt eine Liste mit Dingen vorlesen, über die sich Paare streiten können. Wie oft hatten Sie in den letzten zwölf Monaten mit Ihrem(r) (Ehe-) Partner/in Streit über [Hausarbeit]? 1 – nie, 2 – selten, 3 – manchmal, 4 – häufig, 5 – sehr oft.

Insgesamt erweist sich die Operationalisierung der vier latenten Variablen „Traditionalität der Geschlechterrollen", „Soziales Kapital", „Religiosität" und „Paarkonflikt" als gute Ausgangsbasis, um sie in Strukturgleichungsmodelle einzubinden. Um eine Vergleichbarkeit zu gewährleisten, ist zudem wichtig, dass dieselben gebildeten latenten Variablen aus der Datengrundlage GGS-G (GGS-D und GGS-T sowie „deutsch-türkische" Paarkombinationen) auch in den Stichproben GGS-D („Deutsche mit deutschen Partnern") und GGS-T („Türken mit türkischen Partnern") hinreichend hohe Faktorladungen erzielen. Die Ladungen variieren leicht zwischen den Teilstichproben; aufgrund der geringfügigen Varianzen wird auf eine explizite Beschreibung verzichtet. Bedeutsam ist, dass die in der Gesamt-Stichprobe (GGS-G) festgelegten Messmodelle interkulturell die jeweiligen theoretischen Konzepte mit guten Fitindizes messen.

6.4.2 Operationalisierung für manifeste Variablen

Nachfolgend werden die Operationalisierungen für die manifesten (beobachteten) Variablen beschrieben. Zunächst erfolgt eine Erläuterung der Messung der zentralen abhängigen Variable „Partnerschaftszufriedenheit", danach des Commitments, des konstruktiven Konfliktverhaltens, der Aufgabenteilungszufriedenheit, der subjektiv empfundenen finanziellen Lage und der Kontrollvariablen wie Alter, Geschlecht, Kinder im Haushalt und Frauenerwerbstätigkeit. Die dazu angegeben statistischen Kennwerte beziehen sich auf die Stichprobe GGS-Gesamt.

Die Partnerschaftszufriedenheit[214] wird über folgende Frage erhoben: „Wie zufrieden sind Sie mit der Beziehung zu Ihrem(r) (Ehe-) Partner/in? Verwenden Sie bitte diese Karte und nennen Sie mir den Wert auf der Skala." Die Befragten können auf einer Skala von 0 bis 10 antworten (0 = „überhaupt nicht zufrieden"...bis 10 = „sehr zufrieden"). Bei der Untersuchung der zentralen abhängigen Variable Partnerschaftszufriedenheit ergibt sich insgesamt für alle Befragte der selektierten Stichprobe ein sehr hoher Zufriedenheitswert (M = 8,98, SD =

---

214 Fincham und Bradbury (1987) plädieren für eine globale Messung der Beziehungsqualität. In Arbeiten zum Vergleich von allgemeinen oder spezifischen Aspekten von Zufriedenheit zeigt sich außerdem, dass Menschen zu konsistenten Urteilen neigen, wenn sie global eine Facette ihres Lebens beurteilen (Bergkvist und Rossiter 2007, Gardner et al. 1998, Wanous und Reichers 1996, Wanous et al. 1997): In der sozialpsychologischen Untersuchung von Arbeitszufriedenheit zeigt sich, das *single-item-measurement* korreliert hoch mit *multiple-item (or scale) measurement* (Nagy 2002, Wanous et al. 1997). Ähnliches belegen auch sozialpsychologische Arbeiten zur Messung von Selbstachtung (z. B. Robins et al. 2001) oder zur allgemeinen Lebensqualität und -zufriedenheit (Zimmerman et al. 2006).

1,41, Min. = 0, Max. = 0). Das Merkmal ist stark linksschief[215] verteilt mit -2,14. Das partnerschaftliche Commitment wird über die einzelnen Variablen „Trennungsgedanken" und „Eheorientierung" gemessen. Trennungsgedanken wurden über die Frage[216] erhoben, ob der oder die Befragte in den vergangenen zwölf Monaten Trennungsgedanken gehabt hat oder nicht (rekodiert in 0 = nein, 1 = ja). 4 % der Befragten geben an, an eine Trennung gedacht zu haben (M = 0,04, SD = 0,20). Die Eheorientierung wird über die Frage gemessen[217], inwieweit der Befragte der Aussage zustimmt, dass die Ehe eine überholte Einrichtung ist. Die Skala ist fünfstufig von „stimme sehr zu" bis „stimme überhaupt nicht zu". Ein hoher Wert spricht für eine stärkere Eheorientierung (Min. = 1, Max. = 5), er liegt im Mittel bei 4,11 (SD = 0,97). Das Merkmal weist eine Schiefe von -1,18 auf. Das konstruktive Konfliktverhalten in Partnerschaften wird mittels folgender Frage auf einer fünfstufigen Skala (1 = „nie" bis 5 = „sehr oft") gemessen: „Mit ernsthaften Meinungsverschiedenheiten gehen Paare in ganz unterschiedlicher Weise um. Wenn Sie eine ernsthafte Meinungsverschiedenheit mit Ihrem(r) (Ehe-) Partner/in haben, wie oft ... diskutieren Sie die Meinungsverschiedenheit ruhig aus?" Hohe Werte stehen für häufiges konstruktives Austragen von partnerschaftlichen Missstimmungen und Differenzen. Der Mittelwert zu dieser Variable beträgt 3,07 (SD = 0,87, Min. = 1, Max. = 5). Die Aufgabenteilungszufriedenheit[218] wird auf einer 11-stufigen Skala (0 = „überhaupt nicht zufrieden" bis 10 = „sehr zufrieden"), wie die Partnerschaftszufriedenheit, gemessen. Demnach entsprechen hohe Werte einer großen Zufriedenheit mit der Aufgabenaufteilung im Haushalt. In der Stichprobe „Gesamt" ist die Zufriedenheit hoch mit einem Mittelwert von 8,44 (SD = 1,82). Wie die Zufriedenheit mit der Partnerschaft ist auch diejenige mit der Aufgabenteilung stärker linksschief verteilt mit einer Schiefe von -1,69. Die ökonomische Situation[219] (subjektive finanzielle

---

215 Die Schiefe (Skewness) zeigt, wie stark die Verteilung einer Variablen von einer symmetrischen Verteilung abweicht. Wenn sie gleich Null ist, liegt eine symmetrische Verteilung vor. Wenn sie < Null ist, dann ist sielinksschief oder rechtssteil; ist sie > Null, wird von einer rechtsschiefen oder linkssteilen Verteilung ausgegangen (Bortz 1999: 46).

216 „Auch Personen, die mit Ihrem(r) (Ehe-) Partner/in gut auskommen, fragen sich manchmal, ob Ihre Ehe oder Beziehung funktionieren wird. Haben Sie in den letzten zwölf Monaten darüber nachgedacht, Ihre Beziehung zu beenden? 1: ja, 2: nein."

217 „Wie stark stimmen Sie den folgenden Aussagen zu? Die Ehe ist eine überholte Einrichtung. 1: stimme sehr zu, 2: stimme zu, 3: stimme weder zu noch nicht zu, 4: stimme nicht zu, 5: stimme überhaupt nicht zu."

218 „Wie zufrieden sind Sie mit der Aufgabenteilung zwischen Ihnen und Ihrem Partner in Ihrem Haushalt?"

219 „Ein Haushalt kann verschiedene Einkommensquellen haben und mehrere Haushaltsmitglieder können dazu beitragen. Wenn Sie an das Gesamteinkommen Ihres Haushaltes denken, also alles, was die Haushaltsmitglieder zusammen verdienen, wie kommt Ihr Haushalt damit zurecht? 1: mit großen Schwierigkeiten, 2: mit Schwierigkeiten, 3: mit kleineren Schwierigkeiten, 4: relativ gut, 5: gut, 6: sehr gut."

Lage) wird auf einer sechs-stufigen Skala („mit großen Schwierigkeiten" bis „sehr gut") abgefragt. Mit dieser Frage wird die subjektive Einschätzung nach dem Auskommen mit dem monatlichen Einkommen ermittelt. Im Mittel liegen die Befragten bei 3,8 (SD = 1,24). Das Einkommen der Befragten kann leider aufgrund einer großen Anzahl an fehlenden Angaben nicht untersucht werden. Jedoch dient die Bildung, da sie ein Korrelat des Einkommens ist, als Proxy für das Erwerbseinkommen (Steinbach 2009: 92). Das Bildungsniveau wird aus der Frage nach dem Abschluss einer allgemein bildenden Schule[220] und nach dem höchsten Bildungsabschluss[221] ermittelt. Es wurde daraus eine Variable gebildet: Darin steht der niedrigste Wert für „kein Abschluss". Danach folgt „Hauptschulabschluss", „mittlere Reife" und schließlich „(Fach-) Hochschulreife". Demnach steht ein niedriger Wert für ein niedrigeres Bildungsniveau. Auch wenn hinsichtlich der türkischen Schulabschlüsse eine Vergleichbarkeit mit den deutschen problematisch ist, gilt grundsätzlich eine Einschätzung anhand der Personen ohne Schulabschluss oder solcher mit Hochschulreife als zulässig (Haug et al. 2009: 210). [222] Das gemittelte Bildungsniveau der gesamten Stichprobe liegt bei M = 1,59 (SD = 0,94). Innerhalb der türkischen Stichprobe (36,9 %, n = 603) haben deutlich mehr Personen keinen Schulabschluss als bei den deutschen Befragten (1,1 %, n = 53). Für die Messung der Arbeitslosigkeit wurde eine Dummyvariable gebildet aus der Frage nach dem Beschäftigungsstatus[223] (0 = nicht arbeitslos, 1 = arbeitslos). Demnach sind im Mittel 0,08, d. h. 8 % der Befragten arbeitslos (SD = 0,27). Zu den Kontrollvariablen zählen das Geschlecht, Alter, die Anwesenheit von Kindern im Haushalt der Befragten und die Frauenerwerbstätigkeit. Insgesamt sind 51 % der Personen in der Stichprobe „Gesamt" weiblich (0 = Mann, 1 = Frau). Im Mittel sind die Befragten 46,82 Jahre alt (SD = 14,35). Bei 59 % ist mindestens ein Kind[224] im Haushalt anwesend (M = 0,59, SD = 0,49). 22 % der Frauen sind erwerbstätig[225] (M = 0,22, SD = 0,42).

---

220 Jetzt würde ich gerne mehr über Ihre Ausbildung wissen. Haben Sie den Abschluss einer allgemeinbildenden Schule? 1. Ja, 2. Nein, noch Schüler, 3. Nein, Schule ohne Abschluss beendet.

221 „1: Haupt-/ (Volks-) schulabschluss bzw. Polytechnische Oberschule mit Abschluss der 8. oder 9. Klasse, 2: Mittlere Reife, Realschulabschluss bzw. Polytechnische Oberschule mit Abschluss der 10, Klasse, 3: Fachhochschulreife, 4: Allgemeine oder fachgebundene Hochschulreife (Abitur), 5: Anderer Schulabschluss."

222 *„Dabei ist zu berücksichtigen, dass das Bildungssystem in den untersuchten Ländern sehr unterschiedlich ist und sich auch vom deutschen System stark unterscheidet. Allerdings lässt sich an der Größenordnung der Personen ohne Schulabschluss und der Personen mit Hochschulreife das Bildungsniveau der Migrantengruppe annähernd ablesen"* (Haug et al. 2009: 210).

223 „Welche der Aussagen zur Beschäftigung auf der Karte trifft am ehesten auf Sie zu?" Innerhalb der zehn Antwortkategorien hieß eine „arbeitslos".

224 Dichotomisierte Variable 0 = kein Kind, 1 = mindestens ein Kind im Haushalt.

225 Dichotomisierte Variable 0 = nicht erwerbstätig, 1 = erwerbstätig.

Dieses Kapitel verfolgte insgesamt das Ziel, für die Überprüfung der Forschungsmodelle und Hypothesen eine Datengrundlage zu entwickeln. Im Anschluss daran wurden die statistischen Methoden beschrieben, die zur Untersuchung herangezogen wurden. Es folgte abschließend eine Erläuterung der Operationalisierungen zu den latenten und manifesten Variablen, die verwendet werden, um die Forschungsfragen dieser Arbeit erörtern zu können. Dabei wurden statistische Kennwerte zur Stichprobe „Gesamt" aufgeführt.

7 Ergebnisse

Im diesem Kapitel werden die Zusammenhänge zwischen den zentralen Variablen dieser Arbeit überprüft. Zunächst wird in Kapitel 7.1 (S. 197) der Frage nachgegangen, in welcher Hinsicht es deskriptive und bivariate Unterschiede zwischen den Deutschen und türkischen Migranten gibt. In Kapitel 7.2 (S. 236) wird das erste Mediatormodell mit der Stichprobe GGS-G getestet, welches vom türkischen Migrationshintergrund ausgeht. Danach wird das zweite Mediatormodell in Kapitel 7.3 (S. 253) getrennt für die Stichprobe GGS-D und GGS-T geschätzt. Es folgt in Kapitel 7.4 (S. 278) ein Exkurs, in dem das Mediatormodell für die erste und zweite Generation der türkischen Migranten geprüft wird. Das Kapitel 7 schließt mit einer Diskussion der Ergebnisse und einem Überblick über die geprüften Hypothesen (siehe Kapitel 7.5, S. 310).

7.1 Deskriptive und bivariate Befunde: Unterschiede zwischen Deutschen und türkischen Migranten

In diesem Unterkapitel 7.1 werden zunächst die Deutschen und türkischen Migranten anhand der zentralen Variablen miteinander verglichen. Die Differenzen der Partnerschaftszufriedenheit beider Gruppen stehen im Mittelpunkt von Kapitel 7.1.1. Danach zeigt Kapitel 7.1.2 die bivariaten Befunde zu den Zusammenhängen zwischen den Merkmalen der sozialen Lage und den Mediatoren. Dasselbe wird in Kapitel 7.1.3 für jede einzelne Mediatorvariable wie z. B. für die Paarkonflikte im Kontext der Partnerschaftszufriedenheit durchgeführt. Abschließend folgt in Kapitel 7.1.4 eine Zusammenfassung der Ergebnisse.

In der deutschen und türkischen Stichprobe sind einige deutliche Unterschiede festzustellen: Starke Abweichungen lassen sich bei der Art der partnerschaftlichen Lebensweise finden, denn nahezu alle türkischen Befragten leben in einer Ehe (98,8 %, n = 1.614). Mit einer Differenz von 11 Prozentpunkten sind etwas weniger der deutschen Befragten verheiratet (87,2 %, n = 4.068). In nichtehelichen Lebensgemeinschaften leben demnach 12,8 % der Deutschen (n = 597) und 1,2 % der Türken (n = 20). Es fällt auf (siehe Tabelle 2), dass die deutschen

Frauen[226] im GGS-D mit 53 % (n = 2.478) leicht überrepräsentiert sind. In der türkischen Stichprobe ist das Geschlechterverhältnis nahezu ausgewogen (49 % Frauen, n = 808).

Tabelle 2: Deskriptive Kennwerte zu soziodemografischen Variablen (GGS-G, GGS-D und GGS-T)

	M	SD	Min	Max	n	fehlend n	%
GGS-G							
Alter (in Jahren)	46,82	14,35	18,33	78,16	7.225	27,0	0,40
Kind(er) im HH†	0,59	0,49	0,00	1,00	7.252	0,00	0,00
Bildungsniveau[1]	1,59	0,94	0,00	3,00	7.252	0,00	0,00
Subjektive finanz. Lage[2]	3,81	1,24	1,00	6,00	7.196	56,0	0,80
Frauenerwerbst. †	0,22	0,42	0,00	1,00	7.252	0,00	0,00
GGS-D							
Alter (in Jahren)	50,53	14,23	18,75	77,50	4.647	20,0	0,40
Kind(er) im HH	0,47	0,50	0,00	1,00	4.667	0,00	0,00
Bildungsniveau	1,90	0,82	0,00	3,00	4.667	0,00	0,00
Subjekt. finanz. Lage	4,18	1,11	1,00	6,00	4.642	25,0	0,50
Frauenerwerbst.	0,28	0,45	0,00	1,00	4.667	0,00	0,00
GGS-T							
Alter (in Jahren)	44,24	11,71	19,08	74,92	1.630	4,00	0,20
Kind(er) im HH	0,80	0,40	0,00	1,00	1.634	0,00	0,00
Bildungsniveau	0,85	0,82	0,00	3,00	1.634	0,00	0,00
Subjektive finanz. Lage	3,08	1,20	1,00	6,00	1.609	25,0	1,50
Frauenerwerbst.	0,12	0,32	0,00	1,00	1.634	0,00	0,00

† dichotome Variablen (0/1)
1: 0 = niedrig bis 4 = hoch
2: 1 = „mit großen Schwierigkeiten" bis 5:„sehr gut"
Quelle: Eigene Darstellung.

Zwischen den Stichproben lassen sich auch größere Altersdifferenzen feststellen: Die Deutschen sind mit etwa 50 Jahren durchschnittlich sechs Jahre älter als die türkischen Befragten. Auch haben die Migranten (79,8 %, n = 1.304) deutlich mehr Kinder (im Haushalt) als die Deutschen (47,2 %, n = 2.202).

---

226 Die geringe Überschätzung der weiblichen Befragten stellt kein Problem dar. Wagner und Weiß (2010), die sich auf Winship und Radbill (1994) beziehen, führen sowohl uni-/bi- als auch multi-variate Analysen mit dem GGS-Datensatz ungewichtet durch. Daher wird in dieser Arbeit mit ungewichteten Daten gerechnet.

Ebenfalls variiert die Einschätzung der finanziellen Lage[227]: Während die Türken im Mittel angeben, mit „kleineren Schwierigkeiten" auszukommen (M = 3,08, SD = 1,20, Min. = 1, Max. = 6), geben die Deutschen an, „relativ gut" dazustehen (M = 4,18, SD = 1,11, Min.= 1, Max. = 6). Da die Analyse der ökonomischen Deprivation in dieser Arbeit bedeutsam ist, wird in Abbildung 32 die Einschätzung der Befragten hinsichtlich ihrer finanziellen Lage in Prozent aufgeschlüsselt. Hier sind Differenzen zwischen Deutschen und türkischen Migranten deutlicher zu erkennen: 32,2 % (n = 510) der Türken geben an, mit ihrem Haushaltseinkommen nur mit „großen Schwierigkeiten" zurechtzukommen. Bei den Deutschen hingegen fallen lediglich 7,9 % (n = 331) in diese Gruppe.

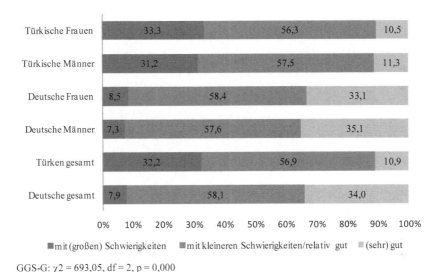

GGS-G: χ^2 = 693,05, df = 2, p = 0,000
GGS-D: χ^2 = 3,45, df = 2, p = 0,180, GGS-T: χ^2 = 0,88, df = 2, p = 0,650

Abbildung 32: Subjektive finanzielle Lage nach Geschlecht und Staatsangehörigkeit in Prozent
Quelle: Eigene Darstellung.

Am anderen (rechten) Ende der Skala stehen 34 % (n = 1.418) der Deutschen, die ihre finanzielle Lage als (sehr) gut einschätzen, 10,9 % (n = 172) der Türken gegenüber. In der mittleren Kategorie „mit kleinen Schwierigkeiten/relativ gut"

227 Es wird danach gefragt, wie der Haushalt mit dem gesamten Einkommen zurechtkommt.

ist die Verteilung in beiden Gruppen ähnlich: Bei den türkischen Migranten sind es 56,9 % (n = 900) und bei den Deutschen 58,1 % (n = 2.421). Insgesamt ist ersichtlich, dass das Ausmaß an subjektiver ökonomischer Deprivation bei den türkischen Befragten signifikant größer ist als bei den deutschen. Geschlechterunterschiede sind in beiden Gruppen kaum zu beobachten. Es ist jedoch angesichts der im Mittel deutlich niedrigeren Einkommen erstaunlich (vgl. BMAS 2008: 112), dass die türkischen Migranten ihre Lage nicht negativer beurteilen. Dazu passen die nachfolgenden Unterschiede hinsichtlich der Arbeitslosigkeit und des Bildungsniveaus: Türken (13,6 %, n = 223) sind dreimal häufiger von Arbeitslosigkeit[228] betroffen als Deutsche (4,6 %, n = 214). In der Gesamtstichprobe weisen 7,7 % (n = 559) den Status „arbeitslos" auf. Auch haben die Türken aus der Stichprobe GGS-T ein viel niedrigeres Bildungsniveau (M = 0,85, SD = 0,82) als die Deutschen aus GGS-D (M = 1,90, SD = 0,82). Während 27,4 % (n=1279) der Deutschen die (Fach-)Hochschulreife[229] aufweisen, sind es bei den türkischen Migranten lediglich 5,0 % (n=82). Ähnlich sind die Verteilungen bei der Frauenerwerbstätigkeit: deutsche Frauen sind mit 28,0 % (n = 1.300) mehr als doppelt so oft erwerbstätig wie türkische Frauen (12,0 %, n = 192). Außerdem gibt es dreimal mehr türkische Hausfrauen[230] (30,8 %, n = 503) unter den Befragten als bei den Deutschen (9,9 %, n = 464). Die Anzahl der Hausmänner liegt in beiden Gruppen im einstelligen Bereich. Im Beschäftigungsstatus lassen sich weitere starke Differenzen finden: Die deutschen Befragten sind ungefähr doppelt so oft Rentner oder Pensionäre (25,2 %, n = 1.173) wie die türkischen (12,2 %, n = 199). Wiederum differenziert nach Geschlecht sind in beiden Gruppen deutlich häufiger die männlichen Befragten im Rentnerstatus: Unter den türkischen Männern sind es 19,1 % (n = 158) und unter den deutschen Männern 34,4 % (n = 752). Im Vergleich dazu leben lediglich 5,1 % Türkinnen (n = 41) und 17,0 % deutsche Frauen (n = 421) als Rentnerinnen oder Pensionärinnen. Im Hinblick auf die sozioökonomische Deprivation lässt sich insgesamt feststellen, dass türkische Migranten sozialstrukturell, im Hinblick auf Bildung,

---

228 Beide Gruppen unterschreiten die Arbeitslosenquoten, die im Mikrozensus angegeben werden (vgl. Woellert et al. 2009: 49): Darin sind 23,0 % der türkischen Migranten und 10,0 % der Deutschen von Arbeitslosigkeit betroffen.

229 Ruckdeschel et al. (2006: 16) berichten, dass die Bildungsabschlüsse im GGS im Vergleich zur amtlichen Statistik etwas zugunsten von höher Gebildeten abweichen. Das Bildungsniveau der Stichprobe GGS-T hingegen unterschreitet das des Mikrozensus' zu türkischen Migranten, in dem 14,0 % Prozent berichtet werden (Ruckdeschel et al. 2006: 49). Dies ist damit zu begründen, dass durch das Selektionskriterium „zusammenlebend" viele jüngere türkische Migranten aus der Stichprobe ausgeschlossen wurden, die häufiger höhere Abschlüsse haben und gleichzeitig dadurch Personen ohne Abschluss (die älteren Befragten) etwas überrepräsentiert sind.

230 Die Befunde dieser Arbeit zur Hausfrauenquote sind niedriger als die im Mikrozensus: Für türkische Migranten werden darin 48 % und für Deutsche 20 % angegeben (Woellert et al. 2009: 49).

Erwerbstätigkeit und die wahrgenommene finanzielle Lage, niedriger positioniert sind als die deutschen Befragten.

In der Befragung der türkischen Staatsbürger, die in Deutschland leben, wurden verschiedene Zusatzfragen gestellt, z. B. zu den Sprachkenntnissen oder zum Einwanderungsjahr. In Tabelle 26 (siehe Anhang, S.387) werden, gegliedert in „Gesamt" und dann nach „Geschlecht", einige Merkmale der Akkulturation dargestellt. Das gemittelte Einwanderungsalter der türkischen Migranten beträgt 19,96 Jahren (SD = 9,12). Ihre Aufenthaltsdauer beträgt im Mittel 24,07 Jahre (SD = 10,62). Dabei lassen sich Geschlechterunterschiede feststellen: Die türkischen Männer sind im Mittel (M = 26,02, SD = 10,20) etwa vier Jahre länger in der Bundesrepublik als die türkischen Frauen (M = 22,10, SD = 1068). Zur Messung von Sprachkompetenzen werden verschiedene Dimensionen verwendet (Haug et al. 2009). In dieser Untersuchung wird die Sprechfähigkeit herangezogen, die auf einer subjektiven Selbsteinschätzung basiert (Haug et al. 2009: 237 ff.). Der Grad der Akkulturation wird in der türkischen Stichprobe kontrolliert, seine Messung erfolgt über die Frage: *„ Wenn man als Ausländer nach Deutschland kommt, hat man es nicht leicht, die deutsche Sprache zu lernen. Wer als Ausländer hier geboren ist oder lange hier lebt, kann vielleicht nicht mehr so gut die Sprache seines Heimatlandes. Wie ist das bei Ihnen? Wie gut können Sie nach Ihrer eigenen Einschätzung deutsch sprechen?"*. Die Antwortmöglichkeiten sind fünfstufig skaliert (1 = sehr gut, bis…5 = gar nicht). Die eigenen Deutschkenntnisse bewerten diese Befragten als mittelmäßig (M = 2,63, SD = 1,0, Min. = 1, Max. = 5). Unterteilt nach Geschlecht lassen sich einige Differenzen feststellen. Türkische Männer sind ungefähr ähnlich alt bei ihrer Einreise in die Bundesrepublik, jedoch sind sie im Schnitt 4 Jahre länger in Deutschland als die Frauen. Durch den Familiennachzug oder auch durch arrangierte Ehen mit Frauen aus der Türkei, die später nachgezogen sind, lassen sich partiell auch die Geschlechterunterschiede in den deutschen Sprachkenntnissen erklären: Frauen bewerten ihre eigenen Sprachfähigkeiten etwas schlechter (M = 2,78, SD = 1,07, Min. = 1, Max. = 5) als die Männer (M = 2,47, SD = 0,91, Min.= 1, Max. = 5). Hinsichtlich der Wert- und Geschlechterrollenorientierung[231] gibt es Differenzen zwischen Deutschen und Türken: Zunächst unterscheiden sich beide Gruppen in Bezug auf die Religionszugehörigkeit. Unter den Deutschen bekennen sich 73,1 % (n = 3.395) zum Christentum, 0,6 % (n = 28) zum Islam, zu anderen Religionen 0,6 % (n = 28) und 25,7 % (n = 1.195) sind ohne Bekenntnis. Bei den türkischen Befragten ist das Verhältnis der Bekenntnisse anders: Die überwiegende Mehrheit, 96,1 %, sind Muslime (n = 1.562), 0,9 % Christen (n = 14),

---

231 Tabellarische Übersichten zu den Mediatorvariablen der Stichprobe GGS-G, GGS-D und GGS-T befinden sich im Anhang in Tabelle 30, S. 318, Tabelle 31, S. 318 und Tabelle 32, S. 318

2,3 % gehören zu anderen Religionsgemeinschaften und lediglich 0,8 % (n = 13) sind ohne Bekenntnis.

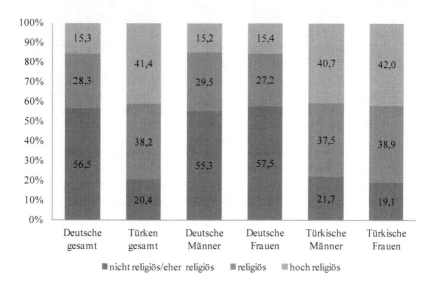

GGS-G: $\chi2$ = 804,98, df = 9, p = 0,000
GGS-D: $\chi2$ = 3,26, df = 2, p = 0,200, GGS-T: $\chi2$ = 1,75, df = 2, p = 0,421

Abbildung 33: Religiosität nach Geschlecht und Staatsangehörigkeit in Prozent
Quelle: Eigene Darstellung.

Ferner sind die türkischen Befragten im Mittel stärker religiös[232] (M = 8,41, SD = 1,83) als die deutschen (M = 6,47, SD = 2,52). Am religiösesten betrachten sich die türkischen Frauen (42,0 %, siehe Abbildung 33). Insgesamt weist dieses Merkmal in beiden Stichproben eine Linksschiefe auf, bei den Migranten mehr (Schiefe = -1,35) als bei den Nicht-Zugewanderten (Schiefe = -0,34). Werden neben den Mittelwerten die Häufigkeiten in Prozent trichotomisiert (siehe Abbildung 33), sind die Unterschiede in der Religiosität noch stärker ersichtlich: Der Anteil der Hochreligiösen liegt in der türkischen Stichprobe bei 41,4 %, in der deutschen lediglich bei 15,3 %. Bei den Deutschen bezeichnen sich immerhin

---

232 Zur Messung der Religiosität wurde aus zwei fünfstufig skalierten Merkmalen ein Summenindex gebildet aus den Aussagen zur Wichtigkeit einer religiösen Eheschließung sowie eines religiösen Begräbnisses. Die Operationalisierung findet sich unter Kapitel 6.4.1, S. 133 ff.

über die Hälfte als nicht oder eher religiös. Geschlechterunterschiede zeichnen sich bei den Deutschen nicht ab, innerhalb der türkischen Migranten ist jedoch ein leicht erhöhter Anteil von Hochreligiösen bei den weiblichen Befragten ablesbar (42,0 %). Insgesamt sind die Geschlechterunterschiede sowohl in der deutschen als auch türkischen Stichprobe nicht signifikant. Jedoch unterscheiden sich die türkischen Migranten hinsichtlich ihrer Religiosität hoch signifikant von den Deutschen. Diese Befunde decken sich mit Ergebnissen aus anderen Studien (Steinbach 2009, Diehl et al. 2009).

Auch in der Traditionalität – bezogen auf die Geschlechterrollenorientierung – gibt es hoch signifikante Abweichungen zwischen den Deutschen und Türken (siehe Tabelle 3). Es wurde ein Summenindex aus den (fünfstufig skalierten)[233] drei Variablen zur Messung der Zustimmung zu traditionellen Geschlechterrollen gebildet. Das Maximum der Traditionalität beträgt 15. Auch hier lassen sich bei den Migranten höhere Werte feststellen (M = 9,33, SD = 2,62) als bei den Nicht-Migranten (M = 7,05, SD = 2,45). Insgesamt weisen die türkischen Migranten eine signifikant höhere Traditionalität der Geschlechtsrollenorientierung auf als Deutsche. Diese Differenzen gleichen denen anderer Studien (z. B. Steinbach 2009: 95)

Tabelle 3: Mittelwerte zur Traditionalität der Geschlechterrollen nach Geschlecht und Staatsangehörigkeit

	MW	SD	Median	Min.	Max.	n
Deutsche gesamt	7,05	2,45	7,00	1,00	15,00	4.665
Türken gesamt	9,33	2,62	9,00	1,00	15,00	1.631
Deutsche Männer	7,45	2,46	7,00	1,00	15,00	2.187
Deutsche Frauen	6,70	2,40	7,00	1,00	15,00	2.478
Türkische Männer	9,52	2,57	10,00	1,00	15,00	824
Türkische Frauen	9,14	2,65	9,00	2,00	15,00	807

Quelle: Eigene Darstellung.

Ferner sind Geschlechterunterschiede auszumachen: Die weiblichen Befragten in beiden Stichproben sind etwas weniger traditionell eingestellt als die männli-

---

233 Es werden drei Aussagen zur Messung der Traditionalität im Hinblick auf die Geschlechterrollen genannt. Die Interviewten sollten sagen, wie stark sie der Aussage zustimmen, dass Männer bessere politische Führer sind als Frauen, dass es gut ist für eine Partnerschaft, wenn der Mann älter ist als die Frau und schließlich ob ein höheres Einkommen der Frau negativ für die Beziehung ist. Die Aussage zum Einkommen wurde rekodiert, so dass hohe Zustimmungswerte hohe Traditionalität wiedergeben (Skala von 1 = "stimme überhaupt nicht zu" bis 5 = „stimme sehr zu"). Die detaillierte Operationlisierung ist in Kapitel 6.4.1, S. 133, aufgeführt.

chen. Deutsche Frauen sind am wenigsten traditionell mit einem Mittelwert von 6,70 (SD = 2,40), im Vergleich zu den deutschen Männern (M = 7,45, SD = 2,46). Bei den Deutschen ist das Merkmal *Traditionalität der Geschlechterrollen* eher rechtsschief (Schiefe = 0,18), während es bei den Türken mit einer Schiefe von -0,023 eher leicht linksschief verteilt ist.

Ein Blick auf die Verteilungen der trichotomisierten Variable *Traditionalität* in Abbildung 34 verdeutlicht einerseits die Differenzen zwischen den beiden Gruppen und andererseits auch die signifikanten Geschlechterunterschiede. Der Anteil der „sehr traditionellen" Befragten ist bei den Türken sehr viel höher (32,7 %, n = 534) als bei den Deutschen (8,9 %, n = 413).

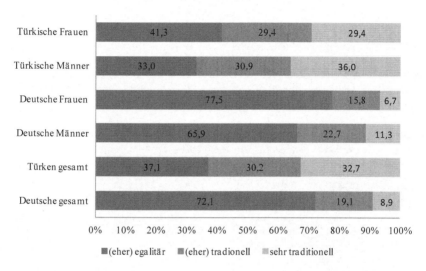

GGS-G: χ^2 = 886,59, df = 14, p = 0,000
GGS-D: χ^2 = 79,46, df = 2, p = 0,000, GGS-T: χ^2 = 13,38, df = 2, p = 0,001

Abbildung 34: Traditionalität der Geschlechterrollen nach Geschlecht und Staatsangehörigkeit in Prozent
Quelle: Eigene Darstellung.

Dies wird auch durch die Betrachtung des anderen Endes der Skala sichtbar: Der Anteil der (eher) egalitär eingestellten, die bei den Bundesbürgern über zwei Drittel der Befragten (72,1 %, n = 3.363) und bei den Migranten nur etwas mehr als ein Drittel ausmachen (37,1 %, n = 605). Bei der Betrachtung dieser egalitären Gruppe bei den weiblichen Probanden beider Stichproben zeigen sich auch hier eindeutig höhere Anteile als bei den Männern beider Gruppen. Zwei Fünftel (41,3 %, n = 333) der Türkinnen bezeichnen sich als egalitär, während es bei den türkischen Männern 33 % (n = 272) sind. Auf der rechten Seite der Balken in der Gruppe der sehr traditionell Denkenden befindet sich ein weiteres Drittel (36,0 %, n = 297). Demgegenüber stehen bei den deutschen Männern lediglich 11,3 % (n = 248) in dieser Extremgruppe (deutsche Frauen 6,7 %, n = 165).Die deutschen Frauen sind am häufigsten egalitär ausgerichtet. Vier Fünftel weisen eine egalitäre Geschlechterrollenorientierung auf (77,5 %, n = 1.921). Insgesamt ähneln diese Befunde zur Traditionalität den Ergebnissen in der Forschungsliteratur (z. B. Wagner und Weiß 2010: 183, Steinbach 2009, Diehl et al. 2009).

Weitere Abweichungen zwischen Deutschen und Türken, etwas weniger stark und dennoch hoch signifikant[234], lassen sich beim *konstruktiven Konfliktverhalten* feststellen. Es wird gefragt, wie oft die Interviewten in den 12 Monaten vor der Befragung ihre Meinungsverschiedenheiten mit ihrem Partner „ruhig ausdiskutiert" haben. Konstruktiv ist dieses Konfliktverhalten deshalb, weil es hoch signifikant und positiv mit der Partnerschaftszufriedenheit korreliert. Das „ruhig diskutiert" wird von den deutschen Befragten (68,8 %, n = 3.213) etwas häufiger berichtet als von den türkischen (61,6 %, n = 1006). Den höchsten Anteil dieser Verhaltensweise (71,6 %, n = 1567) weisen die deutschen Männer, gefolgt von den gleichauf liegenden deutschen Frauen (66,4 %, n = 1.646) und türkischen Männer (64,3 %, n = 531), auf. Das Schlusslicht, immer noch mit mehr als der Hälfte, 58,8 % (n = 475), bilden die türkischen Frauen.

Außerdem lassen sich die Divergenzen zwischen Deutschen und türkischen Migranten, und zwischen Männern und Frauen, für alle *vier* Konfliktstile aus dem GGS vergleichen. Im Mittel diskutieren Deutsche (M = 3,20, SD = 1,35, Min. = 1, Max. = 5) ihre Meinungsverschiedenheiten häufiger ruhig aus als die Türken (M = 2,77, SD = 1,38, Min. = 1, Max. = 5). Diese Differenz ist hoch signifikant. In den anderen drei Verhaltensweisen („schweigen", „laut streiten", „gewalttätig werden") gibt es ebenfalls Differenzen zwischen Migranten und Nicht-Migranten und zwischen den Geschlechtern (siehe Anhang: Tabelle 29, S. 389). Ein Mittelwertvergleich zwischen den Deutschen und Türken für die anderen drei Konfliktstile ergibt gleichermaßen signifikante Unterschiede (p < 0,001). Wengleich die Mittelwerte die Tendenzen nur schwach zeigen, wird dadurch ersichtlich, dass Deutsche etwas häufiger „ruhig diskutieren" und „laut streiten" als Türken. Umgekehrt gibt es eine Minimale Tendenz bei den Migranten zu häufigerem „Schweigen" (sowie in Einzelfällen zu „gewalttätig werden"[235]).

---

234 χ^2-Test gesamt: χ^2 = 71,12, df = 4, p = 0,000.
235 Auf Nachfrage bei Autorin erhältlich.

Innerhalb der deutschen Stichprobe sind hoch signifikante Geschlechterunterschiede bei „ruhig ausdiskutieren"[236] und „laut streiten"[237] feststellbar, für die Konfliktstile „Meinung für sich behalten" und „gewalttätig" unterscheiden sich deutsche Frauen und Männer nicht signifikant voneinander. Bei den türkischen Befragten gibt es signifikante Differenzen zwischen den Geschlechtern für das „Meinung für sich behalten).[238]

Etwas deutlicher werden die Unterschiede in der trichotomisierten Variable „*laut streiten*" (siehe Abbildung 35), die später im Faktor „Paarkonflikt" einbezogen wird (siehe Kapitel 6.4.1). Deutsche geben mit etwa 60 % (n = 2.777) an, bei Meinungsverschiedenheiten „selten" bis „sehr oft" laut zu streiten.

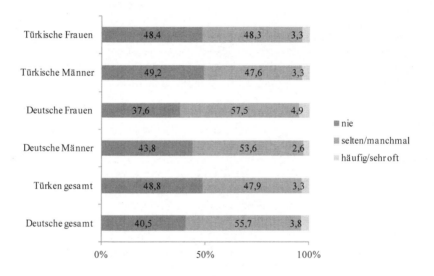

GGS-D: χ2 = 30,24, df = 2, p-value = 0,000; GGS-T: χ2 = 0,100; df = 2, p-value = 0,950

Abbildung 35: Destruktives Konfliktverhalten „laut streiten" nach Geschlecht und Staatsangehörigkeit in Prozent
Quelle: Eigene Darstellung.

---

236 χ2 = 30,24, df = 2, p-value = 0,000.
237 χ2 = 16,91, df = 2, p-value = 0,000.
238 χ2 = 14,54, df = 2, p-value = 0,001.

Auch wenn die Gruppe derjenigen, die angibt „häufig" oder „sehr oft" laut zu streiten sehr gering ist (3,8 %, n = 179), liegt der Anteil der „selten" und „manchmal" Streitenden bei 55,7 % (n = 2.598). Bei den türkischen Befragten ist er geringer mit 47,9 % (n = 783). Hier sind mehr in der Kategorie „nie" vertreten (48,8 %, n = 797) und es gibt 3,3 % „häufig" oder „sehr oft" laut Streitende (n = 54). Während sich bei der geschlechtergetrennten Betrachtung der Türken keine wesentlichen Unterschiede zeigen, lassen sich Abweichungen unter den Deutschen feststellen: „Nie" laut zu streiten, behaupten 37,6 % (n = 932) der Frauen. Die deutschen Männer mit 43,8 % etwas häufiger (n = 958). Demgegenüber ist der Anteil der „selten" und „manchmal" (57,5 %, n = 1.424) sowie „häufig" und „sehr oft" laut Streitenden (4,9 %, n = 122) bei den deutschen Frauen am höchsten.

Neben der Art des Konfliktmanagements spielt auch die *Häufigkeit partnerschaftlicher Konflikte* eine Rolle im Kontext der Partnerschaftszufriedenheit. Insgesamt ist die Anzahl der Konflikte in allen Gruppen gering. Es gibt hinsichtlich der Meinungsverschiedenheiten über Haushalt und Freizeitgestaltung hoch signifikante Gruppenunterschiede[239] zwischen den Deutschen und Türken. Im Mittel streiten die Deutschen am häufigsten über Hausarbeit (M = 1,73, SD = 0,85; Min. = 1, Max. = 5), die Türken mit M = 1,51 (SD = 0,75, Min. = 1, Max. = 5) etwas weniger. Tendenziell streiten Deutsche (M = 1,68, SD = 0,80) ebenfalls etwas mehr über die Freizeitgestaltung als die Migranten (M = 1,56, SD = 0,76). Türken hingegen etwas häufiger über Geld (M = 1,64, SD = 0,83) als die Deutschen (M = 1,61, SD = 0,81). Ein differenzierteres Bild ergibt sich bei der Betrachtung der Verteilungen (siehe Abbildung 36). Streit über Haushalt führen innerhalb der deutschen Stichprobe die Hälfte aller Befragten („selten/manchmal" = 47,6 %, n = 2.221 und „häufig/sehr oft" = 3,0 %, n = 142), während es in der türkischen lediglich etwas mehr als ein Drittel sind („selten/manchmal" = 35,3 %, n = 576 und „häufig/sehr oft" = 1,7 %, n = 27).

Dass insgesamt selten Paarkonflikte berichtet werden, deckt sich mit den Ergebnissen aus anderen Studien zu partnerschaftlichen Streitigkeiten bei Deutschen und türkischen Migranten (z. B. Baykara-Krumme 2009, Wagner und Weiß 2010). In Anbetracht der ökonomischen Benachteiligung von türkischen Migranten ist es erstaunlich, dass in dieser Gruppe nicht deutlich mehr Paarkonflikte über finanzielle Themen berichtet werden.

---

239 GGS-G „Haushalt": F = 54,98, df = 1, p = 0,000 / GGS-G „Freizeit": F = 17,14, df = 1, p = 0,000 / GGS-G „Geld": F = 1,60, df = 1, p = 0,206.

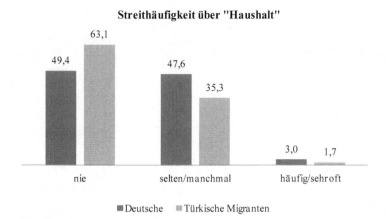

Abbildung 36: Paarkonflikte über „Haushalt" in Prozent (GGS-D, GGS-T)
Quelle: Eigene Darstellung.

Wenig erstaunlich ist jedoch, dass deutsche Paare häufiger über die Hausarbeit streiten, da hier die Frauen häufiger erwerbstätig sind und auch die traditionellen Geschlechterrollenorientierungen zwischen den Geschlechtern divergieren. Frauen sind weniger traditionell eingestellt und daher vermutlich auch häufiger unzufrieden mit ihrer Haufrauenrolle und der damit einhergehenden ungleichen Verteilung der Hausarbeit (Tabelle 28, S. 388). Neben dieser stärkeren Differenz zwischen deutschen und türkischen Partnerschaften sind Geschlechterunterschiede in beiden Nationalitäten für die drei Streitthemen lediglich bei den Deutschen auszumachen: Bei einem Mittelwertvergleich ergibt sich eine leicht signifikante Differenz der Streithäufigkeit über Geld ($F = 5{,}73$, $df = 1$, $p = 0{,}017$). In der Tendenz berichten deutsche Frauen über etwas mehr finanzielle Streitigkeiten als Männer. Paarkonflikte über Geld (siehe Abbildung 37) entstehen bei den Türken ungefähr gleich oft wie bei den Deutschen mit insgesamt 44,6 % ($n = 729$). Jedoch streiten sie deutlich seltener über Hausarbeit als Deutsche. Bei den Deutschen hingegen sind Geldstreitigkeiten seltener als Hausarbeitskonflikte, und mit insgesamt 44,1 % ($n = 2.057$) genauso oft wie bei den türkischen Befragten. Auch hier sind die Häufigkeiten über die Geschlechter hinweg innerhalb der beiden Gruppen nahezu gleich verteilt.

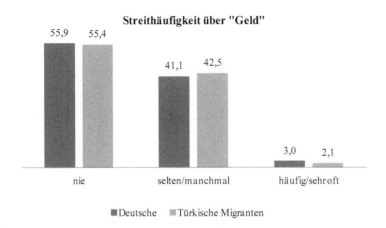

Abbildung 37: Paarkonflikte über „Geld" in Prozent (GGS-D, GGS-T)
Quelle: Eigene Darstellung.

Hinsichtlich der Freizeitgestaltung (siehe Abbildung 38) wird in den türkischen Partnerschaften mit 58,5 % (n = 956) und in den deutschen 50,4 % (n = 2.351) nie gestritten.

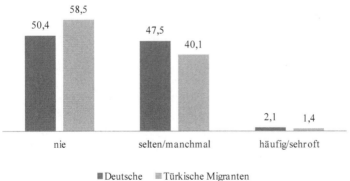

Abbildung 38: Paarkonflikte über „Freizeit" in Prozent (GGS-D, GGS-T)
Quelle: Eigene Darstellung.

Hier findet sich ähnlich wie bei den Hausarbeitsstreitigkeiten ein, wenn auch, etwas schwächerer Unterschied zwischen Deutschen und Türken. Etwa die Hälfte der Nicht-Zugewanderten (49,6 %, n = 2.316) streitet „selten" bis „sehr oft", von den Migranten tun dies weniger (41,5 %, n = 678). Nennenswerte Geschlechterdifferenzen gibt es auch hier nicht (siehe Anhang: Tabelle 28, S. 388).

Die *Aufgabenteilungszufriedenheit* (Abbildung 39) wurde auf einer 11-stufigen Skala gemessen und nachfolgend in vier Kategorien gruppiert.

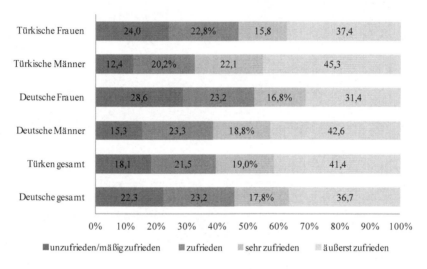

GGS-G: $\chi2$ = 43,49, df = 10, p = 0,000, GGS-D: $\chi2$ = 134,92, df = 3, p = 0,000, GGS-T: $\chi2$ = 45,74, df = 3, p = 0,000

Abbildung 39: Aufgabenteilungszufriedenheit nach Geschlecht und Staatsangehörigkeit in Prozent

Quelle: Eigene Darstellung.

Sowohl Deutsche (M = 8,42, SD = 1,76) als auch Türken (M = 8,54, SD = 1,85) weisen im Mittel hohe Zufriedenheitswerte auf. Ein Mittelwertvergleich für beide Gruppen fällt insignifikant aus; demnach unterscheiden sie sich kaum. Das Merkmal „Aufgabenteilungszufriedenheit" ist für beide Stichproben stark linksschief verteilt (GGS-D Schiefe = -1,54 und GGS-T Schiefe = -1,93). Ein klareres Bild der Geschlechterdifferenzen liefern die prozentualen Verteilungen in Abbildung 39. Türkische (45,3 %, n = 372) und auch deutsche Männer (42,6 %, n =

930) haben einen deutlich höheren Anteil innerhalb der Maximal-Kategorie „sehr zufrieden". Migrantinnen (37,4 %, n = 296) hingegen sind ähnlich wie die deutschen Frauen (31,4 %, n = 772) deutlich seltener „sehr zufrieden". Die Anteile der „unzufriedenen" oder „eher unzufriedenen" sind ebenfalls innerhalb der weiblichen Befragten am größten. Bei den Türkinnen geben dies 24,0 % (n = 190) und bei den deutschen Frauen 28,6 % (n = 704) an, während die Männer beider Gruppen um die Hälfte weniger in dieser Kategorie vertreten sind. Eine Erklärung dafür ist die faktische Ungleichverteilung der Hausarbeiten zwischen den Geschlechtern, die von Steinbach (2009) für Deutsche und türkische Migranten festgestellt wurde. Die Einschätzung der durch Frauen übernommenen Routinetätigkeiten (kochen, abwaschen, einkaufen und saubermachen) im Haushalt beträgt innerhalb deutscher Partnerschaften 67 % (deutsche Männer = 49 %) und innerhalb türkischer Partnerschaften 76 % (türkische Männer = 64 %). Da diese Angaben auf einer Selbsteinschätzung basieren, bleibt ungeklärt, wer sich hier unter- oder überschätzt (Steinbach 2009: 91). Vermutlich sind die deutschen Frauen noch etwas unzufriedener als die türkischen, weil ihr höheres Engagement ihren weniger traditionellen oder sogar egalitären Geschlechterrollenorientierungen widerspricht. Da die türkischen Frauen in dieser Untersuchung stärker traditionell eingestellt sind, wird ihre Haltung zu den klassischen Rollen weniger oft konterkariert durch ihre Arbeitsbelastung im häuslichen Bereich.

Unterschiede zwischen deutschen und türkischen Partnerschaften lassen sich auch bei dem Ausmaß sozialer Unterstützung finden (siehe Abbildung 40). Bei einem Maximum von 15 sind die Werte über 12 als hoch zu interpretieren. Insgesamt zeigt sich, dass die Befragten beider Gruppen über großes soziales Kapital berichten. Beim Vergleich der beiden „Gesamt"-Stichproben für die deutschen und türkischen Befragten weisen die türkischen Probanden ein etwas geringeres Sozialkapital auf (65,5 %, n = 1.059) als die deutschen (70,6 %, n = 3.293). Der Unterschied ist auf 1 %-Niveau signifikant. Tendenziell verfügen demnach im Mittel die Deutschen über etwas mehr Sozialkapital als die Migranten. Die deutschen Frauen weisen mit 74,8 % (n = 1.851) den höchsten Anteil an sozialem Kapital (wahrgenommene Unterstützung) auf. Bei deutschen Männer ist dies mit 66,0 % (n = 1.442) niedriger. Sie fühlen sich damit gleich gut sozial unterstützt wie türkische Männer (65,8 %, n = 536) und türkische Frauen (65,1 %, n = 523). Innerhalb der beiden Stichproben ergeben Mittelwertvergleiche unterschiedliche Befunde: Während bei den türkischen Migranten keine signifikanten Differenzen auffindbar sind, weisen die Nicht-Migranten hoch signifikante Unterschiede auf (F = 29,53, df = 1, p = 0,000). Deutsche Frauen verfügen im Mittel (M = 14,04, SD = 1,66, Min. = 3, Max. = 15) tendenziell über mehr soziales Kapital als Männer (M = 13,78, SD = 1,67, Min. = 3, Max. = 15).

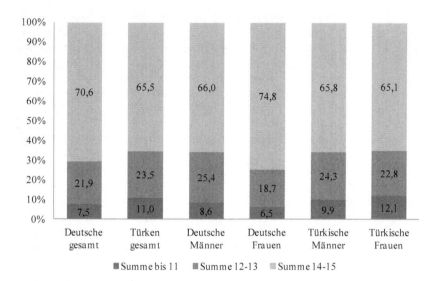

GGS-G: $\chi2 = 57,93$, df = 12, p = 0,000
GGS-D: $\chi2 = 43,35$, df = 2, p = 0,000, GGS-T: $\chi2 = 2,10$, df = 2, p = 0,350

Abbildung 40: Soziales Kapital nach Geschlecht und Staatsangehörigkeit in Prozent
Quelle: Eigene Darstellung.

Abschließend wird das „Commitment" betrachtet, welches über die Trennungs-gedanken[240] und die Eheorientierung[241] gemessen wird (siehe Abbildung 41 und Abbildung 42). Die Befragten berichten insgesamt selten von Trennungsgedan-ken. Deutsche (M = 0,05, SD = 0,22, Min. = 0, Max. = 1) im Mittel ein wenig häufiger als Türken (M = 0,02, SD = 0,15, Min. = 0, Max. = 1). Dieser Unter-schied ist auf 1 %-Niveau signifikant. Insgesamt erscheint die subjektive Part-nerschaftsstabilität in den beiden Stichproben sehr hoch, lediglich 4,9 % (n = 230) der Nicht-Zugewanderten und 2,3 % (n = 37) der Migranten berichten, in den vergangenen zwölf Monaten vor dem Befragungszeitpunkt Trennungsge-danken gehabt zu haben. Am häufigsten haben die deutsche Frauen (5,9 %, n =

---

240 Es wurde danach gefragt, ob die Personen in den zurückliegenden zwölf Monaten vor dem Interviewzeitpunkt Trennungsgedanken hatten oder nicht („ja" oder „nein").
241 „Wie stark stimmen Sie den folgenden Aussagen zu? Die Ehe ist eine überholte Einrichtung. 1: stimme sehr zu, 2: stimme zu, 3: stimme weder zu noch nicht zu, 4: stimme nicht zu, 5: stimme überhaupt nicht zu."

147) Trennungsgedanken und unterscheiden sich damit hoch signifikant von den Männern (3,8 %, n = 83). Türkische Frauen (2,5 %, n = 20) und türkischen Männer berichten in etwa zu gleichen Anteilen Gedanken über eine Trennung (2,1 %, n = 17). Es ist plausibel, dass das Commitment insgesamt so hoch ausfällt. Durch das Kriterium „Zusammenwohnen" bei der Stichprobenselektion hat eine „Positiv-Auslese" hinsichtlich der zufriedeneren und stabileren Partnerschaften stattgefunden.

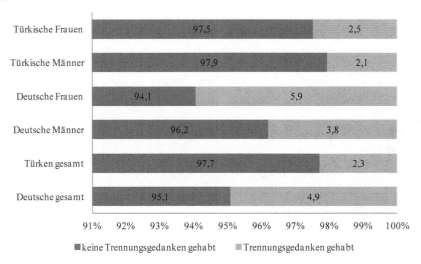

GGS-G: $\chi2 = 18,23$, df = 1, p = 0,000,
GGS-D: $\chi2 = 11,37$, df = 1, p = 0,000, GGS-T: $\chi2 = 0,32$, df = 1, p = 0,571

Abbildung 41: Trennungsgedanken nach Geschlecht und Staatsangehörigkeit in Prozent

Quelle: Eigene Darstellung.

Außerdem kann die Frage nach Trennungsgedanken als besonders heikel gewertet werden, stellt sie doch aus der Sicht einiger Befragter die Existenz der Partnerschaft in Frage.

Ein weiteres Stabilitätskriterium für Partnerschaften ist die Eheorientierung (siehe Abbildung 42). Auch hier ist die überwiegende Mehrheit aller Befragten in der Kategorie „hoch". Insgesamt zeigen die Deutschen eine etwas niedrigere Eheorientierung mit 79,8 % (n = 3.710) im Vergleich zu den Türken mit 85,4 % (n = 1.388).

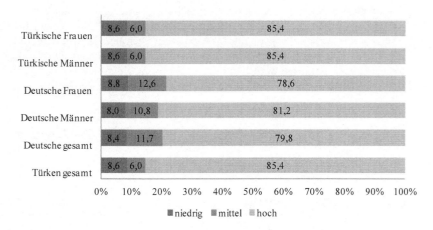

GGS-G: $\chi2 = 146{,}73$, df $= 4$, p $= 0{,}000$,
GGS-D: $\chi2 = 5{,}29$, df $= 2$, p $= 0{,}071$, GGS-T: $\chi2 = 0{,}001$, df $= 2$, p $= 1{,}000$

Abbildung 42: Eheorientierung nach Geschlecht und Staatsangehörigkeit in Prozent

Quelle: Eigene Darstellung.

Beide Gruppen weisen einen hoch signifikanten Unterschied auf, die Migranten sind stärker eheorientiert als die Nicht-Migranten. Auch sind die Nicht-Zugewanderten doppelt so oft (11,7 %, n = 546) wie die Migranten (6,0 %, n = 97) in der Kategorie der mittleren Eheorientierung. In der niedrigsten Kategorie sind keine Differenzen feststellbar, alle Gruppen liegen bei etwa 8 %. Es gibt leichte Geschlechterabweichungen, die deutschen Männer sind etwas stärker eheorientiert (81,2 %, n = 1.775) als die Frauen (78,6 %, n = 1.935). Die türkischen Männer und Frauen sind in allen drei Kategorien genau gleich aufgeteilt in der höchsten mit 85,4 % (Männer n = 703, Frauen n = 685). Diese Verteilung ist daher auch insgesamt in der türkischen Stichprobe zufällig identisch. In Anbetracht der Tatsache, dass die überwiegende Mehrheit der Befragten in einer Ehe leben, ist zu erwarten, dass die Werte zur Eheorientierung dementsprechend hoch ausfallen. Jedoch hätte es sein können, dass die Eheorientierung stärker abweicht und deutlich geringer ausfällt. Denn der Anteil der nicht-ehelichen Lebensgemeinschaften ist in dieser Gruppe höher. Vermutlich sind darunter viele Personen, die eine Ehe anstreben.

7.1.1 Differenzen in der Partnerschaftszufriedenheit

Für die zentrale abhängige Variable *Partnerschaftszufriedenheit*[242] zeigen sich bei der Differenzierung in Personen mit und ohne Migrationshintergrund keine großen Unterschiede: Deutsche liegen im Mittel bei M = 8,94 (SD = 1,39), die Türken liegen etwa gleichauf mit M = 8,99 (SD = 1,49), was bedeutet, dass sie sehr zufrieden sind. Bei der Betrachtung der Verteilung der Variable „Partnerschaftszufriedenheit" ist eine starke Linksschiefe zu beobachten[243]. Dies wird auch bei den multivariaten Analysen berücksichtigt. Bei einem Mittelwertvergleich differiert die Zufriedenheit von Türken und Deutschen leicht auf einem 10 %-igem Signifikanzniveau. Es kann daher von kleinen Unterschieden ausgegangen werden, die sich nachfolgend durch die relativen Häufigkeiten genauer erkennen lassen.

Insgesamt befinden sich die Bewertungen der Paarzufriedenheit auf hohem Niveau. Dies deckt sich mit den hohen Ergebnissen anderer Studien (vgl. Wagner und Weiß 2010, Baykara-Krumme 2009). Ferner lassen sich Geschlechterdifferenzen feststellen. Sowohl bei den Türken als auch Deutschen sind die Frauen hoch signifikant weniger zufrieden als die Männer. Dies stimmt mit anderen Studienergebnissen zur Partnerschaftzufriedenheit überein (z. B. Hill 2004). Die Türkinnen liegen im Mittel bei M = 8,78 (SD = 1,72) gleichauf mit den deutschen Frauen (M = 8,84, SD = 1,46). Der leichte Geschlechtereffekt wird deutlich bei der Betrachtung der Männer: Türkische (M = 9,19, SD = 1,18) und deutsche Männer (M = 9,05, SD = 8,84) weisen beide einen Mittelwert von 9 auf und sind damit etwas mehr zufrieden. Um die hohen Zufriedenheitswerte übersichtlicher darstellen zu können, wurde im nächsten Schritt der Analyse die Skalierung von 0 bis 10 modifiziert und neu gruppiert (siehe Abbildung 43). Dabei sind die folgenden Kategorien gebildet worden: „(eher) unzufrieden" (Werte 0 bis 7), „zufrieden" (Wert 8), „eher sehr zufrieden" (Wert 9) und „sehr zufrieden" (Wert 10). Die türkischen Befragten befinden sich häufiger zu über der Hälfte (52,9 %, n = 865) in der Kategorie „sehr zufrieden", während es bei den deutschen etwa 5 % weniger sind (47,8 %, n = 2.232). In den darunter liegenden drei Kategorien gibt es kaum nennenswerte Unterschiede zwischen den Deutschen und Türken. Klare Differenzen werden bei der Gegenüberstellung der Geschlechter sichtbar: Sowohl die Bewertungen der deutschen (44,5 %, n = 1.102) als auch der türkischen Frauen (49,5 %, n = 400) sind weniger in der maximal möglichen Kategorie „sehr zufrieden" auszumachen als die Urteile der deutschen (51,6 %, n = 1.130) und türkischen Männer (56,3 %, n = 465).

---

242 Frage: „Wie zufrieden sind die mit ihrer Partnerschaft?" Antwortmöglichkeiten auf einer 11-stufigen Skala von 0 (= überhaupt nicht zufrieden) bis 10 (= sehr zufrieden).
243 Auf Nachfrage bei Autorin erhältlich.

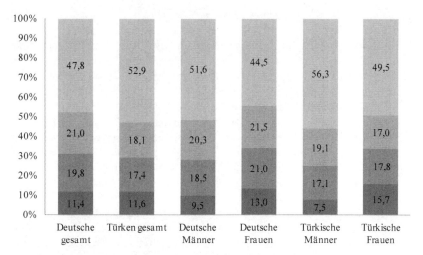

■(eher) unzufrieden/mäßig zufrieden   ■zufrieden   ■eher sehr zufrieden   ■sehr zufrieden

χ^2-Test Gesamt: χ^2 = 14,45, df = 3, p = 0,002
χ^2-Test Deutsche: χ^2 = 29,21, df = 3, p = 0,000, χ^2-Test Türken: χ^2 = 28,57, df = 3, p = 0,000

Abbildung 43: Partnerschaftszufriedenheit nach Staatsangehörigkeit und Geschlecht in Prozent

Quelle: Eigene Darstellung.

Bei der Summierung der Prozentwerte der „sehr" und „eher sehr" Zufriedenen ist dieser Anteil innerhalb der türkischen Männer am größten (75,6 %, n = 623), gefolgt von den deutschen Männern (71,9 %, n = 1.575), und schließlich nahezu gleichauf mit den Migrantinnen (66,5 %, n = 437) und den deutschen Frauen (66,0 %, n = 1635). Am unteren Ende der Kategorien sind bei den weiblichen Befragten der Migranten ungefähr doppelt so viele (eher) unzufrieden (15,7 %, n = 127) mit ihren Partnerschaften als die männlichen (7,5 %, n = 62). Bei den deutschen Probanden hingegen sind nur 3,5 Prozentpunkte Differenz in der untersten Kategorie, deutsche Männer weisen 9,5 % (n = 209) und die nicht-zugewanderten Frauen 13,0 % (n = 323) auf. Die deskriptiven Analysen zur Paarkonflikthäufigkeit, den traditionellen Geschlechtsrollenorientierungen und zur Aufgabenteilungszufriedenheit deuten darauf hin, dass es vermutlich aufgrund von Modernisierungstendenzen der Frauen, sowohl bei den Deutschen als auch bei den türkischen Migranten, zu einer etwas geringeren partnerschaftlichen Zufriedenheit kommt. Dies ist auch den theoretischen Grundlagen (vgl. Kapitel

4.5, S. 98 ff.) zu entnehmen. Sowohl Überlegungen zur Equity-Theorie, ob die Aufteilung der häuslichen Aufgaben als fair wahrgenommen wird, als auch die Annahmen dazu, dass eine hohe Aufgabenteilungszufriedenheit zu einer günstigen Beziehungsbewertung führt, können indirekt aus den deskriptiven Ergebnissen abgeleitet werden. Zur genaueren Überprüfung folgt eine Analyse der bivariaten Zusammenhänge.

Bivariate Zusammenhänge

Zunächst werden die Kontrollvariablen und deren Zusammenhänge mit der Partnerschaftszufriedenheit für die drei Stichproben (GGS-G, GGS-D und GGS-T) dargestellt: Bei einer Analyse der direkten Zusammenhänge[244] der Stichprobe „Gesamt" (GGS-G) weisen folgende Merkmale einen signifikanten aber auch relativ niedrigen Zusammenhang mit partnerschaftlicher Zufriedenheit auf: Kinder im Haushalt (r_{pb} = -0,042***, n = 7.252), das Geschlecht Frau (r_{pb} = -0,091***, n = 7.252) und Frauenerwerbstätigkeit (r_{pb} = -0,060***, n = 7.252) korrelieren negativ und der türkische Migrationshintergrund (r_{pb} = 0,037***, n = 7.252) positiv mit der Beziehungsbewertung. Das Alter (in Jahren) hingegen weist keinen signifikanten Zusammenhang mit der abhängigen Variable auf (ρ = -0,001, n = 7.225). Diese Befunde decken sich größtenteils mit den Annahmen aus dem Theorieteil (vgl. Kapitel 4) und bestätigen, dass es sinnvoll ist, diese Variablen als Kontrollgrößen zu verwenden, da sie die Partnerschaftszufriedenheit mit determinieren. Wie erwartet hängen das Vorhandensein von Kindern und die Frauenerwerbstätigkeit ungünstig mit der Partnerschaftszufriedenheit zusammen. Gleichermaßen ist angenommen worden, dass Frauen ihre Beziehungen weniger positiv bewerten als Männer. Ferner wird bivariat die theoretische Annahme unterstützt (vgl. Kapitel 5.1), dass türkische Migranten weniger krisenanfällig und daher etwas zufriedener sind als Deutsche. Es wird damit folgende Hypothese (H_MIGPZ) unterstützt: Wenn ein türkischer Migrationshintergrund vorliegt, dann ist die Partnerschaftszufriedenheit höher.

Beim Vergleich der Korrelationen der deutschen mit denen der türkischen Stichprobe unterscheiden sich zwei Kontrollvariablen: Bei den Deutschen hängen das Vorhandensein von Kindern im Haushalt negativ (r_{pb} = -0,083***, n =

---

244 Es werden Rangkorrelationen nach Spearman ρ (Rho) berechnet. Voraussetzung dafür sind mindestens eine rangskalierte oder nicht normalverteilte Variable (Bortz 1999: 753). Bei vornehmlich ordinal skalierten Variablen sollte von einer Korrelation nach Pearson abgesehen werden. Für die Beziehungen, bei denen eine Variable dichotom und die andere metrisch (bzw. quasi-metrisch) skaliert ist, sollte eine punktbiseriale Korrelation rpb verwendet werden (Bortz 1999: 215). Für die Signifikanzen insgesamt gilt: *: ρ < 0,050; **: ρ < 0,010; ***: ρ < 0,001.

4.667) und das Alter positiv ($\rho = 0{,}069$***, n = 4.647) mit der Partnerschaftszufriedenheit zusammen. Bei den Migranten jedoch ist dies nicht zu beobachten (Kinder: $r_{pb} = -0{,}037$, n = 1634 und Alter: $\rho = -0{,}007$, n = 1.630). Dies könnte dadurch erklärt werden, dass in türkischen Ehen die Frau häufiger Hausfrau ist bei gleichzeitiger Berufstätigkeit ihres Mannes (BMFSFJ 2000: 147) und es dadurch keine Doppelbelastung (zwischen Beruf und Familie) für die Frauen gibt. Der Koeffizient der Frauenerwerbstätigkeit ist in beiden Gruppen fast gleich hoch, bei den Nicht-Zugewanderten mit $r_{pb} = -0{,}048$*** und bei den Einwanderern mit $r_{pb} = -0{,}052$** (n = 1.634), was vermutlich mit der Vereinbarkeitsproblematik von Beruf und Familie zu erklären ist. Auch das Geschlecht „Frau" korreliert in beiden Stichproben (GGS-D: $r_{pb} = -0{,}079$***, n = 4.667 und GGS-T: $r_{pb} = -0{,}101$***, n = 1.634) negativ und hoch signifikant mit der Partnerschaftszufriedenheit, bei den Migrantinnen sogar noch etwas stärker. Auch diese Befunde sprechen für ein Spannungsfeld, dass zum Beispiel durch die Doppelbelastung von Erwerbs- und Hausarbeit vorhanden ist.

Die Merkmale der sozialen Lage innerhalb der Gesamt-Stichprobe weisen teilweise Überschneidungen mit der ethnischen Herkunft auf. Jedoch sind diese nicht inhaltlich deckungsgleich: Der türkische Migrationshintergrund korreliert hoch signifikant negativ mit der Bildung ($\rho = -0{,}450$***, n = 7.252) und der Einschätzung der finanziellen Lage ($\rho = -0{,}372$***, n = 7.196) und positiv mit der Arbeitslosigkeit ($r_{pb} = 0{,}157$***, n = 7.252). Insgesamt sind diese Ergebnisse plausibel, zeichnen sie wie auch andere Arbeiten das Bild von den sozialstrukturell benachteiligten türkischen Migranten nach (vgl. z. B. BMFSFJ 2000).

Neben den direkten Zusammenhängen der sozialen Lage werden die Beziehungen zwischen den Merkmalen der sozioökonomischen Deprivation erläutert: In der Stichprobe GGS-G hängen die finanzielle Lage mit der Arbeitslosigkeit negativ $r_{pb} = -0{,}264$*** (n = 7.196), und mit dem Bildungsniveau positiv $\rho = 0{,}295$*** (n = 7.196) zusammen. Bildungsniveau und Arbeitslosigkeit korrelieren negativ miteinander $r_{pb} = -0{,}108$*** (n = 7.252), z. B. hängt eine höhere Bildung mit der Erwerbstätigkeit zusammen. Bei einem Vergleich der Deutschen mit den Türken korreliert das Auskommen mit dem Einkommen hoch signifikant negativ mit der Arbeitslosigkeit $r_{pb} = -0{,}290$***(n = 1.609), bei den Nicht-Zugewanderten deutlich schwächer mit $r_{pb} = -0{,}189$*** (n = 4.642). Gleichermaßen stärker als bei den Migranten ($\rho = 0{,}087$***, n = 1.609) ist bei den Deutschen der Zusammenhang der subjektiven Einkommensvariable mit dem Bildungsniveau verknüpft $\rho = 0{,}174$*** (n = 4.642). Bildung und Arbeitslosigkeit weisen bei den türkischen Staatsbürgern keinen ($r_{pb} = -0{,}013$, n = 1.634), bei den deutschen einen negativen Zusammenhang auf ($r_{pb} = -0{,}054$***, n = 4.667). Die Korrelationen sind entgegen der Erwartung eher niedrig: aufgrund der häufiger sozial deprivierten Lage hätte ein stärkerer Zusammenhang bei den türkischen

Migranten erwartet werden können. In der Stichprobe GGS-G weisen die Merkmale „Arbeitslosigkeit" und „Bildungsniveau" keine signifikanten Zusammenhänge mit der Partnerschaftszufriedenheit auf. Die Einschätzung der finanziellen Lage hängt mit der Beziehungsbewertung signifikant positiv, jedoch schwach zusammen (ρ = 0,116***, n = 7.196). Dies kann ein schwacher Hinweis darauf sein, dass Hypothese H_SESPZ zumindest teilweise gestützt wird. Offenbar beeinflussen bestimmte Aspekte der sozialen Lage wie die wahrgenommene finanzielle Lage die Partnerschaftszufriedenheit.

Beim Vergleich der deutschen mit den türkischen Befragten lassen sich einige Gemeinsamkeiten feststellen: In beiden Gruppen gibt es keine signifikanten Zusammenhänge zwischen Arbeitslosigkeit und der Bildung mit der Partnerschaftszufriedenheit. Jedoch ist in beiden Stichproben eine günstige Einschätzung der finanziellen Lage zu einer erhöhten Zufriedenheit relevant, bei den deutschen Befragten etwas mehr als bei den türkischen (GGS-D: ρ = 0,165***, n = 4.642, GGS-T: ρ = 0,111***, n = 1.609).

In Abbildung 44 wird dieser Zusammenhang noch deutlicher. Eine ökonomische Deprivation, die subjektiv wahrgenommen wird, hängt stark mit der partnerschaftlichen Zufriedenheit zusammen. In der Gruppe, in denen die Befragten angeben, mit dem Haushaltseinkommen nur mit (großen) Schwierigkeiten zurecht zu kommen, sind diejenigen, die dennoch „eher sehr" oder „sehr" zufrieden sind deutlich geringer als in den anderen Kategorien. Bei den Türken ist der Unterschied zur mittleren Kategorie sehr klein. Deprivierte Deutsche sind viel seltener „sehr" zufrieden mit ihrer Partnerschaft (37,8 %, n = 125) als Türken (51,0 %, n = 260). Auch dies unterstützt die im Theorieteil (siehe Kapitel 4.1) erläuterten Überlegungen, dass die Partnerschaften von Deutschen „krisenanfälliger" sind im Hinblick auf die ökonomischen Rahmenbedingungen. In den Kategorien „mit kleineren Schwierigkeiten/relativ gut" und „(sehr) gut" ist der Anteil derjenigen, die „eher sehr" und „sehr" zufrieden sind, eindeutig größer. Dies gilt für beide Stichproben. In der Gruppe derjenigen, die sich als „(sehr) gut" in ihrer finanziellen Lage einschätzen, fallen bei den Deutschen 53 % (n = 751) und bei den Türken 64 % (n = 110) in die Gruppe der mit ihrer Partnerschaft „sehr" zufriedenen. Auch hier spiegelt sich die Tendenz der etwas stärker ausgeprägten Zufriedenheit der türkischen Migranten wider (vgl. auch Wagner und Weiß 2010: 182).

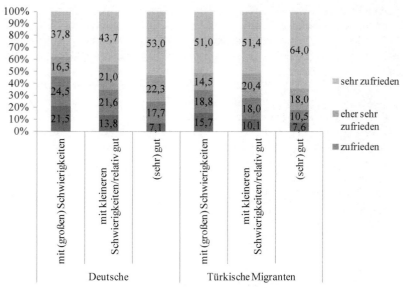

χ2-Test Deutsche: χ2 = 95,47, df = 6, p = 0,000, χ2-Test Türken: χ2 = 27,94, df = 6, p = 0,000

Abbildung 44: Partnerschaftszufriedenheit in Abhängigkeit von der subjektiven finanziellen Lage in Prozent (nach Staatsangehörigkeit)
Quelle: Eigene Darstellung.

7.1.2 Soziale Lage und Mediatoren

Verschiedene Aspekte kennzeichnen die soziale Lage: In dieser Arbeit werden einerseits der *türkische Migrationshintergrund* (siehe Abbildung 23, S. 170) und andererseits der *sozioökonomische Status* (siehe Abbildung 24, S. 171) als Einflussfaktoren auf die Mediatorvariablen thematisiert (vgl. Ableitung in Kapitel 4.7, S. 110).

Türkischer Migrationshintergrund und Mediatoren (GGS-G)

Tabelle 4 stellt die Korrelationskoeffizienten zwischen dem türkischen Migrationshintergrund und den Mediatorvariablen dar. Die Traditionalität der Geschlechterrollenorientierung (r_{pb} = 0,334***) und die Religiosität (r_{pb} = 0,333***) korrelieren am stärksten positiv mit dem türkischen Migrationshintergrund. Auch die Eheorientierung hängt positiv mit dem türkischen Migrationshintergrund zusammen (r_{pb} = 0,118***).

Tabelle 4: *Korrelationen zwischen türkischem Migrationshintergrund und Mediatoren der Partnerschaftszufriedenheit*

Mediatoren	Türkischer Migrationshintergrund r_{pb}	n
Traditionalität (niedrig bis hoch)	0,334***	7.218
Religiosität (niedrig bis hoch)	0,333***	7.252
Eheorientierung (niedrig bis hoch)	0,118***	7.252
Soziales Kapital (niedrig bis hoch)	-0,074***	7.247
Paarkonflikte „Haus."(nie bis sehr oft)	-0,097***	7.252
Paarkonflikte „Geld" (nie bis sehr oft)	0,010	7.252
Paarkonflikte „Freizeit" (nie bis sehr oft)	-0,059***	7.252
Laut streiten (nie bis sehr oft)	-0,057***	7.252
Trennungsgedanken (nein/ja)	-0,050***	7.252
Aufgabenteilzufriedenheit (niedrig bis hoch)	0,038***	7.189
Ruhig diskutieren (nie bis sehr oft)	-0,028**	7.234

In dieser Tabelle sind punktbiseriale Korrelationen rpb berechnet worden.
Quelle: Eigene Darstellung.   *** $p \leq 0,001$, ** $p \leq 0,01$, * $p \leq 0,05$

Diese Zusammenhänge wurden im theoretischen Teil erwartet (vgl. Kapitel 5.1, S. 118) und sind konform mit den dort getroffenen Annahmen, dass ein türkischer Migrationshintergrund mit einer höheren Traditionalität, Religiosität und Eheorientierung einhergeht (siehe Teilhypothesen: h_MIGTRA, h_MIGREL und h_MIGEHE). Das soziale Kapital hingegen korreliert negativ mit dem Migrationshintergrund (r_{pb} = -0,074***), was der Annahme h_MIGSOZ widerspricht, die von einem höheren Sozialkapital für türkische Migranten ausgeht. Der Migrationshintergrund hängt zudem signifikant negativ und schwach mit der Häufigkeit von „laut streiten" (-0,057***) sowie von Paarkonflikten zu den beiden Themen „Hausarbeit" (r_{pb} = -0,097***) und „Freizeitgestaltung" (r_{pb} = -0,059***) zusammen. Dies ist nicht verwunderlich, entstehen aufgrund der häufigeren traditionellen Rollenverteilung in türkischen Partnerschaften weniger Streitigkeiten zur häuslichen Aufgabenteilung. Warum jedoch auch die Freizeitgestaltung signifikant seltener ein Streitthema sein soll, kann an dieser Stelle noch nicht geklärt werden. Gleichermaßen negativ korreliert die Herkunft mit dem Auftreten von Trennungsgedanken (r_{pb} = -0,050***), was sich mit der Annahme von h_MIGST deckt, dass Migranten ein höheres Commitment (subjektive Paarstabilität) aufweisen. Und der Koeffizient zur Häufigkeit von ruhigem Ausdiskutieren bei Meinungsverschiedenheiten (r_{pb} = -0,028**) zeigt, dass h_MIGKV bivariat gestützt werden kann. In dieser Teilhypothese wird unterstellt, dass türkische Migranten seltener konstruktiv streiten. Die Aufgabenteilungszufriedenheit weist eine schwach positive Wechselwirkung mit der Herkunft auf (r_{pb} = 0,038***). Dies ist konform mit h_MIGAUF und passt zu den Befunden der stärkeren Traditionalität der Geschlechterrollen.

Sozioökonomischer Status und Mediatoren (Stichprobe GGS-D und GGS-T)

Ein erster Blick auf Tabelle 5 deutet darauf hin, dass die sozioökonomische Deprivation am stärksten mit den Mediatoren zusammenhängt. Dennoch sind die Korrelationen in ihrer Stärke eher niedrig. Bei den Deutschen (siehe Tabelle 5) ist ein schwacher aber hoch signifikanter Zusammenhang zwischen Eheorientierung und dem Auskommen mit dem Einkommen (*subjektive finanzielle Lage*) zu beobachten (ρ = 0,119***), während dies bei den Türken nicht der Fall ist (ρ = 0,033). Ebenfalls schwach aber signifikant ist die Beziehung zwischen der subjektiven finanziellen Einschätzung und den Trennungsgedanken (GGS-D r_{pb} = -0,084***; GGS-T r_{pb} = -0,090***). Dies deutet darauf hin, dass je besser die eigene ökonomische Lage eingeschätzt wird, desto stabiler ist eine Partnerschaft. Die bivariaten Zusammenhänge stützen die unter Kapitel 5.2 formulierten Annahmen: Eine sozioökonomische Deprivation senkt die Eheorientierung (H_SESEHE) und destabilisiert die Partnerschaft (H_SESST). Zudem bestätigen sie die Vermutung, dass dies eher für Deutsch als für türkische Migranten zutrifft. Positiv hingegen korreliert die Häufigkeit von konstruktivem Konfliktverhalten in beiden Gruppen, bei den Nicht-Zugewanderten etwas stärker (ρ = 0,110*** vs. ρ = 0,060**). In gleicher Richtung, jedoch nur signifikant bei den deutschen Befragten, korreliert eine niedrige Traditionalität der Geschlechterrollen mit einer besseren Einschätzung der finanziellen Situation. Dies ist indirekt damit zu erklären, dass dahinter ein Bildungseffekt steckt: Personen, die ihre finanzielle Lage besser bewerten, haben vermutlich auch mehr Einkommen, welches allgemein mit höheren Bildungsabschlüssen korreliert. Höher Gebildete wiederum sind weniger traditionell (vgl. auch Tabelle 5). Ein gutes Auskommen mit dem monatlichen Haushaltseinkommen hängt in beiden Gruppen mit der Größe des Sozialkapitals zusammen, bei den Migranten etwas stärker (ρ =

0,191***) als bei den Deutschen (ρ = 0,120***). Wie erwartet und im Forschungsstand aufgeführt (vgl. 3.1, S. 47) korrelieren schwierige finanzielle Lagen mit der Konflikthäufigkeit in Partnerschaften, jedoch bei den deutschen Befragten höher als bei den Türken. Bei Deutschen hängen Paarkonflikte über Finanzen (-0,274***) deutlich negativer mit einem schlechteren Auskommen mit dem Einkommen zusammen als bei Migranten (-0,088***). Geringer, jedoch noch signifikant sind die Konfliktthemen über Hausarbeit, die bei türkischen Befragten schwächer ausfallen (-0,062***) als bei den deutschen (-0,113***). Streitigkeiten über Freizeitgestaltung hängt ausschließlich bei Deutschen mit einer negativen Einschätzung der ökonomischen Situation zusammen (-0,072***). Ferner hängt „laut streiten" bei Deutschen signifikant mit einem schlechteren Auskommen mit dem Einkommen zusammen (ρ = -0,111***). Religiosität jedoch steht nur bei den Deutschen in einem Kontext zur Finanzlage mit ρ = 0,073*** (vgl. GGS-T: ρ = -0,012). Auch bedeutsam ist die Zufriedenheit mit der Aufgabenteilung, die in der deutschen (ρ = 0,163***) und türkischen Stichprobe (ρ = 0,108***) positiv korreliert. Bei der Betrachtung von *Arbeitslosigkeit* und den Mediatoren fällt auf (Tabelle 5), dass in der türkischen Stichprobe deutlich weniger statistisch relevante Zusammenhänge bestehen als in der deutschen. Die Arbeitslosigkeit korreliert bei den Nicht-Zugewanderten negativ mit dem Sozialkapital (r_{pb} = -0,036**), der Eheorientierung (r_{pb} = -0,090***), Traditionalität (r_{pb} = -0,035**), der Religiosität (r_{pb} = -0,100***) sowie mit der Aufgabenteilungszufriedenheit (r_{pb} = -0,045***). Signifikant positiv hängt die Erwerbslosigkeit mit Trennungsgedanken (rpb = 0,049***) zusammen, bei Migranten jedoch nicht. Eventuell sind Partnerschaften von Migranten trotz häufiger Arbeitslosigkeit stabiler als deutsche Beziehungen. Der Koeffizient für das konstruktive Konfliktverhalten ist gering und insignifikant. Innerhalb der Migranten-Stichprobe lassen sich kaum signifikante und höhere Korrelationen finden. Lediglich die Häufigkeit von Paarkonflikten über „Geld" korreliert negativ und signifikant mit der Erwerbslosigkeit, schwächer auch die Häufigkeit von „lautem Streiten". Der Zusammenhang von Arbeitslosigkeit und destruktivem Konfliktverhalten ist in beiden Gruppen ungefähr gleich (rpb = 0,050***, rpb = 0,043*). Wenngleich türkische Partnerschaften stabiler zu sein scheinen, scheint die Arbeitslosigkeit die Qualität der Konfliktkommunikation zu senken und insbesondere Meinungsverschiedenheiten über finanzielle Themen zu erzeugen.Ähnlich wie unter Rubrik „Arbeitslosigkeit" sieht die Spalte für die Zusammenhänge des Bildungsniveaus mit den Mediatorvariablen aus.

Tabelle 5: Korrelationen zwischen Merkmalen der Deprivation und Mediatoren

Mediatoren	Subj. finanz.Lage[245]		Arbeitslosigkeit[246]		Bildung[247]	
	D	T	D	T	D	T
Eheorient.	0,119***	0,033	-0,090***	-0,044	-0,035***	0,007
n	*4.622*	*1.601*	*4.647*	*1.625*	*4.647*	*1.625*
Trennungsg.	-0,084***	-0,090***	0,049***	0,034	0,020	0,025
n	4.642	1.609	4.667	1.634	4.667	1.634
diskutieren†††	<u>0,110***</u>	<u>0,060**</u>	-0,022	0,019	0,012	0,022
Tradition. (n-h)	-0,036**	-0,033	-0,035**	-0,001	<u>-0,185***</u>	<u>-0,102***</u>
n	4.641	1.607	4.665	1.631	4.665	1.631
Soz. Kap. (n-h)	<u>0,120***</u>	<u>0,191***</u>	-0,036**	-0,047	<u>0,133***</u>	0,003
n	4.638	1.609	4.662	1.634	4.662	1.634
Konflikte „HH" (n. – o.)†	<u>-0,113***</u>	<u>-0,062***</u>	0,024	0,036	<u>0,096***</u>	0,018
n	4.642	1.609	4.667	1.634	4.667	1.634
Konflikte†† „Geld" (n. – o.)	<u>-0,274***</u>	<u>-0,088***</u>	0,064***	0,074**	-0,004	-0,050**
Konflikte†† „Frei." (n. – o.)	-0,072***	-0,007	0,009	-0,006	0,075**	0,003
Laut streiten (nie - sehr oft)	-0,111***	-0,029	0,050***	0,043*	0,056***	-0,019
n	4.642	1.609	4.667	1.634	4.667	1.634
Religiosität (niedrig - hoch)	0,073***	-0,012	-0,100***	-0,028	-0,136***	-0,040
n	4.624	1.579	4.646	1.602	4.646	1.602
Aufgab.zufr. (n. - hoch)	<u>0,163***</u>	<u>0,108***</u>	-0,045***	0,014	-0,005	0,036
n	4.636	1.603	4.661	1.628	4.661	1.628

In dieser Tabelle sind in Abhängigkeit des Skalenniveaus entweder Rangkorrelationen nach Spearman's ρ oder punktbiseriale Korrelationen rpb (für „Arbeitslosigkeit" und „Trennungsgedanken") berechnet worden. Die Unterstreichungen einiger Werte dienen der Kenntlichmachung solcher Korrelationskoeffizienten, die in einem Vergleich von Deutschen mit türkischen Migranten eine Differenz von mindestens 0,050 ergeben. † „nie" bis „sehr oft" †† Fallzahlen identisch mit Konflikte „HH" ††† Fallzahlen identisch mit Trennungsged.; n-h = niedrig bis hoch
Quelle: Eigene Darstellung.   *** p ≤ 0,001, ** p ≤ 0,01, * p ≤ 0,05

---

245 Fünfstufig skaliert von „mit großen Schwierigkeiten" bis „sehr gut".
246 Dichotom: 0=nicht arbeitslos; 1=arbeitslos.
247 Vierstufig von niedrig bis hoch; Operationalisierung siehe Kapitel 6.4.2.

In Tabelle 5 korreliert bei den Türken lediglich die Traditionalität der Geschlechterrollen negativ mit einem höheren Bildungsniveau (ρ = -0,102***). Bei den Deutschen finden sich hoch signifikante negative Zusammenhänge: Ein höheres Bildungsniveau ist verbunden mit einer niedrigeren Eheorientierung (ρ = -0,035***), einer geringeren Traditionalität der Geschlechterrollen (ρ = -0,185***) sowie einer schwächeren Religiosität (ρ = -0,136***). Außerdem geht ein höheres Bildungsniveau mit einer besseren Ausstattung von sozialem Kapital einher (ρ = 0,133***). Umgekehrt hängt eine höhere Bildung bei Deutschen mit der Häufigkeit von Paarkonflikten über Hausarbeit (ρ = 0,096***) und Freizeit (ρ = 0,075**), bei türkischen Migranten negativ mit der Häufigkeit von finanziellen Streitigkeiten zusammen. Das ist schlüssig, da ein höheres Bildungsniveau in der Regel mit einem höheren absoluten Einkommen assoziiert ist. Ferner hängt „laut streiten" bei Deutschen signifikant mit einem höheren Bildungsniveau zusammen (ρ = 0,056***). Bildung und Aufgabenteilungszufriedenheit korrelieren in beiden Gruppen nicht.

7.1.3 Mediatoren und Partnerschaftszufriedenheit

In diesem Kapitel werden die bivariaten Zusammenhänge der einzelnen Mediatorvariablen, die in den theoretischen Grundlagen dargestellt wurden, mit der abhängigen Variable „Partnerschaftszufriedenheit" analysiert.

Korrelationen der Mediatoren und Partnerschaftszufriedenheit (gesamt)

Bei der Betrachtung von Stichprobe „Gesamt" (GGS-G) in Tabelle 6 weisen folgende Merkmale einen negativen signifikanten Zusammenhang mit der partnerschaftlichen Zufriedenheit auf: Paarkonflikte über die Themen „Hausarbeit" (ρ^{248} = -0,183***), „Geld" (ρ = -0,231***), „Freizeit" (ρ = -0,195***), „laut streiten" (ρ = -0,183***) und „Trennungsgedanken" (ρ_{pb} = -0,222***). Positiv und hoch signifikant korrelieren eine „höhere Eheorientierung" (ρ = 0,160***), die Häufigkeit von konstruktivem Konfliktverhalten (ruhig ausdiskutieren ρ = 0,237***), ein höheres Sozialkapital (ρ = 0,180***) sowie eine große Aufgabenteilungszufriedenheit im Haushalt (ρ = 0,544***) mit der partnerschaftlichen Zufriedenheit. Demnach gelten bivariat für die gesamte Stichprobe sowohl ein konstruktiver Konfliktstil, ein höheres Commitment gegenüber der Partnerschaft (keine Trennungsgedanken, hohe Eheorientierung), die Zufriedenheit mit der

---

248 Rangkorrelationskoeffizient nach Spearman.

häuslichen Aufgabenteilung sowie ein großes soziales Kapital als verschiedene Copingressourcen für Partnerschaften. Diese Ergebnisse sind konform mit den in Kapitel 4 abgeleiteten Zusammenhängen.

Partnerschaften von Deutschen und Türken im Vergleich (GGS-D und GGS-T)

Bei der Betrachtung der direkten Zusammenhänge zwischen der deutschen und türkischen Stichprobe sind einige Differenzen erkennbar (siehe Tabelle 6). Wie theoretisch postuliert (vgl. Kapitel 4.4), hängen Paarkonflikte in beiden Gruppen negativ mit der Partnerschaftszufriedenheit zusammen. Jedoch ist diese Verbindung bei den Nicht-Zugewanderten stärker als bei den Migranten. Hier wird die Teilhypothese h_KH unterstützt, dass in Abhängigkeit der Paarkonflikthäufigkeit die Zufriedenheit mit der Partnerschaft sinkt. In beiden Gruppen hängt die Konflikthäufigkeit über Geld am stärksten mit der Paarzufriedenheit zusammen (GGS-D: ρ = -0,277*** und GGS-T: ρ = -0,131***). Am geringsten ist die Beziehungszufriedenheit bei den türkischen Migranten zum Thema „Hausarbeit" (ρ = -0,076**). Ebenfalls differiert zwischen Deutschen (ρ = -0,199***) und Zuwanderern (ρ = -0,127***) das Verhältnis zwischen „laut streiten" und Partnerschaftszufriedenheit. Religiosität[249] hingegen hängt nur bei den Deutschen signifikant positiv mit der Beziehungsbewertung zusammen (ρ = 0,077***). Bei den Türken zeigt sich keine signifikante Verbindung (ρ = 0,029). Entgegen der Annahme, dass Traditionalität positiv für die partnerschaftliche Zufriedenheit ist, findet sich bei den Deutschen eine negative Korrelation (ρ = -0,044***), bei den Migranten (ρ = -0,010) ist keine Beziehung erkennbar. Es ist im Kontext der Modernisierungsgewinne der Frauen anzunehmen, dass divergierende Rollenvorstellungen in Partnerschaften (z. B. traditionell denkender Mann vs. egalitär orientierte Frau) zu einer geringeren Zufriedenheit führen, da es häufiger Konflikte über die partnerschaftliche Aufgabenteilung geben könnte. Aufgrund der höheren Traditionalität in der türkischen Stichprobe ist anzunehmen, dass die Passung der Geschlechterrollen innerhalb türkischer Partnerschaften häufiger ist als bei deutschen. Daher korreliert vermutlich die Traditionalität nur bei Deutschen mit der Beziehungsbewertung und bei Migranten nicht.

---

249 Es gibt leichte Unterschiede der partnerschaftlichen Zufriedenheit in Abhängigkeit vom religiösen Bekenntnis zwischen den Muslimen, Christen, den Angehörigen anderer Religionen und denen ohne Bekenntnis (χ2-Test gesamt: χ2 = 49,87, df = 9, p = 0,000). Demnach ist bei den Muslimen der Anteil der sehr Zufriedenen mit 55,6 % (n = 1.367) im Vergleich zu den anderen Gruppen am höchsten (Christen 47,2 %, andere Religion 44,6 %, ohne Bekenntnis 49,0 %). Ansonsten sind sowohl die Personen aus anderen Religionsgemeinschaften als auch die ohne Bekenntnis ähnlich zufrieden mit ihrer Partnerschaft.

Tabelle 6: Korrelationen zwischen Mediatoren und Partnerschaftszufriedenheit (GGS-G, GGS-D und GGS-T)

Mediatoren	gesamt	n	Deutsche	n	Türken	n
			Partnerschaftszufriedenheit			
Eheorientierung (niedrig bis hoch)	0,160***	7.218	**0,180*****	4.647	**0,128*****	1.625
Trennungsgedanken (nein/ja)	-0,222***	7.252	**-0,244*****	4.667	**-0,159*****	1.634
Ruhig diskutieren (selten bis sehr oft)	0,237***	7.252	**0,279*****	4.667	**0,147*****	1.634
Traditionalität (niedrig bis hoch)	-0,014	7.24	-0,044***	4.665	0,010	1.631
Soziales Kapital (niedrig bis hoch)	0,180***	7.225	0,202***	4.662	0,168***	1.634
Paarkonflikte „Haus." (nie bis sehr oft)	-0,183***	7.252	**-0,222*****	4.667	**-0,076****	1.634
Paarkonflikte „Geld" (nie bis sehr oft)	-0,231***	7.252	**-0,277*****	4.667	**-0,131*****	1.634
Paarkonflikte „Freizeit" (nie bis sehr oft)	-0,195***	7.252	**-0,228*****	4.667	**-0,121*****	1.634
Laut streiten (nie bis sehr oft)	-0,183***	7.252	**-0,199*****	4.667	**-0,127*****	1.634
Religiosität (niedrig bis hoch)	0,087***	7.189	0,077***	4.646	0,029	1.602
Aufgabenteilungszufr. (niedrig bis hoch)	0,544***	7.234	0,540***	4.661	0,571***	1.628

In dieser Tabelle sind in Abhängigkeit des Skalenniveaus entweder Rangkorrelationen nach Spearman's ρ und für alle Zusammenhänge im Kontext der „Trennungsgedanken" punktbiseriale Korrelationen rpb berechnet worden.
Quelle: Eigene Darstellung.   *** $p \leq 0,001$, ** $p \leq 0,01$, * $p \leq 0,05$

Die Aufgabenteilungszufriedenheit im Haushalt korreliert sowohl bei den Deutschen (ρ = 0,540***) als auch bei den Türken (ρ = 0,571***) hoch signifikant mit einer positiven Bewertung der Beziehung. Auch hängt ein hohes Commitment in beiden Gruppen positiv mit der Zufriedenheit zusammen: Eine stärkere Eheorientierung weist in der deutschen Stichprobe den Wert ρ = 0,180*** und in der türkischen den Wert ρ = 0,128*** auf. Ein niedriges Commitment, welches durch Trennungsgedanken gemessen wird, korreliert wie postuliert negativ mit der Paarzufriedenheit (GGS-D: ρ_{pb} = -0,244*** und GGS-T: ρ_{pb} = -0,159***). Ebenfalls wurde ein günstiger Zusammenhang von konstruktivem Konfliktverhalten auf die Partnerschaftszufriedenheit angenommen. Dieser ist bei den Deutschen stärker positiv (ρ = 0,279***) als bei den Türken (ρ = 0,147***). Analog wurde für das soziale Kapital ein Korrelat postuliert (vgl.

Teilhypothese h_SOZ, Kapitel 4.3). Diese Beziehung findet sich bei Nicht-Zugewanderten etwas stärker ($\rho = 0,202$***) als bei Migranten ($\rho = 0,168$***).

7.1.4 Zusammenfassung

In diesem Kapitel wird ein Überblick über die wesentlichen Ergebnisse aus den deskriptiven und bivariaten Analysen gegeben. Abschließend wird der Zusammenhang zu den Teilhypothesen hergestellt und tabellarisch dargestellt, ob die Annahmen vorläufig abgelehnt werden müssen oder nicht.

Auf deskriptiver Ebene gibt es einige Gemeinsamkeiten (vgl. Kapitel 7.1), jedoch auch signifikante Unterschiede zwischen Deutschen und türkischen Migranten: Die Partnerschaftszufriedenheit unterscheidet sich im Mittel nicht wesentlich (vgl. Kapitel 7.1.1). Bei einer Betrachtung der relativen Häufigkeiten zeigt sich jedoch, dass in der Gruppe der „sehr" Zufriedenen etwas mehr türkische Migranten als Deutsche vorhanden sind. Ferner sind die weiblichen Befragten beider Gruppen (wie erwartet) geringfügig weniger zufrieden als die männlichen (vgl. Brandtstädter und Felser 2003). Hinsichtlich der sozioökonomischen Positionierung sind die türkischen Staatsbürger bezüglich ihres Bildungsniveaus gegenüber den Deutschen im Mittel schlechter gestellt. Ferner sind sie häufiger arbeitslos und kommen schlechter mit ihrem monatlichen Einkommen zurecht. Außerdem sind die deutschen Frauen häufiger berufstätig als die türkischen. Diese Unterschiede stimmen mit denen aus dem sechsten Familienbericht (BMFSFJ 2000) und dem dritten Armuts- und Reichtumsbericht überein (BMAS 2008: 112). Auch auf Wert- und Einstellungsebene sind Differenzen feststellbar (vgl. Kapitel 7.1): Zuwanderer sind signifikant stärker religiös als Deutsche. Geschlechterunterschiede zeichnen sich dabei nicht ab, innerhalb der türkischen Migranten ist jedoch ein leicht erhöhter Anteil von Hochreligiösen bei den weiblichen Befragten ablesbar (42,0 %). Die Befunde decken sich lediglich tendenziell mit denen des Religionsmonitors, in dem die Differenzen stärker sind (Religionsmonitor 2008). Dies kann daran liegen, dass im Religionsmonitor die Religiosität nach verschiedenen Dimensionen gemessen wird. Insbesondere die private Ausübung von religiösen Pflichten spielt im Islam eine Rolle, diese Facette wird mit den Items des GGS nicht geprüft. Gleichermaßen weisen türkische Migranten eine signifikant stärkere traditionellere Geschlechterrollenorientierung auf als Deutsche. Auch hinsichtlich des Konfliktverhaltens gibt es auf deskriptiver Ebene Unterschiede. Deutsche berichten signifikant häufiger von konstruktivem Konfliktverhalten als türkische Migranten. In der Tendenz sind bei Nicht-Zugewanderten etwas häufiger die destruktive Verhaltensweise „laut streiten" und bei den Zugewanderten das „Schweigen" (Meinung für sich behalten) zu beobachten. Es ist anzunehmen, dass das Konfliktgeschehen in deutschen Part-nerschaften sowohl im konstruktiven als auch destruktiven Sinne offensiver ist als bei türkischen Migranten. Auch bei der Häufigkeit von Partnerschaftskonflik-ten zeigen sich Unterschiede. Jedoch bewegen sich die berichteten Streitigkeiten insgesamt auf geringem Niveau. Dies ist auch in anderen Studie zu beobachten (vgl. Wagner und Weiß 2010, 2005, Rüssmann 2006). Bei den Themen „Hausar-beit" und „Freizeit" gibt es hoch signifikante Unterschiede zwischen Deutschen und türkischen Migranten. Die Einwanderer streiten etwas seltener über die Hausarbeit oder darüber, wie sie ihre Freizeit gemeinsam gestalten. Dagegen haben Deutsche etwas seltener Meinungsverschiedenheiten über Geld. Dies ist nicht verwunderlich, stehen sie im Mittel von ihrem Einkommen deutlich besser da als türkische Migranten (vgl. BMAS 2008). Beide Gruppen sind im Mittel sehr zufrieden mit der Aufgabenteilung. Die Unterschiede sind nicht signifikant. Jedoch ist bei einer Geschlechter-getrennten Betrachtung auffällig, dass die deut-schen und türkischen Frauen häufiger unzufrieden sind im Vergleich zu den beiden Männer-Gruppen. Diese Befunde passen zu den Ergebnissen von Stein-bach (2009). Sie stellt fest, dass Frauen in beiden Gruppen einen höheren Anteil an Hausarbeit erledigen als ihre Partner. Dies kann zu einer geringeren Zufrie-denheit führen (Rohmann et al. 2002). Beim sozialen Kapital weisen die deut-schen Frauen die höchsten Werte auf, gleichauf liegen danach die deutschen Männer zusammen mit beiden Geschlechtern der türkischen Migranten. Hier waren stärkere Unterschiede zugunsten der türkischen Migranten angenommen worden (vgl. Kapitel 5.1). Die deskriptive Analyse des Commitments ergibt kaum Unterschiede: Türkische Migranten berichten nur etwas seltener Tren-nungsgedanken als Deutsche. Beide Gruppen haben eine starke Eheorientierung, bei den Verteilungen ist feststellbar, dass die türkischen Migranten etwas stärker an die Unauflösbarkeit der Ehe glauben. Das hohe Commitment in der Stichpro-be ist plausibel, befinden sich sowohl bei den Deutschen als auch bei den türki-schen Migranten die meisten in einer Ehe.

In Tabelle 7 werden die Ergebnisse der bivariaten Hypothesenprüfung dar-gestellt. Die Tests basieren auf der Stichprobe GGS-G. Folgende Hypothesen können auf bivariater Ebene vorläufig als bestätigt gelten: Wenn ein türkischer Migrationshintergrund vorhanden ist, dann hat dies einen positiven Einfluss auf verschiedene Aspekte: die Religiosität (h_MIGREL), Traditionalität der Ge-schlechterrollenorientierung   (h_MIGTRA),   Aufgabenteilungszufriedenheit (h_MIGAUF), Eheorientierung (h_MIGEHE) und die subjektive Paarstabilität (senkt die Trennungsgedanken; h_MIGST).

Tabelle 7:   *Übersicht bivariater Test der Hypothesen zu türkischem*
              Migrationshintergrund und Mediatoren (Gesamt)

H	Teilhypothesen (h) zu Verbindungen: türkischer Migrationshintergrund → Mediatoren	Gesamt
	Wenn ein türkischer Migrationshintergrund vorhanden ist, dann...	
h_MIGKH	(+) Paarkonflikt	- (e.E.)[250]
h_MIGKV	(-) konstruktives Konfliktverhalten	+
h_MIGSOZ	(+) soziales Kapital	- (e.E.)[251]
h_MIGREL	(+) Religiosität	++
h_MIGTRA	(+) Traditionalität	++
h_MIGAUF	(+) Aufgabenteilungszufriedenheit	+
h_MIGEHE	(+) Eheorientierung	++
h_MIGST	(-) Trennungsgedanken (subjektive Paarstabilität)	++

++ = Hypothese vorläufig bestätigt; + = signifikanter, aber schwacher Effekt; - = Hypothese falsifiziert; (e.E.) = entgegengesetzter Effekt, signifikant   Quelle: Eigene Darstellung.

Schwach signifikant und daher ebenfalls vorläufig bestätigt ist die Hypothese, die annimmt, dass die Häufigkeit von konstruktivem Konfliktverhalten („ruhig diskutieren") sinkt, wenn ein türkischer Migrationshintergrund vorliegt. Diese Besonderheit findet sich auch in der Berliner Studie (Baykara-Krumme 2009) wider, in der von türkischen Staatsbürgern weniger konstruktive Konfliktverhaltensweisen berichtet werden (siehe Kapitel 3.4). Die Hypothesen zu den Mediatorvariablen „Paarkonflikt" und „soziales Kapital" müssen falsifiziert werden. Hier sind die gegenteiligen Zusammenhänge beobachtbar: Wenn ein türkischer Migrationshintergrund besteht, dann werden weniger Paarkonflikte berichtet und das soziale Kapital ist geringer. Beide Befunde sind nicht erwartet worden. Das Ergebnis zu h_MIGKH spricht dafür, dass der Spillover-Effekt bei türkischen Migranten geringer ist und sie trotz ihrer sozialstrukturellen Benachteiligung weniger anfällig sind für Konflikte. Die in der Literatur ihnen zugesprochenen sozialen Ressourcen sind zwar groß, jedoch ein wenig geringer als bei den hier untersuchten Deutschen. Die Ergebnisse zu den Mediatoren und der Partner-

---

250 Personen mit türkischem Migrationshintergrund streiten signifikant seltener über „Hausarbeit", „Freizeit" und werden weniger „laut" bei Meinungsverschiedenheiten.
251 Personen mit türkischem Migrationshintergrund haben schwach, aber signifikant weniger Sozialkapital.

schaftszufriedenheit bestätigen einen Großteil der theoretisch postulierten Annahmen (siehe Tabelle 8).

Tabelle 8:   *Übersicht bivariater Tests der Hypothesen zu Mediatoren und Partnerschaftszufriedenheit (Gesamt)*

H	Teilhypothesen (h) zu Verbindungen: Mediatoren→ Partnerschaftszufriedenheit		Gesamt	Überein-stimmung Gesamt-Hyp. H	
h_KH	Paarkonflikt → (-) Partnerschaftszufriedenheit	++	-	++	
h_KV	konstruktives Konfliktverhalten → (+) Partnerschaftszufriedenheit	++	+	++	
h_SOZ	soziales Kapital → (+) Partnerschaftszufriedenheit	++	-	++	
h_REL	Religiosität → (+) Partnerschaftszufriedenheit	++	++	++	
h_TRA	Traditionalität → (+) Partnerschaftszufriedenheit	-	++	-	
h_AUF	Aufgabenteilungszufriedenheit → (+) Partnerschaftszufriedenheit	++	+	++	
h_EHE	Eheorientierung → (+) Partnerschaftszufriedenheit	++	++	++	
h_ST	Trennungsgedanken (subj. Paarstabilität) → (-) Partnerschaftszufriedenheit	++	++	++	

++ = Hypothese vorläufig bestätigt; + = signifikanter, schwacher Effekt; - = Hypothese falsifiziert; Quelle: Eigene Darstellung.

Konstruktives Konfliktverhalten, soziales Kapital, Religiosität, Traditionalität der Geschlechterrollenorientierung, Aufgabenteilungszufriedenheit, Eheorientierung und subjektive Paarstabilität (keine Trennungsgedanken) hängen positiv mit der Partnerschaftszufriedenheit zusammen. Traditionalität jedoch weist keine signifikante Korrelation mit der Beziehungsbewertung auf.

Bei der Zusammenfassung aller Ergebnisse aus den Überprüfungen der Teilhypothesen können auf bivariater Ebene folgende Gesamthypothesen als vorläufig bestätigt gelten (vgl. in Tabelle 8 in Spalte „Übereinstimmung Gesamt-Hypothese H"; fett gedruckte Befunde):

H_MIGKV: Wenn ein türkischer Migrationshintergrund vorhanden ist, dann ist das konstruktive Konfliktverhalten geringer und dies senkt den positiven Effekt auf die Partnerschaftszufriedenheit.

H_MIGREL: Wenn ein türkischer Migrationshintergrund vorhanden ist, dann ist das Ausmaß der Religiosität größer und dies hat einen positiven Effekt auf die Partnerschaftszufriedenheit.

H_MIGAUF: Wenn ein türkischer Migrationshintergrund vorhanden ist, dann
            ist die Aufgabenteilungszufriedenheit größer und dies hat einen
            positiven Effekt auf die Partnerschaftszufriedenheit.

H_MIGEHE: Wenn ein türkischer Migrationshintergrund vorhanden ist, dann
            ist die Eheorientierung größer und dies hat einen positiven Effekt
            auf die Partnerschaftszufriedenheit.

H_MIGST: Wenn ein türkischer Migrationshintergrund vorhanden ist, dann
            ist die subjektive Paarstabilität größer (weniger Trennungsge-
            danken) und dies hat einen positiven Effekt auf die Partner-
            schaftszufriedenheit.

Die Korrelationen zwischen den Merkmalen des sozioökonomischen Status und
den einzelnen Mediatoren fallen unterschiedlich aus (siehe Tabelle 9). Bei den
türkischen Migranten besteht zwischen Arbeitslosigkeit und den verschiedenen
Mediatorvariablen kein signifikanter Zusammenhang. Daher sind diese Teilhypothesen falsifiziert. Innerhalb der deutschen Stichprobe gelten drei Teilhypothesen vorläufig bestätigt: Arbeitslosigkeit geht mit mehr Paarkonflikten, weniger
sozialem Kapital und geringer subjektiver Paarstabilität, d. h. auftretenden Trennungsgedanken einher. Ein ähnliches Bild stellen die Zusammenhänge zwischen
Bildungsniveau und den Mediatoren dar. Auf theoretischer Ebene lassen sich die
Modelle (vgl. Abbildung 3, S. 82 und S. 83) zur ökonomischen Belastung und
deren negativen Auswirkungen auf die Partnerschaft für die türkischen Migranten nur teilweise übertragen, für die Deutschen treffen sie eher zu. Hier sind
innerhalb der Gruppe türkischer Befragter lediglich zwei Beziehungen signifikant: Ein niedriges Bildungsniveau korrespondiert mit einer höheren
Traditionalität hinsichtlich der Geschlechterrollenorientierung und mit einer
größeren Konflikthäufigkeit über Geld. Bei den deutschen Befragten sind vier
Mediatorvariablen positiv mit einem niedrigeren Bildungsniveau assoziiert: eine
hohe Religiosität, Traditionalität, Eheorientierung, eine signifikant geringere
Konflikthäufigkeit über „Hausarbeit" und „Freizeitgestaltung" sowie selteneres
„laut streiten". Demnach sind vier Teilhypothesen vorläufig bestätigt. Im Kontext der subjektiven finanziellen Lage lassen sich die meisten signifikanten Zusammenhänge finden. Bei den Migranten sind es vier und bei den Deutschen
sechs statistisch bedeutsame Beziehungen. Je schlechter türkische Migranten ihre
finanzielle Lage einschätzen, desto geringer ist ihr soziales Kapital, desto häufiger sind ihre Paarkonflikte und Trennungsgedanken und desto seltener wird
konstruktives Konfliktverhalten berichtet. Bei den Deutschen sind dieselben

Hypothesen vorläufig bestätigt. Zusätzlich wirkt hier eine negativ bewertete Finanzlage des Haushaltes mit einer geringeren Eheorientierung und einer höheren Traditionalität der Geschlechterrollen zusammen.

Tabelle 9:   *Übersicht bivariater Tests der Hypothesen zu sozioökonomischem Status und Mediatoren (Deutsche, Türken)*

H	Teilhypothesen zu Verbindungen: Merkmale des sozioökonomischen Status → Mediatoren	Deutsche	Türken
	Wenn arbeitslos, dann…		
h_SESKH	(+) Paarkonflikt	(+)[252]	(+)
h_SESKV	(-) konstruktives Konfliktverhalten	-	-
h_SESSOZ	(-) soziales Kapital	+	-
h_SESREL	(+) Religiosität	- (e.E.)	-
h_SESTRA	(+) Traditionalität	- (e.E.)	-
h_SESAUF	(+) Aufgabenteilungszufriedenheit	- (e.E.)	-
h_SESEHE	(-) Eheorientierung	++	-
h_SESST	(-) Trennungsgedanken (subjektive Paarstabilität)	++	-
	Je niedriger das Bildungsniveau[253], desto…		
h_SESKH	(+) Paarkonflikt	(+)[254]	(+)[255]
h_SESKV	(-) konstruktives Konfliktverhalten	-	-
h_SESSOZ	(-) soziales Kapital	++	-
h_SESREL	(+) Religiosität	++	-
h_SESTRA	(+) Traditionalität	++	++
h_SESAUF	(+) Aufgabenteilungszufriedenheit	-	-
h_SESEHE	(-) Eheorientierung	+	-
h_SESST	(-) Trennungsgedanken (subjektive Paarstabilität)	-	-

---

252 Nur die „Konflikthäufigkeit über Geld" und die Häufigkeit des „lauten Streitens" korrelieren bei Deutschen und türkischen Migranten signifikant positiv mit „Arbeitslosigkeit".

253 Für eine bessere Lesbarkeit der Tabelle werden die Ergebnisse zur Variable „Bildungsniveau", in entgegengesetzter Richtung hier dargestellt. Dies ist notwendig, da die Variable in der Messung mit niedrigen Werten ein höheres Bildungsniveau zum Ausdruck bringt.

254 Geringer gebildete Deutsche streiten signifikant seltener „laut" und über die Themen „Hausarbeit" und „Freizeit".

255 Geringer gebildete türkische Migranten streiten signifikant häufiger über „Geld".

Je schlechter[256] die subj. finanzielle Lage
eingeschätzt wird, desto...

h_SESKH	(+) Paarkonflikt	++	(+)[257]
h_SESKV	(-) konstruktives Konfliktverhalten	++	++
h_SESSOZ	(-) soziales Kapital	++	++
h_SESREL	(+) Religiosität	- (e.E.)	-
h_SESTRA	(+) Traditionalität	+	-
h_SESAUF	(+) Aufgabenteilungszufriedenheit	- (e.E.)	- (e.E.)
h_SESEHE	(-) Eheorientierung	++	-
h_SESST	(-) Trennungsgedanken	++	++
	(subjektive Paarstabilität)		

++ = Hypothese vorläufig bestätigt; + = signifikanter, aber schwacher Effekt; - = Hypothese falsifiziert; (+) = vorläufig bestätigt mit Einschränkungen, (e.E.) = entgegengesetzter Effekt, signifikant
Quelle: Eigene Darstellung.

In Tabelle 10 werden die Beziehungen zwischen den Mediatoren und der partnerschaftlichen Zufriedenheit dargestellt. Dabei werden die Testergebnisse der bivariaten Analysen für Deutsche und Türken gegenübergestellt. Partnerschaftszufriedenheit steht in beiden Gruppen in einem positiven Zusammenhang mit konstruktivem Konfliktverhalten, hohem sozialem Kapital, hoher Aufgabenteilungszufriedenheit und Eheorientierung. Ungünstig bei Migranten und Nicht-Migranten ist die Beziehung zwischen der Häufigkeit von Paarkonflikten und dem Auftreten von Trennungsgedanken einerseits sowie der Beziehungszufriedenheit andererseits. Insgesamt können von den acht angenommenen Hypothesen sechs vorläufig bestätigt werden. Hinsichtlich der Wertorientierung unterscheiden sich die Gruppen: Bei den deutschen Befragten hängt eine hohe Religiosität mit der partnerschaftlichen Zufriedenheit hoch signifikant zusammen. Nicht hypothesenkonform ist, dass traditionelle Geschlechterrollenorientierungen ungünstig für die Zufriedenheit von deutschen Partnerschaften sind. Daher muss diese Annahme abgelehnt werden. Da die Passung der Geschlechterrollenorientierung im GGS nicht auf Paarebene gemessen wird, sondern Individualdaten vorliegen, kann nicht geprüft werden, ob hier eventuell divergierende Rollenvorstellungen zwischen den Partnern bestehen, die die Partnerschaft belasten. Die stärker egalitäre Rollenorientierung bei deutschen Frauen könnte eine Ursache darstellen, die in dieser Arbeit auf deskriptiver Ebene sichtbar wurde (vgl. Abbildung 34, S. 204). Bei den türkischen Migranten gilt diese Hypothese als

---

256 Für eine bessere Lesbarkeit der Tabelle werden die Ergebnisse zur Variable „Auskommen mit Einkommen", in entgegengesetzter Richtung hier dargestellt. Denn die Variable in der Messung deutet bei niedrigen Werten auf eine größere subjektive ökonomische Deprivation hin.
257 Dies gilt nur für Konflikte über die Themen „Hausarbeit" und „Geld".

falsifiziert, da hier keine signifikante Korrelation besteht. Hohe Religiosität steht mit der Paarzufriedenheit der Deutschen in einer hoch signifikant positiven Beziehung, bei den türkischen Migranten ist sie nicht von Bedeutung. Daher kann die Annahme h_REL bei den Zuwanderern als falsifiziert gelten, bei den deutschen Befragten nicht.

Tabelle 10:   Übersicht bivariater Tests der Hypothesen zu Mediatoren und Partnerschaftszufriedenheit (Deutsche und Türken)

H	Teilhypothesen zu Verbindungen: Mediatoren → Partnerschaftszufriedenheit	D	T
h_KH	Paarkonflikt → (-) Partnerschaftszufriedenheit	++	++
h_KV	konstruktives Konfliktverhalten → (+) Partnerschaftszufriedenheit	++	++
h_SOZ	soziales Kapital → (+) Partnerschaftszufriedenheit	++	++
h_REL	Religiosität → (+) Partnerschaftszufriedenheit	++	-
h_TRA	Traditionalität → (+) Partnerschaftszufriedenheit	- (e.E.)	-
h_AUF	Aufgabenteilungszufriedenheit → (+) Partnerschaftszufriedenheit	++	++
h_EHE	Eheorientierung → (+) Partnerschaftszufriedenheit	++	++
h_ST	Trennungsgedanken (subj. Paarstabilität) → (-) Partnerschaftszufriedenheit	++	++

++ = Hypothese vorläufig bestätigt, + = signifikanter, aber schwacher Effekt, - = Hypothese falsifiziert; (e.E.) = entgegengesetzter Effekt, signifikant, D = Deutsche; T = türkische Migranten
Quelle: Eigene Darstellung.

Abschließend werden die Teilhypothesen zusammengefasst betrachtet. Es zeigt sich, dass für Deutsche und türkische Migranten drei Gesamthypothesen, die von der subjektiven finanziellen Lage ausgehen, mit den bivariaten Untersuchungen vorläufig bestätigt werden können. Dazu zählen H_SESKH, H_SESKV und H_SESSOZ: Je schlechter die Befragten mit ihrem monatlichen Einkommen zurechtkommen, desto mehr Paarkonflikte und weniger konstruktives Konfliktverhalten sowie soziale Unterstützung werden berichtet, und dies verringert die Partnerschaftszufriedenheit. Ausschließlich für die deutschen Befragten konnten folgende Gesamthypothesen in bivariater Hinsicht nicht falsifiziert werden, die von der Arbeitslosigkeit ausgehen: H_SESKH, H_SESSOZ, H_SESTA. Demnach kann festgestellt werden, dass Arbeitslosigkeit die Streithäufigkeit und -intensität steigert, das soziale Kapital senkt und die subjektive Paarstabilität senkt, indem eher Trennungsgedanken berichtet werden. Dasselbe gilt für zwei Gesamthypothesen, die das Bildungsniveau thematisieren: H_SESREL und SESEHE. Je geringer das Bildungsniveau, desto höher ist das Ausmaß der Religiosität und die Stärke der Eheorientierung. Auch diese Ergebnisse verdeutli chen, dass die Modelle (vgl. Abbildung 3, S. 82 und S. 83) zum negativen Einfluss der ökonomischen Deprivation auf die Partnerschaft vor allem durch die deutschen Befragten dieser Arbeit gestützt werden, etwas weniger durch die türkischen Befragten.

7.2 Test des ersten Mediatormodells

Im ersten Mediatormodell wird der Einfluss des türkischen Migrationshintergrundes auf die Partnerschaftszufriedenheit unter Berücksichtigung verschiedener intervenierender Größen untersucht, welches im theoretischen Teil dieser Arbeit konzipiert wurde (vgl. Abbildung 23, S. 170).

Mithilfe der unter Kapitel 6.4 festgelegten latenten Variablen (Religiosität, Paarkonflikt u. a.) und den manifesten Variablen (Migrationshintergrund sowie soziodemografischer Kontrollvariablen, Trennungsgedanken u. a.) wird das Strukturgleichungsmodell für die Stichprobe GGS-G getestet, um die direkte und indirekte Wirkung der Herkunft genauer überprüfen zu können. Es werden Verbindungen zwischen allen Variablen zugelassen, auf direktem und indirektem Wege, um die Partnerschaftszufriedenheit[258] zu erklären. Vorlage zur Konstruktion der Kausalpfade bildet das unter Abbildung 23 (S. 170) dargestellte erste Forschungsmodell.

In einem ersten Schritt werden direkte Zusammenhänge von allen einbezogenen Variablen auf die abhängige Variable Partnerschaftszufriedenheit getestet. Simultan werden alle indirekten Pfade modelliert, vom türkischen Migrationshintergrund ausgehend (sowie unter Kontrolle soziodemografischer Variablen) über alle zwischengeschaltete Variablen (wie z. B. Religiosität, Paarkonflikte) zur Partnerschaftszufriedenheit. In diesem Vorgehen fungieren die zwischengeschalteten Variablen als abhängige Variablen, d. h. es werden auch hier Pfadkoeffizienten zu den direkten Beziehungen zwischen beispielsweise „Migrationshintergrund → Paarkonflikt" ausgegeben. Bei der Interpretation aller Beziehungen gilt zu berücksichtigen, dass sie immer unter Kontrolle der anderen Einflussgrößen entstanden sind. Demnach sind direkte Effekte auf die Partnerschaftszufriedenheit immer unter Berücksichtigung der indirekten zu betrachten. Zur Visualisierung werden die direkten Effekte in Tabellen dargestellt und die indirekten Beziehungen in Pfadmodellen graphisch abgebildet. Wenn auch signifikante direkte Beziehungen zwischen den unabhängigen Variablen und der abhängigen Variable Partnerschaftszufriedenheit bestehen, dann sind diese so-

---

258 Die zentrale abhängige Variable „Partnerschaftszufriedenheit" wird aufgrund ihrer elf Ausprägungen in allen geschätzen Strukturgleichungsmodellen als „quasi-metrisch" betrachtet. Zur Berechnung wird die Maximum-Likelihood-Methode verwendet (vgl. Kapitel 6.3).

wohl in den Tabellen (direkte Effekte unter Berücksichtigung der indirekten Effekte) als auch in den Pfadmodellen dargestellt. Da in dieser Arbeit angenommen wird (vgl. Kapitel 5.1), dass die soziale Lage, insbesondere der Migrationshintergrund, über verschiedene intervenierende Größen die Partnerschaftszufriedenheit beeinflusst, werden in einem Modell diverse Mediatoren zwischen den türkischen Migrationshintergrund (sowie der soziodemografischen Kontrollvariablen) und der partnerschaftlichen Zufriedenheit platziert.

In Tabelle 11 sind die direkten Effekte für die Stichprobe GGS-G[259] berechnet worden. Es werden darin alle Variablen in direkten Bezug zur Partnerschaftszufriedenheit gesetzt, unter der gleichzeitigen Berücksichtigung der indirekten Effekte. Es sind die standardisierten Koeffizienten abgebildet und die Standardfehler (S.E.), auch alle im Text genannten Koeffizienten beziehen sich ausschließlich auf standardisierte Werte. Zur Bestimmung der Modellgüte werden verschiedene Kriterien hinzugezogen. Zunächst gilt die χ^2-Verteilung als wichtiges Gütemaß. Sie ist jedoch anfällig für hohe Fallzahlen und daher wenig hilfreich bei den vorliegenden Stichproben. Als alternative Maße werden der Tucker-Lewis-Index (TLI), der Comparative-Fit-Index (CFI) und der Root Mean Square Error of Approximation (RMSEA) hinzugezogen (vgl. ausführlich Kapitel 6.3). Die Erklärungskraft des Modells (siehe Tabelle 11) beträgt 34 % (vgl. R^2 = 0,341). Dies ist als sehr gut zu bewerten. Bei der Aufnahme der Variablen in eine lineare Regression[260] wird deutlich, dass durch die sozialstrukturellen Merkmale (Kind, Frau, Alter, Frauenerwerbstätigkeit, Bildung, subjektive finanzielle Lage, Arbeitslosigkeit und Migrationshintergrund) lediglich 4 % der Varianz erklärt wird. Zudem hat in dieser sozialstrukturellen Erklärung von Partnerschaftszufriedenheit der Migrationshintergrund einen geringen, aber signifikanten Einfluss (β = 0,080***) auf die Partnerschaftszufriedenheit. Unter Aufnahme der verschiedenen Wert- und Verhaltenskomponenten (Paarkonflikte, Religiosität, Traditionalität der Geschlechterrollen, Aufgabenteilungszufriedenheit, Eheorientierung, Trennungsgedanken, soziales Kapital, konstruktives Konfliktverhalten) wird der türkische Migrationshintergrund stark geschwächt und insignifikant (siehe Tabelle 11). Dies deutet darauf hin, dass er mit verschiedenen Variablen zur Wertorientierung wie auch zu den Verhaltenskomponenten zusammenhängt.

---

259 In dieser Stichprobe sind auch Befragte mit binationalem (deutschem oder türkischem) Partner, da es beim Test des ersten Modells um eine Analyse der Wirkung des türkischen Migrationshintergrundes geht. Beim Ausschluss der Befragten, die in binationalen Partnerschaften leben, zeigen sich zudem keine signifikanten Unterschiede. Demnach weichen diese Probanden nicht von den anderen Befragten ab und können in die Stichprobe aufgenommen werden.
260 Auf Nachfrage bei Autorin erhältlich.

Bei der Betrachtung der soziodemografischen Merkmale werden (ohne die Mediatoren) lediglich 3 % bzw. 4 % Anteil erklärter Varianz erreicht. Dies ist nicht verwunderlich, wird in verschiedenen Studien (vgl. Forschungsstand 3.1) berichtet, dass der Einfluss der soziodemografischen Merkmale indirekt vermittelt wird wie z. B. über die Paarkonflikte. Ein Modell[261], in dem lediglich die Mediatorvariablen einbezogen werden erklärt 35 % der Partnerschaftszufriedenheit. Dies ist jedoch noch begrenzt erkenntnisreich, da hier die Wirkung der sozialen Lage gänzlich fehlt, die laut der ökonomischen Belastungsmodelle (vgl. Kapitel 4.1) z. B. die Konflikte und das Konfliktverhalten beeinflusst. Bei der ausschließlichen Betrachtung der direkten Zusammenhänge, wenn die sozialstrukturellen und die späteren Mediator-Variablen gemeinsam und gleichberechtigt nebeneinander in die Regression einbezogen werden, zeigt sich, dass die soziale Lage mit der Partnerschaftszufriedenheit in einem geringen Zusammenhang[262] (β = 0,065***) steht. Erst auf indirektem Wege entfalten die soziodemografischen Merkmale ihre Wirkung auf die abhängige Variable über die zwischengeschalteten Merkmale. Hier ist ersichtlich, wie der türkische Migrationshintergrund über verschiedene zwischengeschaltete Faktoren auf die Bewertung der partnerschaftlichen Zufriedenheit einwirkt.

Bevor diese Wirkungsmechanismen detailliert untersucht werden, erfolgt jedoch zunächst eine Beschreibung der direkten Determinanten der Partnerschaftszufriedenheit (siehe Tabelle 11), um diese später im Kontext der indirekten Effekte einordnen zu können. Beginnend mit der zentralen Variable „türkischer Migrationshintergrund" wird deutlich, dass er direkt die Partnerschaftzufriedenheit nicht erklärt (β = -0,017). Bei den Merkmalen der Deprivation zeigt lediglich eine höhere Bewertung der finanziellen Lage („Auskommen mit Einkommen") einen signifikanten direkten Zusammenhang mit der Zufriedenheit (β = 0,048***). Dies passt zu den theoretischen Überlegungen, dass die finanzielle Lage stark mit der Partnerschaftsqualität zusammenhängt (vgl. Kapitel 4.1). Das Bildungsniveau und die Arbeitslosigkeit spielen keine Rolle. Bei der Betrachtung der Kontrollvariablen sind am stärksten ein niedrigeres Alter (β = -0,099***), gefolgt vom Geschlecht „Mann" (β = -0,039**) und schließlich dem Nichtvorhandensein von Kindern im Haushalt (β = -0,027*) positiv assoziiert mit der partnerschaftlichen Zufriedenheit. Der Einfluss des Alters und der Kinder lassen sich vermutlich aus Ansätzen der Lebensverlaufsperspektive erklären (vgl. Arránz Becker 2008: 101 ff.). Die Partnerschaftszufriedenheit entwickelt sich in Abhängigkeit vom Lebenszyklus, der in verschiedene Phasen eingeteilt wird wie z. B. in die Phase, in der die Kinder noch im elterlichen Haushalt leben und da-

---

261 Auf Nachfrage bei Autorin erhältlich.
262 Es werden die standardisierten Koeffizienten angegeben.

durch für die Partnerschaft spezifische Anforderungen bestehen (Arránz Becker 2008): 110 ff.)

Tabelle 11: Direkte Effekte türkischer Migrationshintergrund und Partnerschaftszufriedenheit unter Berücksichtigung der indirekten Effekte

	GGS-G	
	Logit-Koeffizient (standardisiert)	S. E.
Kontrollvariablen: *Soziodemografische Merkmale*		
mind. 1 Kind im Haushalt (0 = nein, 1 = ja)	-0,027*	0,012
Frau (0 = Mann, 1 = Frau)	-0,039**	0,013
Alter in Jahren	-0,099***	0,013
Frauenerwerbstätigkeit (0 = nein, 1 = ja)	0,019	0,013
Deprivation		
Bildungsniveau (niedrig - hoch)	-0,007	0,012
Subjektive finanzielle Lage (schlecht – sehr gut)	0,048***	0,012
Arbeitslosigkeit (0 = nein, 1 = ja)	0,011	0,021
Migrationshintergrund (nein/ja)		
türkisch	0,017	0,015
Paarkonflikt		
Häufigkeit Streitthema Haushalt	-0,129***	0,022
Wert- und Geschlechtsrollenorientierung		
Religiosität (niedrig - hoch)	0,019	0,012
Traditionalität Geschlechtsrollen (niedrig - hoch)	-0,048**	0,018
Aufgabenteilungszufriedenheit (niedrig - hoch)	0,403***	0,017
Commitment		
Eheorientierung (niedrig-hoch)	0,046***	0,011
Trennungsgedanken (0 = nein, 1 = ja)	-0,171***	0,016
Copingressourcen		
Konstruktives Konfliktverhalten (nie – sehr oft)	0,039**	0,015
Soziale Unterstützung (niedrig-hoch)	0,114***	0,015
Modellgüte:	n = 6.968, χ^2 = 1270,384/ df = 156/ p-value = 0,000 R^2 = 0,341, CFI = 0, 961/ TLI = 0,932, RMSEA = 0,033	

Quelle: Eigene Darstellung.   *** p ≤ 0,001, ** p ≤ 0,01, * p ≤ 0,05, † p ≤ 0,10

Lediglich die Frauenerwerbstätigkeit bleibt einflusslos, hier sind eher vermittelnde Einflüsse anzunehmen über die Zufriedenheit mit der Aufgabenteilung (vgl. Kapitel 4.5). Bei der Betrachtung der Wert- und Verhaltenskomponenten in diesem Modell (Komponenten: Paarkonflikt, Wert- und Geschlechterrollenorientierung, Commitment und Copingressourcen) ist der stärkste direkte Zusammenhang mit der Paarzufriedenheit bei der Aufgabenteilungszufriedenheit (β = 0,403***) zu beobachten. Sie ist, wenngleich hier keine Aussagen des Partners vorliegen, als Ausdruck der Passung der Geschlechterrollenorientierung zwischen den Partnern sowie als Fairness-Indikator für die häusliche Aufgabenteilung und damit als dyadisches Merkmal interpretierbar. Denn es erscheint wichtig, ob die Geschlechterrollen auf Paarebene zueinander passen (z. B. beide traditionell oder egalitär). Lediglich die Information auf Individualebene, ob jemand traditionell oder egalitär eingestellt ist, liefert nur teilweise eine Erkenntnis für die partnerschaftlichen Prozesse. Dies gilt besonders für die häusliche Arbeitsteilung, die im Zusammenleben im Kontext der haushaltsökonomischen Theorien und Studien eine zentrale Einflussgröße der Beziehungsbewertung darstellt. Ebenfalls deckungsgleich mit bisherigen empirischen Befunden sind der zweit- und drittstärkste Effekt, beide auf 1 %-Niveau signifikant: der direkte negative Einfluss der Trennungsgedanken (β = -0,171*** (vgl. Arránz Becker und Hill 2010), als Ausdruck eines niedrigen partnerschaftlichen Commitments) und der Paarkonflikte (β = -0,129***; laut streiten über die Konfliktthemen Haushalt, Geld und Freizeitgestaltung) auf die Partnerschaftszufriedenheit. Der ungünstige Einfluss partnerschaftlicher Konflikte findet sich konsistent in der Forschungsliteratur (vgl. Weiß und Wagner 2010, 2008; Arránz Becker 2008, Hill 2004). Wiederum positiv und hoch signifikant wirkend ist das soziale Kapital (β = 0,114***) in Form von subjektiv empfundener sozialer Nähe zu anderen Menschen und Unterstützung bei Problemen. Damit kann das Sozialkapital als Copingressource für Partnerschaften verstanden werden. Ähnlich dazu auch das konstruktive Konfliktverhalten (β = 0,039**, Häufigkeit von „ruhig ausdiskutieren" bei Meinungsverschiedenheiten), das zwar schwächer, dennoch auf 10 %-Niveau positiv mit der Partnerschaftszufriedenheit in Verbindung steht. Im Kontext der Wahrnehmung von Gerechtigkeit hinsichtlich der häuslichen Arbeitsteilung passt der Befund, dass eine hohe Traditionalität der Geschlechterrollenorientierung schwach negativ (β = -0,048**) die Partnerschaft beeinflusst. Offenbar sind traditionelle Haltungen[263] ungünstig für die Zufriedenheit (besonders der Beziehungsbewertung der weiblichen Befragten). Vermutlich gibt es in vielen Partnerschaften Diskrepanzen hinsichtlich der Geschlechterrollenorientierung, insbesondere nach dem Muster „Mann = traditionell vs. Frau = egalitär", was

---

263 Diese sind bei Männern deskriptiv stärker als bei Frauen (siehe Tabelle 3, S. 140).

Konflikte bezüglich der Haushaltsorganisation und Arbeitsaufteilung hervorrufen könnte. In ähnlicher Stärke wirkt eine hohe Eheorientierung günstig auf die Bewertung der Beziehung ($\beta = 0{,}046{***}$), die Religiosität wiederum ist insignifikant und hat daher keine Bedeutung.

Nach der Betrachtung der direkten Effekte folgt nun eine Analyse der indirekten Zusammenhänge durch Strukturgleichungsmodelle, um die Wirkung des türkischen Migrationshintergrundes über die zwischengeschalteten Faktoren auf die Partnerschaftszufriedenheit zu ergründen. Eine solche Analyse von Wirkungsmechanismen ist mit einer gängigen multivariaten Regressionsanalyse nicht möglich. Da ausgehend von der nationalen Herkunft Beziehungen über alle Mediatoren auf die Partnerschaftszufriedenheit angenommen werden können, hat das nachfolgende Pfadmodell einen z.t. explorativen Charakter. In Tabelle 12 sind alle Pfade abgebildet, die auf mindestens 10 %-Niveau signifikant sind. Darüber hinaus sind ausschließlich die Pfade abgebildet, die im Kontext der Fragestellung relevant sind, nämlich solche, die vom türkischen Migrationshintergrund ausgehen. Die durchaus interessanten „Nebenprodukte" des Outputs, die Pfade, die von den Kontrollvariablen ausgehen, sind im Anhang beigefügt (Tabelle 37, Tabelle 38). Zunächst folgt eine kurze Zusammenfassung zur Wirkung des türkischen Migrationshintergrundes im Vergleich zu den im Anhang abgebildeten Kontrollvariablen. Wenn die totalen Effekte[264] verglichen werden, dann ist der Einfluss, der von der subjektiven finanziellen Lage ausgeht, am stärksten ($\beta_{TE} = 0{,}166{***}$), gefolgt vom Geschlechtereffekt „Frau" ($\beta_{TE} = -0{,}088{***}$) und als drittgrößter von dem Migrationshintergrund ($\beta_{TE} = 0{,}072{***}$). Daraus lässt sich schließen, dass es Unterschiede zwischen Personen mit und ohne türkischen Migrationshintergrund geben muss, die nicht mit der ökonomischen oder beruflichen Situation zu erklären sind. Es gibt jedoch durchaus Erklärungsstrukturen, die von den soziodemografischen Merkmalen determiniert werden. Daher wird nachfolgend kurz auf die Befunde eingegangen, die die Kontrollvariablen betreffen: Nach den drei größten totalen Effekten im Modell, zu denen auch der Migrationshintergrund gehört, folgen die Kontrollgrößen „Alter" ($\beta_{TE} = -0{,}053{***}$) und „Kind" ($\beta_{TE} = -0{,}047{***}$). Die totalen Effekte von „Arbeitslosigkeit", „Bildung"[265] und „Frauenerwerbstätigkeit" sind hingegen nicht signifikant. Jedoch gibt es hier auch interessante indirekte Zusammenhänge. Ein detaillierter Blick auf die Kontrollvariablen zeigt, dass es starke indirekte Zusammenhänge gibt, die neben dem Migrationshintergrund eine Rolle spielen.

---

264 Der totale Effekt setzt sich aus der Summe aller direkten und indirekten Effekte zusammen (Putnam 2000). Die Tabellen (Einzelpfade ausgehend von den Kontrollvariablen) sind auf Nachfrage bei Autorin erhältlich.

265 Hier hebt sich der indirekte totale Effekt ($\beta SIE = 0{,}007$) mit dem direkten auf ($\beta = -0{,}007$), so dass der totale Effekt gleich Null ist.

Folgende Kausalpfade, die von den Kontrollvariablen ausgehen, sind sehr stark auf indirektem Wege auf die Partnerschaftszufriedenheit wirksam: Kind → Aufgabenteilungszufriedenheit → PZ, Frau → Aufgabenteilungszufriedenheit → PZ, Alter → Streithäufigkeit → PZ, Frauenerwerbstätigkeit[266] → Aufgabenteilungszufriedenheit → PZ. Hieraus lässt sich interpretieren, dass das Vorhandensein von Kindern, das Geschlecht „Frau" und die Frauenerwerbstätigkeit stark über die Zufriedenheit mit der Aufgabenteilung vermittelt werden. Die Wirkung des Alters auf die Partnerschaftszufriedenheit wird hingegen vor allem durch die Streithäufigkeit mediiert.

Nachfolgend wird ausführlich auf den Ausschnitt der Ergebnisse eingegangen (Tabelle 12), der explizit die Wirkung des türkischen Migrationshintergrundes zeigt, aufgeteilt in direkte, indirekte und totale Effekte.

Tabelle 12:   *Direkte, indirekte und totale Effekte des türkischen Migrationshintergrundes über die Wert- und Verhaltenskomponenten (Mediatoren) auf die Partnerschaftszufriedenheit*

Kausalpfad	Mediatoreffekt β_{ME}	Totaler indirekter Effekt β_{SIE}	Direkter Effekt β	Totaler Effekt β_{TE}
Migrant → Aufgabenteilungszufriedenheit → PZ	**0,023*****	**0,055*****	**0,017**	**0,072*****
Migrant → Streithäufigkeit → PZ	**0,023*****			
Migrant → Traditionalität → PZ	**-0,016****			
Migrant → Trennungsgedanken → PZ	**0,015*****			
Migrant → Eheorientierung → PZ	**0,006*****			
Migrant → Religiosität→ PZ	0,005†			
Migrant → Soz. Unterstützung/Kapital → PZ	0,002			
Migrant → konstr. Konfliktverhalten → PZ	0,001			
Quelle: Eigene Darstellung.	*** p ≤ 0,001, ** p ≤ 0,01, * p ≤ 0,05, † p ≤ 0,10			

In der linken Spalte sind die einzelnen Kausalpfade abgebildet, die mindestens auf 10 %-Niveau signifikant sind. Die nicht fett-gedruckten haben diesen

---

266 Der Einfluss der Frauenerwerbstätigkeit wird auf direkte Weise unterschätzt ($\beta = 0,019$). Vielmehr wird er zu einem großen Teil über die Mediatorvariablen erklärt (indirekter totaler Effekt $\beta_{SIE} = -0,034$***), während der direkte Effekt zwischen Frauenerwerbstätigkeit und Partnerschaftszufriedenheit gering und nicht signifikant ist.

Schwellenwert unterschritten und haben daher für die weiteren Auswertungen keine Bedeutung. In der zweiten Spalte sind der Mediator oder der indirekte Effekt abgetragen. Die Summe dieser Mediatoren oder indirekten Effekte ist in Spalte drei als „totaler indirekter Effekt" angegeben. Die vorletzte Spalte weist den direkten Zusammenhang zwischen der unabhängigen Variable, von der der Kausalpfad ausgeht (in diesem Fall „Migrant"), auf die Partnerschaftszufriedenheit (PZ) aus. Werden die Kriterien zur Bestimmung von Mediatoreffekten an die einzelnen Kausalpfade angelegt, die vom türkischen Migrationshintergrund ausgehen, dann können alle fünf aufgeführten Kausalpfade[267] als Mediatoreffekte[268] charakterisiert werden.dieses Ergebnis entspricht den im Theorieteil formulierten Überlegungen (vgl. Kapitel 1.1, 4.6, 5.1), dass der Einfluss der Herkunft nicht direkt auf die Partnerschaftszufriedenheit, sondern indirekt über verschiedene Werteinstellungs- und Verhaltenskomponenten sowie soziale Ressourcen vermittelt wird. Darüber hinaus lässt sich der Mediatoreffekt[269] in einen partiellen und totalen einteilen (Urban und Mayer 2005, Abbildung 45). Hinsichtlich des Mediatoreffekts, der insgesamt durch alle indirekten Beziehungen vom türkischen Migrationshintergrund ausgeht, kann ein großer partieller Effekt festgestellt werden. Die Partnerschaftszufriedenheit (Y) wird hier zu einem großen Teil aus der indirekten Beziehung zwischen Migrationshintergrund (X) und Paarkonflikt (β = -0,178***) sowie Paarkonflikt und Partnerschaftszufriedenheit (β = -0,129***) erklärt, wodurch der direkte Effekt zwischen X und Y stark abgeschwächt und fast bedeutungslos wird.

---

267 Für diesen Test wurde mit Mplus (mit mlm) eine Regression berechnet, in der die Mediatoren ausgelassen wurden und nur die direkten Zusammenhänge zwischen dem türkischen Migrationshintergrund unter Berücksichtigung der Kontrollvariablen und der Partnerschaftszufriedenheit überprüft wurden. Der standardisierte Koeffizient zwischen dem türkischen Migrationshintergrund und der abhängigen Variable Partnerschaftszufriedenheit beträgt β = 0,080***. Da er unter Einbezug der Mediatoren (Z) insignifikant und stark geschwächt wird, ist die zweite Bedingung für alle 5 Kausalpfade erfüllt.

268 Der Mediatoreffekt für jeden Kausalpfad ist das Produkt aus der Beziehung von X auf Z und Z auf Y.

269 Erklärung zum partiellen und totalen Mediatoreffekt in Kapitel 6.3

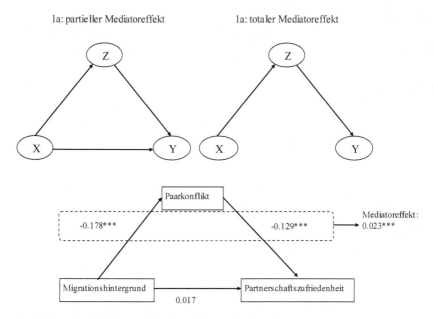

X = Prädiktor, Z = Mediatorvariable, Y = abhängige Variable
Quelle Abbildung oben: in Anlehnung an Urban und Mayerl (2007: 1, 2006).
Quelle Abbildung unten: Eigene Darstellung.

Abbildung 45: Partieller und totaler Mediatoreffekt am Beispiel „Migrationshintergrund → Paarkonflikt → Partnerschaftszufriedenheit"

Bei der Betrachtung aller indirekten Effekte wird deutlich, dass der Migrationshintergrund beim Vergleich aller totalen Effekte nach den unabhängigen Variablen „subjektive finanzielle Lage" und „Frau" den drittstärksten totalen Effekt darstellt. Es ist offensichtlich, dass der Migrationshintergrund sich zwar inhaltlich mit den Merkmalen der sozialen Lage wie dem Bildungsniveau (ρ = -0,447***) oder der subjektiven finanziellen Lage (ρ = -0,372***) überschneidet und höher korreliert, da türkische Migranten sozialstrukturell häufiger ungünstig platziert sind als Deutsche. Dennoch gibt es jenseits davon einen von der sozialen Schicht unabhängigen Effekt, der nur vom türkischen Migrationshintergrund ausgeht. Deutlich wird dies an folgenden Wirkungsmustern:

- Obwohl türkische Migranten ihre subjektive Lage schlechter einschätzen (ρ = -0,372***), ist der Zusammenhang im Pfadmodell zwischen dem türkischen Migrationshintergrund und der Paarkonflikthäufigkeit (laut streiten über Haushalt, Geld und Freizeitgestaltung) negativ (β = -0,178***). Daraus folgt: Wenn ein türkischer Migrationshintergrund vorliegt, dann werden signifikant seltener Streitigkeiten angegeben und dann steigt die partnerschaftliche Zufriedenheit. Demgegenüber steht: Je besser die subjektive finanzielle Lage eingeschätzt wird (die türkische Migranten im Mittel deutlich schlechter einschätzen als Deutsche), desto geringer ist das Konfliktrisiko (β = -0,165***).

- Ähnlich widersprüchlich erscheint dieser Befund: Je besser die subjektive finanzielle Lage eingeschätzt wird, desto geringer ist die Wahrscheinlichkeit von Trennungsgedanken, was sich wiederum sehr günstig auf die Partnerschaftszufriedenheit auswirkt. Gleichzeitig aber geben Personen mit türkischem Migrationshintergrund signifikant weniger Trennungsgedanken an, obwohl die türkische Herkunft doch bivariat mit einem signifikant geringeren Auskommen mit dem monatlichen Einkommen zusammenhängt.

Demnach überschneiden sich die Merkmale der Deprivation wie eine niedrigere Einschätzung des finanziellen Auskommens (ρ = -0,372***), ein geringeres Bildungsniveau (ρ = -0,447***) oder Arbeitslosigkeit zwar teilweise mit dem türkischen Migrationsstatus. Jedoch ist an deren Wirkung auf die Mediatoren eindeutig erkennbar, dass nicht nur die soziale Lage, sondern auch die Herkunft für die Partnerschaftszufriedenheit eine Rolle spielt. Beim Vergleich des totalen indirekten Effekts (Summe aller, auch nicht abgebildeten, Mediatoreffekte von „Migrant" ausgehend) mit dem direkten, die in der Summe den totalen Effekt ergeben, zeigt sich, dass hier ein erheblicher partieller Effekt vom türkischen Migrationshintergrund beobachtbar ist. Denn der totale indirekte Effekt (β_{SiE} = 0,055***) erklärt hoch signifikant etwa 76 % des totalen Effekts, während der direkte Effekt lediglich 24 % Anteil daran hat. Die beiden stärksten Kausalpfade gehen vom türkischen Migrationshintergrund über die Aufgabenteilungszufriedenheit und über die Streithäufigkeit auf die Partnerschaftszufriedenheit. Nachfolgende signifikante starke Mediatoreffekte (β_{ME}) gehen über die Variablen „Aufgabenteilungszufriedenheit" (β_{ME} = 0,023***), „Traditionalität" (β_{ME} = -0,016**) und „Eheorientierung" (β_{ME} = 0,006***).

Hinsichtlich des Mediators „Traditionalität" liegt jedoch eine Besonderheit vor: ein Supressoreffekt (vgl. Abbildung 46). Der Migrationshintergrund (X) übt hier eine gleichgerichtete (positive) Wirkung auf die abhängige Variable „Partnerschaftszufriedenheit" (Y) und den Mediator „Traditionalität" aus. Allerdings steht der Mediator in einer entgegengesetzten (negativen) Beziehung zu Y. Der totale Effekt verringert sich dadurch (im Extremfall können sich der indirekte und direkte Effekt auch gegenseitig (fast) komplett aufheben, siehe Abbildung 57, S. 273). Inhaltlich bedeutet dies, dass der Migrationshintergrund direkt keinen nennenswerten Einfluss auf die Partnerschaftszufriedenheit hat. Jedoch besteht eine starke und positive indirekte Beziehung zwischen dem Migrationshintergrund und einer traditionellen Geschlechterrollenorientierung (β = 0,344***), die wiederum schwach negativ (β = -0,048**) mit der Partnerschaftszufriedenheit zusammenhängt. Hier erfährt der totale Effekt eine drastische Reduktion, da der direkte Effekt (β = 0,031*) durch die Summe der indirekten Beziehungen, der einbezogenen Mediatoren fast nivelliert wird. Dahinter steckt ein Supressoreffekt, der u. a. durch verschiedene Vorzeichen zustande kommt (siehe Werte in gestricheltem Kasten in Abbildung 46).

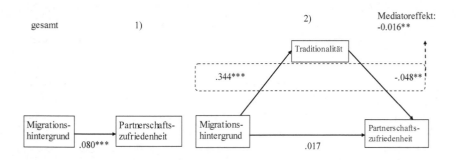

Abbildung 46: Supressoreffekt ausgehend vom türkischen
Migrationshintergrund über Traditionalität auf
Partnerschaftszufriedenheit (gesamt)
Quelle: Eigene Darstellung.

Insgesamt verdeutlichen die Ergebnisse zum ersten Modell, dass trotz der Kontrolle der sozialen Lage der türkische Migrationshintergrund über die vermittelnden Größen Aufgabenteilungszufriedenheit, Streithäufigkeit, Trennungsgedanken, eine bedeutsame Rolle zur Erklärung von Partnerschaftszufriedenheit spielt.

Test der Gesamthypothesen zum ersten Mediatormodell

Um das Zusammenwirken des türkischen Migrationshintergrundes mit den Mediatoren und der partnerschaftlichen Zufriedenheit interpretieren zu können, werden in einem nächsten Schritt die in Tabelle 12 dargestellten Kausalpfade in einem Pfaddiagramm abgebildet. Auf diese Weise können die direkten Verbindungen in ihrer Wirkungsweise interpretiert werden. Im Pfadmodell (Abbildung 47) wird deutlich, dass unter Kontrolle der soziodemografischen Merkmale der Einfluss des Migrationshintergrunds indirekt (über die Mediatoren) bestehen bleibt, direkt jedoch weist er keinen signifikanten Effekt mit der Partnerschaftszufriedenheit auf (β = 0,017).

In einem ersten Schritt wird die linke Seite zwischen der Sozialstruktur und den intervenierenden Variablen, zwischen dem Migrationshintergrund und den Mediatoren, betrachtet. Es wird ersichtlich, dass der Migrationshintergrund den stärksten Einfluss auf traditionelle Geschlechterrollenorientierungen aufweist (β = 0,344***). Demnach kann zumindest der erste Teil der Gesamthypothese H_MIGTRA als vorläufig bestätigt gelten: Wenn ein türkischer Migrationshintergrund vorhanden ist, dann ist die Traditionalität der Geschlechterrollen größer und dies hat einen positiven Effekt auf die Partnerschaftszufriedenheit. Jedoch hat die Traditionalität in Abbildung 47 einen negativen Effekt auf die Partnerschaftszufriedenheit, was nicht hypothesenkonform mit dem zweiten Teil der Gesamthypothese ist. Am zweitstärksten wirkt der türkische Migrationshintergrund auf die Paarkonflikte, er senkt deren Wahrscheinlichkeit deutlich (β = -0,178***). Damit ist die Hypothese H_MIGKH falsifiziert, denn es wurde postuliert, dass der türkische Migrationshintergrund partnerschaftliche Konfliktentstehung eher begünstigt. Der zweite Teil der Hypothese kann jedoch als vorläufig verifiziert gelten, da die Paarkonflikte negativ mit der Partnerschaftszufriedenheit zusammenhängen. Außerdem hat er einen positiven Einfluss auf ein hohes Commitment, denn er begünstigt hoch signifikant eine hohe Eheorientierung (β = 0,123***) und senkt die Wahrscheinlichkeit von Trennungsgedanken (β = -0,086***). Daraus folgt, dass der türkische Migrationshintergrund wie in den Hypothesen H_MIGEHE und H_MIGST angenommen, positiv signifikant über das partnerschaftliches Commitment (durch eine hohe Eheorientierung β = 0,046*** und durch die Abwesenheit von Trennungsgedanken β = -0,171***) auf die Partnerschaftzufriedenheit wirkt. Der türkische Migrationshintergrund wirkt sich jedoch günstig auf die Aufgabenteilungszufriedenheit aus (β = 0,057***), diese wiederum hängt stark positiv (stärkster Wert im Modell β = 0,403***) mit der Partnerschaftszufriedenheit zusammen, so dass Hypothese H_MIGAUF insgesamt als vorläufig verifiziert gelten muss. Der türkische Migrationshintergrund hat jedoch keinen oder nur einen geringen (unter 10%-Niveau) signifikanten vermittelnden Einfluss auf die Partnerschaftszufriedenheit über die (grau markierten) Mediatoren „konstruktives Konfliktverhalten" (β_{ME} = 0,001) und „soziales Kapital" (Copingressourcen) und „Religiosität".

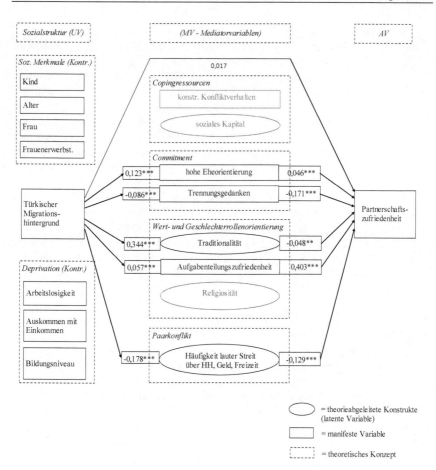

UV: Unabhängige Variable, MV: Mediatorvariable, AV: Abhängige Variable
Quelle: Eigene Darstellung.   *** p ≤ 0,001, ** p ≤ 0,01, * p ≤ 0,05

*Abbildung 47: Pfadmodell zum Einfluss des türkischen
                Migrationshintergrundes auf die Partnerschaftszufriedenheit*

Während die Bedeutung einer religiösen Hochzeit und eines Begräbnisses
schwach signifikant und indirekt mit der abhängigen Variable zusammenhängt
(β_{ME} = 0,005†), ist die wahrgenommene soziale Unterstützung auf indirektem

Wege insignifikant (β_{ME} = 0,002). Daher sind nachfolgende Hypothesen falsifiziert:

H_MIGKV: Wenn ein türkischer Migrationshintergrund vorhanden ist, dann ist das konstruktive Konfliktverhalten geringer und dies senkt die Partnerschaftszufriedenheit.

H_MIGREL: Wenn ein türkischer Migrationshintergrund vorhanden ist, dann ist das Ausmaß der Religiosität größer und dies hat einen positiven Effekt auf die Partnerschaftszufriedenheit.

H_MIGSOZ: Wenn ein türkischer Migrationshintergrund vorhanden ist, dann ist das soziale Kapital höher und dies hat einen positiven Effekt die Partnerschaftszufriedenheit.

Auch wenn die Kausalpfade zu diesen Hypothesen insgesamt nicht signifikant sind, ist die Betrachtung der einzelnen Pfadkoeffizienten bedeutsam und zeigt, dass einzelne Bestandteile der Hypothesen durchaus zutreffen können. Die Pfadkoeffizienten zeigen wichtige und interessante Befunde, die ebenfalls darauf hinweisen, dass es weniger Schicht- als vielmehr Herkunftseffekte sind, die die Wertorientierung beeinflussen: Der türkische Migrationshintergrund hängt hoch signifikant mit der Religiosität zusammen (β = 0,283***), wenngleich der gesamte Kausalpfad nicht signifikant ist.

Zusammenfassung zu den Ergebnissen des ersten Mediatormodells

Ziel des ersten Mediatormodells war es zu klären, ob der türkische Migrationshintergrund die Partnerschaftszufriedenheit über intervenierende Größen wie z. B. das soziale Kapital beeinflusst. Dabei sollten zusätzlich verschiedene Variablen, die die soziale Positionierung definieren wie z. B. Bildung, kontrolliert werden. Insgesamt belegt die Überprüfung des ersten Mediatormodells, dass bei simultaner Überprüfung des Migrationshintergrunds und der sozioökonomischen Lage mitsamt der Kontrollvariablen wie z. B. Kinder die Wirkung des Migrationshintergrundes bestehen bleibt. Dies lässt sich sowohl für das Strukturgleichungsmodell als auch für die lineare Regression feststellen. Wenngleich durch die Aufnahme des Migrationshintergrunds in einer linearen Regression sowohl die Effekte der Frauenerwerbstätigkeit und des Bildungsniveaus stark abschwächt, bleibt der negative Einfluss eines Kindes im Haushalt, des Geschlechts (Frau) und des Alters, die alle negativ mit der Partnerschaftszufriedenheit zusammenhängen, bestehen. Die Einschätzung der finanziellen Lage wird in ihrer positiven Beziehung zur abhängigen Variable erhöht und hat den größten Einfluss unter allen sozial- und familienstrukturellen Prädiktoren, die in die Re-

gression aufgenommen wurden. Demnach weist der türkische Migrationshintergrund zum Teil inhaltliche Überschneidungen mit Merkmalen der sozialen Lage
auf. Jedoch ist er ein Faktor mit eigenständiger Erklärungskraft. Die dargestellten Koeffizienten in Tabelle 13 sind den Ergebnissen zum ersten Strukturgleichungsmodell entnommen. Daher sind darin sowohl die soziodemografischen
Kontrollvariablen als auch alle indirekten Beziehungen berücksichtigt. Bevor auf
die Gesamthypothesen eingegangen wird, werden zunächst die Teilhypothesen-
Ergebnisse erläutert.

Der erste Block in Tabelle 13 thematisiert die Hypothesen ausgehend vom
türkischen Migrationshintergrund auf die einzelnen Mediatoren. Der zweite
Block zeigt die Zusammenhänge zwischen den Mediatoren und der Partnerschaftszufriedenheit. Aus Tabelle 13 ist ersichtlich, dass später zwar manche
Gesamthypothese falsifiziert werden muss, jedoch die erste oder zweite Teilhypothese, aus der sie zusammengesetzt wurde, vorläufig verifiziert sein kann. Die
Überprüfung der Teilhypothesen erfolgt hier über Teilregressionen[270], die einerseits zwischen unabhängiger Variable und Mediatorvariable und andererseits
zwischen Mediatorvariable und Partnerschaftszufriedenheit berechnet werden.
Für die Beziehungen zwischen dem türkischen Migrationshintergrund und den
Mediatoren müssen von den neun Teilhypothesen vier falsifiziert werden. Vorläufig bestätigt gilt, dass ein türkischer Migrationshintergrund einen hoch signifikant positiven Einfluss auf Religiosität, Traditionalität, Aufgabenteilungszufriedenheit und das partnerschaftliche Commitment hat (vgl. Kapitel 5.1).

Innerhalb des Hypothesen-Blocks zur Verbindung der einzelnen Mediatoren
auf die Partnerschaftszufriedenheit für die Stichprobe „Gesamt" können von den
acht angenommenen Teilhypothesen sechs vorläufig bestätigt werden. Je weniger laut gestritten, je häufiger bei Meinungsverschiedenheiten „ruhig diskutiert"
wird, je mehr soziales Kapital vorhanden ist, je höher die Aufgabenteilungszufriedenheit im Haushalt ist, desto zufriedener sind die Befragten insgesamt.
Günstig für die partnerschaftliche Zufriedenheit sind auch die wahrgenommene
Stabilität der Beziehung (wenn keine Trennungsgedanken berichtet werden) und
eine höhere Zustimmung zu der Aussage, dass die Ehe keine überholte Einrichtung ist.

---

270 Es sind die Pfadkoeffizienten aus dem ersten Strukturgleichungsmodell.

Tabelle 13:   *Zusammengefasste Ergebnisse Teilhypothesen, Modell 1 (Gesamt)*

Hypothese			Multivariate Beziehungen direkt mit Berücksichtigung der indirekten Effekte (Modell 1)	
TEILHYPOTHESEN (h): TÜRKISCHER MIGRATIONSHINTER-GRUND→MEDIATOREN			β standard. Koeffizient	h Hypothesentest
	Wenn ein türkischer Migrationshintergrund vorhanden ist, ...			
H_MIGPZ	dann ist die Partnerschaftszufriedenheit höher als die von Deutschen. (direkter Zusammenhang)		-0,017	-
PAARKONFLIKTE				
h_MIGKH	dann vergrößert sich die Wahrscheinlichkeit, dass es Paarkonflikte gibt.		-0,178***	-
COPINGRESSOURCEN				
h_MIGKV	dann ist das konstruktive Konfliktverhalten seltener.		0,025	-
h_MIGSOZ	dann ist das soziale Kapital höher.		-0,014	-
WERT-UND GESCHLECHTSROLLENORIENTIERUNG				
h_MIGREL	dann ist das Ausmaß der Religiosität größer		0,283***	++
h_MIGTRA	dann ist die Traditionalität der Geschlechterrollen größer		0,344***	++
h_MIGAUF	dann ist die Aufgabenteilungszufriedenheit größer.		0,057***	++
COMMITMENT				
h_MIGST	dann ist die Wahrscheinlichkeit von Trennungsgedanken geringer (die subjektive Paarstabilität größer)		-0,086***	++
h_MIGEHE	dann ist die Eheorientierung größer.		0,123***	++

TEILHYPOTHESEN MEDIATOREN→PARTNERSCHAFTSZUFRIEDENHEIT

PAARKONFLIKTE				
h_KH	Je weniger Konflikte in einer Partnerschaft auftreten (Konfliktausmaß) und je schwächer die wahrgenommene Intensität derselben ist (Häufigkeit von dysfunktionalen Konfliktstrategien), ...		-0,129***	++
COPINGRESSOURCEN				
h_KV	Je häufiger konstruktives Konfliktverhalten vorkommt,...		0,039**	+
h_SOZ	Je mehr soziales Kapital vorhanden ist, ...		0,114***	++
WERT-UND GESCHLECHTSROLLENORIENTIERUNG				

h_REL	Je stärker das Ausmaß der Religiosität ist, ...	0,019	-
h_TRA	Je höher die Traditionalität d. Geschlechter-rollenorientierung ist, ...	-0,048**	- (e.E.)
h_AUF	Je höher die Aufgabenteilungszufriedenheit ist, ...	0,403***	++
COMMITMENT			
h_ST	Je höher die subjektive Paarstabilität ist (Trennungsged.(-)→PZ), ...	-0,171***	++
h_EHE	Je größer die Eheorientierung ist, ...	0,046***	++
	desto höher ist die Partnerschaftszufrieden-heit.		

++ = Hypothese vorläufig bestätigt; + = signifikanter, aber schwacher Effekt; - = Hypothese falsifiziert;(e.E.) = entgegengesetzter Effekt, signifikant.
Quelle: Eigene Darstellung.

Nach der Betrachtung der Teilhypothesen werden nun die Ergebnisse der (auf mindestens 5 % Niveau signifikanten) Gesamthypothesen zusammengefasst in Tabelle 14, basierend auf den Ergebnissen des ersten Strukturgleichungsmodells.

Tabelle 14:   *Ergebnisse zu Gesamthypothesen von türkischem Migrationshintergrund ausgehend (Gesamt, Strukturgleichungsmodell 1)*

Teilhypothesen zu Verbindungen: Türk. Migr. →Mediatoren	h	Teilhypothesen zu Verbindungen: Mediatoren→ PZ	h	gesamt H
Türk. Migr. →(direkter Zusammenhang)		(+)PZ		-
Türk. Migr. → (+) Paarkonflikt	-	Paarkonflikt→ (-)PZ	++	-/++
Türk. Migr. → (-) konstruktives Konfliktv.	-	konstruktives Konfliktv. → (+)PZ	+	-/++
Türk. Migr. → (+) soziales Kapital	-	soziales Kapital→ (+)PZ	++	-/++
Türk. Migr. → (+) Religiosität	++	Religiosität→ (+) PZ	-	++/-
Türk. Migr. → (+) Traditionalität	++	Traditionalität→ (+) PZ	-	++/-
Türk. Migr. → (+) Aufgabenteilungszufr.	++	Aufgabenteilungszufr.→ (+) PZ	++	++/++
Türk. Migr. → (+) Eheorientierung	++	Eheorientierung→ (+) PZ	++	++/++
Türk. Migr. → (-) Trennungsgedanken	++	Trennungsgedanken→ (-)PZ	++	++/++

++ = Hypothese vorläufig bestätigt; + = schwach signifikant; - = Hypothese falsifiziert
Quelle: Eigene Darstellung.

Demnach kann der direkte Zusammenhang zwischen dem türkischen Migrationshintergrund und der Partnerschaftszufriedenheit falsifiziert werden. Das be deutet, dass die Herkunft z. B. über die Werteinstellung zur Ehe vermittelt auf die Partnerschaftszufriedenheit wirkt.

Insgesamt können drei Gesamthypothesen durch die multivariaten Untersuchungen vorläufig bestätigt werden. H_MIGAUF, H_MIGEHE und H_MIGST. Diese Befunde sind in der äußersten rechten Spalte („gesamt H") für jede Teilhypothese „h" summiert und fett gedruckt. Bei Personen mit türkischem Migrationshintergrund ist die Aufgabenteilungszufriedenheit mit der Hausarbeit größer, die Eheorientierung stärker und die subjektive Paarstabilität höher. Diese Mediatoren sind bei türkischen Migranten unter Kontrolle von Bildung, Alter, Geschlecht und anderer soziodemografischer Merkmale stärker ausgeprägt als bei Deutschen. Diese wiederum wirken sich positiv auf die partnerschaftliche Zufriedenheit aus. Die vorliegenden Befunde stimmen überein mit den unter Kapitel 5.1 dargestellten Annahmen.

7.3 Test des zweiten Mediatormodells

Nach der gleichen Vorgehensweise wie beim ersten Mediatormodell wird im Folgenden das zweite getestet. Im Mittelpunkt steht dabei eine Gegenüberstellung der Befunde der deutschen mit denen der türkischen Stichprobe. Ausgangspunkt des zweiten Modells sind nun die Merkmale der Deprivation (unter Kontrolle weiterer soziodemografischer Variablen) sowie deren Einfluss auf die intervenierenden Variablen (z. B. Paarkonflikt, soziales Kapital etc.), die wiederum die Partnerschaftszufriedenheit determinieren (vgl. Kapitel 5.2). Die Hypothesen werden auf Basis von zwei Modellen getestet, welche getrennt für die GGS-D und GGS-T berechnet werden.

In Tabelle 15 sind die direkten Effekte[271] (unter Berücksichtigung der indirekten Effekte) auf die Partnerschaftszufriedenheit für Deutsche und Türken zweispaltig gegenübergestellt. Das Modell für die deutsch-deutschen Partnerschaften weist mit χ^2 = 863,771 (df = 145, p-value = 0,000) zwar ein signifikantes Testergebnis auf. Da jedoch eine starke Abhängigkeit von der Stichprobengröße besteht (χ^2-Werte steigen mit Fallzahl an), kann dieser Befund als Gütekriterium auch hier nicht maßgeblich sein. Stattdessen werden der CFI = 0, 960, TLI = 0,929 und der RMSEA = 0, 034 hinzugezogen, die insgesamt einen guten Modellfit nachweisen (vgl. 6.3). Die aufgenommenen Variablen erklären etwa 38 % (R^2 = 0,376) der Varianz von Partnerschaftszufriedenheit. Auch das Modell für die türkischen Migranten mit türkischen Partnern erfüllt mit einem Wert von

---

271 Nachfolgend werden alle Pfadkoeffizienten und indirekte Effekte mit drei Nachkommastellen angegeben, um eine bessere Vergleichbarkeit zu gewährleisten, die durch Rundungen teilweise nicht mehr möglich ist.

CFI = 0,975, TLI = 0,957 und einem RMSEA = 0,023 alle Bedingungen für ein passendes Modell, welches durch etwa 36 % (R^2 = 0,363) erklärt wird. Dies bedeutet, dass die aufgenommenen Variablen in beiden Stichproben zu gleichen Anteilen, mit etwas mehr als einem Drittel die Partnerschaftszufriedenheit erklären. Dies ist als gutes Ergebnis zu werten. Durch die Aufnahme der intervenierenden Variable „Aufgabenteilungszufriedenheit" wird im deutschen Modell das R^2 um 12 % erhöht, beim türkischen um 17 %. Offenbar spielt die Zufriedenheit mit der Aufgabenteilung als vermittelnde Größe innerhalb der türkischen Stichprobe eine etwas größere Rolle. Die Ursache dafür wird später in Kapitel 7.4 ersichtlich, wenn die türkischen Migranten nach Generationen getrennt untersucht werden. Bei der Betrachtung der Vorzeichen der Koeffizienten zeigen sich keine gegenteiligen Effekte, alle Determinanten wirken bei beiden Gruppen in dieselbe Richtung. Bei der Stärke der Wirkung treten jedoch deutliche Unterschiede auf: Während das Vorhandensein von mindestens einem Kind im Haushalt bei den Deutschen einen leicht signifikanten Effekt (β = -0,025†) hat, ist dieser Zusammenhang bei den Türken insignifikant. Dies kann daran liegen, dass hinsichtlich der familialen Rollenmodelle hier häufiger die klassische „Hausfrauenehe" vorliegt, so dass Kinder nicht so sehr als Belastung empfunden werden wie bei Doppelverdienerpaaren, die es häufiger bei Deutschen gibt. Bei den Migranten ist jedoch ein starker Geschlechtereffekt zu beobachten, das Geschlecht „Frau" wirkt sich deutlich ungünstig auf die Partnerschaftszufriedenheit aus (β = -0,081***). Ähnlich hoch in beiden Gruppen ist der Alterseffekt (Deutsche β = -0,071***, Türken β = -0,096***). Dass ein höheres Alter mit einer deutlich niedrigeren Zufriedenheit zusammenhängt, stimmt mit den jüngeren Studien zur Abnahme der Ehequalität über die Partnerschaftsdauer überein (vgl. Brandtstädter und Felser 2003, Arránz Becker 2008: 117 ff.). Demgegenüber steht die Annahme, dass sich die Partnerschaftszufriedenheit U-förmig über die Ehedauer entwickelt und vor allem dann ansteigt, wenn die Kinder erwachsen sind und den elterlichen Haushalt verlassen haben (Arránz Becker 2008: 117 ff.). Dies ist bei vielen Befragten beider Stichproben noch nicht zutreffend. Andererseits zeigen andere Befunde, dass Ehen beim Eintritt ins Rentenalter (vorübergehend) konfliktreicher werden (Arránz Becker 2008: 119). Welche der genannten Erklärungen für den negativen Alterseffekt wirksam ist, lässt sich nicht klären. Der Einfluss der Frauenerwerbstätigkeit ist hingegen nur bei den Deutschen signifikant (β = 0,036*), da hier auch häufiger Rollenkonflikte und die Doppelbelastungsproblematik auftreten (vgl. Rohmann et al. 2002). Die Merkmale der Deprivation sind ebenfalls verschieden in beiden Gruppen: Bildungseffekte sind nicht zu beobachten, jedoch gibt es bei den Deutschen einen stärker signifikanten und positiven Einfluss der subjektiven finanziellen Lage auf die Partnerschaftszufriedenheit (β = 0,045***).

Tabelle 15: *Direkte Effekte (unter Berücksichtigung der indirekten Effekte)*
auf die Partnerschaftszufriedenheit (Deutsche und Türken)

	Deutsche (mit deutschem Partner)		Türken (mit türkischem Partner)	
	Logit-Koeffizient (standardisiert)	S. E.	Logit-Koeffizient (standardisiert)	S. E.
Kontrollvariablen				
Soziodemografische Merkmale				
mind. 1 Kind im Haushalt (0 = nein, 1 = ja)	-0,025†	0,014	-0,037	0,026
Frau (0 = Mann, 1 = Frau)	-0,031†	0,016	-0,081***	0,025
Alter in Jahren	-0,071***	0,016	-0,096***	0,026
Frauenerwerbstätigkeit (0 = nein, 1 = ja)	0,036*	0,016	0,025	0,024
Deprivation				
Bildungsniveau (niedrig - hoch)	-0,004	0,013	-0,036	0,022
Subjektive finanzielle Lage (schlecht - sehr gut)	0,045***	0,014	0,033	0,022
Arbeitslosigkeit (0 = nein, 1 = ja)	0,031*	0,015	0,041	0,054
Paarkonflikt				
Häufigkeit Streitthema Haushalt	-0,146***	0,029	-0,128**	0,044
Wert- und Geschlechtsrollenorientierung				
Religiosität (niedrig - hoch)	0,018	0,013	0,012	0,025
Tradit. Geschlechtsrollen (niedrig - hoch)	-0,074***	0,019	-0,002	0,034
Aufgabenteilungszufriedenheit (niedrig - hoch)	0,395***	0,021	0,450***	0,038
Commitment				
Eheorientierung (niedrig - hoch)	0,059***	0,014	0,021	0,024
Trennungsgedanken (0 = nein, 1 = ja)	-0,180***	0,020	-0,147***	0,037
Copingressourcen				
Konstruktives Konfliktverhalten (nie - sehr oft)	0,050**	0,018	0,024	0,031
Soziale Unterstützung (niedrig - hoch)	0,099***	0,017	0,130***	0,030
Modellgüte:	n = 4.355 χ^2 = 863,771 df = 145 p-value = 0,000 R^2 = 0,376	CFI = 0, 960 TLI = 0,929 RMSEA = 0, 034	n = 1.471 χ^2 = 258,688 df = 147 p-value = 0,000 R^2 = 0,363	CFI = 0,975 TLI = 0,957 RMSEA = 0,023

Quelle: Eigene Darstellung.   *** p ≤ 0,001, ** p ≤ 0,01, * p ≤ 0,05, † p ≤ 0,10

Offenbar ist die Wahrnehmung, die subjektive Komponente der materiellen Möglichkeiten bedeutsamer für die Partnerschaft als die objektiv messbaren Voraussetzungen, wie z. B. das Bildungsniveau, welches mit dem Einkommen korreliert (z. B. Micheel und Naderi 2009). Überraschenderweise scheint auch die Arbeitslosigkeit bei Deutschen leicht günstig zu wirken ($\beta = 0,031*$), was in einem nächsten Schritt bei der Betrachtung der indirekten Effekte genauer untersucht werden muss. Auf direktem Weg scheint die Deprivation bei den türkischen Migranten zumindest keinen signifikant ungünstigen Einfluss auszuüben. Damit kann die Hypothese H_SESPZ als vorläufig verifiziert gelten: Je geringer der sozioökonomische Status ist, desto geringer ist die Zufriedenheit bezüglich der sozialen Lage bzw. sozioökonomischen Position, welche auch die Zufriedenheit mit der Partnerschaft senkt. Dazu wurde zusätzlich angenommen, dass dies für Deutsche stärker gelten müsste als für Türken. Auf direktem Wege kann dies teilweise als vorläufig bestätigt gelten.

Bei der Analyse der Mediatoren, die hier zunächst als direkte Effekte[272] dargestellt sind, zeigen sich verschiedene Gemeinsamkeiten, jedoch auch einige interessante Gruppenunterschiede, die mit den deskriptiven Differenzen übereinstimmen (vgl. Kapitel 7.1): Wie erwartet hängt die Häufigkeit von Paarkonflikten, wenn sie laut streitend ausgetragen wurden, negativ mit der Partnerschaftszufriedenheit zusammen (Deutsche $\beta = -0,146***$, Türken $\beta = -0,128**$). Bei den Wert- und Geschlechterrollenorientierungen sind Differenzen erkennbar, während die Religiosität in beiden Gruppen keine Rolle spielt, wirkt lediglich eine geringe Traditionalität schwach positiv auf die Partnerschaftszufriedenheit bei den Deutschen ($\beta = -0,074***$), die wiederum bei den Türken keinen Effekt hat ($\beta = -0,002$). Die Aufgabenteilungszufriedenheit hingegen, die auch als Indikator für die Passung der Geschlechterrollenorientierung (als Wahrnehmung von Fairness bei der partnerschaftlichen Arbeits- und Aufgabenteilung) interpretiert werden kann, hängt wie postuliert, bei den Deutschen ($\beta = 0,395***$), und noch stärker bei den Türken ($\beta = 0,450***$) hoch signifikant mit einer positiven Bewertung der Partnerschaft zusammen. Hinsichtlich des partnerschaftlichen Commitments sind jedoch Differenzen sichtbar: Die deutschen Befragten mit hoher Eheorientierung neigen auch zu einer höheren Zufriedenheit ($\beta = 0,059***$), während dies bei den türkischen Probanden unwichtig erscheint ($\beta = 0,021$). In beiden Gruppen zeigt sich jedoch, dass die Abwesenheit von Trennungsgedanken günstig ist für die Bewertung der Partnerschaft. Bei den Deutschen ($\beta = -0,180***$) stärker als bei den Türken ($\beta = -0,147***$). Auch die Copingressourcen wirken unterschiedlich: Während die Häufigkeit von konstruktivem Streiten („ruhig diskutieren") bei den Deutschen ($\beta = 0,050**$) die

---

272 Unter Berücksichtigung aller indirekten Beziehungen.

Partnerschaftszufriedenheit erhöht, ist dies bei den Türken nicht relevant. Anders sieht es bei der Wirkung des sozialen Kapitals aus. Dort wirkt sich eine hohe soziale Unterstützung (β = 0,130***) stärker aus als bei den Deutschen (β = 0,099***). Dass die Aspekte Religiosität und Eheorientierung bei der türkischen Stichprobe keinen Effekt zeigen, obwohl sie doch deskriptiv (siehe Abbildung 42, S. 214 und Abbildung 33, S. 202) bei den Türken hohe Werte erzielen, könnte damit zusammenhängen, dass es weniger Varianz gibt als in der deutschen Stichprobe. Da die meisten der türkischen Befragten eine höhere Religiosität und Eheorientierung haben, spielen diese Aspekte statistisch betrachtet keine Rolle. Insgesamt spricht dies dafür, dass es eventuell einen selektiven Ausfall gibt innerhalb der türkischen Migrantengruppe und darin vor allem konservative, religiöse Milieus überrepräsentiert sind. Dies könnte durch die Selektionskriterien zustande gekommen sein: Personen, die in einer Partnerschaft leben und mit ihrem Partner einen gemeinsamen Haushalt führen, haben vermutlich häufiger Heiratsabsichten bzw. sind schon verheiratet als solche, die in getrennten Haushalten leben. Dies trifft besonders auf türkische Migranten zu (Naderi 2008).[273] Nichteheliche Lebensgemeinschaften sind unter Zuwanderern aus der Türkei seltener zu beobachten, selbst in den jüngeren Geburtskohorten der Migranten ist diese Lebensform seltener als bei Deutschen. Naderi (2008: 446) vermutet, dass türkische Migranten der jüngeren Kohorte die Lebensweise ihrer (Groß-)Eltern stärker zum Vorbild nehmen als es Deutsche tun. Türkische Migranten haben *„seltener mehr als eine Kohabitation und haben kürzere voreheliche Phasen"* (Naderi 2008: 433). Es sei jedoch angemerkt, dass durch diese Auswahl bei den Personen der deutschen Stichprobe eine Verzerrung zu einer stärkeren Eheorientierung anzunehmen ist. Wenngleich die Akzeptanz von nichtehelichen Lebensformen bei Deutschen generell größer ist (Naderi 2008), sind in der selektierten Stichprobe dieser Arbeit 9/10 der Deutschen verheiratet, damit sind Ehen deutlich überrepräsentiert. Folglich müssten diese Personen eine überdurchschnittliche Eheorientierung und eine im Mittel schwächere Akzeptanz von nichtehelichen Lebensformen aufweisen.

Nach der Analyse der direkten Effekte erfolgt nun der Test der Hypothesen zum zweiten Modell, für die die Kausalpfade, die indirekten Effekte, aus dem deutschen und türkischen Modell hinzugezogen werden. In Tabelle 16 sind die Kausalpfade für die deutsche Stichprobe, ausgehend von den Merkmalen der

---

273 *„ (...) je höher die Bildung, je geringer die Religiosität und je höher die Akzeptanz nichtehelichen Zusammenlebens, umso häufiger haben die Befragten auch in ihrem Leben mindestens einmal nichtehelich mit einem Partner/einer Partnerin zusammengelebt. Gerade der Zusammenhang zwischen Religiosität und der Werthaltung gegenüber der nichtehelichen Lebensgemeinschaft zeigt, dass die subjektive Präferenz und verinnerlichte Normen, eine bedeutende Rolle für die tatsächliche Lebensweise spielen"* (Naderi 2008: 446).

Deprivation (Arbeitslosigkeit, Bildung und subjektive finanzielle Lage) abgebildet. In Tabelle 17 finden sich die Pfade für die türkische Stichprobe. Zunächst wird nun der Einfluss der Deprivation und der zwischengeschalteten Wert- und Verhaltenskomponenten auf die Partnerschaftszufriedenheit bei den Deutschen und Türken untersucht. Beim Vergleich der Tabelle 16 und Tabelle 17[274], in denen die direkten, indirekten und totalen Effekte abgebildet sind, fällt auf, dass bei den Deutschen doppelt so viele Kausalpfade auf mindestens 10 % signifikant sind wie bei den Türken. Daraus folgt, dass die Rolle der intervenierenden Faktoren bei den Deutschen eine deutlich stärkere Rolle spielt, um die Wirkung der Deprivationsmerkmale zu moderieren. Es wird insgesamt deutlich, dass innerhalb der deutschen Stichprobe sowohl direkt als auch indirekt die Einschätzung der finanziellen Lage eine größere Rolle für die partnerschaftliche Zufriedenheit spielt als bei den türkischen Befragten. Dadurch wird umgekehrt die Annahme der stärkeren Anfälligkeit der Partnerschaftszufriedenheit von deutschen Paaren für eine deprivierte materielle Situation vorläufig bestätigt (Spillover-Effekt vgl. Kapitel 5.2).

Die Überprüfung der indirekten Zusammenhänge hinsichtlich der Kriterien zur Bestimmung von Mediatoreffekten ergeben sich bei den Deutschen sieben[275] und bei den Türken drei[276] relevante Pfade. Diese Mediatoreffekte gehen bei beiden Gruppen ausschließlich von der „finanziellen subjektiven Lage" aus (fett hervorgehoben). Durch die Erfüllung des vierten Kriteriums (vgl. 6.3.2, S. 180 ff.) wird ersichtlich, dass sich in einer multivariaten Regression durch den Einbezug des jeweiligen Mediators (Z = zusätzlicher Prädiktor) wie z. B. soziale Unterstützung/Kapital, der Effekt des Prädiktors (X = subjektive finanzielle Lage) auf die abhängige Variable (Y = Partnerschaftszufriedenheit) verringert. Das bedeutet, dass die Z-Variable (Mediator) eine wichtige Rolle bei der Vermittlung von der subjektiven Lage (X) auf die Partnerschaftszufriedenheit (Y) übernimmt. Bei der Betrachtung der Pfade[277], die von der Arbeitslosigkeit ausgehen (GGS-D: Tabelle 16), ist bei der deutschen Stichprobe ein schwacher indirekter Effekt erkennbar (β_{ME} = -0,004**), der bei der türkischen stärker ist

---

274 In beiden Tabellen sind jeweils nur die Kausalfpade abgebildet, die von den Deprivationsmerk-malen ausgehen. Diejenigen, die von den Kontrollvariablen ausgehen sind auf Nachfrage bei der Autorin erhältlich.

275 Der Pfad „Arbeitslosigkeit → Eheorientierung → PZ" erfüllt Kriterium 2 und 4 nicht. Die Pfade „Bildungsniveau → Traditionalität → PZ" und „Bildung → Soziales Unterstützung/Kapital → PZ verstoßen gegen Bedingung 2 und können daher (nur) als indirekte Zusammenhänge bezeichnet werden.

276 Die Pfade „Arbeitslosigkeit → Aufgabenteilungszufriedenheit → PZ" und „ Arbeitslosigkeit → soziale Unterstützung/Kapital → PZ" erfüllen nur das 1. und 3. Kriterium. Daher kann an dieser Stelle (nur) von indirekten Beziehungen die Rede sein.

277 Indirekte Beziehungen bei Autorin erhältlich.

(GGS-T: Tabelle 17) und dort über zwei Mediatoren verläuft: Aufgabenteilungs-zufriedenheit (β_{ME} = -0,048**) und soziale Unterstützung/Kapital (β_{ME} = -0,005***). Ausgehend vom Bildungsniveau verlaufen nur bei den Deutschen signifikante Pfade über die Mediatoren „Traditionalität der Geschlechterrollen" und „soziale Unterstützung/Kapital" auf die Partnerschaftszufriedenheit (PZ), wenngleich hier die Summe der indirekten Effekte nicht signifikant ist. Die stärksten (und auch meisten) Pfade gehen in beiden Gruppen von der Einschätzung der subjektiv finanziellen Lage aus: Sowohl bei den Deutschen (β_{ME} = 0,051***) als auch bei den Türken (β_{ME} = 0,047***) wirkt die Mediatorvariable „Aufgabenteilungszufriedenheit" am stärksten. Die zweitstärksten Kausalpfade verlaufen bei der deutschen Gruppe über die Streithäufigkeit (β_{ME} = 0,030***) und bei der türkischen über soziale Unterstützung/Kapital (β_{ME} = 0,029***). Erst der drittstärkste Pfad geht bei den Nicht-Zugewanderten über die soziale Unterstützung/Kapital (β_{ME} = 0,014***). Bei den Migranten sind es die Trennungsgedanken (β_{ME} = 0,013*). Weitere signifikante, wenn auch schwächere Pfade, gehen bei den Deutschen über Trennungsgedanken (β_{ME} = 0,012***), Eheorientierung (β_{ME} = 0,005***) und dann mit gleichem Wert über Traditionalität und konstruktives Konfliktverhalten. Insgesamt wird deutlich, dass es einige Ähnlichkeiten gibt. Die Zufriedenheit mit der Aufgabenteilung ist sowohl bei Deutschen als auch bei türkischen Migranten zentral, um die subjektive finanzielle Lage zu vermitteln. Unterschiedlich sind die anderen indirekten Zusammenhänge: Bei Deutschen erscheint die vermittelnde Wirkung der Streithäufigkeit bedeutsam, bei den Zuwanderern hingegen über die wahrgenommene soziale Unterstützung, wie es im Theorieteil angenommen wurde (vgl. Kapitel 5.2). Das soziale Kapital als Mediatorgröße fällt bei den Deutschen schwächer aus. Die subjektive Paarstabilität (Trennungsgedanken) ist in beiden Gruppen ähnlich schwach, dennoch bedeutsam als intervenierende Variable.

In Tabelle 16 wird durch die Summe der indirekten Effekte, die von der Prädiktorvariable der subjektiven finanziellen Lage ausgehen, 73 % des totalen Effekts erklärt. Ohne die Mediatoren trägt der direkte Effekt lediglich 27 % bei. Ein Großteil wird demnach erst durch den Einbezug der Mediatoren erklärt, durch die die wahrgenommene ökonomische Situation ihre Wirkung entfaltet. Im Gegensatz zu den türkischen Migranten leisten hier insgesamt sieben Mediatorvariablen einen signifikanten Beitrag zum totalen Effekt: Aufgabenteilungszufriedenheit, Streithäufigkeit, soziale Unterstützung und Trennungsgedanken, Eheorientierung, konstruktives Konfliktverhalten und Traditionalität.

Tabelle 16:   *Direkte, indirekte und totale Effekte der Deprivationsmerkmale*
             und Verhaltens- und Einstellungs-Komponenten auf die
             Partnerschaftszufriedenheit (Deutsche)

Kausalpfad	Mediatoreffekt[278] β_{ME}	Totaler indirekter Effekt β_{SIE}	Direkter Effekt β	Totaler Effekt β_{TE}
Arbeitslosigkeit →Eheorientierung → PZ	-0,004**	-0,022	0,031*	0,009
Bildung → Traditionalität → PZ	0,013***	0,015	-0,004	0,011
Bildung →Soz. Unterstz. → PZ	0,009***			
subj. finanz.Lage →Aufgabenteil.zufr.→ PZ	**0,051***	**0,121***	**0,045***	**0,166***
subj. finanz.Lage →Streithäufigkeit → PZ	**0,030***			
subj. finanz.Lage →Soz. Unterstz. → PZ	**0,014***			
subj. finanz.Lage → Trennungsgedanken → PZ	**0,012***			
subj. finanz.Lage → Eheorientierung→ PZ	**0,005***			
subj. finanz.Lage → konstr. KV → PZ	**0,004**			
subj. finanz.Lage → Traditionalität → PZ	**0,004**			

Quelle: Eigene Darstellung.   *** p ≤ 0,001, ** p ≤ 0,01, * p ≤ 0,05

Auch bei den Migranten sind die indirekten Beziehungen bedeutsamer als der direkte Effekt (siehe Tabelle 17). Hier wird gleichermaßen ein Großteil der erklärten Varianz des totalen Effekts über die indirekten Effekte erklärt mit β_{SIE} = 0,101***, das entspricht 75 %. Hier leisten vor allem die drei Mediatorvariablen Aufgabenteilungszufriedenheit, soziale Unterstützung und Trennungsgedanken den wichtigsten Beitrag.

Nachfolgend werden die signifikanten Kausalpfade aus Tabelle 16 (S. 260) und Tabelle 17 (S. 261) in zwei Pfadmodellen, getrennt für die deutsche und türkische Stichprobe dargestellt. In den Pfadmodellen werden aus Gründen der Übersichtlichkeit lediglich die Pfade gezeigt, die von den Merkmalen der sozioökonomischen Deprivation ausgehen, denn diese stehen auch im Zentrum der Arbeit. In Abbildung 48 und Abbildung 49 sind die interkulturellen Differenzen beider Gruppen ersichtlich: Es wird deutlich, dass im Pfadmodell der deutschen

---

278 Mediatoreneffekte ergeben sich aus dem Produkt der direkten Effekte.

Stichprobe viel mehr indirekte Effekte beobachtbar sind als bei den Türken. Die einbezogenen Mediator-Variablen haben im Modell für die deutschen einen stärkeren Einfluss. Insgesamt ist ersichtlich, dass das „Auskommen mit dem Einkommen" für türkische Migranten wie bei den Deutschen wichtig ist, jedoch insgesamt etwas weniger stark die Partnerschaftszufriedenheit beeinflusst.

Tabelle 17: *Direkte, indirekte und totale Effekte der Deprivationsmerkmale und Verhaltens- und Einstellungs-Komponenten auf die Partnerschaftszufriedenheit (Türkische Migranten gesamt)*

Kausalpfad	Mediatoreffekt β_{ME}	Totaler indirekter Effekt β_{SIE}	Direkter Effekt β	Totaler Effekt β_{TE}
Arbeitslosigkeit →Aufgabenteil.zufr. → PZ	-0,048**	-0,053*	0,041	-0,012
Arbeitslosigkeit →Soz. Unterstz. → PZ	-0,005***			
subj. finanz.Lage → Aufgabenteil.zufr. → PZ	**0,047***	**0,101***	**0,033**	**0,135***
subj. finanz.Lage → Soz. Unterstz. → PZ	**0,029***			
subj. finanz.Lage → Trennungsged. → PZ	**0,013***			

Quelle: Eigene Darstellung. *** p ≤ 0,001, ** p ≤ 0,01, * p ≤ 0,05

Der stärkste Prädiktor für die partnerschaftliche Zufriedenheit in beiden Pfadmodellen ist die subjektive finanzielle Lage. Von ihr gehen in den Abbildungen die meisten (durchgezogenen) Pfeile aus, bei den Deutschen sechs (Abbildung 48) und bei den türkischen Migranten drei (Abbildung 49). Während vom Bildungsniveau im deutschen Modell zwei (gepunktete) Pfade ausgehen, sind diese Pfade im türkischen Modell insignifikant. Gemeinsam haben beide Gruppen, dass die Arbeitslosigkeit (gestrichelte) ein signifikanter Ausgangspunkt für die Wirkung der Mediatoren ist (niedrigere Eheorientierung bei den Deutschen; höheres soziales Kapital und niedrigere Aufgabenteilungszufriedenheit bei den Türken).

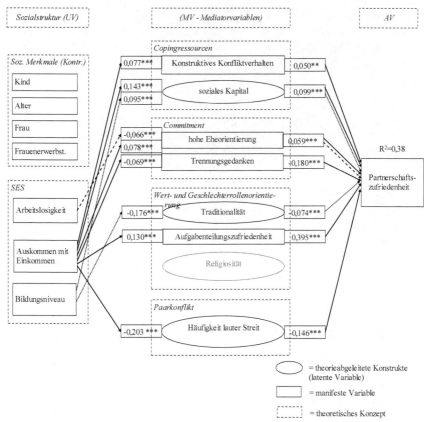

Pfade sind auf mindestens 5 %-Niveau signifikant
*** p ≤ 0,001, ** p ≤ 0,01, * p ≤ 0,05
UV: Unabhängige Variable, MV: Mediatorvariable, AV: Abhängige Variable
Durchgezogene Pfeile = Kausalpfade ausgehend von „Auskommen mit Einkommen"
Gestrichelte Pfeile = Kausalpfade ausgehend von „Arbeitslosigkeit"
Gepunktete Pfeile = Kausalpfade ausgehend von „Bildungsniveau"

*Abbildung 48: Pfadmodell zur Erklärung von Partnerschaftszufriedenheit
(Deutsche)*
Quelle: Eigene Darstellung.

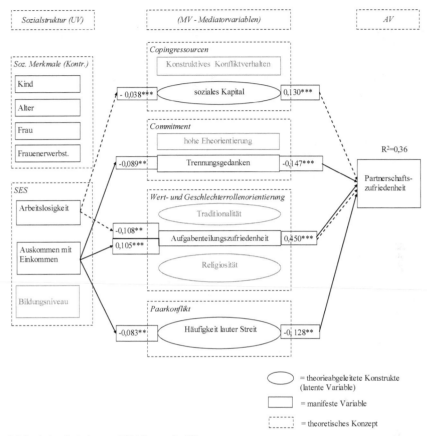

Pfade sind auf mindestens 5 %-Niveau signifikant
*** p ≤ 0,001, ** p ≤ 0,01, * p ≤ 0,05
Durchgezogene Pfeile = Kausalpfade ausgehend von „Auskommen mit Einkommen"
Gestrichelte Pfeile = Kausalpfade ausgehend von „Arbeitslosigkeit"
Gepunktete Pfeile = Kausalpfade ausgehend von „Bildungsniveau"

Abbildung 49: Pfadmodell zur Erklärung von Partnerschaftszufriedenheit (Türkische Migranten)
Quelle: Eigene Darstellung.

Beide Gruppen stimmen in folgenden Kausalpfaden hinsichtlich der einzelnen Pfadkomponenten und der gleichen Vorzeichen der Koeffizienten überein:

Deutsche

- Subjekt. finanz. Lage (β = 0,130***)→Aufgabenteilungszufriedenheit (β = 0,395***)→PZ
- Subjekt. finanz. Lage (β = -0,203***)→Paarkonflikt (β = -0,146***)→ PZ
- Subjekt. finanz. Lage (β = -0,069***)→Trennungsgedanken (β = -0,180***)→ PZ

Türkische Migranten

- Subjekt. finanz. Lage (β = 0,105***)→Aufgabenteilungszufriedenheit (β = 0,450***)→ PZ
- Subjekt. finanz. Lage (β = -0,083**)→Paarkonflikt (β = -0,128**)→ PZ
- Subjekt. finanz. Lage (β = -0,089**)→Trennungsgedanken (β = -0,147***)→ PZ

Test der Gesamthypothesen zum zweiten Mediatormodell

Um die Kausalpfade hinsichtlich der Hypothesenprüfung genauer interpretieren zu können, werden die einzelnen Kausalpfade beider Gruppen nachfolgend in Teilansichten graphisch dargestellt. Darin sind die Zusammenhänge zwischen den einzelnen Pfadkomponenten durch Koeffizienten lesbar (z. B. Partnerschaftszufriedenheit und Aufgabenteilungszufriedenheit, Aufgabenteilungszufriedenheit und subjektive finanzielle Lage). Die Teilregressionskoeffizienten für die deutsche und türkische Stichprobe befinden sich im Anhang (siehe Tabelle 37und Tabelle 38).

Test der Hypothese H_SESKH

H_SESKH: Je niedriger der sozioökonomische Status ist, desto höher ist die Wahrscheinlichkeit, dass es Paarkonflikte gibt und dies hat einen negativen Effekt auf die Partnerschaftszufriedenheit. Dies müsste für Deutsche eher gelten als für türkische Migranten.

Die Kausalpfade, die von Arbeitslosigkeit und vom Bildungsniveau ausgehen, sind nicht auf mindestens 5 %-Niveau signifikant. Daher sind die dazugehörigen Hypothesen komplett falsifiziert. Anders gestaltet sich die Rolle der *subjektiven finanziellen Lage:* Je schlechter die subjektive finanzielle Lage eingeschätzt wird bei den Deutschen, desto mehr Paarkonflikte werden angegeben (β = -0,203***) und dies hat wie vermutet einen ungünstigen Einfluss (β = -0,146***) auf die

Partnerschaftszufriedenheit. Bei den Türken hingegen hängen eine niedriges Auskommen mit dem monatlichen Einkommen ($\beta = -0,083^{**}$) etwas schwächer mit der Konflikthäufigkeit zusammen, die wiederum auch etwas schwächer negativ auf die partnerschaftliche Zufriedenheit wirkt ($\beta = -0,128^{**}$).

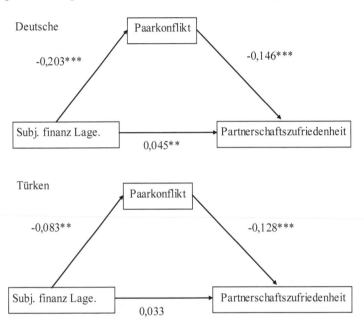

Abbildung 50: Mediatoreffekt ausgehend von subjektiver finanzieller Lage über Paarkonflikt auf Partnerschaftszufriedenheit (Deutsche/Türken)

Quelle: Eigene Darstellung.

H_SESKH kann damit für das Merkmal „subjektive finanzielle Lage" als vorläufig bestätigt gelten, die Stärke der Kausalpfade von den Deutschen und Türken (nach Größe des Koeffizienten und Ausmaß der Signifikanz) sprechen eindeutig dafür, dass ein schlechtes Auskommen mit dem Einkommen, über die Paarkonflikthäufigkeit vermittelt, die Partnerschaftszufriedenheit von Deutschen deutlich stärker beeinträchtigt als die von den Türken. Die Ursachen dafür können vielschichtig sein: Zum Beispiel vergleichen sich türkische Migranten eventuell mit statusniedrigeren Personen, Verwandten oder Bekannten aus der Türkei (vgl. Blasius et al. 2008) und streiten sich daher weniger über ihre Finanzen als Deutsche, die sich eventuell mit statushöheren Personen vergleichen. Ein solcher Vergleich steigert das Anspruchsniveau für die ökonomischen Gestaltungsmöglichkeiten des eigenen Lebens. Dies wiederum ist nachteilig für die finanzielle Zufriedenheit und fördert die Entstehung von Paarkonflikten über Geld. Eine ausführliche Diskussion der möglichen Ursachen erfolgt in Kapitel 7.5.

Test der Hypothese H_SESKV

H_SESKV: Je niedriger der sozioökonomische Status ist, desto geringer ist das Ausmaß an konstruktivem Konfliktverhalten und dies hat einen negativen Effekt auf die Partnerschaftszufriedenheit. Dies müsste für türkische Migranten eher gelten als für Deutsche.

Diese Hypothese trifft nur für die Deutschen dahingehend zu (Abbildung 51), als dass je höher das Auskommen mit dem Einkommen beurteilt wird, desto häufiger geht dies mit konstruktivem Konfliktverhalten einher ($\beta = 0,077^{***}$) und dies wiederum hat einen positiven Einfluss auf die Partnerschaftszufriedenheit ($\beta = 0,050^{**}$). Für türkische Migranten existiert zwar ein leichter Zusammenhang zwischen einer subjektiv besser wahrgenommenen finanziellen Lage und häufigeren konstruktiven Konfliktverhaltensweisen. Jedoch hat „ruhig Diskutieren" bei den Zuwanderern keinen signifikanten Einfluss auf die Partnerschaftszufriedenheit. Daher muss die H_SESKV für den zweiten Teil als falsifiziert gelten. Insgesamt scheint das konstruktive Konfliktverhalten „ruhig Diskutieren" in türkischen Partnerschaften nicht stark von der finanziellen Lage abhängig zu sein, was den Befunden in Kapitel 3.1. etwas widerspricht. Die Mechanismen, die aus der ökonomischen Lage die Qualität der Paarkommunikation ableiten und auf diese Weise die Beziehungszufriedenheit erklären (vgl. Modell von Conger et al. 1990, Abbildung 3, S. 82) treffen lediglich auf die deutschen Befragten zu. Es sind jedoch keine Kausalpfade vorhanden, die auf mindestens 5 %-Niveau signifikant sind und von Bildungsniveau oder Arbeitslosigkeit ausgehend einen Einfluss hätten. Dasselbe gilt für die türkische Stichprobe. Demnach kann die Hypothese teilweise als falsifiziert gelten.

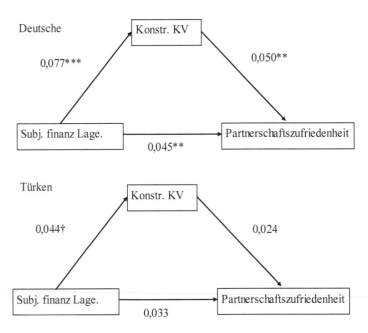

Abbildung 51: Mediatoreffekt ausgehend von subjektiver finanzieller Lage über konstruktives Konfliktverhalten auf Partnerschaftszufriedenheit (Deutsche und Türken)

Quelle: Eigene Darstellung.

Test der Hypothese H_SESSOZ

H_SESSOZ: Je niedriger der sozioökonomische Status ist, desto geringer ist das soziale Kapital und dies hat einen negativen Effekt auf die Partnerschaftszufriedenheit. Dies müsste für Deutsche eher gelten als für türkische Migranten.

Bei den Deutschen trifft die Hypothese ausgehend von einer besseren Einschätzung der subjektiven finanziellen Lage ($\beta = 0{,}143^{***}$) und von einem höheren Bildungsniveau ($\beta = 0{,}095^{***}$) zu, die beide das soziale Kapital vergrößern. Dieses wiederum begünstigt die Partnerschaftszufriedenheit ($\beta = 0{,}099^{***}$). Umgekehrt müsste, wie in der Hypothese angenommen, eine deprivierte Lage die Deutschen stärker in der Partnerschaftszufriedenheit beeinträchtigen als es bei Türken der Fall wäre.

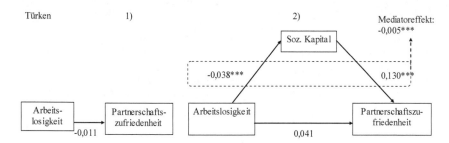

Abbildung 52: *Supressoreffekt ausgehend von Arbeitslosigkeit über soziales*
Kapital auf Partnerschaftszufriedenheit (Türken)

Quelle: Eigene Darstellung.[279]

Demnach kann diese Hypothese als teilweise vorläufig verifiziert bezeichnet werden(siehe Abbildung 52). Denn bei den Migranten (siehe Abbildung 52) hängt die Arbeitslosigkeit negativ mit dem Sozialkapital zusammen (β = -0,038***), welches (stärker als bei den Deutschen) positiv mit der Beziehungs-bewertung (β = 0,130***) zusammenhängt. Dadurch wird der totale Effekt ver-kleinert. Zu dieser Reduktion trägt diese Beziehung allerdings nur wenig bei, der Mediatoreffekt liegt lediglich bei β_{ME} = -0,005***. Den Hauptanteil an der Re-duktion des totalen Effekts hat der Kausalpfad „Arbeitslosigkeit → Aufgabentei-lungszufriedenheit → Partnerschaftszufriedenheit" mit β = -0,048*** (siehe Abbildung 56, S. 272).

In Abbildung 53 werden die indirekten Zusammenhänge, die die Kriterien für Mediatoreffekte erfüllen, verdeutlicht. Bei den Deutschen gibt es eine starke Beziehung (β = 0,173***) zwischen der finanziellen Lage und der Partner-schaftszufriedenheit, wenn ein Regressionsmodell nur für die Deprivations-merkmale und die anderen sozial- und familienstrukturellen Kontrollvariablen berechnet wird. Dieser Zusammenhang wird stark geschwächt, wenn zusätzliche Prädiktoren aufgenommen werden, die im Theorieteil (vgl. Kapitel 4.7) als po-tenzielle Mediatoren genannt wurden.

---

279 Die Darstellung der Beziehung von Arbeitslosigkeit und Partnerschaftszufriedenheit (linke Seite der Abbildung) basiert auf einer Regression, in der lediglich die soziodemografischen Merkmale einbezogen wurden. Die Mediatorvariablen wurden dabei nicht berücksichtigt (Berechnungen der Regression auf Nachfrage bei Autorin erhältlich). Auf der rechten Seite ist ein Ausschnitt aus dem Strukturgleichungsmodell dargestellt. In gleicher Weise sind die nachfolgenden Abbildun-gen zu verstehen.

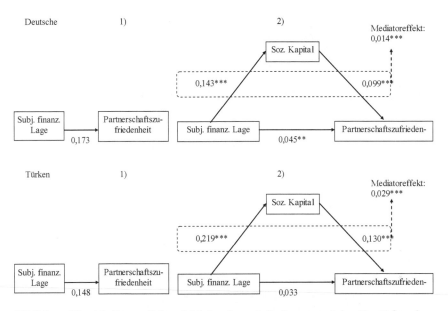

Abbildung 53: Mediatoreffekt subjektive finanzielle Lage, soziales Kapital und Partnerschaftszufriedenheit (Deutsche und Türken)

Quelle: Eigene Darstellung.

Das soziale Kapital kann demnach eine schlechte finanzielle Lage (eine ökonomische Deprivation) kompensieren. Dieser Abschwächungsmechanismus ist jedoch bei den Türken (von β = 0,148*** auf β = 0,033) als stärker zu bewerten, denn die Beziehungen zwischen finanzieller Lage und Sozialkapital (β = 0,219***) sowie von Sozialkapital zur Partnerschaftszufriedenheit (β = 0,130***) sind stärker als bei der deutschen Stichprobe (β = 0,143*** und β = 0,099***). Die Befunde decken sich mit den Ergebnissen von Blasius et al. (2008) sowie Micheel und Naderi (2009), die ebenfalls für die türkischen Migranten eine stärkere Bedeutung von sozialem Kapital feststellen.

Test der Hypothese H_SESREL

H_SESREL: Je niedriger der sozioökonomische Status ist, desto höher ist das Ausmaß von Religiosität und dies erhöht den positiven Effekt auf die Partnerschaftszufriedenheit. Dies müsste für türkische Migranten eher gelten als für Deutsche.

Diese Hypothese kann aufgrund fehlender signifikanter Pfade (unter 5 %- Niveau) als falsifiziert betrachtet werden.

Test der Hypothese H_SESTRA

H_SESTRA: Je niedriger der sozioökonomische Status ist, desto höher ist die Traditionalität der Geschlechterrollen und dies hat einen positiven Effekt auf die Partnerschaftszufriedenheit. Dies müsste für türkische Migranten eher gelten als für Deutsche.

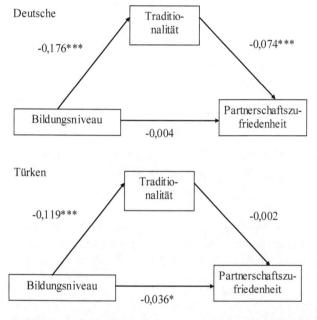

Abbildung 54: Mediatoreffekt ausgehend von Bildungsniveau über Traditionalität auf Partnerschaftszufriedenheit (Deutsche und Türken)
Quelle: Eigene Darstellung.

Diese Hypothese ist größtenteils falsifiziert: In der deutschen Stichprobe besteht eine negative Beziehung zwischen dem Bildungsniveau und der Traditionalität der Geschlechterrollen (β = -0,176***), die wider Erwarten einen negativen Effekt (β = -0,074***) auf die Partnerschaftszufriedenheit hat (siehe Abbildung

54). In der türkischen Stichprobe hängen Bildung und Traditionalität etwas schwächer, jedoch signifikant (β = -0,119***), miteinander zusammen. Zwischen der Traditionalität und der Partnerschaftszufriedenheit gibt es keinen signifikanten Zusammenhang (β = -0,002).

Test der Hypothese H_SESAUF

H_SESAUF : Je niedriger der sozioökonomische Status ist, desto höher ist die Aufgabenteilungszufriedenheit und dies hat einen positiven Effekt auf die Partnerschaftszufriedenheit. Dies müsste für türkische Migranten eher gelten als für Deutsche.

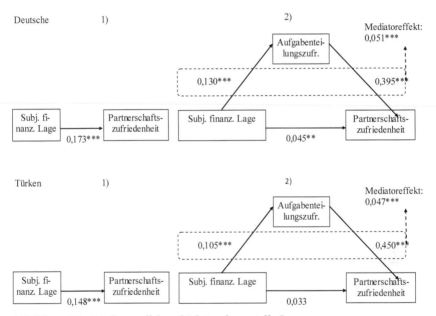

Abbildung 55: Mediatoreffekt subjektive finanzielle Lage, Aufgabenteilungszufriedenheit und Partnerschaftszufriedenheit (Deutsche und Türken)

Quelle: Eigene Darstellung.

Bei den Deutschen hängt eine positive Wahrnehmung der finanziellen Lage günstig mit der Aufgabenteilungszufriedenheit zusammen (β = 0,130***), die wiederum die Beziehungsbewertung positiv beeinflusst (β = 0,395***). Ähnlich fällt der Zusammenhang bei den türkischen Migranten aus: Die subjektive Einschätzung der ökonomischen Situation (0,105***) beeinflusst die Aufgabenteilungszufriedenheit positiv, die mit β = 0,450*** stärker auf die Partnerschaftszufriedenheit wirkt als bei den Deutschen (siehe Abbildung 55). Ausgehend vom Bildungsniveau und der Arbeitslosigkeit sind in dieser Gruppe keine hypothesenstützenden Befunde vorhanden. Bei den Türken scheint es stärkere Belege zu geben (Abbildung 56): Wenn türkische Befragte nicht arbeitslos sind (β = -0,108**) und wenn sie ihr monatliches Einkommen besser bewerten (β = 0,105***), dann steigt die Aufgabenteilungszufriedenheit in der Partnerschaft. Aufgrund der gegenteiligen Vorzeichen der beschriebenen Zusammenhänge liegt ein Supressoreffekt vor (vgl. Abbildung 56).

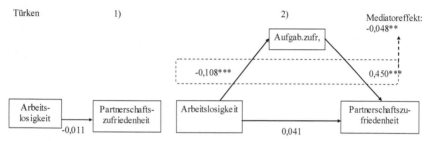

Abbildung 56: Supressoreffekt ausgehend von Arbeitslosigkeit über Aufgabenteilungszufriedenheit auf Partnerschaftszufriedenheit

Quelle: Eigene Darstellung.

Die Arbeitslosigkeit und die Aufgabenteilungszufriedenheit haben beide einen positiven Einfluss auf die Partnerschaftszufriedenheit. Steigt jedoch der Wert der Arbeitslosigkeit, dann verringert sich der Wert im Mediator „Aufgabenteilungszufriedenheit", was zu einer Minimierung des totalen Effektes führt (vgl. Urban und Mayer 2007: 5). Wenn (Abbildung 56 bei 2) lediglich der direkte Effekt von Arbeitslosigkeit auf Partnerschaftszufriedenheit (β = 0,041) betrachtet wird, könnte trotz insignifikantem Effekt vermutet werden, dass die Arbeitslosigkeit positiv wirkt. Abbildung 56 visualisiert, dass diese Lesart zu einem falschen Schluss führen würde. Die Zerlegung totaler Effekte in direkte und indirekte Effekte kann einen wichtigen Beitrag dazu leisten, die kausale Bedeutung eines unabhängigen Prädiktors (x) für die Varianzaufklärung von Partnerschaftszufriedenheit (Y) angemessener zu entschlüsseln. Der totale Effekt (β_{TE} = -0,012) wird durch die Summe der indirekten Effekte (β_{SIE} = -0,053*) und den direkten Effekt (β = 0,041) stark verkleinert, so dass er unterschätzt wird. Den Hauptanteil an dieser Supressorwirkung hat der Mediatoreffekt (β_{ME} = -0,048**), der über die Aufgabenteilungszufriedenheit geht.

Test der Hypothese H_SESEHE

H_SESEHE: Je niedriger der sozioökonomische Status ist, desto höher ist die Eheorientierung und dies vergrößert den positiven Effekt auf die Partnerschaftszufriedenheit. Dies müsste für türkische Migranten eher gelten als für Deutsche.

Bei der Betrachtung der Kausalpfade (Abbildung 48, S.262) wird folgendes deutlich: Wenn innerhalb der deutschen Stichprobe jemand nicht arbeitslos ist (β = -0,066***) und sein Auskommen mit dem monatlichen Einkommen als tendenziell gut einschätzt (β = 0,078***), dann weist er eine höhere Eheorientierung auf. Diese wirkt sich wiederum günstig auf die Partnerschaftszufriedenheit aus (β = 0,059***). Eine Interpretation des direkten Effekts von Arbeitslosigkeit auf Partnerschaftszufriedenheit würde zu Fehlinterpretation führen, da hier ein Supressoreffekt vorliegt: Der totale Effekt (βTE = 0,009) wird durch die Summe der indirekten Effekte (βSIE = -0,022) und des direkten Effektes (β = 0,031*) stark verkleinert, so dass er unterschätzt wird.

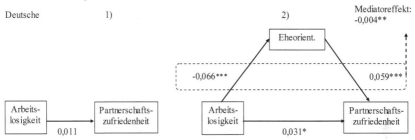

Abbildung 57: Supressoreffekt ausgehend von Arbeitslosigkeit über Eheorientierung auf Partnerschaftzufriedenheit (Deutsche)
Quelle: Eigene Darstellung.

Test der Hypothese H_SESST

H_SESST: Je niedriger der sozioökonomische Status ist, desto höher ist die Eheorientierung und dies vergrößert den positiven Effekt auf die Partnerschaftszufriedenheit. Dies müsste für Deutsche eher gelten als für türkische Migranten.

Ähnlich stabilisierend wirkt auch eine gute finanzielle Lage (siehe Abbildung 58): Je positiver sie wahrgenommen wird, desto seltener sind Trennungsgedanken und die Partnerschaftsstabilität ist damit größer.

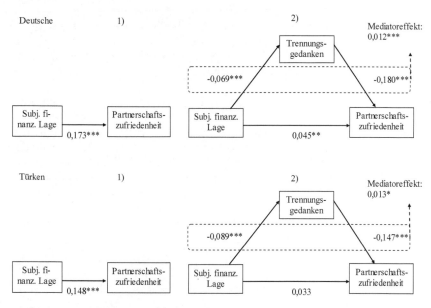

Abbildung 58: Mediatoreffekt subjektive finanzielle Lage, Trennungedanken (Commitment) und Partnerschaftszufriedenheit (Deutsche und Türken)

Quelle: Eigene Darstellung.

Sie reduziert die Wahrscheinlichkeit von Trennungsgedanken (β = -0,069***), die die Zufriedenheit mit der Partnerschaft senken (β = 0,180***). Dass die Merkmale der Deprivation bei Deutschen etwas stärker wirken, zeigt sich in Abbildung 58. Hier ist ein indirekter Zusammenhang interpretierbar: Je schlechter die finanzielle Lage eingeschätzt wird, desto eher treten Trennungsgedanken auf und dies ist negativ mit der Partnerschaftszufriedenheit assoziiert. Im Gegensatz zu den türkischen Migranten wirkt die wahrgenommene Lage bei den Nicht-Zugewanderten auch direkt positiv und schwach signifikant auf die Beziehungsbewertung ein.

Zusammenfassung zu den Ergebnissen des zweiten Mediatormodells

Bei der Gegenüberstellung der Determinanten (der Merkmale der Deprivation unter Berücksichtigung von Kontrollvariablen) und deren Wirkungsmechanismen durch Mediatoren auf die partnerschaftliche Zufriedenheit sind mehrere Gemeinsamkeiten, aber auch Differenzen aufgedeckt worden. Diese Ergebnisse sind in Tabelle 18 und Tabelle 19 dargestellt.

Tabelle 18: Ergebnisse zum Test der Gesamthypothesen ausgehend von Arbeitslosigkeit, sujektiver finanzieller Lage und Bildung (Deutsche und Türken)

Teilhypothesen zu Verbindungen: Depriv. →Mediatoren	D	T	Teilhypothesen zu Verbindungen: Mediatoren→ PZ	D	T	Überein-stimmung Soz.→Med./Med. →PZ
Wenn arbeitslos[280], dann...→						
(+) Paarkonflikt	-(ns)	-(ns)	Paarkonflikt→ (-)PZ	++	+	**j/j**
(-) konstr. K.	-(ns)	-(ns)	konstr. K. → (+)PZ	+	-(ns)	j/n
(-) soz. Kap.	-(ns)	+	Soz.Kapital→ (+)PZ	++	++	n/j
(+) Religiosität	-(e.E.)	-(ns)	Relig.→ (+) PZ	-(ns)	-(ns)	n/j
(+) Tradit.	-(e.E.)	++	Tradit.→ (+) PZ	-(e.E.)	-(ns)	n/n
(+) Aufgab.zufr.	-(ns)	-(e.E.)	Aufg.zufr.→ (+) PZ	++	++	n/j
(-) Eheorient.	++	-(e.E.)	Eheorient.→ (+) PZ	+	-(ns)	n/n
(+) Trennungs.	-(ns)	-(ns)	Trennungs. → (-) PZ	++	+	**j/j**

++ = Hypothese vorläufig bestätigt (mind. 5 %-Niveau), + = schwach signifikant (10 %-Niveau), - = Hypothese falsifiziert, (+) erhöht, (-) senkt; fett gedruckt = stärker als gegenüberliegender Wert (ns) = nicht signifikant; e.E. = entgegengesetzter Effekt, D = Deutsche, T = Türken, j = ja, n = nein (hinsichtlich der Übereinstimmung)
Quelle: Eigene Darstellung.

Darin werden die Gesamthypothesen danach beurteilt, ob sie in ihrem gesamten Kausalpfad in Modell 2 in den Stichproben der Deutschen und türkischen Migranten auf mindestens 5 %-Niveau signifikant sind (basierend auf den Ergebnissen aus Tabelle 16, S. 260 und Tabelle 17, S. 261).

Ausgehend von der *Arbeitslosigkeit* sind zwei Gesamthypothesen übereinstimmend zwischen Deutschen und türkischen Migranten (siehe Tabelle 18). Die Erwerbslosigkeit steigert nicht die Streithäufigkeit, die in beiden Gruppen, bei den Deutschen stärker, die partnerschaftliche Zufriedenheit senkt.

---

280 Direkter Effekt unter Kontrolle der indirekten Effekte.

Tabelle 19: Ergebnisse zum Test der Gesamthypothesen ausgehend von Arbeitslosigkeit, sujektiver finanzieller Lage und Bildung (Deutsche und Türken)

Teilhypothesen zu Verbindungen: Depriv. →Mediatoren	D	T	Teilhypothesen zu Verbindungen: Mediatoren→ PZ	D	T	Übereinstimmung Soz.→Med ./Med. →PZ
Je höher die subj: finanzielle Lage, …						
(-) Paarkonflikt	++	++	s.o.[281]	++	+	**j/j**
(+) konstr. K.	++	+	s.o.	+	-(ns)	j/n
(+) soz: Kapital	++	++	s.o.	++	++	**j/j**
(-) Religiosität	-(e.E.)	-(ns)	s.o.	-(ns)	-(ns)	n/j
(-) Tradit.	+	-(ns)	s.o.	-(e.E.)	-(ns)	n/n
(-) Aufgab.zufr.	-(e.E.)	-(e.E.)	s.o.	++	++	**j/j**
(+) Eheorient.	++	+	s.o.	+	-(ns)	j/n
(-) Trennungs.	+	++	s.o.	++	+	**j/j**
Je höher die Bildung, …						
(-) Paarkonflikt	-(ns)	+	s.o.	++	+	n/j
(+) konstr. K.	+	-(ns)	s.o.	+	-(ns)	n/n
(+) soz: Kapital	++	-(ns)	s.o.	++	++	n/j
(-) Religiosität	++	-(ns)	s.o.	-(ns)	-(ns)	n/j
(-) Tradit.	++	++	s.o.	-(e.E.)	-(ns)	j/n
(-) Aufgab.zufr.	-(ns)	-(ns)	s.o.	++	++	**j/j**
(+) Eheorient.	-(ns)	-(ns)	s.o.	+	-(ns)	j/n
(-) Trennungs.	-(ns)	-(ns)	s.o.	++	+	**j/j**

++ = Hypothese vorläufig bestätigt (mind. 5 %-Niveau), + = schwach signifikant (10 %-Niveau), - = Hypothese falsifiziert, (+) erhöht, (-) senkt; fett gedruckt = stärker als gegenüberliegender Wert (ns) = nicht signifikant; e.E. = entgegengesetzter Effekt, D = Deutsche, T = Türken, j = ja, n = nein (hinsichtlich der Übereinstimmung)
Quelle: Eigene Darstellung.

Ferner hat Arbeitslosigkeit keinen signifikanten Einfluss auf die Trennungsgedanken, die in beiden Gruppen, hier ebenfalls bei den Deutschen, die Zufriedenheit mit der Beziehung stärker mindert.

Vom Prädiktor „*subjektive finanzielle Lage*" (siehe Tabelle 19) gehen vier Gesamthypothesen aus, die für beide Gruppen gleich gelten: Je besser die finanzielle Lage eingeschätzt wird, desto seltener gibt es laut ausgetragene Paarkonflikte, was stärker für die Deutschen als für die Türken gilt. Je häufiger sie auftreten, desto ungünstiger sind sie für die Zufriedenheit, was bei den Migranten

---

281 Mediatoren→PZ sind die gleichen Ergebnisse, aus Modell 1.

weniger der Fall ist. Damit kann H_SESKH als vorläufig bestätigt gelten. Wie theoretisch postuliert (vgl. Kapitel 4.3, S. 87), spielt insgesamt auch das soziale Kapital eine zentrale Rolle für die Partnerschaft. Es wurde angenommen, dass bei türkischen Migranten soziale Netzwerke, Familie und Verwandtschaft enger verbunden sind mit partnerschaftlichen Prozessen als bei den Deutschen. Die Gesamthypothese H_SESSOZ unterstellt: Je niedriger der sozioökonomische Status ist, desto geringer ist das soziale Kapital. Dies verringert den positiven Effekt auf die Partnerschaftszufriedenheit. Die Befunde der beiden Pfadmodelle verstärken diese Annahme. Daher kann die Hypothese nicht falsifiziert werden. Außerdem wurde angenommen, dass bei einem niedrigeren sozialen Status die Aufgabenteilungszufriedenheit größer ist (H_SESAUF). Das Gegenteil ist eingetreten: Je besser die ökonomische Lage bewertet wird, desto höher ist die Aufgabenteilungszufriedenheit, bei Deutschen stärker als bei Migranten. Diese wiederum hängt bei türkischen Migranten enger mit der Partnerschaftszufriedenheit zusammen als bei Nicht-Migranten. Während Trennungsgedanken eher bei finanziell deprivierten Türken auftreten, sind sie bei Deutschen entscheidender für die Beziehungsbewertung (H_SESST).

Abschließend geht es um den vermittelten Einfluss des *Bildungsniveaus*. In beiden Gruppen gibt es insgesamt betrachtet keinen signifikanten Gesamtpfad, der von der Bildung ausgeht und über eine der Mediatorvariablen vermittelt wird.

Insgesamt lässt sich feststellen, dass die *subjektive finanzielle Lage* den stärksten Prädiktor in beiden Stichproben darstellt. Die vermittelnden Mechanismen zwischen den Gruppen ähneln sich teilweise, divergieren jedoch in ihrer Stärke und bei den Deutschen sind die indirekten Beziehungen zwischen der wahrgenommenen ökonomischen Situation und der Partnerschaftszufriedenheit vielschichtiger als bei türkischen Migranten.

7.4 Exkurs: Generationsunterschiede bei türkischen Migranten

Es gibt verschiedene Migrationsbiographien, unter anderem bedingt durch die verschiedenen Wanderungswellen. Der Integrationsprozess ist demnach z. B. determiniert durch individuelle Ressourcen und den historischen Kontext. Viele Unterscheidungskriterien innerhalb der türkischen Migrantengruppe können in dieser Arbeit nicht angelegt werden, dies würde den Rahmen dieser Arbeit sprengen. Daher soll im Folgenden durch die Kriterien der Generationszugehörigkeit und der Deutschkenntnisse die Hypothese zur Assimilation für die erste und zweite Generation getestet werden. Konkret soll dabei untersucht werden, ob sich die zweite Generation hinsichtlich ihrer Mechanismen zur Erklärung partnerschaftlicher Zufriedenheit den Deutschen angenähert hat oder nicht. Es ist z. B. zu vermuten, dass die Traditionalität der Geschlechterrollen zwischen den Generationen divergiert. Die zweite Generation wird, weil sie nicht nur im Mittel jünger, sondern vor allem stärker integriert ist als die erste, den Deutschen vermutlich ähnlicher sein. Zur Überprüfung dieser Überlegung werden in einem ersten Schritt Aspekte zur intergenerativen Übertragung von partnerschaftsbezogenen Leitbildern erläutert und daraus die Hypothese zum Exkurs abgeleitet. Im Anschluss daran erfolgt eine deskriptive und bivariate Darstellung ausgewählter Unterschiede zwischen den türkischen Migranten der ersten und zweiten Generation. Dabei werden sie teilweise den Deutschen gegenübergestellt und mit ihnen verglichen. Danach wird für die erste und zweite Generation ein Strukturgleichungsmodell geschätzt, um die intervenierenden Strukturen zur Erklärung der Partnerschaftszufriedenheit zu untersuchen. In zwei weiteren Modellen wird zusätzlich das Assimilationsniveau mittels der berichteten Deutschkenntnisse kontrolliert.

In der Migrationsforschung[282] wird häufig die These vertreten, dass die zweite Generation von Einwanderern einen höheres Assimilationsniveau aufweist als die erste (z. B. Diehl und Schnell 2006, Nauck 2001: 465). Ebenfalls weit verbreitet ist die Annahme der Re-Ethnisierung der dritten Generation („ethnic revival").[283] Während die erste und zweite Generation der türkischen Zuwanderer in dieser Arbeit thematisiert werden, kann die dritte keine Berücksichtigung finden[284] und somit auch nicht die Hypothese zur Re-Ethnisierung getestet werden.

---

282 Einen Überblick über die aktuellen Perspektiven in der Migrations- und Integrationsforschung gibt es bei Hentges et al. (2008). Sie thematisieren besonders die Aspekte der Biographie, Sprache und Bildung.

283 *"This hypothesis assumes that, the minority members from the 'second generation' always have a higher level of assimilation than the 'first generation' of the immigrants, members of the 'third generation' often show an 'ethnic revival'"* (Nauck 2001: 465).

284 Begründung siehe Kapitel 6.2 Kriterien der Stichprobenselektion, S. 125.

Nauck (2007) untersuchte das Heiratsverhalten, generative Verhalten und die Generationenbeziehungen von türkischen Migrantenfamilien. Die Ergebnisse zeigen starke Differenzen der Akkulturation zwischen der ersten und zweiten Generation (Nauck 2007: 34). Auch Diehl und Koenig (2009: 313) finden Generationsunterschiede bei türkischen Migranten hinsichtlich der Religiosität. Laut ihrer Befunde hängen Arbeitslosigkeit und niedrige Bildungsabschlüsse schwach positiv mit der Religiosität zusammen. Bei der zweiten Generation der türkischen Migranten ist dieser Zusammenhang etwas stärker als bei denen der ersten Generation. Ferner finden sie, dass die deutsche Kontrollgruppe der zweiten Generation ähnelt. Hochreligiöse sind am ehesten in der Gruppe der Rentner und Hausfrauen anzutreffen. Hinsichtlich des Heiratsverhaltens führt die Mehrheit der türkischen Migranten der ersten und auch der zweiten Generation eine Ehe mit Personen der gleichen Herkunft. Daraus kann geschlossen werden, dass sich auch die Personen der zweiten Generation stark an den Partnerschaftskonstellationen ihrer Eltern oder Großeltern orientieren.

Wie genau dieser Prozess des sozialen Lernens und die Orientierung an der Elterngeneration funktioniert, lässt sich in Anlehnung an Arránz Becker (2008: 129) erklären. Er verwendet ein Schema (siehe Abbildung 59), das den Einfluss struktureller Bedingungen, kultureller Leitbilder und sozialisatorischer Erfahrungen auf das partnerschaftliche Handeln und den Partnerschaftserfolg erklärt. Arránz Becker (2008) leitet dieses Erklärungsmodell ab, um Unterschiede zwischen West- und Ostdeutschland zu verdeutlichen. Es eignet sich jedoch auch dafür, die Unterschiede zwischen den Partnerschaften türkischer Zuwanderer und deren Kinder (zweite Generation) genauer zu erläutern und wird daher auf die Thematik dieser Arbeit übertragen. Unter Familien- und Partnerschaftsleitbildern sind in diesem Schema Partnersuch-und Partnerwahlstrategien[285], Rollenorientierungen, generative Intention und Eheorientierungen zu verstehen. Neben gesellschaftspolitischen Einflüssen (wie z. B. das Ehegattensplitting siehe Abbildung 59: „veränderliche gesellschaftliche Randbedingungen/ Familienpolitik"), die in dieser Arbeit nicht untersucht werden, spielen biographische Erfahrungen und die Sozialisationserfahrung in der Herkunftsfamilie (Elterngeneration) eine prägende Rolle für die Herausbildung von Leitbildern. Bedeutsam ist die Partnerschaft der Eltern der ersten Generation der türkischen Zuwanderer in Anlehnung an die Überlegungen zur intergenerativen Transmission (vgl. Nauck et al. 1997).

---

285 Gesellschaftliche Formen und Bedingungen der (ehelichen) Partnerwahl werden bei Nave-Herz (2004: 119 ff.) dargestellt.

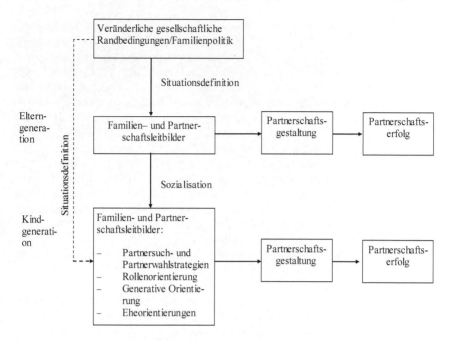

*Abbildung 59: Schema zum Einfluss struktureller Bedingungen, kultureller
                Leitbilder und sozialisatorischer Erfahrungen auf
                partnerschaftliches Handeln und Partnerschaftserfolg*
Quelle: nach Arránz Becker (2008: 129).

Es wird in dieser Arbeit angenommen, dass die Rollenvorbilder für partnerschaftsbezogene Erwartungen, die Ausgestaltung des Beziehungsalltags und
schließlich auch für den Partnerschaftserfolg von der Elterngeneration (1. Generation) an die zweite Generation übertragen werden. Theorien zur Bindungs-,
Lern- und Sozialisationstheorie bilden die Basis dieser Überlegungen und werden nachfolgend graphisch dargestellt (Arránz Becker 2008: 128). In der Herkunftsfamilie und durch andere Sozialisationsinstanzen werden kulturell abhängige „Partnerschaftsleitbilder" erlernt. Diese prägen die Wahrnehmung und Verhaltensmuster im Erwachsenenalter (Arránz Becker 2008: 128).
    Phalet und Schönpflug (2001: 489) untersuchen in einem deutsch-nieder-
ländischen Kooperationsprojekt die kulturelle Persistenz im Migrationsprozess
zwischen den Generationen. Kultur wird definiert und redefiniert durch die fortlaufenden Interaktionen zwischen Personen und Gruppen in Wechselwirkung mit
deren Umwelt. Durch diesen Prozess entsteht eine neue Situation, eingebettet in

einen bereits gegebenen sozioökonomischen und kulturellen Kontext. Die Autoren unterscheiden zwischen zwei Arten von kultureller Transmission, der vertikalen und der horizontalen. Vertikal beschreibt die Übertragung zwischen Eltern und Kindern und horizontal zwischen den Gleichaltrigen („peers"). Zudem gibt es eine diagonale Transmission von Mitgliedern der älteren Generation, die nicht die Eltern sind. Der vertikale Modus der Werteübertragung der Herkunftsgesellschaft geschieht laut Phalet und Schönpflug (2001) zwischen den Eltern und Kindern. Im Gegensatz dazu kommen in der horizontalen Transmission Adaptionsmechanismen zum Tragen, die dem soziokulturellen Kontext der Aufnahmegesellschaft angepasst werden.

„Culture learning takes place through crosscultural peer contact, formal education and the emulation of dominant cultural role models" (Phalet und Schönpflug 2001: 489 ff.).

Der Fokus der Studie liegt auf der vertikalen Transmission, die eine besondere Herausforderung für die Beteiligten darstellt, weil die Werte der Eltern oftmals im Widerspruch zur Umgebung der Kinder stehen. Ein zentrales Ergebnis ist, dass es geschlechtsspezifische Hindernisse im Transmissionsprozess für Söhne und Töchter in türkischen Familien gibt, da z. B. türkische Väter von ihren Söhnen mehr schulische Leistungen erwarten als von ihren Töchtern (Phalet und Schönpflug 2001: 500). Zusätzlich hängt die Übertragung der Wertvorstellungen stark von der Bildung der Eltern ab (Phalet und Schönpflug 2001: 501). Daraus folgt einerseits eine Ähnlichkeit bezüglich der partnerschaftlichen Leitbilder zwischen den Generationen der türkischen Migranten.

Andererseits kommt es aufgrund der genannten Widersprüche, zu Angleichungseffekten innerhalb der zweiten Generation an die deutsche Mehrheitsgesellschaft. Hier werden Effekte der horizontalen Transmission wirksam, die im direkten Gegensatz zu den erfahrenen Wertewelten aus der vertikalen Transmission stehen können: Denn die türkischen Migranten, die in Deutschland Kindergärten, Schulen oder Universitäten besucht haben, weisen eher interethnische Netzwerke auf. Haug (2010: 6) stellt hinsichtlich der Generationen einen deutlichen Integrationsunterschied fest. Je jünger die Migranten sind, desto eher und häufiger bestehen Kontakte zu Deutschen. Durch die Sozialisation im deutschen (Aus-)Bildungssystem und durch die u. a. daraus resultierenden Freundschaftsbeziehungen entstehen Berührungspunkte mit partnerschaftlichen Leitbildern und anderen Lebensentwürfen. Diese können gar nicht, aber auch mehr oder weniger von den in der Herkunftsfamilie Erfahrenen abweichen. Dazu zählen z. B. Vorstellungen über die Partnerschaftsgestaltung wie die bewusste Entscheidung für ein nichteheliches Zusammenleben oder für das Führen einer „Probeehe". Ferner erhöhen interethnische Netzwerke die Opportunitäten, eine Person als Partner kennenzulernen, die nicht aus derselben Herkunftsgruppe stammt. Bei einer binationalen Partnerschaft würden die partnerschaftlichen Leitbilder vermutlich eine Modifizierung erfahren, da sie mit dem Partner ausgehandelt werden müssen, der seinerseits abweichende Vorstellungen hat. Dazu zählen u. a. Rollenbilder, wie das familiäre Leben ausgestaltet werden soll.

Insgesamt kann aufgrund sowohl vertikaler als auch horizontaler Transmissionsprozesse von Generationsdifferenzen zwischen den türkischen Migranten der ersten und zweiten Generation ausgegangen werden. Darüber hinaus sollte die zweite Generation einen höheren Grad von Akkulturation aufweisen (Haug 2010: 6)[286] und damit den Deutschen in verschiedenen Merkmalen zur Erklärung von Partnerschaftszufriedenheit ähnlicher sein. Daraus folgt:

$H_{Generation}$:   Wenn die türkische Migranten der zweiten Generation angehören, dann sind sie den nicht eingewanderten Deutschen in den Mechanismen zur Erklärung von Partnerschaftszufriedenheit ähnlicher als die türkischen Migranten der ersten Generation.

Zur Untersuchung dieser Hypothese werden aus der GGS-T-Stichprobe zwei Unterstichproben gebildet: GGS-T1 und GGS-T2.

Beschreibung der Stichproben GGS-T1 und GGS-T2

Wenngleich in der Literatur (z. B. Diehl und Koenig 2009) die Generationendifferenzierung häufig anders vorgenommen wird, muss aufgrund der selektierten Gruppe eine Unterscheidung nach der Volljährigkeit vollzogen werden. Dies lässt sich damit rechtfertigen, dass die Sozialisation im deutschen Bildungssystem bis zum 18. Lebensjahr als geeignete Legitimation für die Altersgrenze verwendet werden kann. Auf diese Weise stehen innerhalb der zweiten Generation ausreichend Fälle zur Verfügung. In der ersten Generation befinden sich 1011 Personen, die ab dem 18. Lebensjahr eingewandert sind, und demnach in der Türkei geboren sind. 51,5 % (n = 521) der Befragten sind Frauen, 48,51 % Männer (n = 490). Das Durchschnittsalter beträgt 47,57 Jahre (SD = 12,79). Die Be-

---

286 Im Gegensatz dazu wird in der Forschung häufig thematisiert, dass die türkischen Migranten hierzulande von den Entwicklungen in ihrem Herkunftsland zum Teil entkoppelt sind: *"Meanwhile, though, Turkey itself experienced societal developments that affected traditional socio-cultural praxis in a way that brought it more in line with the Western European way of life. On the basis of our year-long participant observation we see that these changes within the society of origin seem often to go unnoticed within Turkish communities in Western Europe"* (Timmerman 2006: 134).

fragten sind im Mittel im Alter von 25,59 Jahren (SD = 6,40) nach Deutschland eingereist und leben hier durchschnittlich seit 21,77 Jahren (SD = 11,75). Zur zweiten Generation der Türken zählen solche, die vor dem 18. Lebensjahr eingewandert sind. In dieser Stichprobe sind die Männer leicht überrepräsentiert mit 53,9 % (n = 336), 46,1 % (n = 287) sind Frauen. Sie sind im Mittel im Alter von 11,18 Jahren zugewandert. Ihre Aufenthaltsdauer beträgt 27,67 Jahre (SD = 7,23) und ist damit etwa sechs Jahre länger als die der Türken der ersten Generation. Im Mittel sind die türkischen Migranten der zweiten Generation ungefähr neun Jahre jünger (M = 38,85, SD = 6,91) als die der ersten[287]. Hinsichtlich der Frauenerwerbstätigkeit sind die Befragten der zweiten Generation den Deutschen ähnlicher als die der ersten: Während im Mittel 9,5 % (n = 96) Frauen der ersten Generation erwerbstätig sind, ist der Anteil innerhalb der zweiten mit 14,0 % (n = 87) höher. Demgegenüber steht ein Anteil von 27,5 % (n = 1.280) erwerbstätiger Frauen in der deutschen Stichprobe. Außerdem ist die zweite Generation mit 91,3 % (n = 569) kinderreicher als die erste mit 72,2 % (n = 735). Dies liegt daran, dass lediglich Kinder untersucht werden, die im gemeinsamen Haushalt leben. Die Türken der ersten Generation haben aufgrund ihres höheren Alters häufiger erwachsene, volljährige Kinder, die den Haushalt bereits verlassen haben. Hinsichtlich der Wertorientierung gibt es einige Gemeinsamkeiten: die türkischen Befragten der ersten (M = 4,25, SD = 0,96) und zweiten Generation (M = 4,22, SD = 1,04) weisen im Mittel eine hohe Eheorientierung und Religiosität (T1: M = 8,44, SD = 1,81; T2: M = 8,35, SD = 1,85) auf (siehe Anhang: Tabelle 33, S. 391 und Tabelle 34, S. 391). Auf hohem Niveau berichten beide Generation von ihrer Zufriedenheit mit der Aufgabenteilung (T1: M = 8,46, SD = 1,86; T2: M = 8,67, SD = 1,82). Bei der Betrachtung der Verteilungen der Mediatorvariablen zeichnen sich Gemeinsamkeiten, jedoch auch Generationsunterschiede ab: Die subjektive Paarstabilität ist in beiden Gruppen gleich hoch (T1: 98,1 %, n = 992 und T2: 97,1 %, n = 605 „keine Trennungsgedanken"). Auch gleich häufig - zu etwa zwei Dritteln - geben beide Generationen an (T1: 61,0 %, n = und T2: 62,4 %, n = 389 „häufig/sehr oft"), ihre Meinungsverschiedenheiten ruhig auszudiskutieren. Während innerhalb der zweiten Generation keine Geschlechterdifferenzen für die vier Konfliktstile existieren, gibt es in der ersten Generation signifikante Unterschiede beim „Schweigen" (χ^2 = 20,59, df =

---

287 Hinsichtlich der Vergleichbarkeit zu den Deutschen ist zu bemerken, dass das Alter der Deutschen im Mittel dem Alter der türkischen Migranten der zweiten Generation etwa gleicht, jedoch von den Türken der zweiten Generation abweicht. Eine zusätzliche Konstruktion von Generationsgruppen innerhalb der deutschen Stichprobe hätte den Rahmen dieser Arbeit gesprengt. Vielmehr ist dieser Exkurs als explorative Ausführung zu Annäherungseffekten der Partnerschaftszufriedenheit von Türken der zweiten Generation an die deutsche Aufnahmegesellschaft (insgesamt) zu verstehen und sollte in weiterführenden Untersuchungen ausgebaut werden.

2, p-value = 0,000) und „ruhig Ausdiskutieren" (χ^2 = 11,12, df = 2, p-value = 0,004) (siehe Abbildung 60). In der ersten Generation berichten die türkischen Männer häufiger darüber, „häufig" oder „sehr oft" Meinungsverschiedenheiten mit ihrer Partnerin „ruhig auszudiskutieren" (65,9 %, n = 323) im Vergleich zu 56,4 % (n = 294) der türkischen Frauen. In der Kategorie „selten/manchmal" sind mit 40,9 % die türkischen Frauen häufiger vertreten als die Männer (30,8 %, n = 151). In der Kategorie „nie" befinden sie nur wenige, bei den Männern 3,3 % (n = 16) und bei den Frauen 2,7 % (n = 14). Geschlechterdifferenzen finden sich für das Konfliktverhalten „Befragter äußert seine Meinung nicht" innerhalb der ersten Generation: Deutlich mehr Frauen berichten darüber, bei Meinungsverschiedenheiten mit ihrem Partner ihren eigenen Standpunkt nicht zu kommunizieren. Türkische Frauen behaupten dies 18,2 % (n = 95) „häufig" oder „sehr oft", 42,2 % (n = 220) „selten/manchmal" sowie 39,5 % (n = 206) „nie". Türkische Männer aus der ersten Generation hingegen sind nur etwa halb oft in der Kategorie „häufig/sehr oft" vertreten mit 8,6 % (n = 42), innerhalb „selten/manchmal" ungefähr gleich oft wie die weiblichen Befragten mit 45,1 % (n = 221) und schließlich in der untersten Kategorie mit 46,3 % (n = 227).

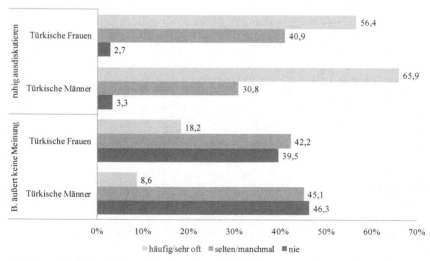

Abbildung 60: *Konfliktverhalten „ruhig ausdiskutieren" und „B. äußert keine Meinung" in 1. Generation in Prozent*

Quelle: Eigene Darstellung.

Gleichermaßen stabil bleibt die Religiosität über den Generationenverlauf: in beiden Gruppen gehören etwa 40 % (T1: 42,0 %, n = 414, T2: 40,4 %, n = 249) den (Hoch-) Religiösen an. Die Verteilung ist über alle Kategorien hinweg zwischen beiden Generationen etwa gleich. Der Anteil der (Hoch-) Religiösen unter türkischen Migranten gleicht dem Anteil der Bertelsmann-Studie (Religionsmonitor 2008b). Dies deckt sich außerdem mit den Befunden von Diehl und Koenig (2009), die eine hohe intergenerationale Stabilität für die Religiosität der ersten und zweiten Generation der türkischen Einwanderer feststellen. Die Gemeinsamkeiten für die Paarstabilität, Eheorientierung und Religiosität stützen die theoretisch postulierte Annahme, dass sich Wertorientierungen und partnerschaftliche Leitbilder wie ein hohes partnerschaftliches Commitment (subjektive Paarstabilität, Eheorientierung) der (Abbildung 59, S. 280) ersten Generation von der zweiten adaptiert wird im Sinne der Bindungs-, Lern- und Sozialisationstheorie. Trotz der erläuterten intergenerationalen Stabilität sind jedoch Abweichungen zwischen den Generationen beobachtbar: Es ist erstaunlich, dass die Traditionalität von der ersten zur zweiten Generation abnimmt. Sie sinkt im Mittel von M = 9,67 (SD = 2,58) auf M = 8,79 (SD = 2,59). Deutlicher werden die Unterschiede innerhalb der prozentualen Verteilungen. Während in der ersten Generation noch 37,1 % (n = 374) sehr traditionell eingestellt sind, geben dies in der zweiten Generation nur noch 25,7 % (n = 169) an. In der geringsten Kategorie der zweiten Generation befinden sich 45,2 % (n = 281). Egalitär bei den Migranten der ersten Generation hingegen denken lediglich 32,1 % (n = 324). Es ist anzunehmen, dass hierbei neben der stärkeren Adaption deutscher Einstellungen der zweiten Generation auch die Altersunterschiede eine Rolle spielen. Angesichts der hohen intergenerational stabilen Religiosität hätte dennoch erwartet werden können, dass auch die Geschlechterrollenorientierung gleich bleibt, die in der Literatur u. a. im Kontext religiöser Einstellungen thematisiert wird (vgl. Diehl et al. 2009, Röhr-Sendlmeier und Yun 2006). Wenngleich die Zufriedenheit mit der Aufgabenteilung in beiden Gruppen im Mittel hoch ist, zeigt die Verteilung, dass die Zufriedenheit von der ersten zur zweiten zunimmt. Während in der ersten Generation 38,8 % (n = 387) Befragte angeben, „sehr zufrieden" zu sein, sind es in der zweiten Generation 45,6 % (n = 281). Diese leichte Zunahme spiegelt sich auch in den anderen Kategorien. Es ist zu vermuten, dass die Beteiligung des Mannes an der Hausarbeit in der jüngeren Generation der türkischen Migranten größer ist. Damit ist vielleicht auch teilweise zu erklären, warum die Partnerschaftszufriedenheit der türkischen Frauen der ersten Generation, die mit der Aufgabenteilungszufriedenheit korreliert, im Mittel etwas geringer ist als die der zweiten Generation. Noch deutlicher ist die Differenz für das Sozialkapital:

In der ersten Generation berichten 61,9 % (n = 618) über eine sehr hohe soziale Unterstützung[288], in der zweiten sind es 71,1 % (n = 441). Diese Zunahme könnte daraus resultieren, dass die Befragten im Mittel etwas jünger, dadurch eher berufstätig sind, häufiger Kinder im Haushalt haben und dadurch insgesamt über mehr soziale Berührungspunkte sowie Kontakte verfügen. Auch in der Häufigkeit von Paarkonflikten[289] ist eine leichte Zunahme von der ersten zur zweiten Generation zu beobachten. Die Befragten der zweiten Generation berichten wie die der ersten kaum „häufig/sehr oft" von Streitigkeiten in den Lebensbereichen „Haushalt", „Geld" und „Freizeitgestaltung". In der Kategorie „selten/manchmal" jedoch sind die türkischen Migranten der zweiten Generation mit Streit über Hausarbeit (37,7 %, n = 235), Geld (47,2 %, n = 294) und Freizeit (44,0 %, n = 274) häufiger vertreten als die der ersten Generation (Hausarbeit: 33,7 %, n = 341; Geld: 39,6 %, n = 400, Freizeit: 37,7 %, n = 381). Ursachen für den leichten Anstieg der Streitigkeiten über Hausarbeit könnte einerseits die gestiegen Erwartung der Frauen an die Männer, sich an der Hausarbeit (stärker) zu beteiligen, da die Traditionalität der Geschlechterrollenorientierung in der zweiten Generation niedriger ist. Eine weitere Ursache könnte die etwas häufigere Frauenerwerbstätigkeit der jüngeren türkischen Frauen sein sowie die dadurch einstehende Doppelbelastung. Der Anstieg partnerschaftlicher Konflikte über Geld ist damit zu begründen, dass vermutlich aufgrund der Haushaltsgröße in der zweiten Generation (im Mittel mehr Kinder im Haushalt) die finanzielle Belastung größer ist. Hinsichtlich der häufigeren Meinungsverschiedenheiten über die Gestaltung der Freizeit innerhalb der zweiten Generation (im Vergleich zur ersten) kann einerseits von einem Alterseffekt ausgegangen werden. Andererseits ist zu vermuten, dass es im Freizeitverhalten und in der Anspruchshaltung an die Gestaltung eine Tendenz zur Annäherung an Deutsche gibt. Dies kann als wahrscheinlich gelten, verfügen jüngere Migranten und solche, die zur zweiten Generation gehören, eher über Netzwerke, in denen auch Deutsche sind (vgl. Haug 2010, Gestring et al. 2006, Janssen und Polat 2006).

Insgesamt kann auf deskriptiver Ebene mit Ausnahme der Religiosität und des partnerschaftlichen Commitments von einer Annäherung der zweiten Generation an „deutsche Verhältnisse" ausgegangen werden. Damit können die Überlegungen zur Assimilation der zweiten Generation im Vergleich zur ersten teilweise gestützt werden (vgl. Abbildung 59, S. 280).

---

288 Vgl. Operationalisierung Kapitel 6.4.1, S. 134. „Sozialkapital" wurde für die deskriptiven Auswertungen mit einem Summenindex aus drei Items gemessen.

289 Auf eine geschlechtergetrennte Darstellung der Konflikthäufigkeit innerhalb beider Generationen wird verzichtet, da sich hier keine signifikanten Unterschiede zwischen Männern und Frauen ergeben haben.

Partnerschaftszufriedenheit

Die Partnerschaftszufriedenheit unterscheidet sich zwischen den beiden Generationen kaum: Im Mittel liegen die türkischen Migranten der ersten Generation bei einer Zufriedenheit von 8,90 (SD = 1,57) und die der zweiten bei 9,14 (SD = 1,32). Wie in den anderen Stichproben (GGS-G, GGS-D und GGS-T) liegt eine starke Linksschiefe vor, in GGS-T1 eine Schiefe von -2,20 und in GGS-T2 von -2,51. Wie in der deutschen und türkischen Stichprobe lassen sich auch in den beiden Generationen leichte Geschlechterunterschiede feststellen: Die Frauen sind im Mittel sowohl in der ersten (M = 8,71, SD = 1,81) als auch in der zweiten (M = 8,92, SD = 1,54) Generation etwas unzufriedener als die Männer. Die männlichen Befragten der ersten Generation weisen einen Mittelwert von 9,10 (SD = 1,25) und die der zweiten einen von 9,32 (SD = 1,05) auf. In Abbildung 61 werden die Verteilungen der abhängigen Variable für die drei Stichproben gegenübergestellt: Auch wenn die Verteilungen ähnlich sind, sind die Türken der zweiten Generation etwas häufiger „eher" und „sehr zufrieden" mit insgesamt mit 76,4 % (n = 476), während zusammengefasst 67,6 % (n = 684) innerhalb der zweiten Generation in dieser Weise über ihre Partnerschaft urteilen.

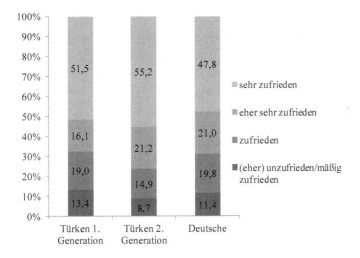

Abbildung 61: Partnerschaftszufriedenheit in Prozent (T1, T2 und D)

Quelle: Eigene Darstellung.

Auch der Anteil der „zufriedenen" Befragten in der zweiten Generation ist geringer mit 14,9 % im Vergleich zu denen der ersten Generation (19,0 %) und den Deutschen mit 19,8 %. In der untersten Kategorie „(eher) unzufrieden/mäßig zufrieden" befinden sich 8,7 % (n = 54) der zweiten, 13,4 % (n = 135) der ersten und 11,4 % der Deutschen. Zwischen beiden Generationen gibt es signifikante Differenzen.[290]

In der nachfolgenden Abbildung ist die Partnerschaftszufriedenheit nach Geschlecht getrennt dargestellt für die erste und zweite Generation sowie als Vergleichsgruppe die Deutschen. Innerhalb beider Generationen existieren signifikante Geschlechterunterschiede.[291] Bei der Betrachtung der ersten Generation fällt auf, dass in der untersten Kategorie „(eher)unzufrieden/mäßig zufrieden" die Frauen etwa doppelt so oft vertreten sind (17,5 %, n = 91) wie bei den Männern (9,0 %, n = 44).

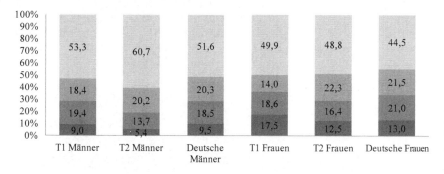

Abbildung 62: Partnerschaftszufriedenheit in Prozent (T1 und T2 nach Geschlecht)
Quelle: Eigene Darstellung.

In der obersten Kategorie sind sie nahezu gleich stark vertreten. Innerhalb der zweiten Generation sind die Geschlechterdifferenzen stärker zu sehen: Während die Männer hier zu 60,7 % (n = 204) „sehr zufrieden" sind, sagen dies bei den Frauen lediglich 48,8 % (n = 140). Die geringe Partnerschaftszufriedenheit der

---

290 Einfaktorielle Anova für deutsche Befragte, türkische Migranten der ersten Generation sowie der zweiten Generation: F = 5,49, df = 3, p = 0,000.
291 T1: χ^2 = 17,22; df = 3, p = 0,001. T2: χ^2 = 14,27; df = 3, p = 0,003.

türkischen Frauen der zweiten Generation spiegelt sich gleichermaßen in der untersten Kategorie: hier geben 12,5 % (n = 36) der Frauen, aber lediglich 5,4% (n = 18) der Männer an, „(eher) unzufrieden/mäßig zufrieden" mit ihrer Partnerschaft zu sein. In Bezug zu den Deutschen verändern sich die Verteilungen der Zufriedenheitswerte der türkischen Frauen der zweiten Generation. Hier ist ein leichter Annäherungseffekt zu beobachten. Hingegen die türkischen Männer der zweiten Generation sind den deutschen Männern unähnlicher, als es die der ersten Generation sind.

Grad der Akkulturation

Mehrere Merkmale können als Indikatoren des Akkulturationsniveaus interpretiert werden. Dazu zählen die Deutschkenntnisse oder auch das Bildungsniveau.[292] Die Deutschkenntnisse werden im GGS von den Befragten selbst eingeschätzt. In der nächsten Abbildung sind deutliche Unterschiede zwischen den Generationen sichtbar. Die Türken der zweiten Generation schätzen ihre Deutschkenntnisse sehr viel höher ein (summiert betrachten 69,5 % ihre Sprachkenntnisse als „gut" bis „sehr gut" als die der ersten Generation („gut" bis „sehr gut" = 28,7 %). Dies deckt sich mit Befunden aus anderen Studien (z. B. Haug et al. 2009[293], Siegert 2008). 29,1 % (n = 175) geben innerhalb der zweiten Generation an, „sehr gut" Deutsch zu sprechen, während es in der ersten lediglich 6,5 % (n = 64) sind. „Gute" Kenntnisse geben weitere 40,4 % (n = 243) der jüngeren Türken an, demgegenüber stehen 22,2 % (n = 219) der älteren. Die erste Generation urteilt mit 42,5 % (n = 419) mittelmäßig, zu 26,7 % (n = 263) eher schlecht über ihr Sprachniveau. In der zweiten Generation verfügen 23,8 % (n = 143) und 6,3 % (n = 38) über mittlere bis schlechtere Deutschkenntnisse. In beiden Stichproben spricht nur ein Bruchteil kein Deutsch, in der ersten 2,0 % (n = 20) und in der zweiten Generation 0,5 % (n = 3). Bei einer Dichotomisierung der Sprachvariable in („gut" bis „sehr gut" vs. „es geht" bis „gar nicht") lassen sich Ge-

---

292 *„In der Schulbildungsstatistik und in verschiedenen Studien zeigt sich, dass türkische Migranten im Vergleich zu Migranten aus anderen Anwerbeländern ein besonders niedriges Schulbildungsniveau aufweisen. Dies gilt sowohl für die im Heimatland erworbenen Schulabschlüsse der ersten Generation an Zuwanderern als auch für die Schulabschlüsse, die die Migranten der zweiten Generation erworben haben"* (Haug et al. 2009: 210).

293 *„Unterscheidet man danach, zu welcher Einwanderergeneration der Befragte gehört, ist festzustellen, dass eine schlechte oder gar nicht vorhandene Sprachkompetenz in Deutsch lediglich von Personen angegeben wird, die eine eigene Migrationserfahrung haben, die also nicht in Deutschland geboren wurden.(...) Der Spracherwerb erfolgt vor allem im Generationenverlauf"* (Haug et al. 2009: 240, 241).

schlechterdifferenzen in beiden Generationen feststellen: Männer sprechen in
beiden Generationen besser Deutsch als die Frauen.

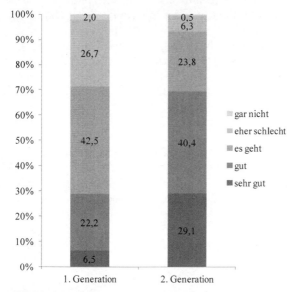

*Abbildung 63: Deutschkenntnisse der türkischen Migranten der 1. und 2.
Generation in Prozent*

Quelle: Eigene Darstellung.

In der ersten Generation geben 36,5 % (n = 179) Männer und 25,0 % (n = 130)
Frauen an, „gut" bis „sehr gut" deutsch sprechen zu können. 63,5 % (n = 311)
der männlichen und 75,0 % (n = 391) der weiblichen Befragten beurteilen ihre
deutschen Sprachkenntnisse als mittel bis sehr schlecht.Haug et al. (2009: 246)
verweisen darauf, dass dies mit einer höheren Analphabetismus-Quote in der
ersten Generation zusammenhängen könnte, die in der RAM[294] (2006/2007) bei
Türken festgestellt wurde. Es kann außerdem angenommen werden, dass türkische Frauen der ersten Generation, da sie seltener erwerbstätig sind, auch dadurch weniger Deutsch sprechen (müssen) als ihre Partner. In der zweiten Generation verschiebt sich das Verhältnis; hier sprechen beide Geschlechter besser

---

294 Repräsentativbefragung „Ausgewählte Migrantengruppen in Deutschland 2006/2007" (RAM).
   Diese Befragung führte das Bundesamt für Migration und Flüchtlinge (Nürnberg) zusammen mit
   TNS Infratest Sozialforschung (München) durch.

Deutsch: 75,9 % (n = 255) der Migranten und 64,1 % (n = 184) der Migrantinnen verfügen über „gute" bis „sehr gute" Verständigungsfähigkeiten. Dem gegenüber stehen 24,1 % (n = 81) und 35,9 % (n = 103) mit Sprachdefiziten im Deutschen. Ein weiterer Hinweis für den Grad der Akkulturation lässt sich aus den Bildungsabschlüssen ziehen. Die Abschlüsse der drei Gruppen weichen voneinander ab. Während in der deutschen Stichprobe ungefähr ein Viertel (27,4 %, n = 1279) der Befragten eine (Fach-) Hochschulreife aufweist, sind es in der ersten Generation der türkischen Migranten 5,0 % (n = 51) und in der zweiten Generation 5,0 % (n = 31). Die mittlere Reife und gleichwertige Abschlüsse (z. B. Polytechnische Oberschule mit Abschluss der 10. Klasse) stellen in der deutschen Stichprobe mit 35,8 % (n = 1.672) einen großen Anteil dar, mit 14,3 % (n = 89) bei den türkischen Zuwanderern der zweiten und mit 10,1 % (n = 102) der ersten Generation jedoch einen geringen Teil. Innerhalb der türkischen Stichproben überwiegen diejenigen, die einen Haupt- oder Volksschulabschluss haben (bzw. Polytechnische Oberschule mit Abschluss der 8. oder 9. Klasse): In der ersten Generation sind es 40,5 % (n = 409) und in der zweiten 56,0 % (n = 349). Insgesamt gibt die Verteilung einen Hinweis darauf, dass der Grad der Bildung von der ersten zur zweiten Generation leicht ansteigt hinsichtlich der Hauptschulabschlüsse und mehr Personen der zweiten Generation einen Schulabschluss aufweisen. Hinsichtlich des Bildungsniveaus liegen offenbar auch noch die Migranten der zweiten Generation stark hinter den Deutschen zurück (vgl. Woellert 2009: 49 ff.).

Abbildung 64 gibt einen Überblick über die Einschätzung der finanziellen Haushaltssituation. Aufgrund der bisherigen Befunde, in der die subjektiv wahrgenommene finanzielle Lage eine zentrale Rolle spielt, erscheint es sinnvoll, diese Variable auch für die Generationen genauer zu untersuchen. Zunächst fällt auf, dass sich die beiden Generationen wenig voneinander unterscheiden. Sowohl die Deutschen als auch die deutschen Befragten der Kontrollgruppe[295] weichen hingegen ab, die im Mittel über das gleich hohe absolute Haushaltseinkommen verfügen wie die Türken. In der Rubrik derjenigen, die „(sehr) gut" mit

---

295 Gemittelt einkommensgleich mit türkischen Migranten. Aufgrund der fehlenden Werte sind in dieser Kontrollgruppe lediglich 1855 enthalten. 17,5 % (n = 833) Personen haben keine Angaben zu ihrem absoluten Haushaltseinkommen pro Monat gemacht. Leider konnte auch innerhalb der türkischen Stichprobe diese Variable nicht verwendet werden, da hier 19,1 % (n = 312) fehlende Werte vorliegen. Bei einer Korrelation dieser objektiven Haushaltseinkommens-Variable mit der wahrgenommenen ökonomischen Deprivation (mit stark reduzierter Fallzahl und Rangkorrelationskoeffizienten Spearman) hängen alle auf dem 0,01-Signifikanz-Niveau positiv zusammen: T1: ρ = 0,369**, T2: ρ = 0,405**, Deutsche: ρ = 0,428** und die deutsche Kontrollgruppe: ρ = 0,192**. Demnach kann zumindest für die stark reduzierte Gruppe aller Befragten gelten: Je höher das reale Haushaltseinkommen ist, desto besser wird das Auskommen mit dem Einkommen beurteilt.

ihrem Einkommen zurechtkommen, befindet sich bei den Deutschen ein Drittel mit 34,0 % (n = 1.418), bei den Deutschen der Kontrollgruppe 21,7 % (n = 403). Darauf folgen 13,1 % (n = 79) der Migranten der zweiten Generation und schließlich 9,5 % (n = 93) derjenigen aus der ersten Generation. Mit „kleineren Schwierigkeiten" oder „relativ gut" können 64,8 % (n = 1.202) der einkommensschwächeren Deutschen und 58,1 % (n = 2.421) der Deutschen haushalten. Ähnlich hoch liegen die Anteile dieser Kategorie für die Migranten der ersten (57,6 %) und zweiten Generation (55,8 %). Hier sind keine nennenswerten Unterschiede festzustellen. Anders sieht es in der Kategorie derjenigen aus, die „mit (großen) Schwierigkeiten" zurechtkommen. Am untersten Rand der Skala bewegen sich die Türken beider Generationen mit einem Drittel (GGS-T1 = 32,9 %, GGS-T2 = 31,1 %), die sich als ökonomisch (stark) depriviert empfinden. Bei den Deutschen ist dieser Anteil sehr viel geringer (7,9 %, n = 331) und auch innerhalb der deutschen Kontrollgruppe mit 13,5 % (n = 250) weniger hoch, als man hätte vermuten können. Als Erklärungsansatz kann die Theorie des sozialen Vergleichs (Kessler et al. 2000: 255 ff.) dienen. Es ist anzunehmen, dass türkische Migranten zur Beurteilung ihrer Lebenssituation die statusniedrigeren Familienangehörigen oder Bekannten aus der Türkei als Maßstab betrachten (Blasius et al. 2008).

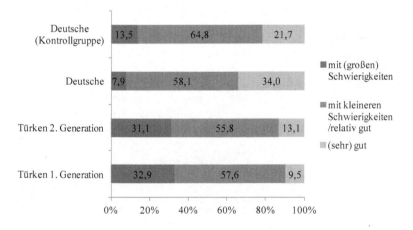

Abbildung 64: Subjektive finanzielle Lage in Prozent (T1, T2, D und deutsche Kontrollgruppe)
Quelle: Eigene Darstellung.

Insgesamt wird deutlich, dass die Türken hinsichtlich der Bildungsabschlüsse depriviert sind und damit auch im Vergleich zu den Deutschen ungünstiger auf dem Arbeitsmarkt positioniert sind. Der Anteil der Arbeitslosen ist demnach in beiden Generationen ähnlich hoch, in der ersten bei 13,6 % (n = 137), in der zweiten bei 13,8 % (n = 86). Bei den Deutschen hingegen sind es lediglich 4,6 % (n = 214). Insgesamt ist der Grad der objektiven Deprivation (Bildung) bei der ersten Generation stärker als bei der zweiten. Subjektiv ist die wahrgenommene finanzielle Lage der zweiten Generation ähnlich wie die der ersten Generation.

Bivariate Überprüfung der Hypothese$_{Generation}$

Ob die Türken der zweiten Generation, wie angenommen, den Deutschen ähnlicher sind als die der ersten Generation, wird nachfolgend bivariat überprüft. In Tabelle 20 wird die Bewertung der finanziellen Lage mit den Mediatorvariablen korreliert. Hier ist die Stärke der Koeffizienten eher gering. Hinsichtlich der Eheorientierung zeigt sich in beiden Generationen der Türken kein statistisch relevanter Zusammenhang, bei den Deutschen ein schwacher ($\rho = 0{,}119{***}$). Die Trennungsgedanken hängen lediglich bei den Türken der ersten Generation ($r_{pb} = -0{,}109{***}$) und den Nicht-Zugewanderten ($r_{pb} = -0{,}084{***}$) hoch signifikant negativ mit der Bewertung der finanziellen Lage zusammen.

Tabelle 20:   Subjektive finanzielle Lage korreliert mit Mediatoren (T1, T2, D)

	Subjektive finanzielle Lage		
	Türken 1. Gen.	Türken 2. Gen.	Deutsche
Mediatoren			
Eheorientierung (niedrig bis hoch)	0,057	-0,003	0,119***
Trennungsgedanken (nein/ja)	-0,109***	-0,068	-0,084***
Ruhig diskutieren (nie bis sehr oft)	0,074**	0,040	0,110***
Traditionalität (niedrig bis hoch)	-0,022	-0,034	-0,036**
Soziales Kapital (niedrig bis hoch)	0,192***	0,186***	0,120***
Paarkonflikte „Hausarbeit" (niedrig bis hoch)	-0,083**	-0,022	-0,113***
Paarkonflikte „Geld" (niedrig bis hoch)	-0,073*	-0,059	-0,274***
Paarkonflikte „Freizeit" (niedrig bis hoch)	0,008	-0,001	-0,072***
Laut streiten (nie bis sehr oft)	-0,020	-0,055	-0,111***
Religiosität (niedrig bis hoch)	-0,042	0,036	0,073***
Aufgabenteil.zufr. (niedrig bis hoch)	0,112***	0,096***	0,163***

Für Korrelationen, in denen mindestens eine Variable ordinal ist (und die andere metrisch oder ordinal), werden Rangkorrelationen nach Spearman (ρ) berechnet. Für solche, bei denen eine Variable dichotom ist und die andere metrisch, werden punktbiseriale Korrelationen verwendet (rpb).
Quelle: Eigene Darstellung.   *** p ≤ 0,001, ** p ≤ 0,01, * p ≤ 0,05

Ähnliches gilt für das konstruktive Konfliktverhalten, das ebenfalls nur für die erste Generation (ρ = 0,074**) und bei den Deutschen etwas stärker positiv (ρ = 0,110***) mit der abhängigen Variablen zusammenhängt. Die Vorzeichen der Koeffizienten, die die Beziehung zwischen Traditionalität und finanzieller Zufriedenheit darstellen, sind in allen drei Gruppen negativ, jedoch lediglich bei den Deutschen signifikant mit ρ = -0,036**. Das soziale Kapital dagegen ist sowohl bei den Türken der ersten (ρ = 0,192***) als auch der zweiten Generation (ρ = 0,186***) hoch signifikant. Die Koeffizienten sind größer als bei den Deutschen (ρ = 0,120***). Das Auftreten partnerschaftlicher Konflikte hängt ebenfalls bei den Türken der ersten Generation („Hausarbeit" ρ = -0,083** und „Geld" ρ = -0,073*) aber noch mehr bei den Deutschen mit der wahrgenommenen ökonomische Situation zusammen (ρ = -0,113***). Die wahrgenommene finanzielle Position korreliert nicht mit der Religiosität in den beiden Generationen, nur bei den Deutschen mit ρ = 0,073***. Je besser die subjektive finanzielle Lage eingeschätzt wird, desto höher ist die Aufgabenteilungszufriedenheit in allen drei Gruppen, am stärksten bei den Deutschen (ρ = 0,163***), die beiden Generationen liegen fast gleichauf (T1: ρ = 0,112***, T2: ρ = 0,096***).

Insgesamt bestehen die größten Generationsdifferenzen bezüglich der subjektiven finanziellen Lage im Kontext der Trennungsgedanken, des „ruhig Ausdiskutierens" sowie der Paarkonflikte über „Hausarbeit" und „Geld". Insgesamt betrachtet gibt es Varianzen in der Stärke der Zusammenhänge, jedoch keine entgegengesetzten Beziehungen zwischen den Generationen (außer bei der Religiosität). Diejenigen Beziehungen, die in beiden Generationen signifikant korrelieren, differieren bei unter 0,05. Daher werden die Verteilungen dieser bivariaten Verbindungen nicht näher betrachtet, da davon kein weiterer Erkenntnisgewinn zu erwarten ist.

Nachfolgend werden die wesentlichen Ergebnisse der Zusammenhänge der Arbeitslosigkeit mit den einzelnen Mediatorvariablen dargestellt: Nur die Trennungsgedanken hängen innerhalb der ersten Generation der türkischen Befragten signifikant mit einer Erwerbslosigkeit zusammen. Wenn Arbeitslosigkeit besteht, dann erhöht dies sowohl bei den Türken der ersten Generation (r_{pb} = 0,071**) als auch bei den Deutschen die Trennungsgedanken (r_{pb} = 0,049***), bei der zweiten Generation nicht (r_{pb} = -0,014). Ebenfalls gibt es einen schwach signifikanten Zusammenhang zwischen der Arbeitslosigkeit und der Konflikthäufigkeit über Geldthemen (r_{pb} = 0,066*), der den deutschen Befragten gleicht (r_{pb} = 0,064***). Der Koeffizient bei den Türkischen Migranten der zweiten Generation ist ähnlich hoch, jedoch nicht signifikant (r_{pb} = 0,060). Insgesamt kann als einzige Generationsdifferenz die Beziehung zwischen den Trennungsgedanken und der Erwerbslosigkeit festgestellt werden. Auch hier sind keine bedeutsamen und beidseitig signifikanten Generationsdifferenzen feststellbar, die zusätzlich um mindestens 0,05 Einheiten voneinander abweichen.

Auch für den Zusammenhang der Bildung auf die Mediatorvariablen sind wenig statistisch relevante Zusammenhänge beobachtbar[296]. Hier korreliert lediglich ein höheres Bildungsniveau signifikant mit einer geringeren Traditionalität hinsichtlich der Geschlechterrollenorientierung bei der ersten (ρ = -0,070**) und zweiten Generation (ρ = -0,082**) fast gleich hoch. Bei den deutschen Befragten ist diese Beziehung deutlich stärker mit ρ = -0,185***. Außerdem korreliert die Konflikthäufigkeit über finanzielle Themen schwach signifikant mit dem Bildungsniveau in der ersten Generation. Ein höheres Bildungsniveau ist mit einer geringeren Konfliktanfälligkeit über die finanzielle Situation verbunden. In der zweiten Generation wird diese Beziehung geringer und insignifikant (ρ = -0,040), bei den Deutschen spielt sie statistisch keine Rolle (ρ = -0,004). Stärker ist der Unterschied zwischen den beiden Zuwanderergruppen bei der Korrelation zwischen Bildung und Religiosität zu beobachten. Während es bei der ersten Generation keinen Zusammenhang gibt (ρ = -0,003), ist er in der zweiten Generation gemäßigt vorhanden mit ρ = -0,096*** und auf 1 %-Niveau signifikant. Ansonsten sind hier stärkere Generationsdifferenzen nicht erkennbar, die den Kriterien der Signifikanz in beiden Gruppen und einer Abweichung von mindestens 0,05 entsprechen.

In einem weiteren Schritt (siehe Tabelle 21) werden die Mediatoren getrennt nach Generationszugehörigkeit mit der abhängigen Variable „Partnerschaftszufriedenheit" korreliert. Die Eheorientierung, das konstruktive Konfliktverhalten (ruhig diskutieren), das soziale Kapital und die Aufgabenteilungszufriedenheit sind signifikant positiv mit einer höheren Beziehungsbewertung assoziiert. Dies gilt sowohl für die Türken der ersten und zweiten Generation als auch für die Deutschen. Gruppenübergreifend ungünstig für die partnerschaftliche Zufriedenheit sind Trennungsgedanken und häufig auftretende Paarkonflikte. Bei den Themen „Hausarbeit" gibt es keine (T1 = -0,069*, T2 = -0,085*), bei „Geld" leichte Differenzen zwischen den beiden Generationen (T1 = -0,126***, T2 = -0,164***). Jedoch ist der Zusammenhang nicht annähernd so stark wie bei den deutschen Befragten. Deutliche Unterschiede bestehen hinsichtlich der Meinungsverschiedenheiten über die Freizeitgestaltung: Diese hängt bei den Migranten der zweiten Generation stärker und hoch signifikant mit der Partnerschaftszufriedenheit zusammen (-0,176***), bei der ersten schwächer (-0,103***). Dadurch sind die Migranten der zweiten Generation den Deutschen ähnlicher (-0,228***).Ein weiterer Angleichungseffekt ist bei den Trennungsgedanken ersichtlich.

---

296 Tabelle auf Nachfrage bei Autorin erhältlich.

Tabelle 21:   Mediatoren korreliert mit Partnerschaftszufriedenheit (T1, T2, D)

Mediatoren	Türken 1. Gen.	Türken 2. Gen.	Deutsche
Eheorientierung (niedrig bis hoch)	0,137***	0,116***	0,180***
Trennungsgedanken (nein/ja)	-0,113***	-0,231***	-0,244***
Ruhig diskutieren (nie bis sehr oft)	0,133***	0,176***	0,279***
Traditionalität (niedrig bis hoch)	0,049	-0,030	-0,044***
Soziales Kapital (niedrig bis hoch)	0,206***	0,090**	0,202***
Paarkonflikte „Hausarbeit" (niedrig bis hoch)	-0,069*	-0,085*	-0,222***
Paarkonflikte „Geld" (niedrig bis hoch)	-0,126***	-0,164***	-0,277***
Paarkonflikte „Freizeit" (niedrig bis hoch)	-0,103***	-0,176***	-0,228***
Laut streiten (nie bis sehr oft)	-0,177***	-0,162***	-0,199***
Religiosität (niedrig bis hoch)	0,049	0,002	0,077***
Aufgabenteil.zufr. (niedrig bis hoch)	0,578***	0,555***	0,540***

Für Korrelationen, in denen mindestens eine Variable ordinal ist (und die andere metrisch oder ordinal), werden Rangkorrelationen nach Spearman (ρ) berechnet. Für solche, bei denen eine Variable dichotom ist und die andere metrisch, werden punktbiseriale Korrelationen verwendet (rpb).
Quelle: Eigene Darstellung.   *** $p \leq 0{,}001$, ** $p \leq 0{,}01$, * $p \leq 0{,}05$

Die Korrelation bei den Migranten der zweiten Generation (r_{pb} = -0,231***) ähnelt der der Deutschen (r_{pb} = -0,244***). Die erste Generation zeigt noch einen halb so starken, geringeren Zusammenhang (r_{pb} = -0,113***). Auch erscheint die Beziehung des konstruktiven Konfliktverhaltens von der ersten (ρ = 0,133***) zur zweiten Generation (ρ = 0,176***) zuzunehmen und sich den Deutschen etwas anzunähern, die jedoch noch einen deutlich höheren Wert mit ρ = 0,279*** aufweisen. Das Gleiche zeigt sich bei den Paarkonflikten. Während die erste Generation bei ρ = -0,123*** korreliert, hängt die Streithäufigkeit der zweiten Generation schon stärker negativ mit der Partnerschaftszufriedenheit zusammen (ρ = -0,169***), die Beziehung bei den Deutschen ist jedoch viel stärker mit ρ = -0,305***. Ein gleicher Trend lässt sich bei der Aufgabenteilungszufriedenheit festmachen. Die Stärke der Beziehung nimmt von der ersten (ρ = 0,578***) zur zweiten leicht ab (ρ = 0,555***) und nähert sich damit den deutschen Befragten an (ρ = 0,540***). Die Befunde in Tabelle 21 zeigen im Vergleich zu den bisher betrachteten Zusammenhängen stärkere Koeffizienten. Hier sticht die Aufgabenteilungszufriedenheit hervor. Offenbar ist die Zufriedenheit mit der Verteilung der alltäglichen Routinen und der Hausarbeit sehr eng mit der Bewertung der partnerschaftlichen Qualität verbunden.[297] Nachfolgend werden die zentralen Differenzen aus der Korrelationstabelle beschrieben, die in

---

[297] Jedoch ist die Korrelation nicht als so hoch zu bewerten, als dass sie eine zu starke Überschneidung mit der abhängigen Variable „Partnerschaftszufriedenheit" aufweist. Innerhalb der multivariaten Analysen wurde keine Multikollinearität (Bortz 1999: 438 ff.) festgestellt.

Tabelle 21 sowohl bei Türken der ersten als auch der zweiten Generation signifikant sind und die um mindestens 0,05 Einheiten voneinander differieren (Diese Werte sind fett gedruckt).

Es wird nachfolgend analysiert (siehe Anhang: Tabelle 31, Tabelle 33, Tabelle 34), ob die türkischen Migranten der zweiten Generation sich den Deutschen angenähert haben: Die subjektive Paarstabilität, über Trennungsgedanken gemessen, hängen bei den Migranten der zweiten Generation gleich stark mit der Partnerschaftszufriedenheit zusammen wie bei den Deutschen. Es ist feststellbar, dass sich die zweite Generation hinsichtlich der prozentualen Verteilungen[298] den Deutschen ähnlicher ist als es die Zuwanderer der ersten Generation sind. Dies kann als Hinweis auf eine mögliche Assimilation der zweiten Generation interpretiert werden. Die Partnerschaftszufriedenheit steigt in beiden Generationen der Migranten in Abhängigkeit des konstruktiven Konfliktverhaltens. Es besteht ein nahezu linearer Zusammenhang zwischen häufigem „ruhig diskutieren" bei Meinungsverschiedenheit und der partnerschaftlichen Zufriedenheit. Dieser ist jedoch bei den türkischen Zuwanderern der zweiten Generation stärker ausgeprägt als bei denen der ersten Generation. Damit ist auch hier ein Annäherungseffekt der jüngeren Migranten an die deutsche Stichprobe zu beobachten. In Abhängigkeit des Sozialkapitals ist ebenfalls für die erste Generation der türkischen Migranten und für die Deutschen ein linearer Zusammenhang zwischen einer zunehmenden wahrgenommenen sozialen Unterstützung und einer höheren partnerschaftlichen Zufriedenheit feststellbar. In der zweiten Generation der türkischen Migranten ist der Zusammenhang geringer, was sich auch in der prozentualen Verteilung zeigt. Die Bedeutung von sozialer Unterstützung ist offenbar bei den jüngeren türkischen Befragten etwas weniger wichtig. Hier gibt es daher keinen Angleichungs- sondern einen Alterseffekt. Offenbar gibt es einen kulturübergreifenden Generationseffekt. Hinsichtlich des Zusammenhangs der partnerschaftlichen Zufriedenheit mit der Streithäufigkeit über die Freizeitgestaltung ist zwischen den Generationen ein deutlicher Unterschied erkennbar: Es zeichnet sich ab, dass die Zuwanderer der zweiten Generation im Mittel zufriedener sind über alle drei Kategorien der Konflikthäufigkeit. Der Verlauf der Mittelwerte verdeutlicht (siehe Anhang: Tabelle 31, Tabelle 33, Tabelle 34), dass die türkischen Migranten der zweiten Generation hier zwischen den Deutschen und den Zuwanderern der zweiten Generation positioniert sind. Dies kann als Annäherung an die deutsche Partnerschaftsprozesse gewertet werden.

---

298 Tabellen zu Prozentwerten bei Autorin erhältlich.

Multivariate Überprüfung der Generationsunterschiede (Hypothese_{Generation})

Zur Untersuchung der Generationshypothese[299] werden zwei weitere Struktur-gleichungsmodelle berechnet, basierend auf den Stichproben GGS-T1 (türkische Migranten der 1. Generation) und GGS-T2 (türkische Migranten der 2. Generation). Auch hierfür werden vorab zur Überprüfung der latenten Variablen, die später als Messmodelle in die Strukturgleichungsmodelle aufgenommen werden, konfirmatorische Faktorenanalysen[300] durchgeführt. Es werden wie in den vorangegangen Kapiteln dieselben Indikatoren verwendet. Die vier Messmodelle zu den latenten Variablen „Traditionalität der Geschlechterrollen", „Soziales Kapital", „Religiosität" und „Paarkonflikt" liefern auch in den beiden Generationen der türkischen Stichprobe optimale Modellfits. Insgesamt liefern die latenten Variablen über beide Stichproben hinweg, für die erste und zweite Generation, solide Werte, um sie in die Strukturgleichungsmodelle zur Überprüfung der Hypothese aufzunehmen.

Strukturgleichungsmodell zu den Türken der 1. und 2. Generation

Nachfolgend werden Strukturgleichungsmodelle getrennt für jede Generation dargestellt. Für die Analyse werden in einem ersten Schritt die direkten Effekte und in einem weiteren Schritt die indirekten Zusammenhänge betrachtet.

In Tabelle 22 sind die direkten Effekte auf die Partnerschaftszufriedenheit dargestellt, bei der simultan auch die indirekten Zusammenhänge mit berechnet wurden. Um das Assimilationsniveau zu kontrollieren, wurden die Deutsch-kenntnisse in zusätzlichen Modellen einbezogen. Unter Kontrolle der Deutsch-kenntnisse im Modell[301] verändern sich die Koeffizienten der Stichprobe der Türken der ersten und zweiten Generation nicht nennenswert. Die Deutschkennt-nisse haben einen insignifikanten positiven Einfluss auf die Partnerschaftszufrie-denheit (Türken 1. Generation β = 0,016 und Türken 2. Generation β = 0,036). Um eine Vergleichbarkeit mit den Modellen der Türken (gesamt) und den Deut-schen zu gewährleisten, werden die Modellergebnisse (ohne Kontrolle der Deutschkenntnisse) dargestellt (siehe Tabelle 22).

---

299 Wenn die türkischen Migranten der zweiten Generation angehören, dann sind sie den nichtein-gewanderten Deutschen in den Mechanismen zur Erklärung von Partnerschaftszufriedenheit ähn-licher als die türkischen Migranten der ersten Generation.

300 Tabellen zu explorativen und konfirmatorischen Faktorenanalysen auf Nachfrage bei Autorin erhältlich.

301 Die Modelle für die erste und zweite Generation, in denen die Deutschkenntnisse als zusätzliche Kontrollvariable einbezogen wurden, sind nicht abgebildet, da Veränderungen minimal oder z.T. nicht beobachtbar waren.

Tabelle 22: *Direkte Effekte zur Erklärung von Partnerschaftszufriedenheit (unter Berücksichtigung indirekter Effekte) für Türken (1. /2. Generation)*

	Türken 1. Generation		Türken 2 Generation	
	Logit-Koeffizient (standardisiert)	S.E.	Logit-Koeffizient (standardisiert)	S.E.
Soziodemografische Merkmale				
mind. 1 Kind im HH (0 = nein, 1 = ja)	-0,049	0,033	-0,018	0,033
Frau (0 = Mann, 1 = Frau)	-0,091**	0,031	-0,059	0,031
Alter in Jahren	-0,121***	0,036	0,007	0,036
Frauenerwerbstätigkeit (0 = nein, 1 = ja)	0,027	0,029	0,001	0,029
Deprivation				
Bildungsniveau (niedrig - hoch)	-0,055*	0,028	-0,005	0,028
Subj. finanz. Lage (schlecht - sehr gut)	0,029	0,028	0,026	0,028
Arbeitslosigkeit (0 = nein, 1 = ja)	0,051	0,067	-0,035	0,066
Paarkonflikt				
Häufigkeit Streitthema Haushalt	-0,165**	0,058	-0,091	0,058
Wert- und Geschlechtsrollenorientierung				
Religiosität (niedrig - hoch)	-0,002	0,032	0,039	0,032
Tradit.Geschlechtsrollen (niedrig - hoch)	0,037	0,045	-0,047	0,045
Aufgabenteilungszufr. (niedrig - hoch)	0,446***	0,049	0,444***	0,049
Commitment				
Eheorientierung (niedrig - hoch)	0,032	0,031	0,007	0,031
Trennungsgedanken (0 = nein, 1 = ja)	-0,122*	0,055	-0,205***	0,055
Copingressourcen				
Konstr. Konfliktverh. (nie – sehr oft)	-0,020	0,042	0,074*	0,042
Soziale Unterstützung (niedrig-hoch)	0,151***	0,041	0,085**	0,040
Modellgüte:	n = 901 $\chi 2 = 209,418/df = 147$ p-value = 0,000 R2 = 0,366 CFI = 0,978 TLI = 0,963 RMSEA = 0,022		n = 570 $\chi 2 = 177,725/df = 147$ p-value = 0,0423 R2 = 0,377 CFI = 0,980 TLI = 0,966 RMSEA = 0,019	

Quelle: Eigene Darstellung.   *** $p \leq 0,001$, ** $p \leq 0,01$, * $p \leq 0,05$, † $p \leq 0,10$

In einem ersten Schritt wird der Einfluss der soziodemografischen Merkmale, die hier als Kontrollvariablen fungieren, untersucht. Während bei den Türken der zweiten Generation keine signifikanten Effekte feststellbar sind, sind bei denen der ersten Generation zwei signifikant: Frauen (β = -0,091**) und Ältere (β = -0,121***) sind tendenziell weniger zufrieden in ihren Partnerschaften. Von den Merkmalen der Deprivation ist lediglich bei den türkischen Befragten der ersten Generation ein geringeres Bildungsniveau (β = -0,055* vs. 2. Generation β = -0,005) positiv verbunden mit der Partnerschaftszufriedenheit. Alle anderen Merkmale sind in beiden Gruppen zwar mit gleichem Vorzeichen versehen, spielen jedoch keine Rolle (siehe Tabelle 22). Ein weiterer deutlicher Unterschied zwischen den Generationen ist die Beziehung zwischen Paarkonflikten und der Beziehungsbewertung. Bei denjenigen aus der ersten Generation (β = -0,165**) ist die Wirkung der Streithäufigkeit stärker als bei denjenigen der zweiten (β = -0,091). Die Analyse der Wert- und Geschlechtsrollenorientierung deutet ebenfalls auf Generationsdifferenzen hin. Während hinsichtlich der Zufriedenheit mit der Aufgabenteilung ein ähnlich hoher Zusammenhang zur Partnerschaftzufriedenheit zu beobachten ist (β = 0,446*** und β = 0,444***), wirkt eine traditionelle Geschlechterrollenorientierung in den beiden Generationen gegensätzlich: Bei den Türken der ersten Generation ist Traditionalität günstig (β = 0,037), bei denen der zweiten Generation ungünstig (β = -0,047). Wenngleich beide Koeffizienten nicht signifikant sind, geben die Vorzeichen einen wichtigen Hinweis auf intergenerationale Unterschiede der Wertorientierung. Auch das Commitment hängt unterschiedlich stark mit der Beziehungsbewertung zusammen: die erste Generation (β = 0,032) zeigt einen positive Beziehung zwischen einer höheren Eheorientierung und der Partnerschaftszufriedenheit, während dies für die zweite (β = 0,007) nicht zutrifft. Ebenfalls divergierend, jedoch lediglich in der Intensität (nicht im Vorzeichen), wirken sich Trennungsgedanken aus. Von der ersten zur zweiten Generation ist eine starke Zunahme der Bedeutung der subjektiven Beziehungsstabilität zu sehen (von β = -0,122* auf β = -0,205***). Trennungskognitionen wirken daher auf direkte Weise destabilisierend. Ein ähnlich abweichendes Bild ist in den Indikatoren der Copingressourcen erkennbar: die Häufigkeit eines konstruktiven Konfliktverhaltens ist in der zweiten Generation positiv, wenngleich schwach signifikant mit der Partnerschaftszufriedenheit zusammenhängend (β = 0,074*), während es in der ersten sehr gering, jedoch überraschenderweise mit umgekehrten Vorzeichen erscheint (β = -0,020). Ein direkter und signifikanter Effekt geht in beiden Generation vom sozialen Kapital aus: Die Bedeutung der sozialen Unterstützung hängt in den zwei Gruppen stark mit einer höheren Beziehungsbewertung zusammen. Bei den Türken der ersten Generation sogar noch stärker (β = 0,151***) als bei denen der zweiten Generation (β = 0,085**).

In Tabelle 23 sind die direkten, indirekten und totalen Effekte aller soziodemografischen Merkmale angegeben, hier wird aufgrund der geringeren Fallzahlen das Signifikanzniveau auf mindestens 10 % (* p ≤ 0,05) gesetzt. Da es hier darum geht, einen Annäherungseffekt auf die Deutschen zu untersuchen, sind hier zudem die signifikanten Kausalpfade abgebildet, die von den Kontrollvariablen ausgehen. Es soll visualisiert werden, ob die 2. Generation der Türken hinsichtlich bestimmter Merkmale wie z. B. der Geschlechtereffekte (Modernisierungs- und Emanzipationseffekt) sich den Deutschen angenähert hat und von den Migranten der 1. Generation unterscheidet. Ob bei den indirekten Beziehungen in Tabelle 23 ein Mediatoreffekt vorliegt, muss einzeln überprüft werden. Zunächst werden die direkten Beziehungen der soziodemografischen Merkmale auf die Partnerschaftszufriedenheit getestet.

Tabelle 23:   *Direkte, indirekte und totale Effekte der soziodemografischen Merkmale und Verhaltens- und Einstellungs-Komponenten auf die Partnerschaftszufriedenheit (Türkische Migranten 1. Generation)*

Kausalpfad	Mediator-effekt βME	Totaler indirekter Effekt βSIE	Direkter Effekt β	Totaler Effekt βTE
Arbeitslos. → Aufgabenteil.zufr.→ PZ Arbeitslosigkeit → Soz. Unterstz. → PZ	-0,061** -0,007***	-0,063*	0,051	-0,013
Kind → Soz. Unterstz. → PZ	0,014*	-0,003	-0,049	-0,052
Frau → Aufgabenteil.zufr. → PZ	-0,047**	-0,038	-0,091**	-0,130***
Alter → Soz. Unterstz. → PZ Alter → Streithäufigkeit → PZ	0,022** 0,025*	0,068*	-0,121***	-0,053
subj. finanz.Lage → Aufgab.zufr. → PZ subj. finanz. L. → Soz. Unterstz. → PZ	0,050*** 0,033**	0,109***	0,029	0,138***

Quelle: Eigene Darstellung.   *** p ≤ 0,001, ** p ≤ 0,01, * p ≤ 0,05

Die Prädiktoren, von denen in Tabelle 23 indirekte Pfade ausgehen, üben zwei einen signifikanten Effekt auf die endogene Variable Partnerschaftszufriedenheit aus. Es handelt sich um die Variablen „Frau" (β = -0,127***) und „subjektive finanzielle Lage" (β = 0,140***).Die beiden Prädiktoren „Frau" und „Aufgabenteilungszufriedenheit" müssen außerdem einen signifikanten Effekt auf den Mediator ausüben. Dies betrifft folgende Pfade:[302]

---

[302] Die Koeffizienten zu diesen Pfaden und zu allen Teilregressionen sind auf Nachfrage bei Autorin erhältlich.

Frau → Aufgabenteilungszufriedenheit: β = -0,105**
subjektive finanzielle Lage → Aufgabenteilungszufriedenheit: β = 0,113**
subjektive finanzielle Lage → soziales Kapital: β = 0,216***

Darüber hinaus müssen die Mediatoren einen signifikanten Effekt auf die abhängige Variable haben. Für diese Beziehungen kann das Kriterium gelten:

Aufgabenteilungszufriedenheit → Partnerschaftszufriedenheit: β = 0,446***
soziales Kapital → Partnerschaftszufriedenheit: β = 0,151***

Letzte Bedingung ist, dass der Effekt des Prädiktors sich auf die abhängige Variable reduziert, wenn in einer multivariaten Regression die Mediatorvariable aufgenommen wird. Der Einfluss von „Frau" auf Partnerschaftszufriedenheit verringert sich durch die Aufnahme der zwischengeschalteten Variable Aufgabenteilungszufriedenheit von β = -0,127*** auf β = -0,091**. Der Effekt von der subjektiven finanziellen Lage auf die Partnerschaftszufriedenheit wird ebenfalls durch die Inklusion der Aufgabenteilungszufriedenheit und des Sozialkapitals reduziert von β = 0,140*** auf β = 0,029. Demnach liegen im Modell der ersten Generation drei Mediatoreffekte innerhalb dieser Pfade vor (in Tabelle 23 fett hervorgehoben). Der Wert kennzeichnet die Stärke der Mediation:

Frau → Aufgabenteilungszufr. → Partnerschaftszufriedenheit: β_{ME} = -0,047**
Subj. fin. Lage → Aufgab.zufr. → Partnerschaftszufriedenheit: β_{ME} = 0,050***
Subj. fin. Lage → soziales Kapital → Partnerschaftszufriedenheit: β_{ME} = 0,033**

Über den Kausalpfad, der von „Frau" ausgeht, werden durch die Summe aller indirekten Beziehungen 29 % des totalen Effekts erklärt. Der direkte Effekt hat dabei einen Anteil von 70 %. Der totale indirekte Effekt, der von der subjektiven finanziellen Lage ausgeht, beträgt 0,109***. Damit hat er am totalen Effekt einen Anteil von 79 %, während der direkte lediglich mit 21 % beteiligt ist. Der stärkste Mediatoreffekt verläuft daher über die Aufgabenteilungszufriedenheit (βME = 0,050***) und über das Sozialkapital bzw. die soziale Unterstützung (βME = 0,033**).

In Tabelle 24 sind deutlich weniger signifikante Pfade auszumachen. Offenbar wird bei den Angehörigen der zweiten Generation die Paarzufriedenheit weniger über die indirekten Beziehungen erklärt, als es bei denen der ersten Generation der Fall ist. Am stärksten ist hier der Pfad, der von „Frau" ausgehend über die Aufgabenteilungszufriedenheit auf die Partnerschaftszufriedenheit verläuft. Interessant ist, dass im Gegensatz zur ersten Generation (siehe Tabelle 23) die Frauenerwerbstätigkeit über die Aufgabenteilungszufriedenheit vermittelt wird (β_{ME} = -0,037†). Auch hier sind drei Mediatoreffekte auszumachen, die in Tabelle 24 fett hervorgehoben sind. Das Geschlecht „Frau" erzielt über die vermittelnde Variable auf die Partnerschaftszufriedenheit einen Mediatoreffekt von β_{ME} = -0,083***. Insgesamt mit allen anderen Pfaden[303] ist die Summe der indirekten Beziehungen β_{SIE} = -0,055. Dies entspricht einem Anteil von 49 % am totalen Effekt, der direkte Effekt übernimmt dabei 52 %. Der totale Effekt setzt sich aus etwa gleichen Anteilen aus dem direkten und der Summe aller indirekten Pfade zusammen.

Tabelle 24:   *Direkte, indirekte und totale Effekte der soziodemografischen Merkmale und Verhaltens- und Einstellungs-Komponenten auf die Partnerschaftszufriedenheit (Türkische Migranten 2. Generation)*

Kausalpfad	Mediator-effekt βME	Totaler indirekter Effekt βSIE	Direkter Effekt β	Totaler Effekt βTE
Frau → Aufgabenteil.zufr. → PZ	-0,083***	-0,055	-0,059	-0,113**
Alter → Aufgabenteil.zufr. → PZ	0,038*	0,050		0,057
subj. fin. L. → Aufg.zufr. → PZ	0,040†	0,086**	0,026	0,112**
subj. fin. L. → soz. Kapital → PZ	0,020*			
Frauenerwerb. → Aufg.zufr.→ PZ	-0,037†	-0,068*	0,001	-0,066†

Quelle: Eigene Darstellung.   *** p ≤ 0,001, ** p ≤ 0,01, * p ≤ 0,05, † p ≤ 0,10

Von der subjektiven finanzielle Lage ausgehend summieren sich alle Pfade auf einen Wert von β_{SIE} = 0,086**. Die größten Anteile an diesem totalen indirekten Effekt haben folgende Kausalpfade:

Subj. fin. Lage→ Aufgab.zufr. →Partnerschaftszufriedenheit: β_{ME} = 0,040†

Subj. fin. Lage → soziales Kapital →Partnerschaftszufriedenheit: β_{ME} = 0,020*

Während der direkte Effekt hier nur 23 % des totalen Effekts erklärt, überwiegt der totale indirekte Effekt deutlich mit 77 % (siehe Tabelle 24). Beim Vergleich der Pfadmodelle[304] der beiden Generationen (Abbildung 65 und Abbildung 66) lässt sich feststellen, dass sowohl das soziale Kapital als auch die Aufgabenteilungszufriedenheit die zwei zentral vermittelnden Mediatoren sind. Bei der ersten Generation (Abbildung 65) hat die Arbeitslosigkeit (gestrichelte Pfeile) einen

---

303 Auf die Darstellung der insignifikanten Pfade wird aus Gründen der Übersichtlichkeit verzichtet.
304 Es werden die standardisierten Beta-Koeffizienten angegeben.

ungünstigen Einfluss auf die Größe des Sozialkapitals (β = -0,044***) und das Ausmaß der Aufgabenteilungszufriedenheit (β = -0,137**), welche wiederum positiv auf die Partnerschaftszufriedenheit einwirken (Soziales Kapital → PZ: β = 0,151***; Aufgabenteilungszufriedenheit → PZ: β = 0,446***). Der positive Einfluss des sozialen Kapitals ist in der zweiten Generation wesentlich schwächer mit 0,085* (Abbildung 66). Die Bedeutung sozialer Unterstützung verliert damit an Bedeutung für die Partnerschaftszufriedenheit. Die Relevanz der Aufgabenteilungszufriedenheit ist jedoch in der Ersten (Abbildung 65) ebenso hoch wie in der Zweiten (β = 0,444***). Die durchgezogenen Pfeile symbolisieren die Pfade, die von der wahrgenommenen finanziellen Lage ausgehen. Je besser das Auskommen mit dem Einkommen eingeschätzt wird, desto höher sind das soziale Kapital (β = 0,216***) und die Aufgabenteilungszufriedenheit (β = 0,113**).

Daraus folgt insgesamt: Je geringer die subjektive sozioökonomische Deprivation ist, desto höher sind die soziale Unterstützung und die Zufriedenheit mit der häuslichen Aufgabenteilung. Zudem spielen das Alter und auch das Geschlecht eine Rolle. Und je älter die Befragten sind, desto stärker ist der vermittelnde Einfluss der sozialen Unterstützung bei der positiven Bewertung der Partnerschaft. Ferner ist bei den Frauen der ersten Generation (Abbildung 65) die Aufgabenteilungszufriedenheit bedeutsam als intervenierende Größe für die Partnerschaftszufriedenheit. Frauen der ersten Generation sind demnach signifikant weniger zufrieden mit der häuslichen Verteilung von Aufgaben (β = -0,105**). Dieser ungünstige Einfluss wird bei den Türkinnen der zweiten Generation stärker (β = -0,188***). Aber mit zunehmenden Alter steigt die Zufriedenheit mit der Aufgabenteilung und der Zusammenhang ist positiv (β = 0,085**). Im Gegensatz zur ersten Generation wirkt in der zweiten (Abbildung 66) auch die Frauenerwerbstätigkeit signifikant negativ über die Mediatorvariable „Aufgabenteilungszufriedenheit". Demnach sinkt die Zufriedenheit mit der häuslichen Arbeitsteilung bei den Türkinnen der zweiten Generation. Markiert durch die durchgezogenen Pfeile werden im Pfadmodell der zweiten Generation (Abbildung 66) verdeutlicht, dass das Auskommen mit dem Einkommen wie auch schon in der ersten Generation einen hoch signifikant positiven Einfluss auf das Sozialkapital hat (β = 0,235**). Schwächer als bei der ersten wirkt in der zweiten Generation die wahrgenommene ökonomische Lage auf die Aufgabenteilungszufriedenheit mit β = 0,089†.

Insgesamt erzielen die aufgenommenen Variablen in beiden Modellen den gleichen Anteil aufgeklärter Varianz zur Erklärung von Partnerschaftszufriedenheit: im Pfadmodell der ersten 37 % und in dem der zweiten Generation 38 %.

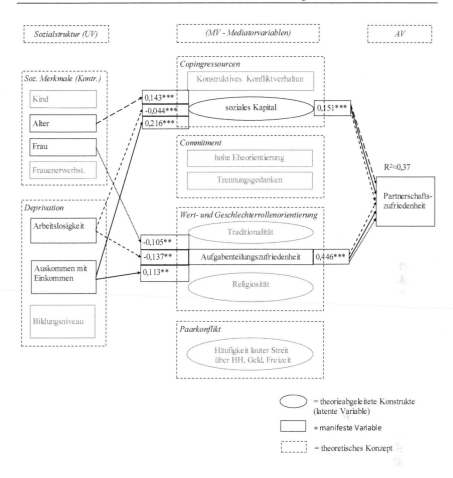

Pfade sind auf mindestens 5 % Niveau signifikant. UV: Unabhängige Variable; MV: Mediatorvariable; AV: Abhängige Variable.lang gestrichelte Pfade = Gesamtpfade ausgehend von „Alter", gepunktete Pfade = Gesamtpfade ausgehend von „Frau", kurz gestrichelt = Gesamtpfade ausgehend von „Arbeitslosigkeit", durchgezogene Pfade = Gesamtpfade ausgehend von „Auskommen mit Einkommen"

Abbildung 65: Pfadmodell: Türkische Migranten der 1. Generation

Quelle: Eigene Darstellung.   *** $p \leq 0{,}001$, ** $p \leq 0{,}01$, * $p \leq 0{,}05$

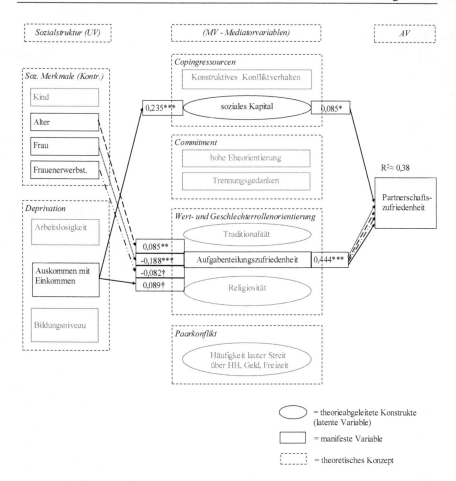

Pfade sind auf mindestens 5 % Niveau signifikant. UV: Unabhängige Variable; MV: Mediatorvariable; AV: Abhängige Variable, lang gestrichelte Pfade = Gesamtpfade ausgehend von „Alter", gepunktete Pfade = Gesamtpfade ausgehend von „Frau", gestrichelt/gepunktete Pfade = Gesamtpfade von „Frauenerwerbstätigkeit", durchgezogene Pfade = Gesamtpfade von „Auskommen mit Einkommen"

Abbildung 66: Pfadmodell Türkische Migranten der 2. Generation

Quelle: Eigene Darstellung.   *** p ≤ 0,001, ** p ≤ 0,01, * p ≤ 0,05

Wie wirkt sich der Grad der Akkulturation aus?

Der Grad der Akkulturation wurde über den Einschluss der Kontrollvariable „Deutschkenntnisse" gemessen. Bei den indirekten Beziehungen sind zwei Pfade mindestens auf 5 %-Niveau signifikant:

„Deutschkenntnisse → Aufgabenteilungszufriedenh. → Partnerschaftszufriedenheit"
„Deutschkenntnisse → soziales Kapital → Partnerschaftszufriedenheit".

„Gute" bis „sehr" gute Deutschkenntnisse nehmen einen signifikant positiven Einfluss auf die Aufgabenteilungszufriedenheit (β = 0,082**), jedoch noch deutlich stärker auf das Ausmaß an sozialer Unterstützung bzw. Kapital (β = 0,124***). Beide verstärken die Partnerschaftszufriedenheit, die Aufgabenteilungszufriedenheit mehr (β = 0,446***) als das soziales Kapital (β = 0,151***). Im Vergleich mit dem vorangegangenen Pfadmodell (siehe Abbildung 65) verändern sich die anderen Pfade unter Kontrolle der Deutschkenntnisse kaum. Lediglich der Effekt des Alters auf das Sozialkapital verschwindet und der negative Einfluss von „Frau" auf Aufgabenteilungszufriedenheit wird größer. Demnach hat der Grad der Akkulturation, gemessen daran, wie gut ein türkischer Migrant laut eigener Einschätzung deutsch spricht, einen günstigen und offenbar auch eigenständigen Einfluss auf die Partnerschaftszufriedenheit, positiv mediiert über die Aufgabenteilungszufriedenheit und das soziale Kapital.

In Abbildung 68 verschwinden bei den türkischen Migranten der zweiten Generation unter Kontrolle die indirekten Beziehungen, die in der ersten Generation über das soziale Kapital vermittelt wurden (vgl. Abbildung 66, S. 306), die Deutschkenntnisse. Diese wirken weder direkt noch indirekt und haben für die Partnerschaftszufriedenheit der zweiten Generation keine Bedeutung (Abbildung 68). Dies lässt sich damit erklären, dass die Deutschkenntnisse in der ersten Generation als sehr viel defizitärer angegeben werden als in der zweiten Generation. Ferner spielen auch im Gegensatz zum Modell, in dem nicht die Deutschkenntnisse einbezogen werden, die Pfade, die vom Auskommen mit dem Einkommen ausgingen sowie von der Frauenerwerbstätigkeit eine Rolle. Die bestehenden Pfade sind nahezu unverändert in ihren Koeffizienten: Je älter die Befragten der zweiten Generation sind, desto zufriedener sind sie mit der häuslichen Aufgabenteilung. Je höher wiederum die Aufgabenteilungszufriedenheit bewertet wird, desto höher fällt die partnerschaftliche Zufriedenheit aus.

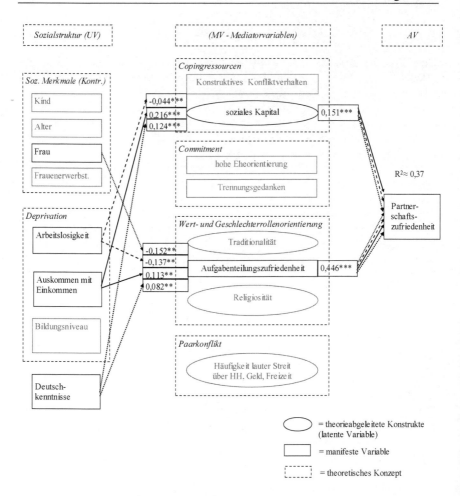

Pfade sind auf mindestens 5 % Niveau signifikant.
UV: Unabhängige Variable; MV: Mediatorvariable; AV: Abhängige Variable
eckig gepunktete Pfade = Gesamtpfade ausgehend von „Frau", kurz gestrichelt = Gesamtpfade
ausgehend von „Arbeitslosigkeit", durchgezogene Pfade = Gesamtpfade ausgehend von „Auskommen mit Einkommen", rund gepunktete Pfade = Gesamtpfade ausgehend von Deutschkenntnisse

*Abbildung 67: Pfadmodell: Türkische Migranten der 1. Generation unter
               Kontrolle der Deutschkenntnisse*
Quelle: Eigene Darstellung.   *** p ≤ 0,001, ** p ≤ 0,01, * p ≤ 0,05

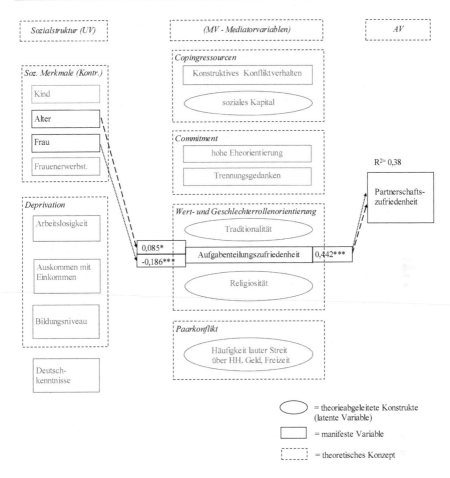

Pfade sind auf mindestens 5 % Niveau signifikant.
UV: Unabhängige Variable; MV: Mediatorvariable; AV: Abhängige Variable
lang gestrichelter Pfad = Gesamtpfad ausgehend von „Alter", gepunkteter Pfad = Gesamtpfad ausgehend von „Frau"

Abbildung 68: Pfadmodell: Türkische Migranten der 2. Generation unter Kontrolle der Deutschkenntnisse

Quelle: Eigene Darstellung.   *** p ≤ 0,001, ** p ≤ 0,01, * p ≤ 0,05

7.5 Mechanismen zur Erklärung von Partnerschaftszufriedenheit im Gruppenvergleich

Das Modell zur Erklärung von Partnerschaftszufriedenheit (vgl. Abbildung 24, S. 171) ist in Kapitel 7.3 für deutsche und türkische Befragte und in Kapitel 7.4 zusätzlich für die türkischen Befragten getrennt nach Generationszugehörigkeit geschätzt worden. In diesem Kapitel werden die verschiedenen Gruppen miteinander verglichen. Dazu werden einzelne Pfade aus den jeweils berechneten Modellen aller Gruppen entnommen und nachfolgend graphisch gegenübergestellt, um sie miteinander vergleichen zu können. Zusätzlich wird eine deutsche Kontrollgruppe[305] gebildet, um explorativ zu überprüfen, ob die bereits festgestellten Unterschiede zwischen Deutschen und türkischen Migranten stärker durch die sozialstrukturellen Differenzen zu erklären sind. Wenngleich dies zum Teil schon geklärt werden konnte, soll es an dieser Stelle genauer ergründet werden.

Wie wirkt sich der sozioökonomische Status auf die Partnerschaftszufriedenheit von Deutschen und türkischen Migranten aus – gibt es einen Spillover-Effekt?

Während die Deutschen hinsichtlich ihres Bildungsniveaus und Einkommens heterogen sind, befinden sich die Türken im Mittel eher auf einem geringeren Bildungsniveau, in den unteren Rängen der Einkommensskala und sind häufiger arbeitslos. Zudem unterscheiden sich die Haushaltsgrößen der beiden Gruppen. In türkischen Partnerschaften sind im Mittel mehr Kinder vorhanden (Tabelle 2, S. 198), so dass sich dadurch auch die finanziellen Möglichkeiten stärker reduzieren als in deutschen Haushalten. Demnach könnte vermutet werden, dass die unterschiedlichen Wirkungsmechanismen zur Erklärung der Partnerschaftszufriedenheit dadurch zustande kommen, da sich die Gruppen in ihrer sozialen Lage differieren. Das Ziel dieser Arbeit ist jedoch, die Determinanten partnerschaftlicher Zufriedenheit bei Deutschen und Türken zu entschlüsseln unter Berücksichtigung, dass sie sozialstrukturell voneinander abweichen. Durch das erste Mediatormodell kann teilweise geklärt werden, ob die Unterschiede zwischen den Gruppen durch die soziale Lage oder durch sogenannte „kulturelle Faktoren" zu erklären sind. Denn der Migrationshintergrund besitzt trotz der Kontrolle schicht-relevanter Variablen eine autonome Wirkung. Um dies jedoch genauer zu untersuchen, wird in explorativer Weise zur Überprüfung eine sozial-

---

305 An dieser Stelle sei erwähnt, dass die Personen in der deutschen Kontrollgruppe im Mittel älter sind als die türkischen Migranten der zweiten Generation. Daher erlaubt dieser Vergleich eine relative, aber keine absolute Beurteilung.

strukturell den Türken angeglichene Stichprobe der Deutschen selektiert (GGS-$D_{Kontrollgruppe}$). Es soll getestet werden, ob die gefundenen interkulturellen Differenzen erhalten bleiben, wenn die faktisch „ärmeren" Deutschen mit den einkommensgleichen türkischen Migranten verglichen werden. Bei der Berechnung eines Strukturgleichungsmodells für die Deutschen, die den Türken bezüglich ihres absoluten Einkommens gleichen[306] (beide durchschnittliches Monatseinkommen bis max. 1.999 Euro, Stufe 4 der 9-stufigen Skala), bleiben die Unterschiede bestehen. Der Anteil erklärter Varianz erhöht sich leicht auf 39 % (R^2 = 0,392). Trotz der Angleichung der objektiven finanziellen Einkommenslage der deutschen Stichprobe[307] bleiben Differenzen zu den türkischen Migranten bestehen. Einige Annäherungen zur Stichprobe mit den Zugewanderten sind jedoch zu beobachten. Der Zusammenhang zwischen Trennungsgedanken und Paarzufriedenheit bleibt hoch signifikant, reduziert sich jedoch auf β = -0,140*** (im Vergleich: Türkische Migranten β = -0,147***). Außerdem wird die direkte Beziehung zwischen der Aufgabenteilungszufriedenheit und der partnerschaftlichen Zufriedenheit größer (β = 0,459***), fast übereinstimmend mit dem Wert in der türkischen Stichprobe. Ebenfalls ähnlich werden die einkommensschwächeren Deutschen den Türken hinsichtlich ihrer Bewertung des monatlichen Auskommens mit dem Einkommen (DeutscheKontrollgruppe M = 3,73, Deutsche M = 4,18, Türkische Migranten M = 3,09). Nicht nur der Mittelwert sinkt, sondern auch der direkte Zusammenhang mit der Beziehungsbewertung wird insignifikant (β = 0,031). Er sinkt jedoch nicht so stark, wie es zu erwarten gewesen wäre. Es ist zu vermuten, dass das partnerschaftliche Glück von Personen, die finanziell schlechter gestellt sind, weniger von materiellen Ressourcen abhängig gemacht wird, als stärker von der Aufgabenteilung. Ferner kann davon ausgegangen werden, dass sich die Bedürfnisse immer auch den finanziellen Möglichkeiten ein wenig anpassen, je länger Paare mit wenig Geld auskommen müssen. Dies zeigt sich auch bei der Betrachtung der indirekten Beziehungen: Die Arbeitslosigkeit hat keinen indirekten signifikanten Einfluss mehr über die Mediatoren. Der direkte Effekt über Bildung auf Partnerschaftszufriedenheit wird etwas größer. Daraus könnte sich ableiten lassen, dass finanzielle Benachteiligung durch Bildung etwas abgemildert wird. Gleichbleibend stark wie auch bei den

---

306 Die Stichprobe GGS-D (n = 4355 Fälle im SEM für Deutsche) wird durch die fehlenden Werte bei der absoluten Einkommensvariable stark reduziert, so dass lediglich 1811 Personen im Strukturgleichungsmodell (SEM) analysiert werden können.

307 Für eine genauere Überprüfung müssten die Kriterien der Stichprobenselektion noch umfassender gewählt werden. Eine solche Vorgehensweise würde die Dokumentation und Testung vieler weiterer Modelle nötig machen, die einerseits vom Kern dieser Arbeit wegführen und andererseits auch den Rahmen dieser Untersuchung sprengen würden. Die hier gewählte Vorgehensweise versteht sich als explorative Strategie, um die zentralen Ergebnisse dieser Arbeit vertiefend zu testen.

einkommensstärkeren Deutschen bleibt der dominante Einfluss der Bewertung der finanziellen Lage. Besonders starke indirekte Zusammenhänge sind:

subj. finanz. Lage → Aufgabenteilungszufriedenheit → PZ (Mediatoreffekt βME = 0,065**) und subj. finanz. Lage → Paarkonflikt → PZ (Mediatoreffekt βME = 0,029**).

Insgesamt erscheint der Spillover-Effekt bei türkischen Migranten schwächer zu sein als bei einkommensgleichen Deutschen. Dabei spielt zum Beispiel die soziale Unterstützung durch Familie und Verwandtschaft eine Rolle (vgl. auch Micheel und Naderi 2009).

Wirkmechanismen auf die partnerschaftliche Zufriedenheit der Deutschen und türkischen Migranten

Um die differierenden Mechanismen der Mediatoren deutlich herauszustellen und übersichtlich zu gestalten, werden sie nachfolgend für die verschiedenen Stichproben vergleichend dargestellt[308]. Dabei erfolgt eine Gegenüberstellung dieser Pfade (mit standardisierten Pfadkoeffizienten) für die Stichproben der Deutschen und der Türken. Diese werden wiederum unterteilt in die Unterstichproben der ersten und zweiten Generation, um Annäherungseffekte an die Deutschen untersuchen zu können. Darüber hinaus wurde eine den Türken einkommensgleiche deutsche Kontrollgruppe gebildet. In der nachfolgenden Abbildung sind die Mediatoreffekte der fünf Stichproben dargestellt. Zunächst zeigt sich beim Vergleich der Deutschen (β = 0,099***) mit den Türken der zweiten Generation (β = 0,085*), dass die Effektstärke des sozialen Kapitals auf die Partnerschaftszufriedenheit ähnlich ausfällt ()In der ersten Generation ist diese Verbindung deutlich stärker mit β = 0,151***. Insgesamt nimmt die Rolle der sozialen Unterstützung für die partnerschaftliche Zufriedenheit im Kontext der wahrgenommenen ökonomischen Situation von der ersten zur zweiten Generation der Türken ab und gleicht sich damit den Deutschen an (vgl. Micheel und Naderi 2009). Jedoch bleibt der Einfluss des Prädiktors „subjektive finanzielle Lage" bei den Türken der zweiten Generation, wie auch in der ersten höher (β = 0,235***) als bei den Deutschen (β = 0,143***). Hier ist keine Annäherung sichtbar. Bei der deutschen Kontrollgruppe wird der direkte Effekt des Prädiktors auf die endogene Variable insignifikant wie bei den Türken.

---

308 Die einzelnen Pfadabbildungen sind Einzelausschnitte aus den geschätzten Strukturgleichungsmodellen.

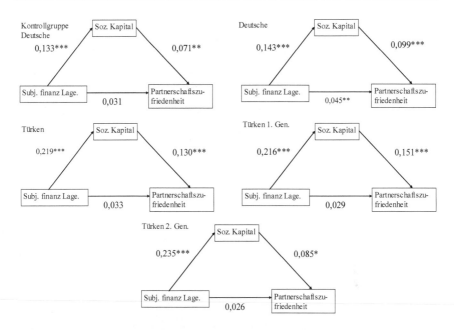

Abbildung 69: Mediatoreffekte ausgehend von subjektiver finanzieller Lage über soziales Kapital auf Partnerschaftszufriedenheit (GGS-D, $D_{Kontrolle}$ T, T1, T2)

Quelle: Eigene Darstellung.   *** p ≤ 0,001, ** p ≤ 0,01, * p ≤ 0,05

Demnach nimmt die intervenierende Rolle der sozialen Unterstützung bei ein-kommensschwächeren Befragten zu und reduziert die direkte Wirkung der wahr-genommenen Deprivation auf die partnerschaftliche Zufriedenheit. Diese Kom-pensation ist jedoch bei den Migranten beider Generationen stärker ausgeprägt. Neben der wahrgenommenen ökonomischen Situation erhöht die Arbeitslosig-keit bei den Einwanderern leicht die soziale Unterstützung, die wiederum die abhängige Variable anhebt. Demnach verfügen (oder aktivieren) arbeitslose türkische Migranten über mehr soziale Ressourcen in ihrer Umgebung als Deut-sche. Dies stützt die von Blasius et al. (2008) formulierte These der doppelten Benachteiligung. Sie nimmt an, dass Personen einerseits benachteiligt sind durch ihre finanzielle Lage, ihre geringe Qualifikation und dadurch entstehende Stig-matisierung (und Diskriminierung) und andererseits in benachteiligten Stadttei-len leben, die ihnen wenig Perspektiven, Hoffnung oder eine gute Infrastruktur bieten können (Blasius et al. 2008: 8). Wenngleich in der vorliegenden Arbeit Kontexteffekte des Wohngebietes nicht untersucht werden, kann die These mit den GGS-Daten auf Individualebene vorläufig bestätigt werden. Es könnte sogar von einer dreifachen Benachteiligung für deutsche Paare in ökonomisch deprivierten Lebenslagen ausgegangen werden, da die Partnerschaftszufriedenheit ebenfalls beeinträchtigt wird.

Ferner führt eine subjektive ökonomische Deprivation (Abbildung 70) zu einem geringeren Commitment gegenüber dem Partner und die Wahrscheinlichkeit von Trennungsgedanken steigt.

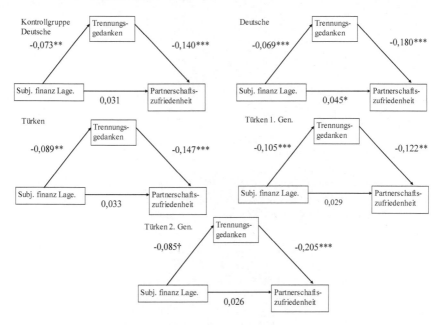

Abbildung 70: Indirekte Beziehungen und Mediatoreffekte ausgehend von subjektiver finanzieller Lage über Trennungsgedanken (Commitment) auf Partnerschaftszufriedenheit (GGS-D, $D_{Kontrolle}$, T, T1, T2)

Quelle: Eigene Darstellung.   *** $p \leq 0{,}001$, ** $p \leq 0{,}01$, * $p \leq 0{,}05$

Wenngleich eine schlechte Einschätzung der eigenen finanziellen Lage in beiden Gruppen die Wahrscheinlichkeit von Trennungsgedanken erhöht, senken diese stärker bei den Deutschen als bei den Zuwanderern die Zufriedenheit. Dieser

Zusammenhang ist bei den Türken (β = -0,089**) der ersten (β = -0,105***) und zweiten Generation (β = -0,085†) etwas stärker als bei den Deutschen (β = -0,069***). Die deutsche Kontrollgruppe liegt nahezu gleichauf mit β = -0,073**. Die Trennungsgedanken wiederum haben bei den Türken der zweiten Generation die stärkste negative Beziehung zur partnerschaftlichen Zufriedenheit (β = -0,205***), am zweitstärksten die Deutschen (β = -0,180***), gefolgt von den Türken (β = -0,147***) und der deutschen Kontrollgruppe (β = -0,140***). Den schwächsten Zusammenhang zeigen die Türken der ersten Generation (β = -0,122**). Bei der Betrachtung der Türken der zweiten Generation kann im Vergleich zur ersten und zu den Deutschen ein leichter Annäherungseffekt festgestellt werden: Sowohl der Zusammenhang zwischen der finanziellen Lage und der subjektiven Paarstabilität wird geringer als auch die Beziehung zwischen Trennungsgedanken und Partnerschaftszufriedenheit verstärkt sich und ist sogar bei den Türken der zweiten Generation noch etwas höher als bei den Deutschen.

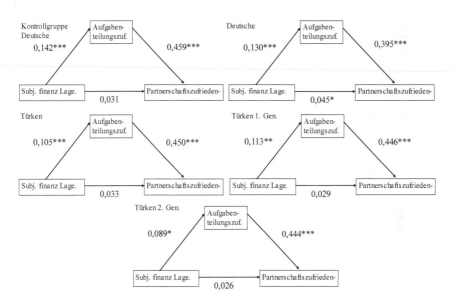

Abbildung 71: Mediatoreffekte ausgehend von subjektiver finanzieller Lage über Aufgabenteilungszufriedenheit auf Partnerschaftszufriedenheit (GGS-D, DKontrollgruppe, T, T1, T2)

Quelle: Eigene Darstellung.   *** p ≤ 0,001, ** p ≤ 0,01, * p ≤ 0,05

Abbildung 71 visualisiert die Mediatoreffekte, die ausgehend von der subjektiven finanziellen Lage unter Vermittlung der Aufgabenteilungszufriedenheit auf die Partnerschaftszufriedenheit wirken. Beim Vergleich aller Mediatoren der Deutschen und türkischen Migranten ist die stärkste vermittelnde Variable die Aufgabenteilungszufriedenheit. Demnach ist es bedeutsam, wie im Haushalt die alltäglichen Aufgaben verteilt sind oder als wie fair aufgeteilt sie wahrgenommen werden. Ferner verändert sie sich im Kontext der ökonomischen Möglichkeiten eines Paares: In der zweiten Generation der Türken (siehe Abbildung 71) nimmt der Einfluss der subjektiven finanziellen Lage etwas ab: Während er in der Ersten noch $\beta = 0{,}113^{**}$ beträgt, sinkt er in der Zweiten auf $\beta = 0{,}089^{*}$. Die direkte Beziehung des Prädiktors auf die Paarzufriedenheit ist generationenübergreifend nahezu identisch und insignifikant. Bei den Deutschen jedoch bleibt er trotz der Hinzunahme der Mediatoren signifikant, wenngleich er dadurch reduziert wird. In der einkommensschwächeren deutschen Kontrollgruppe wird die direkte Verbindung der wahrgenommenen ökonomischen Deprivation auf die Partnerschaftszufriedenheit nivelliert. Dagegen steigt die Relevanz der Aufgabenteilungszufriedenheit mit $\beta = 0{,}459^{***}$, was den Türken der zweiten Generation ($\beta = 0{,}444^{***}$) und denen der ersten Generation ($\beta = 0{,}446^{***}$) ähnelt.

Des Weiteren wurde postuliert, dass ökonomische Engpässe und deprivierte Lebenslagen zu familiären Spannungen und zu Paarkonflikten führen (siehe Abbildung 72). Dies, so die These zum Spillover-Effekt, sollte bei türkischen Migranten weniger zu beobachten sein als bei Deutschen.

Abbildung 72 zeigt zunächst, dass der Einfluss der subjektiven finanziellen Lage sowohl bei den Deutschen als auch der einkommensschwachen deutschen Kontrollgruppe deutlich stärker die Häufigkeit von Paarkonflikten beeinflusst als bei den türkischen Stichproben. In der zweiten Generation der türkischen Befragten ist der Effekt mit $\beta = -0{,}064$ insignifikant, während er in der ersten noch eine größere Rolle mit $\beta = -0{,}093^{**}$ spielt. Ebenfalls nimmt von der ersten ($\beta = -0{,}165^{***}$) zur zweiten Generation ($\beta = -0{,}091$) der negative Einfluss der Paarkonflikte auf die Partnerschaftszufriedenheit ab. Hingegen besteht bei den Deutschen sowohl bei den einkommensstärkeren ($\beta = -0{,}146^{***}$) als auch -schwächeren Gruppe ($\beta = -0{,}123^{**}$) ein starker negativer Zusammenhang zwischen häufigen Meinungsverschiedenheiten und der Partnerschaftszufriedenheit. Bei den türkischen Migranten der ersten Generation ist der negative Zusammenhang zwischen der Konflikthäufigkeit und der Partnerschaftszufriedenheit am stärksten ausgeprägt. ($\beta = -0{,}165^{***}$). Demnach kann der Spillover-Effekt durch die multivariaten Analysen vorläufig bestätigt werden, wenngleich auf deskriptiver Ebene im Mittel wenig Konflikte berichtet werden: Je schlechter die finanzielle Situation wahrgenommen wird, desto mehr Konflikte entstehen, die die partnerschaftliche Zufriedenheit beeinträchtigen. Es sind insbesondere Paarkonflikte, die von Hausarbeit, Geld und der Freizeitgestaltung handeln und die explizit mit „lautem Streiten" assoziiert werden. Dieser Zusammenhang fällt bei den Deutschen signifikant stärker aus. Die Ursachen dafür können vielschichtig sein: es kann daran liegen, dass türkische Migranten, wie es z. B. von Baykara-Krumme (2009) thematisiert wird, zu mehr sozial erwünschten Antworten neigen, weil die Frage nach Konflikten heikel ist. Dies berichtet auch Ünal (Experteninterview 2011), der als Leiter und Psychotherapeut im Gesundheitszentrum für Migranten in Köln arbeitet. In seiner langjährigen therapeutischen Praxiserfahrung erfährt er oft erst nach mehreren Sitzungen von den eigentlichen familiären Konflikten, aufgrund derer ihn die Klienten überhaupt aufgesucht haben. Wenngleich dies eine selektive Sicht auf die vor allem beratungssuchenden oder besonders schwerwiegenden Fälle ist, spricht Ünal (Experteninterview 2011) dennoch von einer kulturellen Differenz.

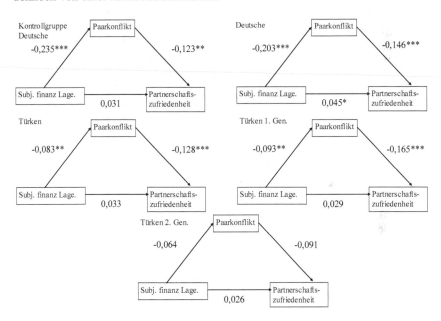

Abbildung 72: Indirekte Beziehungen ausgehend von subjektiver finanzieller Lage über Paarkonflikt auf Partnerschaftszufriedenheit (GGS-D, D$_{Kontrollgruppe}$, T, T1, T2)

Quelle: Eigene Darstellung.   *** p ≤ 0,001, ** p ≤ 0,01, * p ≤ 0,05

Dabei bezieht er sich vor allem auf traditionelle und konservative türkische Milieus. In diesen gilt, dass familiäre und partnerschaftliche Konflikte und Probleme nicht mit einem Außenstehenden (Fremden) besprochen werden sollten. Es herrscht die Meinung vor, dass die Familie diese Paarkonflikte in Eigenregie selbst lösen sollte. Eine Konfliktlösung ist besonders dann wichtig, wenn eine Verwandtschaftsehe oder eine arrangierte Verbindung vorliegt, in der es darum geht, die Interessen der verschiedenen Parteien zu berücksichtigen und auszubalancieren. Eine Scheidung hätte für solche komplexen Familiennetzwerke weitreichende Folgen und würde neue Konflikte nach sich ziehen (Ünal Experteninterview 2011). Die deskriptiven Befunde bestätigen dies teilweise: die etwas geringere Konflikthäufigkeit bei türkischen Migranten kann einerseits damit begründet werden, dass türkische Partnerschaften weniger konflikthaft sind. Andererseits könnte das Antwortverhalten auch aufgrund sozialer Erwünschtheit beeinflusst sein.

Auch hinsichtlich der Konfliktthemen lassen sich leichte Differenzen erkennen: während Deutsche tendenziell etwas häufiger über Hausarbeit und Freizeitgestaltung streiten (Abbildung 36, S. 208; Abbildung 38, S. 209berichten türkische Migranten über etwas mehr Meinungsverschiedenheiten zu finanziellen Problemen (Abbildung 37, S. 209). Die Erklärungen für diese Differenzen sind zunächst naheliegend: Türken in Deutschland verfügen über durchschnittlich geringere Einkommen als Deutsche. Daher haben sie häufiger finanzielle Probleme. Durch die vorherrschende Traditionalität in türkischen Ehen sind die Aufgaben klarer aufgeteilt, Hausarbeit führt daher zu weniger Konflikten, solange die Frau nicht berufstätig ist. Hinsichtlich der Freizeitgestaltung sind die Ursachen vielschichtiger: der Begriff der Freizeit heißt im türkischen „boş zaman" (Steuerwald 1987). Dies bedeutet wortwörtlich übersetzt „leere Zeit". Ältere türkische Migranten definieren sich vor allem über die Arbeit (Experteninterview Ünal 2011). Die Freizeitgestaltung ist daher weniger von Bedeutung, genauso wie ein Urlaub in der Türkei weniger Erholung als vor allem Familienbesuche beinhaltet. Darüber hinaus besteht in traditionellen konservativ und religiös orientierten türkischen Milieus häufiger eine geschlechtergetrennte Freizeitgestaltung. Während die Frauen309 sich treffen, um Ausflüge zu machen oder Begegnungsabende in den Stadtteilen organisieren, gehen die Männer zum Beispiel ins Kaffeehaus. Es wird ersichtlich, dass die explizite Gestaltung von freier Zeit exklusiv zu Zweit in den älteren Generationen und in den traditionell-religiös verwurzelten Partnerschaften nicht überall den gleichen Stellenwert hat wie in vielen vergleichbaren deutschen Partnerschaften (Experteninterview Ünal 2011).

---

309 Informationen zur Frauenarbeit im Internet bei Ditib.

Neben der Konflikthäufigkeit ist das Verhalten während einer Meinungsverschiedenheit von Bedeutung für die wahrgenommene Beziehungsqualität (siehe Abbildung 73). Deutsche und türkische Migranten unterscheiden sich hinsichtlich des Konfliktmanagements. Lediglich bei den Nicht-Zugewanderten hat die Häufigkeit des konstruktiven Diskutierens eine bedeutsame Pufferfunktion, bei den türkischen Migranten spielt sie weder indirekt (unter Kontrolle der indirekten Effekte) noch direkt eine Rolle zur Erklärung von Partnerschaftszufriedenheit. Die Relevanz für die partnerschaftliche Zufriedenheit ist unterschiedlich: Hier zeigt die zweiten Generation der Türken einen Annäherungseffekt an die Deutschen (und auch an die Kontrollgruppe). Mit β = 0,074* ist der Einfluss der Häufigkeit des ruhigen Ausdiskutierens leicht signifikant und positiv für die partnerschaftliche Zufriedenheit. Bei der türkischen Gesamtstichprobe hingegen spielt er statistisch betrachtet keine Rolle (β = 0,024).

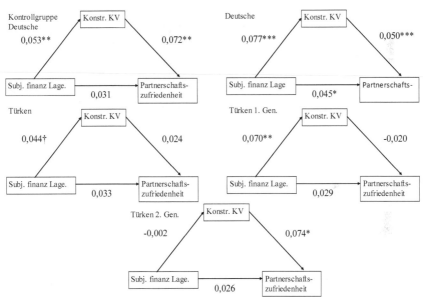

Abbildung 73: Indirekte Beziehungen und Mediatoreffekte ausgehend von subjektiver finanzieller Lage über konstruktives Konfliktverhalten auf Partnerschaftszufriedenheit (GGS-D, GGS-D$_{Kontrollgr.}$, GGS-T, GGS-T1, GGS-T2)

Quelle: Eigene Darstellung.   *** p ≤ 0,001, ** p ≤ 0,01, * p ≤ 0,05

Die zweite Generation hebt sich damit von der ersten Generation und den Deutschen bezüglich der Häufigkeit des konstruktiven Konfliktverhaltens ab: Unähnlich ist die zweite Generation bezüglich des Effekts der wahrgenommenen Deprivation auf die Häufigkeit des konstruktiven Konfliktverhaltens im Gegensatz zu den Türken der ersten Generation (β = 0,070**) und den Deutschen (β = 0,077***) sowie den ärmeren Deutschen (β = 0,053*), die sich ähneln. Der direkte Effekt des ökonomischen Prädiktors hat auch hier keinen signifikanten Einfluss, wie bei den einkommensschwächeren Deutschen. Außerdem ergaben explorative Faktorenanalysen zu den Konfliktverhaltensweisen „Meinung für sich behalten" und „gewalttätig werden" bei türkischen Migranten im Kontext der Konflikthäufigkeit uneinheitliche Befunde, so dass sie nicht in die multivariaten Untersuchungen einbezogen werden konnten. Dies liefert insgesamt einen Hinweis darauf, dass Konfliktprozesse in einigen türkischen Partnerschaften anders ablaufen als bei Deutschen.

Zusammenfassend lässt sich für die Wirkungsmechanismen im Gruppenvergleich Folgendes festhalten: Gemeinsame intervenierende Größen sind in beiden Stichproben das soziale Kapital, die Trennungsgedanken, die Aufgabenteilungszufriedenheit und die Häufigkeit von Paarkonflikten. Diese zwischengeschalteten Faktoren wirken jedoch unterschiedlich stark. Darüber hinaus werden bei den Deutschen die soziale Lage über das konstruktive Konfliktverhalten, die Eheorientierung und die Traditionalität vermittelt. Die Häufigkeit des ruhigen Diskutierens von Meinungsverschiedenheiten und eine höhere Eheorientierung haben einen positiven Einfluss auf die Beziehungsbewertung der Deutschen. Zudem spielt Bildung für die Partnerschaftszufriedenheit der Migranten keine Rolle. Bei den Deutschen hingegen wird der Einfluss des Bildungsniveaus auf die Partnerschaftszufriedenheit über die Stärke der Traditionalität und die Höhe des Sozialkapitals vermittelt: Je höher das Bildungsniveau, desto geringer ist die Traditionalität hinsichtlich der Geschlechterrollen, die einen leicht negativen Einfluss auf die Beziehung hat. Außerdem steigert eine höhere Bildung das Sozialkapital, welches die partnerschaftliche Zufriedenheit erhöht. Die Eheorientierung wird durch Arbeitslosigkeit verringert und durch eine positive Wahrnehmung der ökonomischen Situation erhöht. Die Häufigkeit von konstruktiven Konfliktverhaltensweisen wird erhöht, je besser die finanzielle Lage empfunden wird. Umgekehrt können damit die Befunde zum Einfluss der sozialen Lage auf die Partnerschaftszufriedenheit wie z. B. von Conger et al. (1990) vorläufig bestätigt werden. Die Ergebnisse stützen zum Teil die Annahme, dass sich die zweite Generation den Deutschen annähert. Die Wirksamkeit des Sozialkapitals für die Partnerschaftszufriedenheit nimmt von der ersten zur zweiten Generation ab und gleicht den Deutschen. Gleichermaßen wird die Bedeutung der subjektiven Paarstabilität (Trennungsgedanken) in der zweiten Generation so stark wie

bei den Nicht-Zugewanderten. Hinsichtlich des Einflusses der Aufgabenteilungszufriedenheit oder des Spillover-Effekts (subjektive finanzielle Lage →
Paarkonflikte → Partnerschaftszufriedenheit) kann jedoch nicht von einer Angleichung gesprochen werden. Für das konstruktive Konfliktverhalten ist sowohl
eine Angleichung als auch eine Abweichung erkennbar: Der Zusammenhang
zwischen der subjektiven finanziellen Lage und der Häufigkeit des „ruhigen
Ausdiskutierens" nimmt von der ersten zur zweiten Generation stark ab. Die
Bedeutung des konstruktiven Konfliktverhaltens für die partnerschaftliche Zufriedenheit ist jedoch für die Migranten der zweiten Generation ähnlich bedeutsam wie für Deutsche.

Insgesamt gibt es Wirkmechanismen zur Erklärung von Partnerschaftszufriedenheit, in denen sich Deutsche und türkische Migranten ähneln, jedoch auch
solche, in denen sie divergieren. Für die Betrachtung der Generationen lässt sich
teilweise einen Annäherung der zweiten Generation an Deutsche feststellen.

7.6 Diskussion

Ziel der Untersuchung war es, die Partnerschaftszufriedenheit von Deutschen
und türkischen Migranten zu erklären. Dabei wurden drei Teilziele verfolgt (vgl.
Kapitel 1.1). Um diese zu untersuchen, wurden zwei Forschungsmodelle konzipiert (vgl. Kapitel 5.4). Diese basieren auf konflikttheoretischen Überlegungen
und Modellen zum Einfluss der ökonomischen Deprivation auf die Partnerschaft
(vgl. Kapitel 4.1), auf Belastungs-Bewältigungsmodellen (vgl. Kapitel 4.2), Theorien zum Sozialkapital und zu Netzwerken (vgl. Kapitel 4.3), auf Modellen, die
zur Erklärung der Partnerschaftszufriedenheit die Austausch- und Verhaltenstheorie integrieren (vgl. Kapitel 4.4) sowie auf Ansätzen, die den Einfluss der Wert-
und Geschlechterrollen thematisieren (vgl. Kapitel 4.5). Daher wird nachfolgend
für jedes Teilziel ein Bezug zwischen den Ergebnissen, welche in diesem Kapitel
gewonnen worden sind, und den Forschungsmodellen hergestellt, um die zentralen Befunde theoretisch einordnen zu können.

Das erste Ziel (*Teilziel A*) bestand darin zu klären, ob der Migrationshintergrund unter Berücksichtigung sozialstruktureller Merkmale eine eigenständige
Erklärungskraft für die Paarzufriedenheit behält. In Tabelle 25 (Spalte „Gesamt")
werden die *direkten Effekte* für GGS-G abgebildet. Der Pfeil, der nach oben
zeigt, weist darauf hin, dass der Prädiktor die Partnerschaftszufriedenheit erhöht,
der entgegengesetzte Pfeil steht für eine senkende Wirkung. Nicht signifikante
Zusammenhänge sind mit der Abkürzung „ns" versehen. Das Ausrufezeichen
hinter einigen Pfeilen markiert einen stärkeren Einfluss im Vergleich mit den
anderen Prädiktoren aus GGS-G. In der Tabelle ist ersichtlich, dass auf direkte

Weise das Vorhandensein von Kindern im Haushalt, das weibliche Geschlecht und ein zunehmendes Alter die Partnerschaftszufriedenheit signifikant verringern. Die Frauenerwerbstätigkeit in GGS-G besitzt keinen Einfluss. Von den Indikatoren der Deprivation erhöht sich die Beziehungszufriedenheit, je besser die ökonomische Situation des Haushaltes eingeschätzt wird. Dies deckt sich mit den theoretischen Konzepten der subjektiven Deprivation, die Paarkonflikte produziert und die partnerschaftliche Qualität beeinflusst (z. B. Dew und Yorgason 2009, Conger et al. 1999, Conger und Elder 1994, Conger et al. 1994, Conger et al. 1992). Der Migrationshintergrund wirkt hier nicht direkt, sondern nur indirekt über verschiedene Mechanismen wie z. B. Streitigkeiten mit dem Partner. Diese sind im Sinne der Konflikttheorie (Tyrell 2001, Coser 1965) dysfunktional für die Partnerschaft (z. B. Hill 2004) und bestätigt Überlegungen, dass weniger die Konfliktthemen, sondern die wahrgenommene Konflikthäufigkeit und -intensität bedeutsam sind (z. B. Weiß und Wagner 2008). Die Häufigkeit von Paarkonflikten ist wie erwartet in beiden Gruppen stark ungünstig für die Zufriedenheit, jedoch bei Zuwanderern etwas schwächer. Es wird deutlich, dass unabhängig von der Herkunft Paarkonflikte im Sinne der Austauschtheorie (Lewis und Spanier 1979) als „Kosten" zu verstehen sind, die die Beziehungsqualität beeinträchtigen (vgl. Rusbult 1983). Entgegen der Erwartung spielt die Religiosität keine intervenierende Rolle. Die Überlegung, dass sie eine Copingressource ist (vgl. Kapitel 4.5), kann hierdurch nicht bestätigt werden. Die Kausaleffekthypothese oder „kinds of people"-Hypothese (vgl. Arránz Becker 2008: 47) kann damit nicht gestützt werden. Sie postuliert, dass eine geringe Religiosität negativ für Partnerschaften ist. Auch die in der Kausaleffekt-Hypothese (Arránz Becker 2008: 47) unterstellte positive Wirkung der Traditionalität (vgl. Kapitel 4.5) kann für Stichprobe GGS-G nicht festgestellt werden. Im Gegenteil ist sie negativ für die Partnerschaftszufriedenheit. Das könnte daran liegen, dass die Geschlechterrollenorientierung vieler Befragten (auf dyadischer Ebene) nicht „kompatibel" ist mit der des Partners und dadurch Spannungen sowie Unzufriedenheit entstehen. Damit ist die „kinds-of-people" teilweise nicht bestätigt, die einen ungünstigen Einfluss von geringer Traditionalität für Partnerschaften unterstellt (vgl. Arránz Becker 2008: 47). Die Aufgabenteilungszufriedenheit hängt wie in der Equity-Theorie (vgl. z. B. Grau et al. 2010, Walster et al. 1978) und in haushaltsökonomischen Überlegungen (vgl. Kapitel 4.5) angenommen stark positiv mit der abhängigen Variable zusammen. Darüber hinaus ist das Commitment bedeutsam für die partnerschaftliche Zufriedenheit: eine höhere Eheorientierung steigert die Zufriedenheit. Berichtete Trennungsgedanken in dem Jahr vor dem Befragungszeitpunkt haben einen stark negativen Einfluss auf die Beziehungsbewertung.

Tabelle 25:   *Zusammengefasste Ergebnisse der direkten Effekte auf Partner-*
schaftszufriedenheit (Deutsche und türkische Migranten)

	Gesamt	Deutsche	Türken
Prädiktoren	Multivariate Beziehungen direkt mit Berücksichtigung der indirekten Effekte		
Kontrollvariablen: Soziodemografische Merkmale			
mind. 1 Kind im HH (0 = nein, 1 = ja)	↓	↓	ns
Frau (0 = Mann, 1 = Frau)	↓	↓	↓↓
Alter (in Jahren)	↓!	↓	↓↓
Frauenerwerbstätigkeit (0 = nein, 1 = ja)	ns	↑	ns
Deprivation			
Bildungsniveau (niedrig - hoch)	ns	ns	ns
Subjektive finanzielle Lage (schlecht– sehr gut)	↑	↑	ns
Arbeitslosigkeit (0 = nein, 1 = ja)	ns	SE310	ns
Migrationshintergrund			
türkisch	ns	--	--

Paarkonflikt			
Häufigkeit Streit über HH, Geld, Freizeit, laut streiten	↓!	↓↓	↓
Wert- und Geschlechtsrollenorientierung			
Religiosität (niedrig – hoch)	ns	ns	ns
Traditionalität d. Geschlechtsrollen (niedrig – hoch)	↓	↓	ns
Aufgabenteilungszufriedenheit (niedrig – hoch)	↑!	↑	↑↑
Commitment			
Eheorientierung (niedrig – hoch)	↑	↑	ns
Trennungsgedanken (0 = nein, 1 = ja)	↓!	↓↓	↓
Copingressourcen			
Konstruktives Konfliktverhalten (nie – sehr oft)	↑	↑	ns
Soziale Unterstützung (niedrig – hoch)	↑!	↑	↑↑

↑ = erhöht signifikant; ↓ = senkt signifikant; ! = starker Zusammenhang
Für den Vergleich zwischen Deutschen und türkischen Migranten: ↑↑ = erhöht signifikant stärker als in anderer Gruppe; ↓↓ = senkt signifikant stärker als in anderer Gruppe
Quelle: Eigene Darstellung.

---

310 An dieser Stelle liegt ein Supressoreffekt (SE) vor. Daher kann diese Zahl nicht direkt interpretiert werden. Ausführungen dazu, wie dieser Befunde zu deuten ist, finden sich bei Abbildung 57, S. 203.

Dies stützt die investitionstheoretische Annahme, dass Commitment eng mit der partnerschaftlichen Qualitätswahrnehmung zusammenhängt (vgl. Rusbult 1983). Schließlich werden die Copingressourcen betrachtet: Sowohl die Häufigkeit von konstruktivem Konfliktverhalten („ruhig Ausdiskutieren") als auch (noch stärker) die wahrgenommene Unterstützung wirken möglichen Vulnerabilitäten entgegen und sind als Bewältigungshilfen für Partnerschaften zu interpretieren.Damit sind Ausschnitte des Vulnerabilitäts-Stress-Adaptions-Modells (vgl. Karney und Bradbury 1995) bestätigt: Durch die Adaption von ökonomischen Belastungen durch konstruktive Konfliktkommunikation erhöht sich die Beziehungsqualität. Gleichermaßen decken sich die Befunde mit den zentralen Annahmen der Netzwerktheorie, dass die soziale Einbettung eine Ressource darstellt (vgl. z. B. Felser 2007, Badura 1981). Es konnte durch das erste Mediatormodell (vgl. Abbildung 23, S. 170) anhand der Gesamtstichprobe (Deutsche und türkische Migranten) nachgewiesen werden, dass der türkische Migrationshintergrund unter Kontrolle des sozioökonomischen Status einen Beitrag zur Erklärung von Partnerschaftszufriedenheit leistet. Die Integration zwischengeschalteter *Mediatoren* leistet dabei einen substantiellen Beitrag, da der türkische Migrationshintergrund keinen Einfluss auf die Partnerschaftszufriedenheit hat. Es wird deutlich, dass erst durch die intervenierenden Variablen die Wirkungsweise des Migrationshintergrunds sichtbar wird (vgl. Abbildung 74). Denn von ihm gehen diverse signifikante Pfade aus, die einerseits die Mediatorvariablen beeinflussen und damit andererseits zum Teil auch die Partnerschaftszufriedenheit beeinflussen.

Ob die Teilpfade zwischen den Modellelementen vorläufig bestätigt oder abgelehnt werden müssen, wird an der Art der Pfeile sichtbar. Schwarze Pfeile symbolisieren einen vorläufig verifizierten Zusammenhang, mittelgraue einen falsifizierten aufgrund eines insignifikanten Koeffizienten und hellgraue eine falsifizierte Beziehung wegen eines signifikanten Befundes mit entgegengesetzter Wirkrichtung. Doppelpfeile weisen auf besonders hohe Pfadkoeffizienten hin: Zunächst werden zwei Wirkmuster widerlegt, die theoretisch angenommen worden sind. Weder das konstruktive Konfliktverhalten noch das Sozialkapital stehen in einem signifikanten Zusammenhang mit der Herkunft (siehe mittelgraue Pfeile). Wie später deutlich wird (siehe Abbildung 76, S. 334), interagiert das soziale Kapital mit der Wahrnehmung der finanziellen Lage von türkischen Zuwanderern. Auf den Umgang mit Konflikten in türkischen Partnerschaften wird im weiteren Verlauf dieses Kapitels noch eingegangen. Der türkische Migrationshintergrund erhöht jedoch wie erwartet signifikant das partnerschaftliche Commitment. Der türkische Migrationshintergrund steigert die Eheorientierung und subjektive Paarstabilität (reduziert die Wahrscheinlichkeit von Trennungsgedanken).

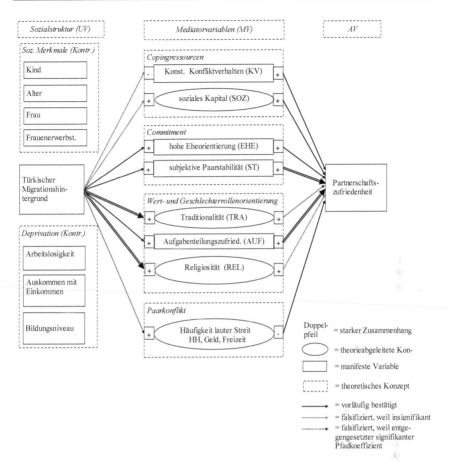

Abbildung 74: Mediatormodell zu Teilzeil A

Quelle: Eigene Darstellung.

Dieser Zusammenhang stützt einige Überlegungen zum Modell der Frame-Selektion (Esser 2002). Offenbar ist das Framing, die „innere Rahmung" von türkischen Partnerschaften stärker ausgeprägt als bei Deutschen. Dies gilt es in weiteren Studien genauer zu ergründen. Darüber hinaus vergrößert er stark die Traditionalität der Geschlechterrollenorientierung (siehe schwarzer Doppelpfeil), Religiosität (siehe schwarzer Doppelpfeil) und schwach, jedoch dennoch signifikant die Aufgabenteilungszufriedenheit. Wider Erwarten (siehe hellgrauer Doppelpfeil) streiten Personen mit türkischem Migrationshintergrund signifikant

weniger als Deutsche. Dies kann mit Effekten der sozialen Erwünschtheit zusammenhängen, dass Konflikte nicht nach außen hin berichtet werden. Es kann
aber auch mit einem von den Deutschen abweichenden Konfliktmanagement
erklärt werden, worauf die deskriptiven Befunde einen Hinweis geben. Migranten berichten darüber, seltener bei Meinungsverschiedenheiten „laut" zu streiten
(siehe Abbildung 35, S. 206). Gleichzeitig geben sie an, häufiger ihre Meinung
für sich zu behalten[311]. Inwieweit die Konfliktprozesse zwischen türkischen und
deutschen Partnerschaften divergieren, müssen weiterführende Untersuchungen
klären. Von den Mediatorvariablen haben mehrere wie postuliert (vgl. Kapitel 4)
einen positiven Einfluss auf die partnerschaftliche Zufriedenheit. Den stärksten
Zusammenhang zur abhängigen Variable besitzt die Zufriedenheit mit der Aufgabenteilung, gefolgt von der subjektiven Paarstabilität (siehe schwarze Doppelpfeile). Ebenso bestätigt hat sich die positive Wirkung des konstruktiven Konfliktverhaltens und des sozialen Kapitals als Copingressourcen für die Beziehung. Gleichermaßen positiv für die Partnerschaftszufriedenheit ist eine höhere
Eheorientierung. Und wie erwartet sind Paarkonflikte negativ.

Insgesamt sind folgende Befunde überraschend: Türkische Migranten verfügen auf multivariater Ebene nicht über signifikant mehr Copingressourcen als
Deutsche, d. h. konstruktives Konfliktverhalten und auch das soziale Kapital. Es
wird sich jedoch zeigen, dass bei der Betrachtung der Wirkmechanismen (siehe
Abschnitt zu Teilziel B) diese Faktoren eine wichtige Rolle spielen. Religiosität
hat keinen signifikanten Einfluss auf die Partnerschaftszufriedenheit (siehe mittelgrauer Pfeil), obwohl türkische Migranten signifikant stärker religiös sind als
Deutsche. Die im Theorieteil geäußerten Überlegungen, dass dadurch die Zufriedenheit größer sein müsste, bewahrheitet sich nicht. Weitere Analysen müssten
den Einfluss der Religiosität auf die alltägliche Partnerschaftsgestaltung von
türkischen Migranten und Deutschen genauer untersuchen. Der GGS bietet dafür
keine ausreichende Grundlage. Außerdem berichten türkische Migranten über
insgesamt weniger Paarkonflikte, die negativ für die Paarzufriedenheit sind. Die
Herkunft aus der Türkei führt zudem zu einer stärkeren traditionellen Geschlechtsrollenorientierung, die die Beziehungsbewertung etwas verschlechtert.
Die Ergebnisse legen nahe, dass in türkischen Partnerschaften eher andere
Copingressourcen bedeutsam sind als funktionale Streitstile oder soziale Unterstützung. Hier ist anzunehmen, dass es entweder darum geht, Konflikte in Form
von offenen Konfrontationen mit dem Partner zu vermeiden, türkische Paare
weniger streiten oder es sozial nicht akzeptiert ist, Eheprobleme nach außen zu
tragen (Experteninterview Ünal 2011). Von besonderer Bedeutung ist das partnerschaftliche Commitment, das vielleicht auch dazu führt, die Partnerschaft

---

311 Berechnungen bei Autorin erhältlich.

gegen Belastungen von außen stärker zu schützen durch ein höheres Solidarpotenzial (vgl. Wagner und Weiß 2010: 171) oder auch Probleme bzw. partnerschaftliche Konflikte weniger stark zu gewichten, um die Beziehung aufrecht erhalten zu können. Neben dem Migrationshintergrund wurden außerdem verschiedene Merkmale der sozialen Lage kontrolliert, um Schichteinflüsse zu vermeiden: Die Einschätzung der finanziellen Lage hat den größten Einfluss unter allen sozial- und familienstrukturellen Prädiktoren, die aufgenommen wurden. Dass der türkische Migrationshintergrund unter Berücksichtigung der sozialen Lage dennoch einen eigenständigen Einfluss behält, ist als Hinweis für kulturelle Unterschiede der Beziehungsgefüge zwischen Deutschen und türkischen Migranten zu interpretieren.

In einem weiteren Schritt (*Teilziel B*) wurde untersucht, wie die intervenierenden Mechanismen funktionieren und ob sie sich voneinander unterscheiden, wenn Deutsche und türkische Migranten getrennt voneinander betrachtet werden (vgl. Abbildung 24, S. 171). Dafür wurden zunächst auf deskriptiver Ebene Differenzen zwischen Deutschen und türkischen Migranten analysiert. Bei der Betrachtung der prozentualen Verteilung (siehe Abbildung 43, S. 216) zeigte sich, dass die türkischen Migranten etwas mehr (und signifikant) zufriedener sind als Deutsche. Dieser Unterschied ist jedoch gering. Stärker und gleichermaßen signifikant ist der Geschlechterunterschied in beiden Gruppen (GGS-D und GGS-T). In beiden Stichproben sind die Frauen etwas weniger zufrieden. Insgesamt am wenigsten zufrieden sind die deutschen Frauen. Hinsichtlich der Merkmale der Deprivation konnte festgestellt werden, dass die Zuwanderer ein niedrigeres Bildungsniveau, eine etwas negativere Einschätzung der finanziellen Lage aufweisen sowie dreimal häufiger arbeitslos sind als Deutsche. Bei der deskriptiven Betrachtung der Mediatorvariablen lassen sich gleichermaßen Unterschiede finden: Migranten sind deutlich stärker religiös und häufiger traditionell eingestellt im Kontext der Geschlechterrollen. Sie weisen eine etwas höhere Eheorientierung und ungefähr eine gleich hohe subjektive Paarstabilität (Vorhandensein von Trennungsgedanken) wie Deutsche auf. Beide Gruppen berichten von einer hohen sozialen Unterstützung, sie ist jedoch bei Deutschen etwas größer. Die Aufgabenteilungszufriedenheit ist sowohl bei Deutschen als auch bei türkischen Migranten auf hohem Niveau, aber Zuwanderer sind etwas zufriedener. Meinungsverschiedenheiten werden in beiden Gruppen relativ wenig berichtet. Jedoch lassen sich Unterschiede ausmachen: Türkische Migranten streiten etwas häufiger über Freizeit, während Deutsche mehr Streitigkeiten über die Hausarbeit angeben. Etwa gleich oft gibt es Paarkonflikte über Geld. Die Konfliktstile variieren ebenfalls: Deutsche tendieren etwas häufiger zum „ruhig ausdiskutieren" und „laut streiten" als türkische Migranten. Umgekehrt gibt es eine Tendenz zu häufigerem Schweigen bei den Zuwanderern. „Gewalttätig" zu werden gibt nur eine kleine Minderheit der Befragten beider Gruppen (GGS-D = 1,4 %, n = 65; GGS-T = 4,5%, n = 73) an. Die höhere Gewaltnähe innerhalb türkischer Ehen, die in der Literatur teilweise berichtet werden (vgl. Schröttle 2007, Schröttle und Müller 2004), kann mit den vorliegenden Daten nicht bestätigt werden. Es bleibt jedoch offen, ob dieser Befund z. B. durch Effekte der sozialen Erwünschtheit verzerrt wird. Signifikante Geschlechterunterschiede existieren innerhalb der deutschen Befragten: Frauen berichten häufiger von sich selbst, in Paarkonflikten „laut" zu werden als Männer, die wiederum signifikant mehr „ruhig diskutieren". Türkische Frauen behalten ihren Standpunkt während einer Meinungsverschiedenheit signifikant häufiger für sich als türkische Männer.

In einem weiteren Schritt wurden die zuvor beschriebenen Variablen durch ein Mediatormodell in ihrer Wirkung auf die Partnerschaftszufriedenheit getestet. Um Schichteffekte zu vermeiden, wurden die Merkmale der sozialen Lage kontrolliert. In Tabelle 25 (Spalte „Deutsche" und „Türken) sind zunächst die *direkten Effekte* auf die Partnerschaftszufriedenheit unter Berücksichtigung der indirekten Pfade dargestellt. Doppelt dargestellte Pfeile sollen verdeutlichen, dass hier eine stärkere Beziehung besteht als in der gegenüberliegenden Spalte, in welcher ein einzelner Pfeil abgebildet ist. Es zeigen sich keine gegenteiligen Einflüsse beim Vergleich der Deutschen mit den türkischen Migranten. Deutsche und türkische Paare „funktionieren" demnach nicht völlig verschieden. Jedoch werden unterschiedliche Effektstärken sichtbar. Auf direktem Wege, unter Kontrolle der indirekten Beziehungen, sind bei den Deutschen Kinder im Haushalt negativ für die Partnerschaftszufriedenheit. Dies ist bei den türkischen Migranten nicht feststellbar. Das weibliche Geschlecht und das zunehmende Alter senken bei den Nicht-Zugewanderten die Beziehungszufriedenheit. Für die Einwanderer gilt dies noch stärker. Die Frauenerwerbstätigkeit reduziert lediglich bei den Deutschen die Zufriedenheit. Dies hängt jedoch, wie Studien zur häuslichen Arbeitsteilung zeigen, weniger mit der Frauenerwerbstätigkeit selbst, als vielmehr mit der Doppelbelastung der Frauen zusammen (vgl. Steinbach 2009: 90ff, Breen und Cooke 2005). Diese verrichten trotz Erwerbstätigkeit immer noch den größeren Anteil der Routineaufgaben im Haushalt als deren Partner. Männer und auch Frauen erwarten von sich und dem Partner geschlechterstereotype Verhaltensweisen bei der Aufgabenteilung im Haushalt und verhalten sich auch danach (Rohmann et al. 2002). Außerdem führt eine ungleiche Verteilung der Hausarbeit zu mehr Ärger in der Beziehung und zu einer geringeren Partnerschaftszufriedenheit. Unerfüllte Erwartungen werden vermutlich kompensiert durch selektive soziale Vergleiche mit Frauen, die noch mehr Hausarbeit verrichten oder durch Umdeutungen, nach denen belastete Frauen ihr Engagement im Haushalt als Liebesbeweis und Fürsorge für ihren Partner und die Familie interpretieren (Rohmann et al. 2002: 150). Die Merkmale der Deprivation (siehe Tabelle 25) haben bei den türkischen Migranten keine direkte Bedeutung, sondern wirken ausschließlich durch vermittelnde Faktoren auf die Partnerschaftszufriedenheit ein. Auf diese Mechanismen wird später eingegangen. Bei den Deutschen jedoch begünstigt eine als besser wahrgenommene finanzielle Lage auf direktem Wege die partnerschaftliche Zufriedenheit. Dies hängt vermutlich damit zusammen, dass der finanziell wahrgenommene Status enger mit einem positiven Lebensgefühl verbunden ist, weil ökonomische Mittel für die Gestaltung der Freizeit von deutschen Paaren eine größere Rolle spielen könnten. Beispielsweise ist anzunehmen, dass deutsche Paare mehr als türkische ihre Lebensqualität auch davon abhängig bewerten, ob sie sich einen Urlaub einmal pro Jahr leisten können. Türkische Migranten, so das Argument von Blasius et al. (2008) vergleichen sich eher mit Türken (aus ihrer Heimat) und sind daher zufriedener mit ihren Lebensbedingungen. Deskriptiv ließ sich zeigen, dass Deutsche etwas häufiger über die Freizeitgestaltung streiten und auch der Zusammenhang mit der Partnerschaftszufriedenheit stärker ausfällt als bei türkischen Migranten. Auf multivariater Ebene erscheinen deutsche Paare konfliktanfälliger als türkische, die Häufigkeit des lauten Streitens in Kombination mit den Streitthemen Geld, Hausarbeit und Freizeitgestaltung verringert bei Deutschen stärker die Zufriedenheit. Dabei konnte auch gezeigt werden, dass alle drei Konfliktbereiche (Haushalt, Geld, Freizeit) in gleicher Weise auf multivariater Ebene die Partnerschaftszufriedenheit beeinträchtigen. Es gibt nicht einen bestimmten Lebensbereich, der dabei hervorzuheben ist (vgl. auch Befunde von Wagner und Weiß 2008). Religiosität hingegen hat wider Erwarten keinen direkten Einfluss in beiden Gruppen. Je traditioneller die Deutschen hinsichtlich der Geschlechterrollen denken, desto geringer fällt die Beziehungsbewertung aus, was sich indirekt auch mit der Häufigkeit von Paarkonflikten über Hausarbeit deckt. Ursache sind divergierende Rollenmuster bei deutschen Paaren; Frauen vertreten häufiger eine weniger traditionelle Sicht als Männer. Dies gilt nicht für türkische Migranten, in denen die Passung auf Paarebene häufiger gegeben ist, da hier bei Frauen wie Männern eine stärkere Traditionalität vorherrscht (vgl. Steinbach 2009). Die Zufriedenheit mit der Aufgabenteilung ist in beiden Gruppen bedeutsam, bei den Zuwanderern stärker positiv als bei Deutschen. Die Eheorientierung ist lediglich bei den Nicht-Zugewanderten positiv mit der Zufriedenheit verbunden. Es ist anzunehmen, dass es innerhalb der deutschen Stichprobe eine etwas größere Varianz der Eheorientierung gibt (siehe Abbildung 42, S. 214). Bei den Deutschen gibt es etwa doppelt so viele Personen mit einer „mittleren" Eheorientierung. Vermutlich führen diese leichten Differenzen dazu, dass es bei den Nicht-Zugewanderten einen direkten Zusammenhang gibt: Stark eheorientierte Deutsche unterscheiden sich vermutlich stärker hinsichtlich ihres Commitments von den mittel oder gering Eheorientierten als es bei türkischen Migranten der Fall ist. Trennungsgedanken sind, wie erwartet, negativ mit der Zufriedenheit assoziiert. Sie spielen jedoch bei Deutschen eine stärkere Rolle als bei Migranten. Die direkte Wirkung der Copingressourcen lässt ebenfalls Differenzen erkennen: Während das konstruktive Konfliktverhalten bei Deutschen eine die Zufriedenheit fördernde und kompensierende Funktion erfüllt, ist dies bei türkischen Migranten nicht der Fall. Im Gegensatz dazu ist die Ressource soziale Unterstützung für die Partnerschaftszufriedenheit bei Einwanderern stärker ausgeprägt als bei Deutschen.

Subjektive finanzielle Lage. Die Betrachtung der *indirekten Beziehungen* innerhalb der getrennt geschätzten Modelle für die Stichprobe der Deutschen und türkischen Migranten ist gleichermaßen aufschlussreich. Daher werden nachfolgend die indirekten Wirkmechanismen, ausgehend von der wahrgenommenen ökonomischen Situation, des Bildungsniveaus sowie von der Arbeitslosigkeit für beide Gruppen gegenübergestellt: Es kann zunächst gezeigt werden, dass die wahrgenommene ökonomische Situation eine zentrale Einflussgröße darstellt, stärker als die Arbeitslosigkeit und das Bildungsniveau. Über die wahrgenommene finanzielle Lage verlaufen in beiden Stichproben die meisten indirekten signifikanten Pfade. Es wird sowohl bei Deutschen als auch bei türkischen Migranten deutlich, dass besonders die wahrgenommene finanzielle Situation auf indirekte Weise einen wichtigen Einfluss hat. Dies deckt sich mit anderen Befunden zu diesem Zusammenhang: Eine sozial und ökonomisch prekäre Lage kann die Wahrscheinlichkeit für partnerschaftliche Unzufriedenheit erhöhen, denn finanzielle Engpässe beeinträchtigen die partnerschaftliche Kommunikation (Conger et al. 1990: 643). Negative Emotionen sind mit ehelichen Missstimmungen und Unzufriedenheit in der Partnerschaft assoziiert (Conger et al. 1990: 643), was sowohl für die deutschen als auch türkischen Befragten gilt. Jedoch sind diese Zusammenhänge in den untersuchten Gruppen unterschiedlich stark ausgeprägt. Dies ist in den Modellen sichtbar (vgl. Abbildung 75 und Abbildung 76), in denen nachfolgend farblich dargestellt ist, ob die einzelnen theoretisch hergeleiteten Verbindungen zwischen den Modellelementen durch die Daten gestützt werden (schwarze und schwarz-gestrichelten Pfeile) oder nicht (graue Pfeile). In Abbildung 75 ist das Mediatormodell für die Deutschen zu sehen: Hier sind im Vergleich zu den türkischen Migranten (siehe Abbildung 76) ein Großteil der Hypothesen vorläufig bestätigt (siehe schwarze Pfeile). Innerhalb des Mediatormodells der Migranten sind eindeutig mehr Pfade falsifiziert (siehe graue Pfeile). Grundsätzlich wird im Vergleich beider Modelle deutlich, dass es abgesehen von diesen Differenzen einige Gemeinsamkeiten gibt, die beidseitig (UV → MV und MV → AV[312]) als vorläufig bestätigt gelten: Sowohl bei Deutschen als auch bei türkischen Migranten spielt der Gesamtpfad „Subjektive fi-

---

312 UV = Unabhängige Variable, MV = Mediatorvariable, AV = Partnerschaftszufriedenheit.

nanzielle Lage → soziales Kapital → Partnerschaftszufriedenheit" eine wichtige
Rolle. Er ist jedoch bei den Zuwanderern stärker (schwarze Pfeile durchgezogen)
als bei den Deutschen (schwarze Pfeile gestrichelt).

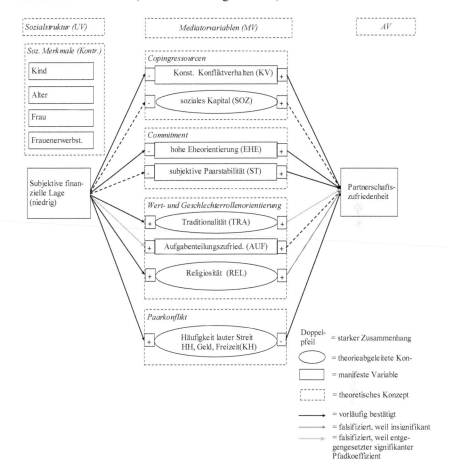

Abbildung 75: Mediatormodell zu Teilziel B (Deutsche)

Quelle: Eigene Darstellung.

Die soziale Unterstützung spielt, wenngleich sie deskriptiv in beiden Gruppen
etwa gleich hoch berichtet wird (vgl. Abbildung 40, S. 212), auf multivariater

Ebene eine große Rolle, um den Einfluss der wahrgenommenen finanziellen Lage auf die Partnerschaftszufriedenheit zu vermitteln. Das bedeutet konkret, dass Türken, die z. B. nur unter großen Schwierigkeiten mit ihren finanziellen Mitteln zurechtkommen, weniger soziale Unterstützung erleben als Deutsche. Nicht überprüfbar ist an dieser Stelle das Ursache-Wirkungsprinzip: Denn es kann auch sein, dass, *wenn* Migranten über weniger Sozialkapital verfügen, dann auch größere finanzielle Probleme entstehen. Jedoch sind sozial schwache türkische Migranten im Vergleich zu benachteiligten Deutschen weniger beeinträchtigt in ihrer Lebensqualität (vgl. Blasius et al. 2008: 150). Micheel und Naderi (2009) verweisen in ihrer Studie über die subjektive Einschätzung der ökonomischen Lage von älteren türkischen Migranten (55 bis 79 Jahre) darauf, dass diese *„viel stärker auf ihre sozialen Netzwerke zurückgreifen müssten als die deutschen Befragten in der gleichen Altersgruppe"* (Micheel und Naderi 2009: 192). Sie stellen fest, dass Menschen mit geringer sozialer Einbettung ihre ökonomische Lage schlechter einschätzen als solche, die sich besser eingebunden fühlen. Neben den objektiven finanziellen Mitteln scheinen demnach stabile Netzwerke eine kompensierende Wirkung zu haben, um finanzielle Krisen zu überwinden. Dazu passt der Gesamtpfad „Subjektive finanzielle Lage → Paarkonflikt → Partnerschaftszufriedenheit". Dieser ist bei den Deutschen stärker als bei den Zuwanderern. Demnach sind deutsche Partnerschaften konfliktanfälliger, je schlechter sie ihre finanziellen Möglichkeiten einschätzen, was ihre Zufriedenheit senkt. Der Spillover-Effekt ist bei türkischen Partnerschaften deutlich schwächer. Der Vergleich beider Gruppen für die linke Seite des Modells (UV → MV) verdeutlicht diese geringere Anfälligkeit für subjektiv ökonomisch deprivierte Lebenslagen: Je schlechter die Deutschen mit ihrem Haushaltseinkommen zurechtkommen, desto seltener werden konstruktive und funktionale Konfliktstile berichtet, was die Beziehungsqualität einschränkt. Wie erwähnt ist der positive Zusammenhang mit dem Ausmaß an sozialer Unterstützung geringer als bei Türken. Darüber hinaus (siehe schwarze Pfeile) entsteht durch eine schwierige finanzielle Lebenslage keine erhöhte Solidarität in deutschen Partnerschaften. Im Gegenteil, die Eheorientierung und subjektive Paarstabilität sinkt (die Wahrscheinlichkeit von Trennungsgedanken steigt). Solche Instabilitätswahrnehmungen wiederum gelten als gute Prädiktoren für tatsächliche Trennungen und Scheidungen (vgl. (Arránz Becker und Hill 2010). Gleichermaßen ungünstig ist, dass eine subjektive ökonomische Deprivation offenbar auch die Aufgabenteilungszufriedenheit senkt, die im Modell (vgl. Abbildung 74, S.325) als stärkste Ressource für die Partnerschaftszufriedenheit fungiert. Wenngleich finanzielle Engpässe offenbar mit einer gesteigerten Religiosität bei Deutschen einhergehen, hilft diese jedoch nicht für die partnerschaftliche Zufriedenheit (siehe mittelgrauer Pfeil). Auch die dadurch erhöhte Traditionalität stellt keine Ressource dar.

Vielmehr (siehe hellgrauer Pfeil) führt sie zu einer Verschlechterung der Beziehungsqualität.

Die türkischen Paare weisen auf der linken Seite des Modells (UV $\rightarrow$ MV, siehe Abbildung 76) mehr insignifikante Verbindungen auf (siehe mittelgraue Pfeile). Auch wenn die türkischen Migranten in der Bundesrepublik sozialstrukturell deutlich benachteiligt sind gegenüber den Deutschen, sind sie weniger stark konfliktanfällig (siehe schwarz gestrichelter Pfeil) und ihre Eheorientierung ist davon weniger betroffen. Nur leicht stärker wird davon die subjektive Paarstabilität beeinträchtigt als bei Deutschen. Im Gegensatz zu den Deutschen wird, je schlechter sie zurechtkommen, ihre höhere Eheorientierung größer. Diese jedoch hat keine kompensierende Wirkung (mittelgrauer Pfeil) für die Zufriedenheit. Religiosität ist im Vergleich zu den Deutschen nicht abhängig von der wahrgenommenen materiellen Situation und beeinflusst auch nicht die Zufriedenheit (siehe mittelgraue Pfeile). Dasselbe gilt für die Traditionalität der Geschlechterrollenorientierung. Auf der rechten Seite (MV $\rightarrow$ AV) wirkt die Zufriedenheit mit der Aufgabenteilung am stärksten, gefolgt von der subjektiven Paarstabilität, dem Sozialkapital und den Paarkonflikten (schwarze Pfeile). Im Vergleich mit den Deutschen fällt dabei der Einfluss der Aufgabenteilung und des Sozialkapitals stärker aus. Schwächer als bei den Deutschen wirken hingegen die Häufigkeit von Paarkonflikten und die Trennungsgedanken auf die Partnerschaftszufriedenheit. Während die Eheorientierung, die Traditionalität und das konstruktive Konfliktverhalten bei Deutschen eine Rolle für die Beziehungsbewertung spielen, ist dies bei türkischen Migranten nicht der Fall (siehe mittelgraue Pfeile). Insgesamt wirkt es so, als gebe es in beiden Gruppen einige übereinstimmende zentrale Wirkmechanismen: Grundsätzlich sind wahrgenommene ökonomische Benachteiligungen belastend und können die Beziehungszufriedenheit senken. Dennoch scheint dieser in der Literatur thematisierte Spillover-Effekt stärker für Deutsche als für türkische Migranten zuzutreffen. In Anlehnung an (Blasius et al. 2008: 150) könnte aufgrund der Wirkmechanismen angenommen werden, dass die Beschaffenheit der türkischen Kultur prägender ist für Partnerschaften von Migranten als die ökonomischen Rahmenbedingungen.

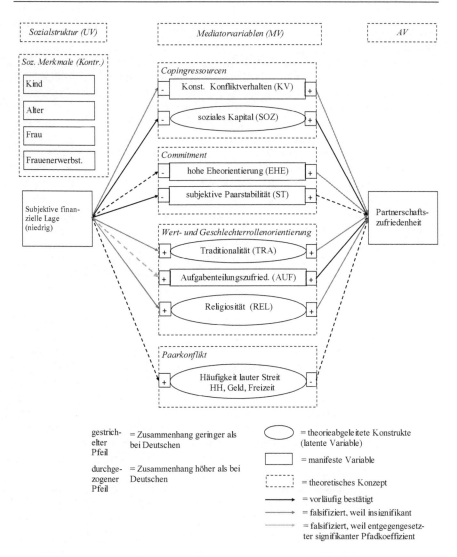

Abbildung 76: Mediatormodell zu Teilziel B (türkische Migranten)
Quelle: Eigene Darstellung.

Bildungsniveau. Ausgehend vom Bildungsniveau sind im Vergleich zur subjektiven finanziellen Lage deutlich weniger Pfade zur Erklärung von Partnerschaftszufriedenheit der deutschen Befragten bedeutsam. Je niedriger hier das Bildungsniveau ist, desto signifikant weniger wird konstruktiv miteinander gestritten und desto geringer ist das Sozialkapital. Sowohl das „ruhig diskutieren" als auch die wahrgenommene soziale Unterstützung sind jedoch wichtige Copingressourcen. Damit wirkt hier indirekt die Bildung negativ für die partnerschaftliche Zufriedenheit. Gleichermaßen steigt die Traditionalität der Geschlechterrollen an, die ungünstig mit der Beziehungsbewertung von Deutschen zusammenhängt. Ferner erhöhen Schulabschlüsse wie z. B. Hauptschulabschluss die Religiosität der deutschen Befragten, die jedoch keinen Einfluss auf die abhängige Variable haben. Bei den türkischen Migranten ist das Bildungsniveau von insgesamt noch geringerer Bedeutung für die Bewertung der Beziehung.[313] Hier ist nur ein Gesamtpfad signifikant. Je geringer das Bildungsniveau ist, desto mehr Paarkonflikte werden berichtet, welche wiederum negativ auf die Partnerschaftszufriedenheit wirken. Auch ist eine geringe Bildung bei türkischen Migranten mit einer höheren Traditionalität hinsichtlich der Geschlechterrollen verbunden, die jedoch keine Auswirkung auf die Einschätzung der Beziehung hat.

Arbeitslosigkeit. Hiervon gehen im Modell für GGS-D lediglich zwei signifikante Gesamtpfade aus. Die Erwerbslosigkeit[314] senkt die Eheorientierung und ist damit indirekt negativ für die Partnerschaftszufriedenheit. Sie reduziert jedoch auch leicht die Tendenz zu traditionellen Geschlechterrollenvorstellungen, welche negativ auf die Beziehung wirken. Abschließend lässt sich ein positiver Zusammenhang zwischen der Arbeitslosigkeit und einer stärker ausgeprägten Religiosität nachweisen. Diese aber hat keinen signifikanten Einfluss auf die Partnerschaftszufriedenheit. Im Vergleich zu den Deutschen hat die Erwerbslosigkeit bei türkischen Migranten eine etwas weniger negative Wirkung: Arbeitslosigkeit senkt zwar das Sozialkapital, welches positiv für die Partnerschaft ist, erhöht jedoch die Eheorientierung. Ungünstig hingegen ist, dass durch den Verlust des Arbeitsplatzes die Zufriedenheit mit der Aufgabenteilung sinkt, die leicht positiv mit der wahrgenommenen Qualität der Beziehung zusammenhängt. Ferner erhöht Arbeitslosigkeit die Wahrscheinlichkeit von traditionellen Werthaltungen bezüglich der Geschlechterrollen, welche bei türkischen Migranten (im Gegensatz zu Deutschen) nicht assoziiert ist mit einer geringeren Partnerschaftszufriedenheit.

Resümee zu Teilziel B. Insgesamt erweist sich die subjektive finanzielle Lage sowohl bei Deutschen als auch türkischen Migranten als stärkste Prädiktorvariable. Bildung und Arbeitslosigkeit als objektive Indikatoren der

---

313 Berechnungen auf Nachfrage bei Autorin erhältlich.
314 s.o.

sozialen Lage zeigen nur teilweise einen bedeutsamen Einfluss auf die Partner-schaftszufriedenheit. Die Variable „subjektive finanzielle Lage" ist keine objek-tivierbare Größe, sondern ein sogenannter „weicher" Faktor, der auf einer Selbsteinschätzung beruht. Sie ist im Vergleich zur Bildung und Arbeitslosigkeit ein relatives Konzept. Losgelöst von definierten Schwellenwerten von Armut und ökonomischer Deprivation erscheint die Selbsteinschätzung über die finan-zielle Lage des Haushaltes eine sinnvolle Ergänzung darzustellen. Es zeigt sich, dass ein ähnlich niedriges Einkommen für die eine Gruppe ausreichend ist oder weniger problematisch ist (vgl. Abbildung 32, S. 199), während es für die andere nicht genügt. Dies kann durch unterschiedliche Haushaltsgrößen, jedoch auch durch individuelles Konsumverhalten oder den angestrebten Lebensstil verur-sacht werden (vgl. Micheel und Naderi 2009: 193). Ferner hängt es auch damit zusammen, welche Referenzgröße eine Person für die Beurteilung seiner finanzi-ellen Haushaltssituation wählt (vgl. Theorie des sozialen Vergleichs, Kapitel 4.3). Es insgesamt zu beobachten, dass die Selbstwahrnehmung der finanziellen Lage der türkischen Migranten stärker mit der subjektiven sozialen Unterstüt-zung intergiert als bei Deutschen.

Durch *Teilziel C* sollte geklärt werden, ob die Generationszugehörigkeit[315] einen Einfluss auf die Beziehung nimmt und ob die zweite Generation der türki-schen Migranten den Deutschen ähnlicher ist als die erste. Dafür wurde zunächst die Partnerschaftszufriedenheit beider Generationen untersucht: Türkische Mig-ranten der zweiten Generation sind etwas zufriedener als die der ersten Generati-on. Die Frauen beider Generationen sind signifikant weniger zufrieden als die Männer. Und die weiblichen Befragten der zweiten Generation geben an, zufrie-dener zu sein als die der ersten Generation. Es wurde angenommen, dass partner-schaftliche und kulturelle Leitbilder in der Familie erlernt und so intergenerativ weitergegeben werden. Demnach müssten die Werthaltungen über die Generati-onen stabil bleiben. Auf deskriptiver Ebene zeigen sich sowohl intergenerativ stabile als auch abweichende Befunde. Zwischen beiden Generationen bleibt eine hohe Religiosität (Anteil der Hochreligiösen bei etwa 40 %), Eheorientierung und subjektive Paarstabilität (partnerschaftliches Commitment) stabil: Die Be-funde zur Religiosität (Religionsmonitor 2008b) und Wertestabilität stimmen mit anderen Studien überein Diehl und Koenig (2009). Damit wird die Überlegung gestützt, dass kulturelle und partnerschaftliche Leitbilder intergenerativ übertra-gen werden. Etwa gleich berichten beide Generationen zu zwei Dritteln, dass Streitigkeiten „häufig/sehr oft" ruhig ausdiskutiert werden. Abgesehen von die-sen Gemeinsamkeiten zwischen den Generationen sind auch Abweichungen zu

---

315 Denn es ist zu vermuten, dass sich die zweite Generation der türkischen Migranten von der ersten Zuwanderungsgeneration unterscheidet und hier Angleichungs- bzw. Annäherungseffekte an die deutsche Aufnahmegesellschaft zu beobachten sind.

beobachten: Die Traditionalität der Geschlechterrollenorientierung nimmt im Generationenverlauf ab. In der zweiten Generation sind deutlich mehr Befragte egalitär eingestellt. Die Ursachen können durch Alterseffekte jedoch auch durch eine stärkere Anpassung der zweiten Generation an gleichberechtigte Rollenmuster erklärt werden. Daran schließen sich die deskriptiven Ergebnisse zur Aufgabenteilungszufriedenheit an. Diese nimmt von der ersten zur zweiten Generation zu. Eine mögliche Ursache ist die stärkere Partizipation des Mannes an häuslichen Aufgaben, da hier häufiger egalitäre Rollenmuster zu finden sind. Außerdem verfügen die Befragten der zweiten Generation über mehr soziale Unterstützung als die ersten. Dieser Unterschied kommt vermutlich dadurch zustande, dass die zweite Generation im Mittel jünger und daher häufiger berufstätig ist. Zudem sind sie durch noch jüngere Kinder insgesamt stärker eingebunden in verschiedene soziale Kontexte wie z. B. Kindergarten, Schule, Nachbarschaft oder Kollegenkreis. Ferner erscheinen Partnerschaften der zweiten Generation etwas konfliktanfälliger als die der ersten. Über Hausarbeit, Geld und auch Freizeitgestaltung wird bei den türkischen Migranten der zweiten Generation etwas häufiger gestritten. Erklärungsansätze dafür sind Vereinbarkeitsproblematik zwischen Beruf und Familie, jedoch auch die geringere Traditionalität der Geschlechterrollen, so dass die Verteilung der alltäglichen Pflichten zwischen den Partnern (neu) verhandelt werden muss. Durch die höhere finanzielle Gesamtbelastung von Haushalten mit noch minderjährigen Kindern kommt es außerdem zu mehr Meinungsverschiedenheiten über die Finanzen. Gleichzeitig berichten Zuwanderer der zweiten Generation darüber, häufiger mit ihrem Partner über die Freizeitgestaltung zu streiten als die erste. Auch hier kann das jüngere Alter der Befragten den Unterschied erklären. Auf bivariater Ebene jedoch kann bezüglich des partnerschaftlichen Commitments eine Annäherung der zweiten Generation an „deutsche Verhältnisse" festgestellt werden: Die Wahrnehmung von Trennungsgedanken hängt hier stärker mit der Partnerschaftszufriedenheit zusammen als bei der ersten Generation. Die Annahme zur Assimilation der zweiten Generation an die Deutschen im Vergleich zur ersten kann insgesamt teilweise gestützt werden (vgl. Abbildung 59, S. 280). Jedoch sollte dabei berücksichtigt werden, dass die deutschen Vergleichsgruppen im Mittel älter sind als die türkischen Migranten der zweiten Generation.

Auf multivariater Ebene werden die Generationsunterschiede wirksam: Während in der ersten Generation von der Frauenerwerbstätigkeit noch kein Einfluss ausgeht, wird diese in der zweiten Generation über die Aufgabenteilungszufriedenheit vermittelt: Wenn eine türkische Migrantin der zweiten Generation berufstätig ist, dann berichtet sie über signifikant geringere Zufriedenheit mit der häuslichen Aufgabenteilung, die die Partnerschaftszufriedenheit hoch signifikant negativ beeinflusst. Demnach ist die Frauenerwerbstätigkeit indirekt ein Risikofaktor. Ünal (Experteninterview 2011) berichtet aus seiner therapeutischen Arbeit, dass besonders Männer aus der zweiten Generation Probleme mit der „neuen" Rolle ihrer Partnerin haben. Ursächlich dafür sind ein nicht eindeutiger Sozialisationshintergrund durch ein Aufwachsen „zwischen den Kulturen" und dadurch ambivalente Einstellungen zur Rolle des Mannes.[316] Dadurch entstünden oftmals „große" familiäre Konflikte (Experteninterview Ünal 2011). Darüber hinaus kann für die türkischen Migranten nachgewiesen werden, dass sie sich im Assimilationsniveau (Kenntnisse der deutschen Sprache) unterscheiden: Migranten der zweiten Generation berichten über signifikant bessere Deutschkenntnisse als die Personen aus der ersten Generation. Multivariat kontrolliert ergibt sich, dass die Deutschkenntnisse in der ersten Generation eine zusätzliche Erklärungsfunktion für partnerschaftliche Prozesse haben. Je besser die Deutschkenntnisse sind, desto höher ist die Aufgabenteilungszufriedenheit und desto mehr soziales Kapital ist vorhanden. Beide Aspekte wirken signifikant positiv auf die partnerschaftliche Zufriedenheit. Dies lässt sich damit erklären, dass Migranten, die über fundierte deutsche Sprachkenntnisse verfügen, andere Familienmitglieder, Freunde oder Bekannte bei Behördengängen, Arztbesuchen oder Vertragsabschlüssen unterstützen können. Umgekehrt können sie auf diese Weise auch ihr Netzwerk erweitern und auf Unterstützung hoffen, da ihre Kenntnisse dringend gebraucht werden (Experteninterview Ünal 2011). Dieses Prinzip der Reziprozität „garantiert" den Migranten Hilfestellung in allen Lebensbereichen, denn diejenigen, die die deutsche Sprache gut beherrschen, haben oft die Rolle des „Anwalts der Familie" (Experteninterview Ünal 2011).

Die Einschätzung der finanziellen Lage variiert zwischen den Generationen nicht, sie bewerten ihre Situation zwar etwas schlechter als die Deutschen, aber insgesamt „mit kleineren Schwierigkeiten" oder „relativ gut". Dies ist insofern verwunderlich, da türkische Migranten in Deutschland über ein deutlich niedrigeres Nettoäquivalenzeinkommen verfügen und so mehr finanzielle Probleme haben müssten. Micheel und Naderi (2009) haben diesen Widerspruch zwischen objektiv messbarer Position und der wahrgenommenen Lage bei türkischen Migranten in Deutschland im Alter von 55 bis 79 Jahren untersucht. Sie stellten fest, dass wie erwartet die Einkommenshöhe einen Einfluss auf die subjektive Wahrnehmung hat. Darüber hinaus ist aber die positive Wirkung sozialer Netzwerke zur *„Kompensation von ökonomischen Nachteilen"* (Micheel und Naderi 2009: 166) festzustellen. Darin unterscheiden sich ältere türkische Migranten deutlich von Deutschen. Es ist zu vermuten, dass gerade die älteren türkischen Migranten, die zumeist eher der ersten Einwanderergeneration angehören, finanzielle Unterstützung aus ihren Netzwerken erhalten. Es ist durchaus üblich unter türkischen

---

316 Dazu sei angemerkt, dass die Modernisierungsgewinne der Frauen in Deutschland auch in deutschen Ehen zu Problemen führen.

Senioren, zwischen der Türkei und Deutschland zu pendeln und einige Monate in einer Wohnung bzw. in einem Haus zu residieren (Experteninterview Ünal 2011). Mit der aus Deutschland bezogenen Rente kann in der Türkei ein höherer Lebensstandard realisiert werden. Hinsichtlich der Generationsunterschiede konnte jedoch die dritte Generation nicht berücksichtigt werden. Daher steht aus, ob es einen Reethnisierungseffekt hinsichtlich des partnerschaftlichen Zusammenlebens innerhalb der dritten Generation gibt. Dies zu untersuchen ist mit den Daten des GGS (noch) nicht möglich.

Nachfolgend werden die Ergebnisse für die erste und zweite Generation in Bezug zum theoretischen Modell gesetzt. Abbildung 77 und Abbildung 78 zeigen lediglich die Ergebnisse, ausgehend von der subjektiven wahrgenommenen ökonomischen Lage, da diese als der stärkste Prädiktor ausgemacht werden konnte. Je schlechter die finanzielle Situation eingeschätzt wird, desto seltener wird konstruktiv gestritten und desto weniger soziale Unterstützung ist vorhanden, was im Vergleich zur zweiten Generation etwas schwächer ausfällt. Eine ökonomische Deprivation senkt die Eheorientierung und subjektive Paarstabilität bei türkischen Migranten der ersten Generation (siehe Abbildung 77) mehr als die der zweiten (siehe Abbildung 78). Stärker sind in der ersten auch der Zusammenhang der ökonomischen Schwierigkeiten mit einer höheren Traditionalität der Geschlechterrollen, einer größeren Religiosität sowie einer geringeren Aufgabenteilungszufriedenheit (siehe hellgrauer Pfeil in Abbildung 77). Innerhalb der zweiten Generation sind lediglich zwei Pfade signifikant (siehe schwarze Pfeile in Abbildung 78). Hier hängt die wahrgenommene finanzielle Lage stark negativ mit dem Sozialkapital und etwas schwächer im Vergleich zu den Befragten der ersten Generation mit der Aufgabenteilungszufriedenheit zusammen. Auf der rechten Seite des Modells ist in beiden Generationen lediglich der positive, signifikante Zusammenhang des Sozialkapitals und der Aufgabenteilungszufriedenheit mit der Partnerschaftszufriedenheit übereinstimmend.

Folgende Generationsunterschiede sind zu beobachten: In der ersten Generation besitzen die Paarkonflikte einen signifikant negativen Einfluss auf die Partnerschaftszufriedenheit. Dies ist in der zweiten Generation nicht feststellbar. Ferner ist der Einfluss der Trennungsgedanken (subjektive Paarstabilität) innerhalb der zweiten Generation (siehe durchgezogener schwarzer Pfeil) stärker als in der ersten (siehe gestrichelter schwarzer Pfeil). Außerdem gewinnt hier in der zweiten Generation (im Gegensatz zur ersten Generation) das konstruktive Konfliktverhalten im Kontext der Partnerschaftszufriedenheit an Bedeutung.

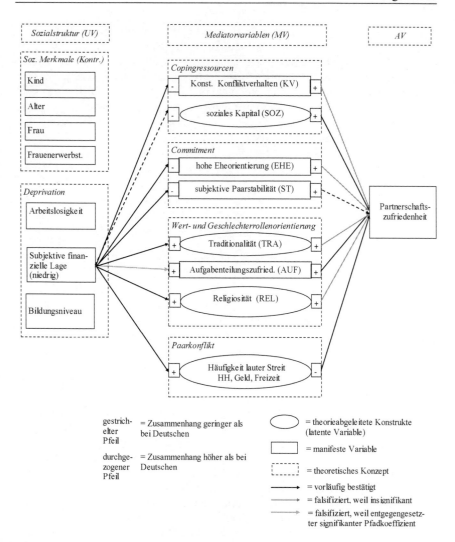

Abbildung 77: Mediatormodell zu Teilziel C (GGS-T1)

Quelle: Eigene Darstellung.

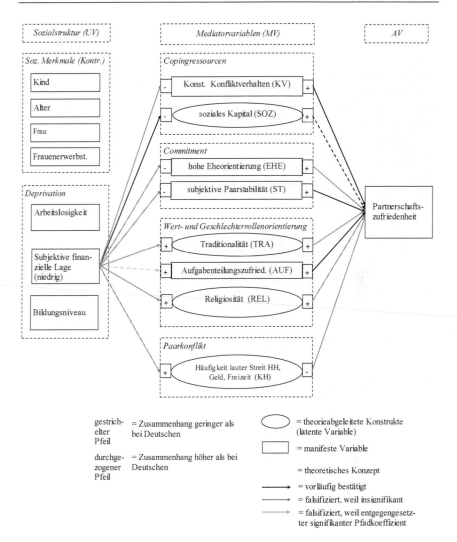

Abbildung 78: Mediatormodell zu Teilziel C (GGS-T2)
Quelle: Eigene Darstellung.

*Welchen Einfluss hat nun der türkische Migrationshintergrund auf die Partner-
schaftszufriedenheit?*

Der Migrationsstatus wird in der Literatur sowohl als Vulnerabilität als auch als
Ressource für die Familie bzw. die Partnerschaft thematisiert. Die außerordentlich wenigen Studien, die deutsche mit türkischen Partnerschaften vergleichen,
zeigen, dass die Türken trotz der genannten sozialstrukturellen Vulnerabilitäten
ein ähnlich hohes Niveau der Partnerschaftszufriedenheit zeigen wie deutsche
Befragte (Baykara-Krumme 2009). Auch in der Studie von Wagner und Weiß
(2010) ist dies sichtbar: „Die männlichen Zuwanderer aus der Türkei bewerten
ihre Partnerschaften oder Ehen am besten. Dagegen weisen türkische und deutsche Frauen ähnliche und niedrigere Werte bei der Partnerschaftsqualität auf"
(Wagner und Weiß 2010: 93). Dies lässt vermuten, dass es keinen Schicht-Effekt
bzw. Spillover-Effekt, sondern einen Kompensationseffekt bei Migranten gibt.
Die Befunde dieser Arbeit lassen verschiedene Interpretationen zu:

Die Aspekte der *sozialen Unterstützung* könnten interkulturell variieren: Ist
vielleicht der expressive Nutzen von zwischenmenschlichen Beziehungen in
türkisch geprägten Lebenswelten größer als in deutschen und sind daher türkische Partnerschaften weniger „krisenanfällig"? Intraethnische Ehen bzw. Partnerschaften sind *„weitaus ,sicherer' hinsichtlich ihrer Belastbarkeit und können
häufiger auf verwandtschaftliche Solidarpotenziale zurückgreifen. Eingliede-
rungsprozesse der Familienmitglieder in die Aufnahmegesellschaft müssen dann
allerdings mit dem Verwandtschaftssystem koordiniert und vor ihm legitimiert
werden"* (Nauck 2001: 13). Türkische Migranten verfügen über mehr *soziale
Unterstützung* (bonding social capital), die den Zusammenhalt und die Gruppenidentität fördert (Schnur 2008: 141).

Der Gruppenzusammenhalt und die darin geltenden Normen und Werte
steigern jedoch auch die *soziale Kontrolle*. Es ist anzunehmen, dass eine niedrige
soziale Akzeptanz gegenüber „anders Denkenden" innerhalb der ethnischen
Gruppe besteht, zum Beispiel gegenüber Personen, die ihre Partnerschaft oder
Ehe auflösen wollen. In diesem Fall droht die soziale Isolation, wenn die soziale
Norm „Aufrechterhaltung der Partnerschaft" nicht erfüllt wird. Zudem lässt sich
vermuten, dass durch die starke Geschlossenheit und Intensität der türkischen
Netzwerke die Opportunitätsstruktur für das Kennenlernen eines anderen poten-
ziellen Partners stark eingeschränkt ist. Es könnte jedoch auch anders argumentiert werden: Wenn eine Ehe oder Partnerschaft vor allem auf externem Druck
basiert, müsste die partnerschaftliche Zufriedenheit geringer sein. Jedoch würde
die interviewte Person bei einer Befragung vermutlich nicht einem Dritten (Interviewer) zugeben, dass sie unzufrieden ist (Effekt der sozialen Erwünschtheit).

In türkischen intraethnischen Partnerschaften existiert auf Paarebene ein erhöhtes *Solidarpotenzial* (vgl. detaillierte Ausführungen dazu in Kap. 6.2.4) und eventuell auch ein traditionell verwurzelter stärkerer Familiensinn. Das türkische Sprichwort „*Kolay yuva yikilmaz*" (Experteninterview Odendahl 2011)[317] verdeutlicht die Unantastbarkeit der Familie. Dies heißt sinngemäß übersetzt: So leicht kann ein Nest nicht zerstört werden. „*Yuva*" steht für Nest oder auch Heim, wo die Kindererziehung stattfindet, kann aber auch Familie bedeuten. Die Ehe als Versorgungs- und Erziehungsinstanz wird damit stark als eigenständiger Wert betont.

Ebenfalls könnte es die *stärkere traditionelle Geschlechtsrollenorientierung* (vgl. detaillierte Ausführungen dazu Kap. 6.2.6) bei türkischen Männern und Frauen sein, die zu seltenerer Frauenerwerbstätigkeit und die wiederum zu weniger (Rollen-)Konflikten führt und dadurch die Partnerschaftzufriedenheit positiv beeinflusst.

Außerdem sind die *Barrieren* für Trennung bzw. Scheidung in türkischen Partnerschaften (besonders Ehen) höher als in vielen deutschen Beziehungen (Özen 2010).[318] Es gibt hohe soziale, emotionale und auch finanzielle, materielle Kosten im Falle einer Scheidung. Diese sind jedoch in türkischen konservativen Milieus höher einzuschätzen als die bei Deutschen (Experteninterview Ünal 2011)[319]. Es gibt türkische Frauen, die aufgrund der wirtschaftlichen Abhängigkeit einerseits und aufgrund des sozialen (familiären) Drucks anderseits in unglücklichen aber stabilen Ehen leben. Dadurch kommt es zu psychischen Erkrankungen wie z. B. Depressionen oder Angststörungen (Experteninterview Ünal 2011). Ferner sind in einigen Fällen Konflikteskalationen und häusliche Gewalt zu beobachten (Müller und Schröttle 2004).[320] Dies hat verschiedene Ursachen: Zunächst gibt es den Typus der arrangierten Ehe oder Verwandtschaftsehe, mit Cousin oder Cousine, besonders in der älteren Generation. Vereinzelt liegen auch Zwangsehen vor. Die Abgrenzung zur arrangierten Ehe

---

317 Experteninterview mit Hanswerner Odendahl, 20.07.2011, Fachanwalt für Familienrecht, türkisches Recht. Die kenntlich gemachten Zitate wurden vom Experten autorisiert.

318 Detaillierte Ausführungen zum Scheidungsrecht bei Özen (2010). Der Autor erklärt darin u. a. die Scheidungsgründe (Özen 2010: 35 ff.) im türkischen Zivilgesetzbuch. Das türkische Ehescheidungsrecht basiert im Gegensatz zum deutschen Recht, in dem das Zerrüttungsprinzip gilt, auf dem Schuldprinzip (Özen 2010:127 ff.). Daher gibt es im türkischen Ehescheidungsrecht beispielsweise kein Trennungsjahr. Die Beantragung der Scheidung kann sofort erfolgen.

319 Experteninterview mit Arif Ünal, 08.07.2011, Leiter des Gesundheitszentrums für Migranten, Köln. Die kenntlich gemachten Zitate wurden vom Experten autorisiert.

320 Zusammenfassend lässt sich feststellen, dass die befragten Migrantinnen türkischer „*(...) Herkunft vergleichsweise häufig von körperlicher und/oder sexueller Gewalt betroffen waren. Das wurde insbesondere hinsichtlich einer deutlich höheren Gewaltprävalenz bei körperlicher Gewalt und bei Gewalt in Paarbeziehungen bei den türkischen Migrantinnen (...) sichtbar*" (Schröttle und Müller 2004: 123).

ist jedoch von außen schwer vorzunehmen (vgl. Straßburger 2007). Durch die engen familialen Bindungen sind die Abhängigkeiten besonders groß. Dies äußert sich auch im juristischen Bereich. Odendahl (Experteninterview 2011) erlebt diese familiären Verflechtungen und den zum Teil daraus resultierenden sozialen Druck auch in den Beratungsgesprächen mit seinen türkischen Klienten. Diese stellen, im Gegensatz zu Deutschen, häufiger Eheaufhebungsanträge, auch wenn sie selten Aussicht auf Erfolg haben (Experteninterview Odendahl 2011). Wenngleich eine Ehe nicht zu revidieren ist, hat der Eheaufhebungsantrag für viele Antragstellerinnen eine moralische Bedeutung. Die Ehe ist damit nicht gescheitert, sondern, weil sie unter „fälschlichen Voraussetzungen" geschlossen wurde, annulliert (Experteninterview Odendahl 2011). Die Beteiligten gelten anschließend nicht als geschieden, sondern als nie verheiratet, das Stigma „geschieden" fällt aus der Sicht der Antragsteller weg. In finanzieller Hinsicht bedeutet die Scheidung besonders für Frauen, die zuvor Hausfrauen waren und über keine Ausbildung verfügen, den sozialen Abstieg, denn oftmals sind auch die ehemaligen Ehepartner nicht in der Lage, ausreichend Unterhalt zu zahlen. Ebenfalls problematisch gestaltet sich z.T. der Versorgungsausgleich (Experteninterview Odendahl 2011). Deutlich wird dies durch den großen Anteil der türkischen Ehescheidungen, die durch den Staat finanziert werden. Das bedeutet, 80 bis 90 % der Scheidungsprozesse werden über die Prozesskostenhilfe abgewickelt, Selbstzahler sind in der Minderheit (Experteninterview Odendahl 2011). In Einzelfällen kann nach einer Scheidung, wenn die Personen über kein Einkommen aus einer Erwerbsarbeit verfügen, die Dauerhaftigkeit des Aufenthaltsrechts gefährdet sein, u. a. beeinflusst durch die Dauer des Aufenthalts bzw. des ehelichen Zusammenlebens (vgl. Bundesgesetzblatt 2011).[321] Jedoch kann über den Nachweis ausreichender Sprachkenntnisse eine Einbürgerung erwirkt werden. Bei Partnerschaften, in denen die Frau zur Familienzusammenführung nach Deutschland gezogen ist, wird diese in die Netzwerke ihres Mannes integriert. Im Falle einer Scheidung besteht die Gefahr, dass die Frau sämtliche Kontakte verliert. Dieser Aspekt sollte in zukünftigen Datenerhebungen berücksichtigt werden, da Nachzüge der türkischen Ehefrauen nach Deutschland das partnerschaftliche Machtgefälle beeinflussen und auf die Trennungsentscheidung der Frauen einen Einfluss nehmen.

Schließlich werden jenseits der Befunde dieser Arbeit auch Verzerrungen in den Daten angenommen, durch die Phänomene der *sozialen Erwünschtheit* oder

---

321 Ehepartner mit türkischer Staatsangehörigkeit mussten bis zur Regelung vom 30.06.2011 mindestens zwei Jahre und seit der Änderung mindestens drei Jahre verheiratet sein. Zusätzlich muss die Aufenthaltserlaubnis entsprechend sein, d. h. sie muss der Familienzusammenführung dienen.

Selbstdarstellung (Bortz und Döring 2002: 232 ff.):[322] Mit dieser Argumentation geht der Effekt der hohen sozialen Erwünschtheit einher, dass es bei der Frage nach der partnerschaftlichen Zufriedenheit den Befragten unangenehm sein könnte, eine niedrige bzw. negative Bewertung abzugeben. Es wäre u.U. ein Eingeständnis, dass der Befragte trotzdem in seiner Ehe bleibt, unter der er eigentlich leidet und die Vermeidung unangenehmer Gedanken könnte nicht mehr aufrechterhalten werden. Eine negative Bewertung der Partnerschaft wird besonders dann zusätzlich erschwert, wenn während der Befragung noch andere (Familien-) Mitglieder oder Freunde anwesend sind (vgl. Baykara-Krumme 2010, 2009). Es könnte die Angst vor einer sozialen Verurteilung bestehen, so dass die Interviewten gruppenkonforme und allgemein akzeptierte Antworten präferieren (Bortz und Döring 2002: 233).

Ferner könnte angenommen werden, dass neben sozial- und familienstrukturellen Unterschieden auch kulturelle Besonderheiten, geprägt durch den Lebensstil, in der Bewertung der partnerschaftlichen Zufriedenheit existieren. Dies kann mit den vorliegenden Daten nicht direkt untersucht werden. In Anlehnung an die Befunde der Sinus-Studie[323] (2008) zu Migranten-Milieus in der Bundesrepublik ist zu vermuten, dass in der Bewertung von partnerschaftlicher Zufriedenheit auch Lebensstile eine Rolle spielen. Laut der Sinus-Studie sind die ethnische Zugehörigkeit und die Religiosität prägend für die Alltagskultur (und „Paarkultur", Anm. d. Verf.). Jedoch sollte laut Sinus-Studie (2008) der Einfluss von religiösen Traditionen nicht überbewertet werden. Diese spielen ausschließlich im „religionsverwurzelten Milieu" eine Rolle. Darin herrscht nach der Sinus-Studie ein von „autoritärem Familismus" beeinflusstes traditionelles Wertesystem vor, das sich an Bräuchen der Herkunftskultur orientiert (Sinus-Studie 2008). In diesem Milieu sind Muslime und türkische Migranten stärker vertreten. Jedoch sind nur 7 % der Migranten in diesem Segment einzuordnen (Sinus-Studie 2008). Jagodzinski und Dülmer (2010) verweisen gleichermaßen auf eine Vorsicht bei der Interpretation von Ergebnissen bei interkulturellen Vergleichen:

> „Wer an kulturelle Unterschiede glaubt, findet in aller Regel sehr schnell punktuelle Belege für seine These. (...) Durch selektive Wahrnehmung wird der Blick auf das Trennende gelenkt, was natürlich die Gefahr in sich birgt, all jenes zu übersehen, was nicht ins Bild passt" (Jagodzinski und Dülmer 2010: 232).

---

322 *„Eigene Erlebens- und Verhaltensweisen als widersprüchlich, unvernünftig oder unakzeptabel wahrzunehmen, ist unangenehm. Die eigenen Äußerungen zu ‚glätten' und mit Selbstkonzept und Gruppenidentität in Übereinstimmung zu bringen, ist häufig intrapersonal motiviert und dient somit eher der ‚Selbsttäuschung' als der ‚Fremdtäuschung'"* (Bortz und Döring 2002: 232).

323 *„Dazu wurden zunächst über 100 mehrstündige Tiefeninterviews mit Migranten unterschiedlicher ethnischer Herkunft, Alter, Geschlecht und Bildung durchgeführt(...) Darauf aufbauend erfolgte eine Befragung von 2.072 Personen..."* (Sinus-Studie über Migranten-Milieus 2008: 1).

Die Ergebnisse weisen insgesamt darauf hin, dass Migration an sich auf den ersten Blick keinen Einfluss hat. Allerdings wird auf den zweiten Blick bei der Analyse der indirekten Mechanismen deutlich, dass der türkische Migrationshintergrund trotz simultaner Kontrolle der sozialen Lage durch diverse zwischengeschaltete Variablen für die Partnerschaftszufriedenheit wirksam wird (siehe Abbildung 74, S. 325). Das getrennt für türkische Migranten und Deutsche getestete Forschungsmodell erzielt in beiden Gruppen etwa den gleichen Anteil erklärter Varianz (mehr als ein Drittel). Dennoch sind innerhalb des türkischen Modells (siehe Abbildung 76, S. 334) weitaus weniger Pfade signifikant als bei Deutschen (vgl. Abbildung 75, S. 331). Daraus ist zu schließen, dass innerhalb der Zuwanderer weniger Variablen die Partnerschaftszufriedenheit ähnlich gut erklären wie bei Deutschen, in deren Modell die Mechanismen komplexer wirken.

8 Fazit und Ausblick

Ausgangspunkt dieser Arbeit ist die Frage nach möglichen Unterschieden und Wirkmechanismen in der Partnerschaftszufriedenheit von Deutschen und türkischen Migranten (vgl. Kapitel 1). Für ein besseres Verständnis der Lebenslagen von türkischen Migranten wurde zu Beginn dieser Arbeit ein Überblick über die verschiedenen Phasen des Einwanderungsprozesses gegeben (vgl. Kapitel 2). Dies war notwendig, um die Wanderungsmotive, die historischen und sozialpolitischen Hintergründe nachvollziehen zu können, die bis heute nachwirken und die Integration dieser Personengruppe mit determinieren. Der geschichtliche Abriss sollte außerdem zeigen, dass die in dieser Arbeit untersuchten Migranten keineswegs eine homogene Gruppe darstellen. Sie sind sowohl in ihrer Migrationsbiographie als auch in ihrer ethnischen oder sprachlichen Herkunft vielfältig.

Im Anschluss daran wurde der Forschungsstand zur Erklärung von Partnerschaftszufriedenheit im Kontext der Migration und der sozialstrukturellen Position dargestellt (vgl. Kapitel 3). Die Auseinandersetzung mit dem betreffenden Forschungsfeld auf nationaler und internationaler Ebene führte zu verschiedenen Ergebnissen: Der Einfluss der ökonomischen Deprivation auf die Partnerschaft ist seit langem Forschungsgegenstand. Die Befunde sprechen einheitlich für eine Belastung der Paarbeziehung von deprivierten Personen („Spillover-Effekt" vgl. Kapitel 3.1). Gleichermaßen ist auch der Zusammenhang von Konflikten, Paarinteraktion und der Beziehungsqualität seit langem in der Sozialpsychologie, seit jüngerer Zeit auch in der Familiensoziologie, Bestandteil verschiedener Studien (vgl. Kapitel 3.2). Interkulturell vergleichende Untersuchungen zu Partnerschaften, z. B. über die Ehen von „Hispanics" oder „African Americans", sind bislang vor allem in den USA zu finden und haben sich dort als eigene Forschungsrichtung etabliert (vgl. Kapitel 3.3). Innerhalb Deutschlands hat sich gezeigt (vgl. Kapitel 3.4), dass es wenige Studien gibt, die das partnerschaftliche „Innenleben" von Deutschen und (z. B. türkischen) Migranten gegenüberstellen. Jedoch entstehen durch die GGS-Daten zunehmend Forschungsarbeiten, die Teilbereiche der Partnerschaften von türkischen Migranten thematisieren wie z. B. deren Arbeitsteilung (Steinbach 2009).

Den theoretischen Ausgangspunkt dieser Arbeit bilden Ansätze aus der Austausch- und Investitions-, Belastungs- und Bewältigungs- sowie Konflikt- und Verhaltenstheorie. Ergänzend dazu fungieren Konzepte aus der Netzwerk-

und Migrationstheorie als Erweiterung. Diese theoretischen Ansätze zur Erklärung von Partnerschaftszufriedenheit (vgl. Kapitel 4), bilden alle jeweils nur
Ausschnitte ab und setzen unterschiedliche Schwerpunkte. Die Komplexität der
Erklärungsstrukturen von Partnerschaftszufriedenheit können sie keineswegs
darstellen.

Die Zusammenführung der soziologischen und sozialpsychologischen Ansätze war daher sinnvoll (Kapitel 5). Die daraus abgeleiteten Mediatormodelle
haben zu einer erweiterten Erkenntnis der Wirkmechanismen partnerschaftlicher
Zufriedenheit von türkischen Migranten beigetragen. Dabei war besonders die
Annahme von zwischengeschalteten Faktoren sinnvoll, durch die der Einfluss
der sozialen Lage über die Mediatoren auf die Beziehungsbewertung sichtbar
gemacht werden konnte. Mit den genannten theoretischen Ansätzen, die in verschiedene Forschungsdisziplinen hineinreichen, wurde versucht, der konzeptio-
nellen Lücke in der Literatur entgegenzuwirken.

Förderlich war die Verwendung des GGS-Datensatzes (vgl. Kapitel 6.1). Er
ist nach dem aktuellen Stand der einzige repräsentative Datensatz, um die Partnerschaftszufriedenheit von türkischen Migranten und Deutschen vergleichend
untersuchen zu können. Jedoch könnten in Zukunft auch Netzwerke von türkischen Paaren erhoben werden, um die Wirkung der familialen Netzwerke (z. B.
antizipierte soziale Kosten bei einer Trennung, Test von Theorie des sozialen
Vergleichs siehe Kessler et al. 2000: 255 ff.) zu analysieren. Ferner wäre es wünschenswert, dass in Zukunft finanzielle Möglichkeiten dafür bereit gestellt werden, entsprechende Forschungsvorhaben durchzuführen, um längerfristige Entwicklungen der Migranten in Deutschland beobachten und analysieren zu können[324]. Die ersten Befunde der Migrantenstudie in Berlin (PAIRFAM) skizzieren, wie bedeutsam solche (dyadischen) Daten für weitere Forschungsvorhaben
wären (vgl. Baykara-Krumme 2009).

Die Befunde dieser Arbeit zeigen (vgl. Kapitel 7) insgesamt, dass der Migrationshintergrund in Zukunft stärker berücksichtigt werden sollte: Partnerschaftsbezogene Verhaltensweisen und Konzepte oder Wertvorstellungen sind
keineswegs losgelöst von der (kulturellen) Sozialisation zu betrachten, wenngleich sie teilweise auch durch die sozial- und familienstrukturellen Rahmenbedingungen mit determiniert werden. Merkmale der sozialen Lage interagieren
zusammen mit herkunftsbedingten, kulturellen Faktoren. Die verwendeten Struk-

---

324 Bestrebungen dahingehend gibt es bereits für den GGS. Allerdings ist dieses Panel als Einzelbe-
fragung konzipiert, so dass es im Hinblick auf die Analyse von partnerschaftlichen Prozessen einige Einschränkungen gibt. Die PAIRFAM-Studie hingegen, die in der Bundesrepublik als repräsentative Längsschnittbefragung durchgeführt wird, ist als Paarbefragung konzipiert. Dyadische Daten könnten für die zukünftige Evaluation von Migrantenpartnerschaften deutlich auf-
schlussreicher sein. Die in diesem Zusammenhang geplante Migrantenstudie konnte jedoch leider aufgrund fehlender Mittel bislang nicht bundesweit und repräsentativ realisiert werden.

turgleichungsmodelle zur Erklärung von Partnerschaftszufriedenheit durch die ökonomische Deprivation treffen eher für die deutschen als die türkischen Befragten zu. Der in der Literatur häufig thematisierte Spillover-Effekt (z. B. Rogers und May 2003) gilt demnach mehr für deutsche Partnerschaften. Zur Überprüfung, ob ärmere Deutsche türkischen Migranten ähneln, wurde eine Kontrollgruppe für die Deutschen gebildet. Diese verfügen gemittelt über das gleiche absolute Haushaltseinkommen wie die untersuchten türkischen Migranten. Mithilfe der deutschen Kontrollgruppe konnte gezeigt werden, dass einige Unterschiede im Vergleich zu den türkischen Zuwanderern erhalten blieben. In weiterführenden Untersuchungen müsste dies genauer[325] geprüft werden. Gültig für beide Gruppen sind (wie erwartet) die theoretischen Konzepte zur negativen Wirkung von Konflikten und destruktiven Interaktionsstilen auf die Beziehungszufriedenheit (vgl. Kapitel 4.4), die die Perspektiven der Austauschtheorie mit denen der Verhaltenstheorie verbinden. Auch die Theorie des sozialen Vergleichs (Kessler et al. 2000: 255 ff., vgl. Kapitel 4.3) kann einen Erkenntnisgewinn liefern: Vielleicht orientieren sich türkische Migranten bei der Bewertung ihrer Lebenssituation an den statusniedrigeren Verwandten aus der Türkei. Diese Überlegung kann jedoch mit den bisher verfügbaren Daten nicht überprüft werden. Jedoch nennen auch Blasius et al. (2008) dies als mögliche Ursache für die größere Zufriedenheit im Alltag der Türken. Gemeinsamkeiten in unterschiedlicher Stärke zeigen sich jedoch für die postulierte Wirkung der Copingressourcen (vgl. Kapitel 4.2). Während soziales Kapital (vgl. Kapitel 4.3) bei türkischen Migranten deutlich stärker auf die Partnerschaftszufriedenheit wirkt, ist dies bei den Deutschen schwächer. Bei ihnen ist vielmehr das konstruktive Konfliktverhalten von Bedeutung (vgl. Kapitel 4.2, Kapitel 4.4), welches für die Zuwanderer keine kompensierende Wirkung zeigt. Mit diesen Befunden kann ein Beitrag zur Untersuchung partnerschaftlicher Prozesse von türkischen Migranten geleistet werden. Die in dieser Arbeit vorliegende Analyse zur Erklärung von Partnerschaftszufriedenheit im interkulturellen Vergleich zwischen türkischen Migranten und Deutschen knüpft an die Studie von Wagner und Weiß (2010) an und baut diese weiter aus. Dazu zählte beispielsweise die getrennte Betrachtung der beiden Generationen innerhalb der türkischen Migranten. Hinsichtlich der Methoden sei angemerkt, dass es in Zukunft auch erkenntnisreich sein kann, bei der Untersuchung der Partnerschaftszufriedenheit türkischer Migranten Mehrebenenanalysen durchzuführen, um Kontexteffekte auf die Partnerschaftszufriedenheit (z. B. wie wirkt sich die Wohnumgebung aus, soziale Kontrolle durch Einbindung in Nachbarschaft) tiefergehend analysieren zu können. Abschließend soll

---

325 Dazu könnte man eine Kontrollgruppe bilden, in der weitere bedeutsame Merkmale der Sozialstruktur wie zum Beispiel die Haushaltsgröße und das Bildungsniveau berücksichtigt werden.

noch einmal Bezug auf die wichtigsten Ergebnisse dieser Arbeit genommen
werden:
Partnerschaftszufriedenheit. Hinsichtlich ihrer Partnerschaft sind beide
Gruppen auf hohem Niveau zufrieden. Etwas weniger zufrieden sind generell die
Frauen, was damit zusammenhängen kann, dass sie Konflikte häufiger als solche
wahrnehmen als Männer und sie unabhängig von ihrer Herkunft offenbar zu
einem etwas kritischeren Urteil neigen. Deutsche Frauen bewerten ihre Partnerschaftszufriedenheit am niedrigsten. Von der ersten zur zweiten Generation der
türkischen Migranten steigt die partnerschaftliche Zufriedenheit. Auch hier zeigte sich ein Geschlechtereffekt zugunsten einer höheren Zufriedenheit der männlichen Befragten. Ferner sind die Frauen der zweiten Generation zufriedener als
die der ersten.
    *Welche Unterschiede gibt es zwischen Deutschen und türkischen Migran-
ten?* Auf deskriptiver Ebene lässt sich feststellen (vgl. Kapitel 7.1), dass die
untersuchten türkischen Migranten sich hinsichtlich ihrer Sozialstruktur, der
wahrgenommenen ökonomischen Deprivation, der Religiosität und der
Traditionalität der Geschlechterrollen von den Deutschen stark unterscheiden.
Türkische Migranten sind sozial sehr viel schlechter positioniert, denn sie sind
häufiger arbeitslos, weisen im Mittel ein deutlich geringeres Bildungsniveau auf
und fühlen sich finanziell schlechter gestellt als Deutsche. Ferner sind sie stärker
religiös und neigen deutlich zu traditionelleren Geschlechtsrollenorientierungen.
Ob diese Differenzen auf multivariater Ebene bedeutsam sind (vgl. Kapitel 7.2),
um die Partnerschaftszufriedenheit zu erklären, wurde im Anschluss geklärt.
Dabei konnte der Migrationshintergrund als indirekte Determinante der Partnerschaftszufriedenheit bei simultaner Kontrolle der sozialen Lage bestätigt werden.
Bei den multivariaten Tests der beiden Modelle für Deutsche und türkische Migranten (vgl. Kapitel 7.3) zeigen sich mehr Ähnlichkeiten als angesichts der Unterschiede auf deskriptiver Ebene hätten erwartet werden können. Türkische
Paare „funktionieren" nicht grundsätzlich anders als deutsche. Die Partnerschaftszufriedenheit beider Gruppen wird keineswegs durch völlig gegensätzliche Mechanismen determiniert. Jedoch lassen sich aus den Wirkungsmechanismen, die zwischen der sozialen Lage und der Partnerschaftszufriedenheit vermitteln, Risiko- bzw. Schutzfaktoren für deutsche und türkische Partnerschaften
ableiten: Insbesondere die relative ökonomische Deprivation kann in beiden
Gruppen als Risikofaktor betrachtet werden, der durch die Konflikthäufigkeit
vermittelt, die Partnerschaftszufriedenheit senkt. Jedoch scheinen finanziell prekäre Lebenslagen und Arbeitslosigkeit für die Partnerschaftszufriedenheit deutscher Paare[326] stärkere Risikofaktoren zu sein als für türkische Migranten. Insge-

---

326 Denn ökonomische deprivierte Lebenslagen werden bei Deutschen vermittelt durch eine geringe-
    re Eheorientierung, mehr Paarkonflikte, eine geringere Aufgabenteilungszufriedenheit, Tren-

samt sind türkische Partnerschaften weniger vom Spillover-Effekt betroffen als deutsche. Ein wesentlicher Schutzfaktor ist bei den türkischen Migranten das soziale Kapitel (bonding capital). Für den Generationenvergleich (vgl. Kapitel 7.4) unter den türkischen Migranten lässt sich abschließend feststellen, dass es einerseits eine gewisse Persistenz der Muster zur Erklärung von Partnerschaftszufriedenheit gibt. Andererseits zeichnen sich in diesen Mechanismen von der ersten zur zweiten Generation Veränderungen in der Partnerschaftszufriedenheit ab, die durch die Modernisierungsgewinne der türkischen Frauen z. B. durch die steigende Partizipation am Arbeitsmarkt erklärbar sind. Damit geht eine Reihe von Anpassungsproblemen im partnerschaftlichen Alltag einher z. B. hinsichtlich der Aufgabenteilung im Haushalt, die zu den vorherrschenden traditionellen Vorstellungen im Widerspruch stehen. Daher werden häufiger Paarkonflikte berichtet. Andererseits ist der Wandel innerhalb der Beziehungsgefüge in türkischen Partnerschaften eine mögliche Erklärung für die höhere Beziehungszufriedenheit der zweiten Generation insgesamt und innerhalb der Geschlechter: Bei den Frauen der zweiten Generation ist eine günstigere Beziehungsbewertung als bei denen der ersten Generation zu beobachten (vgl. Kapitel 7.4). Die Gegenüberstellung der fünf Gruppen in Kapitel 7.5 war gewinnbringend: Es zeigten sie Mechanismen zur Erklärung der Partnerschaftszufriedenheit für Deutsche, die deutsche Kontrollgruppe, türkische Migranten, Zuwanderer der ersten Generation und der zweiten Generation. Dieser Vergleich ergab deutliche Annäherungseffekte der zweiten Generation an die Deutschen. Mit diesem Gruppenvergleich zur Partnerschaftszufriedenheit wird ein innovativer Beitrag innerhalb des Forschungsfeldes geleistet.

Grenzen vs. Möglichkeiten. Neben den bereits dargestellten Ergebnissen sind dieser Arbeit auch Grenzen gesetzt. Im Kontext dazu werden verschiedene Möglichkeiten und Überlegungen für künftige Arbeiten diskutiert.

Selektivität. In dieser Untersuchung liegt eine selektive Gruppe von Deutschen und türkischen Migranten vor. Denn die Personen aus beiden Gruppen haben Partner aus ihrem Heimatland, was eventuell darauf hindeutet, dass sie für einen bestimmten Typus stehen, der sich aber nicht auf Personen verallgemeinern lässt, die in binationalen Ehen bzw. Partnerschaften leben. Durch das Selektionskriterium „zusammenlebend" ist außerdem eine Eingrenzung entstanden, so dass vor allem verheiratete Personen ausgewählt wurden. Dadurch kann angenommen werden, dass diese Personen eher konventionelle Lebensstile und Familienmodelle leben. Somit ist eine Auswahl hin zu höheren Altersgruppen mit eher traditionellen Einstellungen getroffen worden. Ferner erlauben die Ergebnisse der Hypothesentests Aussagen über bundesweit lebende Deutsche und

---

nungsgedanken sowie weniger soziales Kapital und seltenere konstruktive Konfliktverhaltensweisen.

türkische Staatsbürger im mittleren Alter. Diese Auswahl war unumgänglich, um die Partnerschaftszufriedenheit von Personen untersuchen zu können, die in einem gemeinsamen Haushalt leben, da abgeleitet aus haushaltsökonomischen Überlegungen sowohl die Aufgabenteilung als auch Geschlechterrollen eine wichtige Rolle spielen. Dies bestätigte sich, da die Zufriedenheit mit der Aufgabenteilung in den untersuchten Modellen eine starke Mediatorenrolle übernimmt.

Vielfalt. Die vorliegende Untersuchung ist auf deutsche und türkische Paare begrenzt. Es wäre jedoch auch aufschlussreich, in Zukunft zusätzlich andere Migrantengruppen wie z. B. marokkanische Paare zu untersuchen und mit Deutschen zu vergleichen. Darüber hinaus wurden in dieser Arbeit zwei homogene Gruppen gebildet, deutsch-deutsche und türkisch-türkische Paare. Dies war notwendig, um einen tieferen Einblick in die partnerschaftlichen Prozesse zu erhalten, losgelöst von Aspekten, die durch kulturelle Differenzen innerhalb einer binationalen oder interethnischen Partnerschaft auftreten könnten. In einem weiteren Schritt wäre es sinnvoll, die Partnerschaftszufriedenheit für binationale Paare, z. B. von deutsch-türkischen Paaren, zu testen.

Wanderungsabfolge. Unberücksichtigt bleibt, ob zuerst die Frau oder zuerst der Mann eingewandert ist: Es ist denkbar, dass die Wanderungsabfolge einen Unterschied für die Partnerschaftszufriedenheit macht. Nach Nauck (1985) ist nach über einem Jahrzehnt Aufenthaltsdauer hinsichtlich der Entscheidungskompetenzen und der Aufgabenteilung nachweisbar, ob Ehemann oder -frau zuerst oder das Paar gemeinsam eingewandert sind. Denn der „Pionier" verfügt über mehr soziale Kontakte, Alltagswissen und eventuell auch bessere Sprachkenntnisse, so dass der später nachgeholte Partner erst einmal angewiesen ist auf die Hilfe des Erstgewanderten. Wengleich bei der Mehrheit der türkisch-türkischen Paare der ersten Generation die Männer zuerst nach Deutschland eingewandert sind und die Partnerinnen später nachgeholt wurden, gibt es auch Fälle, in denen zuerst die Frau eingewandert ist (Baykara-Krumme und Fuß 2009). In der zweiten Generation gibt es ebenfalls das Phänomen der transnationalen Ehe. Auch in diesen Fällen ist der Partner oder die Partnerin, der oder die zumeist aus der Türkei stammt[327] und nach Deutschland zieht, stark vom bereits in der Bundesrepublik lebenden Partner abhängig. Dazu zählen Übersetzungshilfen beim Arzt, bei Behördengängen sowie eventuell auch eine finanzielle Abhängigkeit, da die nachgeholten (häufig weiblichen) Ehepartner (zunächst) keine

---

327 Baykara-Krumme und Fuß (2009: 135) finden geschlechtsspezifische Muster: Türkische Migranten schließen häufig Ehen mit wesentlich jüngeren Frauen aus der Türkei. Weibliche Migrantinnen hingegen favorisieren männliche Ehemänner aus der Türkei, wenn sie sich im mittleren Alter befinden und eher weniger traditionelle Werthaltungen vertreten. Bildung spielt bei den Partnerwahlprozessen eine untergeordnete Rolle, lediglich bei den ausgesuchten Männern aus der Türkei ist das Bildungsniveau bedeutsam.

Arbeitserlaubnis erhalten oder geringfügig beschäftigt sind. Es ist zu vermuten, dass wenn eine bereits hier lebende türkische Migrantin einen Mann aus der Türkei nach Deutschland holt, sie in der Anfangszeit die Rolle der Versorgerin spielt. Bei einem traditionellen Rollenverständnis der Geschlechter kann dies zu Paarkonflikten führen, da dadurch die klassische Position des Ehemannes als Ernährer in Frage gestellt wird. Ferner ist zu vermuten, dass türkische Arbeitsmigrantinnen, die allein eingewandert sind oder ohne Heiratspläne einwandern, eine selektive Gruppe darstellen (vgl. Heiratsmuster bei Baykara-Krumme und Fuß 2009). Demnach kann der Pionierwandererstatus einen Einfluss auf die Partnerschaftsgestaltung und die wahrgenommene Qualität der Ehe nehmen. Außerdem könnte in zukünftigen Arbeiten auch der Aufenthaltsstatus überprüft werden. Bei transnationalen Ehen droht dem nachgezogenen Partner (meist Partnerin) bei einer Trennung in den ersten beiden Ehejahren eine Abschiebung. Auch danach macht es für das partnerschaftliche Machtgefälle einen Unterschied, welchen Status der Partner mit dem türkischen Pass besitzt und ob er eine Arbeitserlaubnis hat. Sowohl die Wanderungsabfolge als auch der Aufenthaltsstatus sind jedoch im GGS nicht enthalten, so dass diese Aspekte nicht berücksichtigt werden konnten.

Kausalität. Ferner können bestimmte kausale Strukturen schwer belegt werden. Dazu zählt beispielsweise, ob Paarkonflikte die Partnerschaftszufriedenheit senken, oder umgekehrt eine niedrigere Zufriedenheit zu mehr Konflikten führt. Jedoch kann eine eingeschränkte Kausalität durch die vorliegenden Querschnittsdaten[328] getestet werden, ob zum Beispiel eine niedrigere Bildung zu eher traditionellen Geschlechterrollen führt, welche wiederum ungünstig für die Partnerschaftszufriedenheit sind:

„So ist eine umgekehrte Kausalrichtung [Traditionalität → Sozialstruktur, Anm. d. Verf.] bei Variablen wie Schulbildung oder Geschlecht wenig plausibel, da diese nicht durch die partnerschaftsbezogene Prozesse verändert werden oder allgemein (nahezu) unveränderlich sind" (Arránz Becker 2008: 301).

Daher können in dieser Arbeit einzelne Wirkmechanismen identifiziert werden (Kapitel 7.6).

Verzerrungen. Ferner sind bei einigen Variablen aus dem Datensatz Verzerrungen sowohl für deutsche als auch türkische Befragte anzunehmen. Hier sind Effekte der sozialen Erwünschtheit bei der Konflikthäufigkeit oder auch bei der Partnerschaftszufriedenheit anzunehmen. Ausfälle und Antwortverweigerungen könnten außerdem an dem mangelnden Einsatz von muttersprachlichen Inter-

---

328 Da die zweite Welle des GGS für die Arbeit nicht mehr rechtzeitig zur Verfügung stand, musste auf eine Längsschnittanalyse verzichtet werden.

viewern[329] liegen. Eventuell entfallen gerade dadurch insbesondere Personen, die deutschen Institutionen misstrauen[330] und schlechter integriert sind. Auch wenn bei der Durchführung der Migrantenbefragung türkische Übersetzungshilfen verwendet wurden, fand der Erstkontakt durch deutschsprachige Interviewer statt. In dieser Phase könnte durch Verständigungsschwierigkeiten bereits eine erste Selektion zugunsten stärker integrierter Personen stattgefunden haben (vgl. auch Steinbach 2009: 100).

Messung. Hinsichtlich der Messung bleibt offen, ob alle relevanten Aspekte, die die partnerschaftliche Zufriedenheit beeinflussen, berücksichtigt wurden. Es ist anzunehmen, dass in Abhängigkeit des Milieus eventuell unterschiedliche Eheideale existieren. Vermutlich steht in eher religiösen und konservativ-traditionellen Milieus, ob türkisch oder deutsch, die Betonung der Partnerschaft als erzieherische Instanz stärker im Mittelpunkt. Denn hier sind tendenziell eher (oder mehr) Kinder vorhanden. Demnach müsste die Qualität einer Partnerschaft in solchen Milieus eher daran gemessen werden, ob „man als Familie oder als Eltern gut funktioniert". Die emotionale Komponente der Beziehung, ob „man als Paar gut funktioniert" rückt dadurch eher an die zweite Stelle. Der kommunikative Austausch über die Partnerschaft, die Erwartung und Ausgestaltung der Zeit zu Zweit durch romantisierende Aspekte oder sexuelle Erfüllung stehen hier vermutlich nicht an erster Stelle. Diese dienen weniger als Kriterien, um die Beziehung zu bewerten oder gar die Beziehung aufgrund von Defiziten auf Paarebene grundsätzlich in Frage zu stellen. Es wäre daher interessant, die Erwartungshaltung an eine ideale Partnerschaft oder die Bewertungskriterien zu evaluieren, um zu untersuchen, ob es hier „Milieu-Differenzen" oder kulturelle Unterschiede zwischen Deutschen und türkischen Migranten gibt. Zudem wird es eine starke Rolle spielen, wie sehr man den Partner liebt (oder sich angenommen fühlt), wie sehr man sich reziprok geliebt fühlt oder auch, ob man absolute (sexuelle) Treue erwartet. Emotionale Aspekte oder Fragen zum Bindungsverhalten und Vorstellungen von einer „idealen und glücklichen" Ehe können jedoch mit der vorliegenden Datenbasis nicht ermittelt werden. Eine Annäherung daran ist

---

329 *„Um sicherzustellen, dass zu erwartende Verständigungsschwierigkeiten zwischen Interviewer und Zielperson nicht zu einer Stichprobenverzerrung hin zu den besser integrierten Menschen mit türkischer Staatsangehörigkeit führen, wurde eine türkischsprachige Übersetzungshilfe erstellt. (...) In dieser Übersetzungshilfe waren alle CAPI-Bildschirmmasken der Befragung enthalten. Durch entsprechende Codes war der Interviewer in der Lage, die von den Zielpersonen angezeigten Angaben in die CAPI-Bildschirmmaske zu übertragen. Selbst wenn während eines sonst in deutscher Sprache durchgeführten Interviews die Zielperson zur Sicherheit den türkischen Fragen- oder Antworttext lesen wollte, war dies jederzeit möglich"* (Ette et al. 2007: 11).

330 *„Für die Kontaktphase an der Haustür verfügten die Interviewer über ein deutsch- und ein türkischsprachiges Anschreiben (vgl. S. 29-30). Damit war es ihnen möglich, im persönlichen Kontakt mit dem Zielhaushalt ihr Anliegen zu verdeutlichen"* (Ette et al. 2007: 11).

durch die analysierte Stärke der Eheorientierung versucht worden, inwieweit der Befragte die Institution der Ehe für überholt hält oder nicht. Dabei kann es erkenntnisreich sein, die Erwartungshaltung an eine Partnerschaft zu evaluieren. Zu einem späteren Messzeitpunkt kann die Partnerschaftszufriedenheit erneut gemessen und analysiert werden, welche Erwartungen erfüllt wurden und welche nicht. Auch die Art der Erwartungen sollte genauer untersucht werden; dazu zählen z. B. romantische oder ökonomische Motive.

Individualdaten. Die Fragestellungen dieser Arbeit wurden mit Individualdaten untersucht. Aufgrund fehlender dyadischer Daten (Paardaten) können dadurch einige Aspekte nicht untersucht werden. Beispielsweise ist es interessant, die Kongruenz zwischen den Partnern hinsichtlich der Geschlechterrollenorientierung zu untersuchen. Es ist denkbar, dass sich eine Passung, wenn sowohl die Frau als auch der Mann eine traditionelle oder beide eine egalitäre Auffassung haben, positiv auf die Partnerschaftszufriedenheit auswirkt. Gegensätzliche Zusammensetzungen wie traditionell vs. egalitär oder traditionell vs. anti-traditionell führen vermutlich zu mehr Konflikten bei der Arbeitsteilung und könnten die partnerschaftliche Zufriedenheit beeinträchtigen. Auch die dyadische Wahrnehmung der Konflikthäufigkeit bei Deutschen[331] im Vergleich zu türkischen Migranten könnte in zukünftigen Arbeiten aufschlussreich sein.

Ressourcen von Migranten. Darüber hinaus sollte in der Erforschung von eingewanderten Paaren der Fokus nicht nur auf die Benachteiligungen und Probleme wie z. B. Zwangsheirat und Defizite (Bildung) gelegt werden. Eine einseitige Sicht ist zu vermeiden, da sie der Vielfalt der unterschiedlichen Lebenslagen und Migrationsbiographien türkischer Migranten nicht gerecht werden würde. Als Potentiale und Ressourcen könnten stärker die religiösen Wohlfahrtsverbände und Organisationen der türkischen Migranten fokussiert werden. Religiöse Personen verfügen über mehr soziales Kapital als nicht religiöse. Diese Erkenntnis basiert jedoch vor allem auf Untersuchungen von christlichen Personen, nicht muslimischen (Haug et al. 2009: 163). Muslime aus der Türkei gehören zu 23,7 % religiösen Vereinen an (Haug et al. 2009: 168). Die Einbindung in muslimische Verbände spielt vermutlich für partnerschaftliche Prozesse von türkischen Migranten eine bedeutsame Rolle, die bisher für Deutschland noch nicht repräsentativ untersucht wurde. Organisationen wie die Ditib (Türkisch-Islamische Union der Anstalt für Religion e.V.) sind Einrichtungen, in denen türkische Migranten sämtliche Dienstleistungen und seelsorgerischen Hilfestellungen in Anspruch nehmen können (wie z. B. das Zentrum für soziale Unterstützung der Ditib). Vermutlich können Paare, die sich in solchen Vereinen aktiv engagieren oder dort Mitglied sind, bestimmte familiäre Probleme besser lösen

---

331 Siehe Wagner und Weiß (2008, 2005).

als solche, die sich nicht am Gemeindeleben beteiligen. Denn die Ditib bietet niedrigschwellige Hilfsleistungen in türkischer Sprache an. Dazu zählt zum Beispiel eine Familien- und Sozialberatung, an die sich türkische Migranten bei Ehekonflikten wenden können. Zudem kann eine persönliche Beratung in Trennungs- und Scheidungsfragen in Anspruch genommen werden. Auch andere familiäre Belange deckt die Infrastruktur der Ditib ab. Der Verein verfügt beispielsweise über verschiedene Angebote in der Jugend- und Frauenarbeit. Außerdem vergrößern Mitgliedschaften in Vereinen die sozialen Netzwerke von Personen und ermöglichen damit den Zugang zu Informationen und Unterstützung auch für Partnerschaften (Schnur 2008, Greenbaum 1982). Paare aus anderen Migrantengruppen (z. B. aus Marokko, Tunesien), die in Deutschland nicht auf ein solches auf sie explizit zugeschnittenes Hilfsnetzwerk zurückgreifen können, stehen vermutlich schlechter da. Es sollten vielleicht in Zukunft stärker die Netzwerkstrukturen und deren Bedeutung für objektive und auch emotionale Unterstützungsleistungen für die Partnerschaft fokussiert werden. Auch könnte erhoben werden, wie stark die Orientierung an der sozialen Umwelt hinsichtlich Erfüllung von Normen und erwarteten Sanktionen bei Abweichungen davon ist. Eine Überprüfung der Theorie des sozialen Vergleichs (Kessler et al. 2000: 255 ff.) kann hilfreich sein, da sie vermutlich die Differenzen bei Deutschen und Türken zusätzlich erklärt.

Politische Relevanz

Aus den Befunden dieser Arbeit lassen sich einige praktische Anknüpfungspunkte ableiten, um sozial benachteiligte Paare zu unterstützen, die partnerschaftliche Konfliktinteraktion zu verbessern und langfristig Partnerschaften zu stabilisieren. Nachfolgend werden einige Maßnahmen aufgeführt, die im Bereich der Kommunalpolitik und Gesundheitsvorsorge die Stabilität von Partnerschaften unterstützen könnten.

Türkische Paare. Wenngleich die Befunde dieser Arbeit zeigen, dass die Partnerschaftszufriedenheit von türkischen Paare weniger von finanziellen Belastungen beeinträchtigt wird und sie diese Notlagen durch ihre familialen Netzwerke kompensieren, sollen an dieser Stelle „sozialromantische" Vorstellungen vermieden werden. Die Erfahrungen aus dem Gesundheitszentrum für Migranten in Köln zeigen (Experteninterview Ünal 2011), dass diese Schlussfolgerungen fatal wären. Daher ist es wünschenswert, den Umbau der psychischen Gesundheitsprävention und -versorgungsstrukturen für (türkische) Migranten voranzutreiben. Die Beratungsstrukturen, wie sie bereits teilweise schon bestehen (z. B. Gesundheitszentrum für Migranten in Köln, Ditib), sollten weiter ausgebaut werden und auf niedrigschwelliger Basis angeboten werden, um Berührungs-ängste zu vermeiden. Dabei kann auch eine interkulturelle Öffnung der Regel-versorgung helfen, indem bereits bestehende Strukturen (stärker) zielgruppenori-entiert ausgebaut und erweitert werden durch z. B. interkulturelle Teams. Insbe-sondere bei partnerschaftlichen Problemen sind die Hemmnisse groß, sich einer deutschen Institution anzuvertrauen (Experteninterview Ünal 2011). Es besteht die Angst, dass hier eine Zusammenarbeit mit dem Jugendamt besteht und dieses eventuell intervenieren könnte (Experteninterview Ünal 2011). Außerdem fehlen muttersprachliche Fachkräfte, die besonders bei paar- und familientherapeuti-schen Maßnahmen bedeutsam sind. Denn die Paartherapeuten müssen kulturelle und herkunftsbedingte Hintergründe, aber auch Sprachkompetenzen in ihrer Beratung berücksichtigen. Dafür kann bisher vorhandenes Personal gezielter geschult und auf die Bedürfnisse der türkischen Migranten vorbereitet werden. Schließlich können die bereits bestehenden Beratungsangebote besser innerhalb türkischer Migranten-Milieus verbreitet werden, indem sie zielgruppenspezifisch angesprochen werden z. B. über türkische Zeitungen (Experteninterview Ünal 2011).

Deutsche Paare. Außerdem verweisen die Ergebnisse dieser Arbeit auf eine besondere Problemgruppe: Finanziell deprivierte deutsche Paare scheinen stärker konfliktanfällig und instabiler zu sein als türkische. Im Hinblick auf diese be-nachteiligten deutschen Paare, die in prekären Lebenslagen und vielleicht auch benachteiligten Wohngebieten leben, können gleichermaßen stärker zielgrup-pengerecht niedrigschwellige Beratungsangebote in den jeweiligen Stadtteilen verbreitet werden. Mit den staatlichen und kirchlichen Stellen (z. B. Arbeiter-wohlfahrt, staatliche Schuldenberatungsstellen, Caritas, Diakonie, Sozialdienst katholischer Männer bzw. Frauen) ist bereits ein flächendeckendes Netz an Hilfsangeboten vorhanden. Es liegt jedoch nahe, dass diese noch näher an die Zielgruppen herangetragen werden könnten, durch Filialen der verschiedenen Verbände in den benachteiligten Bezirken und durch eine Vermeidung bürokrati-scher Hürden durch komplizierte Antragsstellungsprozesse. Denn finanzielle Notlagen (z. B. durch Überschuldung, Arbeitsausfall durch Krankheit) sind für Personen, die am unteren Ende der Einkommensskala leben, als Risikofaktoren für Partnerschaften zu interpretieren. Die Unzufriedenheit mit der ökonomischen Situation des Haushaltes verschlechtert die partnerschaftliche Kommunikation und führt zu mehr Paarkonflikten. Kriseninterventionsmaßnahmen sollten früh-zeitig greifen, um Eskalationen in Partnerschaften zu vermeiden. Die Befunde dieser Arbeit lassen die Vermutung zu, dass die Deutschen, die in prekären Mili-eus[332] (Sinus 2010) leben, nicht in dem Ausmaß (wie deprivierte türkische Mig-

---

332 *„Die um Orientierung und Teilhabe bemühte Unterschicht mit starken Zukunftsängsten und Ressentiments: Anschluss halten an die Konsumstandards der breiten Mitte als Kompensations-*

ranten) kollektive Normen oder Werte teilen, die die Partnerschaft oder das Familiensystem stabilisieren. Stützend für diese Argumentation ist der Vergleich zum „entwurzelten" Milieu innerhalb der Migranten (9 %, Sinus-Studie 2008), in der die Personen nach „Heimat und Identität" suchen und sich dadurch innerhalb ihrer Bezugsgruppe zurückziehen, in der vermutlich eher traditionelle Werte zur Partnerschaft kollektiv geteilt werden. Wie genau partnerschaftliche Prozesse in prekären Milieus von deutschen Paaren funktionieren, können weiterführende Studien thematisieren.

Abschließend bleibt die Frage: Wie groß sind die Unterschiede zwischen deutschen und türkischen Paaren wirklich?

Obwohl Deutsche und türkische Migranten ähnlich zufrieden sind, führen auch hier nicht alle, jedoch „viele Wege nach Rom" (zur Partnerschaftszufriedenheit), von denen einige in dieser Arbeit sichtbar gemacht werden konnten. Die Bewertung der Zufriedenheit basiert in beiden Gruppen auf unterschiedlichen Einflüssen (vgl. Pfade in den Mediatormodellen, Kapitel 7.6). Den stärksten Einfluss haben nicht die objektiven Merkmale der sozialen Lage (z. B. Bildung, Arbeitslosigkeit), sondern der „weiche Faktor", die wahrgenommene finanzielle Situation. Sie ist jedoch ein größerer Risikofaktor für Deutsche als für die türkischen Migranten. Denn Deutsche sind, je prekärer sie ihre Situation empfinden, konfliktanfälliger und instabiler in ihrer Partnerschaft.

Insgesamt betrachtet, unterscheiden sich deutsche und türkische Partnerschaften in einigen Aspekten, in anderen wiederum nicht: Die subjektive Einschätzung der ökonomischen Lage ist der stärkste Prädiktor für die Zufriedenheit beider Gruppen, denn daraus entstehen unabhängig von der Herkunft Paarkonflikte. Jedoch erscheinen die Partnerschaften von türkischen Migranten etwas weniger anfällig für ökonomische Krisen, obwohl sie objektiv betrachtet häufiger sozialstrukturell benachteiligt sind. Bei den türkischen Migranten spielt offenbar weniger die faktische Deprivation, sondern mehr die Wahrnehmung eine Rolle: Je besser sie ihre ökonomische Lage einschätzen (die in Anbetracht der objektiven weitaus schlechter ausfallen müsste), desto größer ist die wahrgenommene soziale Unterstützung. In deutschen Partnerschaften dient das konstruktive Konfliktverhalten als zentrale Ressource: Je zufriedener sie mit ihren finanziellen Möglichkeiten sind, desto konstruktiver ist die partnerschaftliche Konfliktinteraktion, die die Partnerschaftszufriedenheit erhöht.

---

versuch sozialer Benachteiligungen; geringe Aufstiegsperspektiven und delegative / reaktive Grundhaltung, Rückzug ins eigene soziale Umfeld" (Sinus-Studie 2010). Zu diesem Milieu zählen laut Sinus-Studie (2010) 9 % der Deutschen.

Jedoch kann daraus nicht auf eine größere kulturelle Kluft geschlossen werden. Die wissenschaftliche, gesellschaftliche und mediale Perspektive auf Partnerschaften sollte nicht zu stark von kulturellen Differenzen ausgehen, sondern vielmehr dem Resümee Goethes folgen, der in seinem Gedichtband „West-östlicher Divan" (von Goethe 1819) folgendes zum Ausdruck bringt:

Orient und Okzident sind nicht voneinander zu trennen.

Literaturverzeichnis

Acet, M., 2008. Die türkische Frau in Deutschland. Die gesellschaftliche Entwicklung der Integration türkischer Migrantinnen im Kontext beider Gesellschaften - eine Studie mit Folgerungen für die soziale Arbeit. 1. Auflage Marburg: Tectum-Verlag.

Agai, B., 2004. Islam und Kemalismus in der Türkei, in Türkei, 33-34, Hrsg. Bundeszentrale für politische Bildung, 18-25.

Akbalik, Gül, 2001. The study of validity and reliability of the conflict resolution scale (University students form). Turkish Counseling and Psychology Journal, 10-15.

Althammer, J., N. Ott und C. Dudel, 2010. Die Verhandlungsfamilie: empirische Evidenz familienökonomischer Verhandlungsmodelle in: Partnerschaften und die Beziehungen zu Eltern und Kindern. Befunde zur Beziehungs- und Familienentwicklung in Deutschland, Hrsg. S. Walper, 113-133. Würzburg: Ergon-Verlag.

Amato, P. R., D. R. Johnson, A. Booth und S. J. Rogers, 2003. Continuity and Change in Marital Quality between 1980 and 2000. Journal of Marriage and Family 65, 1-22.

Andreß, H.-J., 1999. Leben in Armut. Analysen der Verhaltensweisen armer Haushalte mit Umfragedaten. Opladen; Wiesbaden: Westdeutscher Verlag.

Aneshensel, C. S., 1992. Social Stress: Theory and Research. Annual Review of Sociology, 15-38.

Antonovsky, A., 1979. Health, stress, and coping. 1st. San Francisco: Jossey-Bass Publishers.

Antonovsky, A., 1987. Unraveling the mystery of health. How people manage stress and stay well. 1st. San Francisco: Jossey-Bass.

Arránz Becker, O., K. Rüssmann und P. B. Hill, 2005a. Wahrnehmung und Bewältigung von Konflikten und die Stabilität von Partnerschaften. Zeitschrift für Familienforschung 17, 251-278.

Arránz Becker, O., P. B. Hill und K. Rüssmann, 2004. Interaktions- und Kommunikationsstile. Theoretische Orientierungen und Forschungsmodell in: Interaktion und Kommunikation. Eine empirische Studie zu Alltagsinteraktionen, Konflikten und Zufriedenheit in Partnerschaften, Hrsg. P. B. Hill, 11-38. Würzburg: Ergon.

Arránz Becker, O. und P. B. Hill, 2008. Bildungshomogamie und Partnerschaftserfolg - eine dyadische Analyse in: Neuer Entwicklungen in der Beziehungs- und Familienforschung. Vorstudien zum Beziehungs- und Familienentwicklungspanel (PAIRFAM), Hrsg. J. Huinink und G. Felser. Würzburg: Ergon.

Arránz Becker, O., 2004. Soziale Determinanten und Konsequenzen partnerschaftlicher Interaktionsstile. In Interaktion und Kommunikation. Eine empirische Studie zu Alltagsinteraktionen, Konflikten und Zufriedenheit in Partnerschaften, Hrsg. P. Hill, 157-207. Würzburg: Ergon-Verlag.

Arránz Becker, O., 2008. Was hält Partnerschaften zusammen? Psychologische und soziologische Erklärungsansätze zum Erfolg von Paarbeziehungen. 1. Auflage Wiesbaden: VS, Verlag für Sozialwissenschaften.

Arránz Becker, O., K. Rüssmann und P. B. Hill, 2005b. Wahrnehmung und Bewältigung von Konflikten und die Stabilität von Partnerschaften. Couple interaction, perceived conflict, and relationship stability. Zeitschrift für Familienforschung 17, 251-278.

Arránz Becker, O. und P. B. Hill, 2010. Wie handlungsrelevant sind Trennungsgedanken? Zur prädiktiven Bedeutung von (In-)Stabilitätswahrnehmungen für die Auflösung von Paarbeziehungen, in: Walper (Hg.) 2010 – Partnerschaften und die Beziehungen, 153-180.

Arslan, E., 2009. Der Mythos der Nation im transnationalen Raum. Türkische Graue Wölfe in Deutschland. 1. Auflage Wiesbaden: VS, Verlag für Sozialwissenschaften.

Asendorpf, J. B., 2008. Living Apart Together: Alters- und Kohortenabhängigkeit einer heterogenen Lebensform. Kölner Zeitschrift für Soziologie und Sozialpsychologie, 749-764.

Baas, S. und M. Schmitt, 2004. Die Bedeutung der Einkommensverteilung für die Ehezufriedenheit langjährig verheirateter Ehepaare. The impact of income distribution on marital satisfaction in long-term marriages. Zeitschrift für Familienforschung 15, 268-288.

Backmund, V., 1993. Aspekte der Paarbeziehung. Eine Analyse des Paarklimas junger Ehen. Inaugural-Dissertation. München.

Badura, B., 1981. Soziale Unterstützung und chronische Krankheit. Zum Stand sozial epidemiologischer Forschung. Frankfurt a. Main: Suhrkamp.

Bagozzi, R. P. und Y. Yi, 1988. On the Evaluation of Structural Equation Models. Journal of the Academy of Marketing Science 16, 74-94.

Banse, R., 2003. Partnerschaftsdiagnostik, in: Sozialpsychologie der Partnerschaft, Hrsg. I. Grau, 13-43. Berlin, Heidelberg, New York: Springer.

Barlösius, E. und W. Ludwig-Mayerhofer, 2001. Die Armut der Gesellschaft, in: Die Armut der Gesellschaft, Hrsg. E. Barlösius und W. Ludwig-Mayerhofer, 11-69. Opladen: Leske und Budrich.

Barnett, R. C., 1994. Home-to-Work Spillover Revisited: A Study of Full-Time Employed Women in Dual-Earner Couples. Journal of Marriage and Family 56, 647-656.

Baron, R. M. und D. A. Kenny, 1986. The Moderator-Mediator Variable Distinction in Social Psychological Research: Conceptual, Strategic, and Statistical Considerations. Journal of Personality and Social Psychology 51, 1173-1182.

Baykara-Krumme, H., 2007. Gar nicht so anders: Eine vergleichende Analyse der Generationenbeziehungen bei Migranten und Einheimischen in der zweiten Lebenshälfte. WZB Discussion Paper.

Baykara-Krumme, H., 2009. Methoden, Instrumente und ausgewählte Ergebnisse der Berliner Studie im Vergleich. Chemnitz: Technische Universität Chemnitz. (http://www.tu-chemnitz.de/hsw/soziologie/institut/profil/helen-baykara-krumme, Stand: 31.09.2009)

Baykara-Krumme, H., 2010. Die Berliner PAIRFAM Studie - Ein Methodenbericht. Dokumentation der Vorstudie zur Befragung von Personen mit Migrationshintergrund im Rahmen des Familienpanels PAIRFAM. Arbeitspapier DFG-Schwerpunkt „Beziehungs- und Familienentwicklungspanel" 16. (http://www.tuchemnitz.de/hsw/soziologie/institut/PAIRFAM_Begleitprojekt-300.html, Stand: 01.05.2011)

Baykara-Krumme, H. und D. Fuß., 2009. Heiratsmigration nach Deutschland: Determinanten der transnationalen Partnerwahl türkeistämmiger Migranten. Zeitschrift für Bevölkerungswissenschaft 34, 135-163.

Beck, U., 1986. Risikogesellschaft. Auf dem Weg in eine andere Moderne. Frankfurt am Main: Suhrkamp.

Beck, U. und E. Beck-Gernsheim, 1990. Das ganz normale Chaos der Liebe. 1. Auflage Frankfurt am Main: Suhrkamp.

Becker, G. S., 1993. A treatise on the family. Enl. Cambridge, Mass: Harvard University Press.

Bednarz-Braun, I. und U. Heß-Meining, 2004. Migration, Ethnie und Geschlecht. Theorieansätze, Forschungsstand, Forschungsperspektiven. 1. Auflage Wiesbaden: VS, Verlag für Sozialwissenschaften.

Beelmann, W. und U. Schmidt-Denter, 2003. Auswirkungen von Scheidung, in: Sozialpsychologie der Partnerschaft, Hrsg. I. Grau und H.-W. Bierhoff, 505-530. Berlin, Heidelberg: Springer.

Belsky, J., 1990. Children and marriage, in: The psychology of marriage. Basic issues and applications, Hrsg. F. D. Fincham und T. N. Bradbury. New York, London: The Guilford Press.

Bender, D. und F. L., 2003. Kohärenzsinn und andere Persönlichkeitsmerkmale als protektive Faktoren der Ehequalität, in: Sozialpsychologie der Partnerschaft, Hrsg. I. Grau und H.-W. Bierhoff, 405-427. Berlin, New York: Springer.

Berger, P. L. und H. Kellner, 1965. Die Ehe und die Konstruktion der Wirklichkeit eine Abhandlung zur Mikrosoziologie des Wissens. Soziale Welt 16, 220-235.

Berger, P. L. und T. Luckmann, 1969. Die gesellschaftliche Konstruktion der Wirklichkeit. Eine Theorie der Wissenssoziologie. Frankfurt am Main.

Bergkvist, L. und J. R. Rossiter, 2007. The predictive validity of multiple-item versus single-item measures on the same construct. Journal of Marketing Research 44, 175-184.

Berk, S. F., 1985. The gender factory. The apportionment of work in American households. New York: Plenum Press.

Berry, D. und J. K. Willingham. 1997. Affective Traits, Responses to Conflict, and Satisfaction in Romantic Relationships. Journal of Research in Personality 31, 564-576.

Bingemeier, K., E. Meistermann-Seeger und E. Neubert, Hrsg. 1970. Leben als Gastarbeiter, Geglückte und mißglückte Integration. Köln und Opladen: Westdeutscher Verlag GmbH.

Blasius, J., J. Friedrichs und J. Klöckner, 2008. Doppelt benachteiligt? Leben in einem deutsch-türkischen Stadtteil. 1. Auflage Wiesbaden: VS, Verlag für Sozialwissenschaften.

Bleich, C. und E.H. Witte, 1992. Zu Veränderungen in der Paarbeziehung bei Erwerbslosigkeit des Mannes. Kölner Zeitschrift für Soziologie und Sozialpsychologie 44, 731-746.

BMAS, 2008. Lebenslagen in Deutschland. 3. Armuts- und Reichtumsbericht der Bundesregierung. (http://www.bmas.de/DE/Service/Publikationen/forschungsbericht-der-3-armuts-und-reichtumsbericht-der-bundesregierung.html, Stand: 06.09.2011)

BMFSFJ, 2000. Sechster Familienbericht. Familien ausländischer Herkunft in Deutschland. Leistungen – Belastungen – Herausforderungen. (http://www.bmfsfj.de/BMFSFJ/Service/Publikationen/publikationsliste,did=3114.html, Stand: 06.09.2011)

BMFSFJ, 2011. Gute Kinderbetreuung.(http://www.bmfsfj.de/BMFSFJ/Kinder-und-Jugend/kinderbetreuung.html, Stand: 06.09.2011)

Bodenmann, G., 2000. Stress und Coping bei Paaren. Göttingen: Hogrefe.

Bodenmann, G., 1995. Die Erfassung von dyadischem Coping: Der FDCT-2 Fragebogen. Zeitschrift für Familienforschung 7, 119-148.

Bodenmann, G., 1997. Dyadisches Coping - theoretischer und empirischer Stand. Zeitschrift für Familienforschung 9, 7-25.

Bodenmann, G., 2001. Psychologische Risikofaktoren für Scheidung: Ein Überblick. Psychologische Rundschau 52, 85-95.

Bodenmann, G., 2003. Die Bedeutung von Stress für die Partnerschaft. In Sozialpsychologie der Partnerschaft, Hrsg. I. Grau und H.-W. Bierhoff, 481-504. Berlin, New York: Springer.

Bodenmann, G., T. Bradbury und S. Maderasz, 2003. Retrospektive Scheidungsursachen und -verlauf aus Sicht der Geschiedenen. Zeitschrift für Familienforschung.

Boos-Nünning, U., 1998. Migrationsforschung unter geschlechtsspezifischer Perspektive. in:Chancen und Risiken der Migration, Hrsg. E. Koch, M. Özek, W. M. Pfeiffer und R. Schepker, 304-316. Freiburg.

Bortz, J. und N. Döring, 2002. Forschungsmethoden und Evaluation für Human- und Sozialwissenschaftler. 3, überarbeitete Auflage. Berlin: Springer.

Bortz, J., 1999. Statistik für Sozialwissenschaftler. Mit 247 Tabellen. 5, vollst. überarb. und aktualisierte Auflage Berlin [u. a.]: Springer.

Bourdieu, P., 1983. Ökonomisches Kapital, kulturelles Kapital, soziales Kapital, in: „Soziale Ungleichheiten", Hrsg. R. Kreckel, 183-198. Göttingen.

Bradbury, T. N., F. D. Fincham und S. R. H. Beach, 2000. Research on the Nature and Determinants of Marital Satisfaction: A Decade in Review. Journal of Marriage and Family 62, 964-980.

Brandtstädter, J. und G. Felser, 2003. Entwicklung in Partnerschaften. Bern: Hans Huber.

Breen, R. und L. P. Cooke, 2005. The Persistence of the Gendered Division of Domestic Labour. European Sociological Review 21, 43-57.

Brettfeld, P. und K. Wetzels, 2003. Auge um Auge, Zahn um Zahn? Migration, Religion und Gewalt junger Menschen. Eine empirisch-kriminologische Analyse der Bedeutung persönlicher Religiosität für Gewalterfahrungen, -einstellungen und -handeln muslimischer junger Migranten im Vergleich zu Jugendlichen anderer religiöser Bekenntnisse. Münster: Lit.

Brüderl, J., A. Diekmann und H. Engelhardt, 1997. Erhöht eine Probeehe das Scheidungs-risiko? Eine empirische Untersuchung mit dem Familiensurvey. Kölner Zeitschrift für Soziologie und Sozialpsychologie 49, 205-222.

Bundesgesetzblatt BGB, 1983. BGBl. I. Gesetz zur Förderung der Rückkehrbereitschaft. (http://www1.bgbl.de/)

Bundesgesetzblatt BGB, 2010. BGBl. I; §6 Satz 2 Verordnung zur Erhebung der Merk-male des Migrationshintergrundes (Migrationshintergrund-Erhebungsverordnung - MighEV). http://www1.bgbl.de/

Bundesgesetzblatt BGB, 2011. Gesetz zur Bekämpfung der Zwangsheirat und zum besse-ren Schutz der Opfer von Zwangsheirat sowie zur Änderung weiterer aufenthalts-und asylrechtlicher Vorschriften, Bd. 33. (http://www1.bgbl.de/)

Burleson, B. R., S. Metts und M. W. Kirch, 2000. Communication in Close relationship, in: Close Relationships. A Sourcebook, Hrsg. C. Hendrick und S. S. Hendrick: Sage Publications.

Chin, W. W., 1998. Issues and Options on Structural Equation Modeling, in: Bd. 1998, Hrsg. University of Minnesota, VII-XVI.

Chin, W. W. und P. A. Todd, 1995. On the Use, Usefulness, and Ease of Use of Structural Equation Modeling in MIS Research: A Note of Caution. MIS Quarterly - Manage-ment Information Systems Research Center, University of Minnesota 19, 237-246.

Christensen, A., 1988. Dysfunctional interaction patterns in couples, in: Perspectives on marital interaction, Hrsg. P. Noller und M.-A Fitzpatrick, 31-52. Philadelphia.

Christensen, A. und P. T. Walczynski, 1997. Conflict and Satisfaction in Couples, in: Satisfaction in close relationships, Hrsg. R. J. Sternberg und M. Hojjat, 249-274. New York: Guilford Press.

Christopher, S., J. Fearon, J. McCoy und C. Nobbe, 1965. Social Deprivation and Religi-osity. Journal for the Scientific Study of Religion, 385-392.

Conger, R., D., Glen H. Elder, JR, F. O. Lorenz, K. J. Conger, R. L. Simons, L. B. Whitbeck und S. Huck und J. N. Melby, 1990. Linking Economic Hardship to Mari-tal Quality and Instability. Journal of Marriage and Family 52, 643-656.

Conger, R. D., K. J. Conger, G. H. Elder, Jr., F. O. Lorenz, R. L. Simons und L. B. Whitbeck, 1992. A Family Process Model of Economic Hardship and Adjustment of Early Adolescent Boys. Child Development 63, 526-541.

Conger, R. D., M. A. Rueter und G. H. Elder, JR, 1999. Couple Resilience to Economic Pressure. Journal of Personality and Social Psychology 76, 54-71.

Conger, R. D., Xiaojia Ge, G. H. Elder, F. O. Lorenz und R. L. Simons, 1994. Economic Stress, Coercive Family Process, and Developmental Problems of Adolescents. Child Development 65, 541-561.

Conger, R. und G. H. Elder, Hrsg. 1994. Families in troubled times. New York.

Coser, Lewis A., 1965. Theorie sozialer Konflikte. Neuwied am Rhein: Luchterhand.

Coverman, S., 1985. Explaining husbands' participation in domestic labor. Sociological Quarterly 26, 81-97.

Crawford, D. W., R. M. Houts und T. L. Huston und L. J. George, 2002. Compatibility, Leisure, and Satisfaction in Marital Relationships. Journal of Marriage and Family, 433-449.

Crohan, S. E., 1996. Marital Quality and Conflict across the Transition to Parenthood in African American and White Couples. Journal of Marriage and Family 58, 933-944.

Curtis, K. T. und C. G. Ellison, 2002. Religious Heterogamy and Marital Conflict: Findings from the National Survey of Families and Households. Journal of Family Issues 23, 551-576.

Dahrendorf, R., 1965. Homo Sociologicus. Opladen: Westdeutscher Verlag.

Deindl, C., 2005. Soziale Netzwerke und soziales Kapital – Einfluss auf Lebenszufriedenheit und Vertrauen. Diskussions-Papier der Forschungsgruppe Arbeit, Generation, Sozialstruktur (AGES): Universität Zürich.

Destatis, 2010. Bevölkerung und Erwerbstätigkeit. Ausländische Bevölkerung - Ergebnisse des Ausländerzentralregisters. Wiesbaden. (http://www.destatis.de/jetspeed/portal/cms/Sites/destatis-/Internet/DE/Content/Publikationen/Fachveroeffentlichungen/Bevoelkerung/MigrationIntegration/AuslaendBevoelkerung,templateId=renderPrint.psml, Stand: 02.09.2011)

Dew, J. und J. Yorgason, 2009. Economic Pressure and Martial Conflict in Retirement-Aged Couples. Journal of Family Issues, 1-25.

Diefenbach, H., 2000. Intergenerationale Scheidungstransmission in Deutschland. Die Suche nach dem "missing link" zwischen Ehescheidung in der Elterngeneration und Ehescheidung in der Kindgeneration. Würzburg: Ergon.

Diehl, C., M. Koenig und K. Ruckdeschel, 2009. Religiosity and gender equality: comparing natives and Muslim migrants in Germany. Ethnic and Racial Studies 32, 278-301.

Diehl, C. und M. Koenig, 2009. Religiosität türkischer Migranten im Generationenverlauf: Ein Befund und einige Erklärungsversuche. Zeitschrift für Soziologie 38, 300-319.

Diehl, C. und R. Schnell, 2006. "Reactive Ethnicity" or "Assimilation"? Statements, Arguments, and First Empirical Evidence for Labor Migrants in Germany. International Migration Review, 786-816.

Ditib. http://www.ditib.de/default1.php?id = 6&sid = 12&lang = de (Stand: 31.08.2011).

Dökmen, Ü., 1996. Communication conflicts and empathy. A framework for Turkish cultural understanding. İstanbul: System Publishers.

Dudley, M. G. und F. A. Kosinski, JR., 1990. Religiosity and marital satisfaction: A research note. Review of Religious Research 32, 78-86.

Duetz, M., T. Abel, F. Siegenthaler und S. Niemann, 2000. Zur Operationalisierung des Gesundheitsbegriffes in empirischen Studien zum Kohärenzgefühl. in:Salutogenese und Kohärenzgefühl, Hrsg. H. Wydler, P. Kolip und T. Abel, 85-98. Weinheim: Juventa.

Dunkake, I., 2010. Der Einfluss der Familie auf das Schulschwänzen. Theoretische und empirische Analysen unter Anwendung der Theorien abweichenden Verhaltens. 1. Auflage Wiesbaden: VS Research.

Eckert, R., 1979. Geschlechtsrollen und Arbeitsteilung. Mann und Frau in soziologischer Sicht. München: C.H. Beck.

Eckert, R., A. Hahn und M. Wolf, 1989. Die ersten Jahre junger Ehen. Verständigung durch Illusionen? Frankfurt am Main; New York: Campus.

Eells, L. W. und K. O'Flaherty, 1996. Gender Perceptual Differences in Relation to Marital Problems. Journal of Divorce und Remarriage 25, 95-116.

Elder, G. H. und A. Caspi, 1990. Persönliche Entwicklung und sozialer Wandel. Die Entstehung der Lebensverlaufsforschung. in: Lebensverläufe und sozialer Wandel, Hrsg. Karl U. Mayer. Opladen: Westdeutscher Verlag.

Elder, G. H., 1974. Children of the great depression. Social change in life experience. Chicago ;, London: University of Chicago Press.

Elias, N. und J. L. Scotson, 1965. The established and the outsiders. A sociological enquiry into community problems. London: Frank Cass.

El-Menouar, Y., 2011. The Five Dimensions of Muslim Religiosity. Results of an Empirical Study: University of Dusseldorf.

Endruweit, G. und G. Trommsdorff, 2002. Wörterbuch der Soziologie. Stuttgart: Lucius und Lucius.

Eryilmaz, A., Kocatürk-Schuster, B. und W. Schade, 2000. Materialsammlung zur Geschichte der Arbeitsmigration aus der Türkei. Anwerbung, Reise nach Deutschland, Fremdheiten. Köln.

Esser, H., 1999. Soziologie. Spezielle Grundlagen, Bd. 1. Frankfurt am Main: Campus.

Esser, H., 2000. Soziologie. Spezielle Grundlagen 3. Frankfurt am Main: Campus.

Esser, H., 2001. Integration und ethnische Schichtung / H. Esser. Arbeitspapiere. Mannheim.

Esser, H., 2002. Ehekrisen: Das (Re-)Framing der Ehe und der Anstieg der Scheidungsraten. Marital Crises: The (Re-)Framing of Marriage and the Increase in Divorce Rates. Zeitschrift für Soziologie 31, 472-496.

Ette, A., G. Hullen und K. Ruckdeschel, 2007. Dokumentation der Befragung von türkischen Migranten in Deutschland 121b.

Eurobarometer, 2005. Social values, Science and Technology. Special Eurobarometer 225 / Wave 63.1.
(http://ec.europa.eu/public_opinion/archives/ebs/ebs_225_report_en.pdf, Stand 06.09.2011)

European Value Survey. 1978-2008. (http://www.europeanvaluesstudy.eu/, Stand 06.09.-2011)

Faist, T., 1997. Migration und der Transfer sozialen Kapitals oder: Warum gibt es relativ wenige internationale Migranten? Soziale Welt. Sonderband 12, 372 p.

Faulkner, R. A., M. Davey und A. Davey, 2005. Gender-Related Predictors of Change in Marital Satisfaction and Marital Conflict. The American Journal of Family Therapy 33, 61-83.

Feeney, J. A., P. Noller und C. Ward, 1997. Marital Satisfaction and Spousal Interaction, in: Satisfaction in close relationships, Hrsg. Robert J. Sternberg und Mahzad Hojjat, 160-190. New York: Guilford Press.

Feldhaus, M. und J. Huinink, Hrsg. 2008. Neuere Entwicklungen in der Beziehungs- und Familienforschung. Vorstudien zum Beziehungs- und Familienentwicklungspanel (PAIRFAM). Würzburg: Ergon.

Felser, G., U. Schmitz und J. Brandtstädter, 1998. Stabilität und Qualität von Partnerschaften: Risiken und Ressourcen, in: Prävention von Trennung und Scheidung: Internationale Ansätze zur Prädiktion und Prävention von Beziehungsstörungen, Hrsg.

K. Hahlweg, D. Baucom, R. Bastine und H. J. Markman, 83-103. Stuttgart: Kohlhammer.

Felser, G., 2003. Wahrnehmung und Kognitionen in Partnerschaften, in: Sozialpsychologie der Partnerschaft, Hrsg. I. Grau und H.-W. Bierhoff, 343-376. Berlin, New York: Springer.

Felser, G., 2007. Entwicklung in Partnerschaften, in: Entwicklungspsychologie der Lebensspanne. Ein Lehrbuch, 1. Auflage, Hrsg. J. Brandtstädter, 446-482. Stuttgart: Kohlhammer.

Fincham, F. D., 2003. Marital Conflict: Correlates, Structure, and Context. Current Directions in Psychological Science 12, 23-27.

Fincham, F. D. und T. N. Bradbury, 1987. The Assessment of Marital Quality: A Reevaluation. Journal of Marriage and the Family 49, 797-810.

Fischer, L. und G. Wiswede, 2002. Grundlagen der Sozialpsychologie. 2, überarb. und erw. München [u. a.]: Oldenbourg.

Fitzpatrick, M. A. und A. L. Vangelisti, 1995. Explaining familiy interactions. London, New Delhi: Sage Publications.

Flam, H., 2007. Migranten in Deutschland. Statistiken − Fakten − Dsikurse. 1. Auflage Konstanz: UVK Verlagsgesellschaft mbH.

Flere, S. und R. Klanjsek, 2009. Social Status and Religiosity in Christian Europe. European Societies 11, 583-602.

Flores, E., J. M. Tschann, B. Marin VanOss und P. Pantoja, 2004. Marital Conflict and Acculturation Among Mexican American Husbands and Wives. Cultural Diversity and Ethnic Minority Psychology 10, 39-52.

Forthofer, M. S., H. J. Markman, M. Cox, S. Stanley und Ronald C. Kessler, 1996. Associations between Marital Distress and Work Loss in a National Sample. Journal of Marriage and Family 58, 597-605.

Franzen, A. und S. Pointner, 2007. Sozialkapital: Konzeptualisierungen und Messungen, in: Sozialkapital. Grundlagen und Anwendungen, Hrsg. Axel Franzen und Markus Freitag, 66-90. Wiesbaden: VS Verlag für Sozialwissenschaften.

Friedkin, N. E., 1982. Information Flow through Strong and Weak Ties in Intraorganizational Social Networks. Social Networks 3, 273-285.

Friedrichs, J., 1997. Normenpluralität und abweichendes Verhalten. Eine theoretische und empirische Analyse, in: Was treibt die Gesellschaft auseinander? Bundesrepublik Deutschland : Auf dem Weg von der Konsens - zur Konfliktgesellschaft, 1. Auflage, Hrsg. W. Heitmeyer, 473-505. Frankfurt am Main: Suhrkamp.

Friedrichs, J., R. Recskes und C. Wolf, 2002. Struktur und sozialer Wandel einer Mittelstadt. Euskirchen 1952-2002. Opladen: Leske und Budrich.

Friedrichs, J. und J. Blasius, 2000. Leben in benachteiligten Wohngebieten. Opladen: Leske und Budrich.

Gardner, D. G, L. L. Cummings, R. B. Dunham und J. L. Pierce, 1998. Single-Item Versus Multiple-Item Measurement Scales: An Empirical Comparison. Educational and Psychological Measurement 58, 898-915.

Gavazzi, S. M., P. C. McKenry, J. A. Jacobson, T. W. Julian und B. Lohman, 2000. Modeling the Effects of Expressed Emotion, Psychiatric Symptomology, and Marital

Quality Levels on Male and Female Verbal Aggression. Journal of Marriage and Family 62, 669-682.

Geiger, I. K. und O. Razum, 2006. Migration: Herausforderungen für die Gesundheitswissenschaften, in: Handbuch Gesundheitswissenschaften, 4. Auflage, Hrsg. Hurrelmann K, Laaser U. und Razum O, 719-746. Weinheim, München: Juventa.

Geiser, C., 2010. Datenanalyse mit Mplus. Eine anwendungsorientierte Einführung. 1. Auflage Wiesbaden: VS Verlag für Sozialwissenschaften.

Gemende, M., 2002. Interkulturelle Zwischenwelten. Bewältigungsmuster des Migrationsprozesses bei MigrantInnen in den neuen Bundesländern. Weinheim: Juventa-Verlag

Generations and Gender Programme. (http://www.ggp-i.org/, Stand: 06.09.2011)

Generations and Gender Survey. (http://www.bib-demografie.de/nn_749860/DE/-Forschung/GGS/ggs__node.html?__nnn=true, Stand: 31.08.2011).

Gestring, N., A. Janßen und A. Polat, 2006. Prozesse der Integration und Ausgrenzung. Türkische Migranten der zweiten Generation. 1. Auflage Wiesbaden: VS, Verlag für Sozialwissenschaften.

GGS Übersetzungshilfe türkischsprachige Fragebögen. (http://www.bib-demographie.de/projekte/ggs/uebersetzungshilfe.pdf. , Stand: 31.08.2011).

Glasl, F., 2004. Konfliktmanagement. Ein Handbuch für Führungskräfte, Beraterinnen und Berater. 8, aktualisierte und erg. Bern, Stuttgart: P. Haupt; Verlag Freies Geistesleben.

Glenn, N. D., 1990. Quantitative Research on Marital Quality in the 1980s: A Critical Review. Journal of Marriage and Family 52, 818-831.

Goethe, J. W. von, 1819. West-östlicher Divan. Buch Suleika 2. "Laß dein süßen Rubinenmund". www.gutenberg.org/cache/epub/2319/pg2319.html.

Goffman, E., 1977. The arrangement between the sexes. Theory and Society 4, 301-331.

Gottman, J. M., 1994. What Predicts Divorce? The Relationship Between Marital Processes and Marital Outcomes.

Gottman, J. M., 1998. Psychology and the study of marital processes. Annual Review of Psychology 49, 169-197.

Gottman, J. M, J. Coan, S. Carrere und C. Swanson, 1998. Predicting marital happiness and stability from newlywed interactions. Journal of Marriage and the Family 60, 5-22.

Gottman, J. M und L. J. Krokoff, 1989. Marital Interaction and satisfaction. A Longitudinal View. Journal of Consulting and Clinical Psychology 57, 47-52.

Granovetter, M. S., 1973. The Strength of Weak Ties. The American Journal of Sociology 78, 1360-1380.

Gräser, H., J. Brandstädter und G. Felser, 2001. Zufriedenheit in Partnerschaftsbeziehungen: Analyse latenter Entwicklungsgradienten im 14-Jahres-Längsschnitt, in: Familie und Entwicklung. Aktuelle Perspektiven der Familienpsychologie, Hrsg. R. Pekrun und S. Walper. Göttingen [u. a.]: Hogrefe.

Grau, I., G. Mikula und S. Engel, 2001. Skalen zum Investitionsmodell von Rusbult. Zeitschrift für Sozialpsychologie 32, 29-44.

Grau, I., 2003. Emotionale Nähe, in: Sozialpsychologie der Partnerschaft, Hrsg. I. Grau und H.-W. Bierhoff, 285-314. Berlin, New York: Springer.

Grau, I., R. Penning und H.-J. Andreß, 2010. Gleichberechtigung und Beziehungszufriedenheit, in: Komparative empirische Sozialforschung, Hrsg. T. Beckers, K. Birkelbach, J. Hagenah und U. Rosar, 199-227. Wiesbaden: VS Verlag für Sozialwissenschaften / GWV Fachverlage GmbH, Wiesbaden.

Grau, I. und H.-W. Bierhoff, Hrsg. 2003. Sozialpsychologie der Partnerschaft. Berlin, New York: Springer.

Greenbaum, S. D., 1982. Bridging Ties at the neighborhood level. Social Networks 4, 367-384.

Greenstein, T. N., 1990. Marital Disruption and the Employment of Married Women. Journal of Marriage and Family 52, 657-676.

Gründler, S., 2005. Kommunikative Paarkultur und Beziehungsqualität. Eine Tagebuchstudie unter besonderer Berücksichtigung partnerschaftlichen Konfliktverhaltens. Unveröffentlichte Magisterarbeit. Köln.

Gümen, S., L. Herwartz-Emden und M. Westphal, 2003. Vereinbarkeit von Beruf und Familie als weibliches Selbstkonzept, in: Einwandererfamilien: Geschlechterverhältnisse, Erziehung und Akkulturation, 2, unveränd, Hrsg. L. Herwartz-Emden, 207-233. Göttingen: V und R Unipress.

Hahlweg, K., 1986. Partnerschaftliche Interaktion. Empirische Untersuchungen zur Analyse und Modifikation von Beziehungsstörungen. München: Röttger.

Hahlweg, K., N. Klann und G. Hank, 1992. Zur Erfassung der Ehequalität: Ein Vergleich der "Dyadic Adjustment Scale" (DAS) und des "Partnerschaftsfragebogens" (PFB). Assessment of marital quality: A comparison of the Dyadic Adjustment Scale (DAS) and the Partnership Questionnaire (PFB). Diagnostica 38, 312-327.

Hahlweg, K. und G. Bodenmann, 2003. Universelle und indizierte Prävention von Beziehungsstörungen, in: Sozialpsychologie der Partnerschaft, Hrsg. I. Grau und H.-W. Bierhoff, 191-217. Berlin, New York: Springer.

Hancock, G. R. und R. O. Mueller, 2006. Structural equation modeling. A second course. Greenwich, Conn: IAP.

Hansen, H.-T., 2005. Unemployment and Marital Dissolution. A Panel Data Study of Norway. European Sociological Review 21, 135-148.

Haque, A. und B. Davenport, 2009. The Assessment of Marital Adjustment with Muslim Populations: A Reliability Study of the Locke–Wallace Marital Adjustment Test. Contemporary Family Therapy 31, 160-168.

Häring, A., T. Klein, J. Stauder und A. Woll, 2010. Der Einfluss des Partnermarkts auf die Entstehung und Auflösung von Partnerschaften, in: Partnerschaften und die Beziehungen zu Eltern und Kindern. Befunde zur Beziehungs- und Familienentwicklung in Deutschland, Hrsg. Sabine Walper und Eva-Verena Wendt, 37-54. Würzburg: Ergon-Verlag

Hassebrauck, M., 1995. Kognitionen von Beziehungsqualität: Eine Prototypenanalyse. Zeitschrift für Sozialpsychologie 26, 160-172.

Hassebrauck, M und B. Fehr, 1999. Dimensions of relationship quality. Manuscript under review.

Hassebrauck, M. und B. Küpper, 2003. Warum wir aufeinander fliegen. Die Gesetze der Partnerwahl. Orig.-Ausg. 2, Auflage Reinbek bei Hamburg: Rowohlt-Taschenbuch-Verlag

Haug, S., 2010. Interethnische Kontakte, Freundschaften, Partnerschaften und Ehen von Migranten in Deutschland. Integrationsreport: Bundesamt für Migration und Flüchtlinge.

Haug, S. u. S. Pionter, 2007. Sozialkapital und Migration, in: Sozialkapital. Grundlagen und Anwendungen, Hrsg. A. Franzen und M. Freitag, 367-396. Wiesbaden: VS Verlag für Sozialwissenschaften.

Haug, S., S. Müssig und A. Stichs, 2009. Muslimisches Leben in Deutschland. Nürnberg. (http://www.bmi.bund.de/SharedDocs/Downloads/DE/Themen/Politik_Gesellschaft/DIK/vollversion_studie_muslim_leben_deutschland_.pdf?__blob=publicationFile, Stand: 06.09.2011)

Heaton, T. B., S. L. Albrecht und T. K. Martin, 1985. The timing of divorce. Journal of Marriage and the Family 47, 631-639.

Heintze, I., 2002. Determinanten des Familienklimas unter besonderer Berücksichtigung sozialökologischer Kontextfaktoren. Zeitschrift für Familienforschung 14, 272-294.

Heller, P. E. und B. Wood, 2000. The influence of religious and ethnic differences on marital intimacy: Intermarriage versus intramarriage. Journal of Marital and Family Therapy 26, 241-252.

Hendrick, S. S., 1988. A generic measure of relationship satisfaction. Journal of Marriage and the Family 50, 93-98.

Hendrick, S. S., A. Dicke und H. Clyde, 1998. The relationship assessment scale. Journal of Social and Personal Relationships, 137-160.

Hentges, G., V. Hinnenkamp und A. Zwengel, Hrsg. 2008. Migrations- und Integrationsforschung in der Diskussion. Biografie, Sprache und Bildung als zentrale Bezugspunkte. 1. Auflage Wiesbaden: VS, Verlag für Sozialwissenschaften

Hicks, M. und M. Platt, 1970. Marital happiness and stability: A review of the research in sixties. Journal of Marriage and the Family 32, 553-574.

Hill, P. B., Hrsg. 2004. Interaktion und Kommunikation. Eine empirische Studie zu Alltagsinteraktionen, Konflikten und Zufriedenheit in Partnerschaften. Würzburg: Ergon.

Hill, P. B. und J. Kopp, 2002. Familiensoziologie. Grundlagen und theoretische Perspektiven. 2, überarb. Wiesbaden: Westdeutscher Verlag.

Hirschi, T., 1969. Causes of delinquency. Berkeley, Calif. [u. a.]: Univ of Calif. Press.

Holmbeck, G. N., 1997. Toward terminological, conceptual, and statistical clarity in the study of mediators and moderators: Examples from the child-clinical and pediatric psychology literatures. Journal of Consulting and Clinical Psychology 65, 599-610.

Homburg, C. und H. Baumgartner, 1995. Beurteilung von Kausalmodellen – Bestandsaufnahme und Anwendungsempfehlungen. Marketing ZfP 17, 162-176.

Hu, L. und P. M. Bentler, 1995. Evaluating model fit, in: Structural equation modeling: Concepts, Issues and Applications, Hrsg. R. H. Hoyle, 76-99. Thousand Oaks: Sage.

Hughes, D., E. Galinsky und A. Morris, 1992. The Effects of Job Characteristics on Marital Quality: Specifying Linking Mechanisms. Journal of Marriage and Family 54, 31-42.

Hunn, K., 2005. "Nächstes Jahr kehren wir zurück--". Die Geschichte der türkischen "Gastarbeiter" in der Bundesrepublik. Göttingen: Wallstein.

Hurlbert, J. H., J. J. Beggy und V. H. Haines. 2001. Social Networks and Social Capital in Extreme Environments, in: Social capital. Theory and research, Hrsg. N. Lin, K. S. Cook und R. S. Burt, 209-231. New York: Aldine de Gruyter.

Huston, T. L. und A. L. Vangelisti, 1995. How parenthood affects marriage, in: Explaining family interactions, Hrsg. M. A. Fitzpatrick und A. L. Vangelisti, 147-176. London: Sage.

Idema, H. und K. Phalet, 2007. Transmission of gender-role values in Turkish-German migrant families: The role of gender, intergenerational and intercultural relations. Transmission von Geschlechtsrollenvorstellungen in deutsch-türkischen Familien: die Rolle von Geschlecht, intergenerationalen und interkulturellen Beziehungen. Zeitschrift für Familienforschung 19, 71-105.

International Social Survey Programme. (http://www.issp.org/, Stand: 31.08.2011).

Jagodzinski, W., K. Harzenetter und S. Heinrich, 2006. Die türkische Gesellschaft im Spiegel des European Values Survey 1999/2000, in: „Orient" versus „Okzident"? Zum Verhältnis von Kultur und Raum in einer globalisierten Welt, Hrsg. G. Glasze und J. Thielmann, 31-46.

Jagodzinski, W. und H. Dülmer, 2010. Welchen Einfluss hat Kultur auf die Einstellungen zu Moral, Gleichheit und Demokratie in christlichen europäischen Gesellschaften und in der Türkei? In Komparative empirische Sozialforschung, Hrsg. T. Beckers, K. Birkelbach, J. Hagenah und U. Rosar, 231-259. Wiesbaden: VS Verlag für Sozialwissenschaften / GWV Fachverlage GmbH, Wiesbaden.

Jalovaara, M., 2003. The Joint Effects of Marriage Partners' Socioeconomic Positions on the Risk of Divorce. Demography 40, 67-81.

Jamin, M., Hrsg. 1998. Fremde Heimat. Eine Geschichte der Einwanderung aus der Türkei ; Ruhrlandmuseum, [15.2. - 2.8.1998] = Yaban, s.lan olur. 1. Auflage Essen: Klartext-Verlag

Janssen, A. und A. Polat, 2006. Soziale Netzwerke türkischer Migrantinnen und Migranten, 11-17.

Johnson, M. P. und J. P. Caughlin und T. L. Huston, 1999. The Tripartite Nature of Marital Commitment: Personal, Moral and Structural Reasons to Stay Married. Journal of Marriage and Family 61, 160-177.

Jöreskog, K. G., R. Cudeck, S. H. C. Du Toit und D. Sörbom, Hrsg. 2001. Structural equation modeling, present and future. A festschrift in honor of Karl Jöreskog. Lincolnwood, IL: Scientific Software International.

Jöreskog, K. G. und D. Sorbom, 1982. Recent developments in structural equation modeling. JMR, Journal of Marketing Research (pre-1986) 19, 404-416.

Jorgensen, S. R., 1979. Socioeconomic Rewards and Perceived Marital Quality: A Re-Examination. Journal of Marriage and Family 41, 825-835.

Jurczyk, K., M. Schier, P. Szymenderski, A. Lange und G. G. Voß, 2009. DJI. Entgrenzte Arbeit - Entgrenzte Familie. (http://www.dji.de/cgi-bin/projekte/output.php?projekt=359, Stand: 06.06.2011).

Kagitcibasi, C. und D. Sunar, 1997. Familie und Sozialisation in der Türkei, in: Familien in verschiedenen Kulturen, Hrsg. Nauck und Schönpflug, 145-161. Stuttgart: Enke.

Kalicki, B., 2003. Attribution in Partnerschaften, in: Sozialpsychologie der Partnerschaft, Hrsg. Ina Grau und Hans-Werner Bierhoff, 377-402. Berlin, New York: Springer.

Kalmijn, M., 2007. Explaining cross-national differences in marriage, cohabitation, and divorce in Europe, 19902000. Population Studies 61, 243-263.

Kalter, F., 2008. Stand, Herausforderungen und Perspektiven der empirischen Migrationsforschung, in: Migration und Integration, Hrsg. F. Kalter, 11-36. Wiesbaden [Germany]: VS Verlag für Sozialwissenschaften.

Kapp, F., 2002. Zorn in Partnerschaften. Eine Analyse des Ärger- und Konfliktverhaltens bei zufriedenen und unzufriedenen Paaren unter Berücksichtigung subjektiver Theorien. Dissertation. Heidelberg.

Karahan, T. F., 2009. The Effects of a Couple Communication Program on the Conflict Resolution Skills and Active Conflict Tendencies of Turkish Couples. Journal of Sex and Marital Therapy 35, 220-229.

Karney, B. R. und T. N. Bradbury, 1995. The Longitudinal Course of Marital Quality and Stability: A Review of Theory, Method, and Research. Psychological Bulletin, 3-34.

Kecskes, R. und Wolf C., 1995. Christliche Religiosität: Dimensionen, Meßinstrumente, Ergebnisse. Kölner Zeitschrift für Soziologie und Sozialpsychologie 47, 494-515.

Kenny, D. A., Kashy D. A. und Bolger N., 1998. Data analysis in social psychology, in: Handbook of social psychology, Bd. 1, 4. Auflage, Hrsg. D. Gilbert und S.T Fiske, 233-265.

Kersting, J. und I. Grau, 2003. Paarkonflikt und Trennung, in: Sozialpsychologie der Partnerschaft, Hrsg. I. Grau und H.-W. Bierhoff, 429-456. Berlin, New York: Springer.

Kessler, T., A. Mummendey und U.-K. Leisse, 2000. The Personal-Group Discrepancy: Is there a common information basis of personal and group judgment? Journal of Personality and Social Psychology 79, 95-109.

Kessler, T. und N. S. Harth, 2008. Die Theorie relativer Deprivation, in: Stereotype, Vorurteile und soziale Diskriminierung, 1. Auflage, 249-259. s.l.: Beltz PVU.

Kirchler, E., C. Rodler, E. Hölzl und K. Meier, 2000. Liebe, Geld und Alltag. Entscheidungen in engen Beziehungen. Göttingen: Hogrefe.

Klaus, D., 2008. Sozialer Wandel und Geburtenrückgang in der Türkei. Der "Wert von Kindern" als Bindeglied auf der Akteursebene. 1. Auflage Wiesbaden: VS, Verlag für Sozialwissenschaften

Klein, T. und W. Lauterbach, Hrsg. 1999. Nichteheliche Lebensgemeinschaften. Analysen zum Wandel partnerschaftlicher Lebensformen. Opladen: Leske und Budrich.

Kluwer, E. S., J. A. M. Heesink und E. van de Vliert, 1997. The Marital Dynamics of Conflict over the Division of Labor. Journal of Marriage and Family 59, 635-653.

Kneip, T., 2008. Die Erfassung der sozialen Einbettung. Zur Güte der im PAIRFAM-Minipanel eingesetzten Netzwerkinstrumente: University of Mannheim.

Koch, E. und N. Arat, Hrsg. 1998. Chancen und Risiken von Migration. Deutsch-türkische Perspektiven. Freiburg im Breisgau: Lambertus.

Kopp, J., 1997. Die Notwendigkeit von Paarinformationen: Empirische Ergebnisse der Scheidungsforschung und ihre theoretische Begründung, in: Methodische Probleme der Familienforschung. Zu den praktischen Schwierigkeiten bei der Durchführung einer empirischen Untersuchung, Hrsg. Johannes Kopp, 57-84. Frankfurt/Main: Campus-Verlag.

Kopp, J., D. Lois, C. Kunz und O. Arránz Becker, 2010. Netzwerkeinflüsse auf Institutionalisierungs- und Auflösungsprozesse in Partnerschaften, in: Verliebt, verlobt, verheiratet. Institutionalisierungsprozesse in Partnerschaften, 1. Auflage, Hrsg. J. Kopp, D. Lois, O. Arránz Becker und C. Kunz, 101-122. Wiesbaden: VS Verlag für Sozialwissenschaften.

Korte, H. und A. Schmidt, 1983. Migration und ihre sozialen Folgen. Förderung der Gastarbeiterforschung durch die Stiftung Volkswagenwerk, 1974-1981. Göttingen: Vandenhoeck und Ruprecht.

Kotwal, A. A., 2010. Physical and Psychological Health of First and Second Generation Turkish Immigrants in Germany. American Journal of Human Biology 22, 538-545.

Krause, P., 1992. Einkommensarmut in der Bundesrepublik Deutschland, in: Das Parlament. Aus Politik und Zeitgeschichte. Beilage zur Wochenzeitung, Hrsg. Bundeszentrale für politische Bildung, 3-17.

Kröger, C., Hahlweg K, Braukhaus C, Fehm-Wolfsdorf G und T. Groth, 2001. Eine geschlechtsspezifische Analyse partnerschaftlicher Konfliktbereiche: Stammen Männer und Frauen doch vom selben Planeten? Verhaltenstherapie und Verhaltensmedizin 22, 123-136.

Kühnel, S., 2001. The didactical power of Structural Equation Modeling, in: Structural equation modeling, present and future. A festschrift in honor of Karl Jöreskog, Hrsg. K. G. Jöreskog, Robert Cudeck, S. H. C. Du Toit und Dag Sörbom, 79-96. Lincolnwood, IL: Scientific Software International.

Kuhnke, R., 2006. Indikatoren zur Erfassung des Migrationshintergrundes. Arbeitsbericht im Rahmen der Dokumentationsreihe: Methodische Erträge aus dem "DJI-Übergangspanel": Bundesministerium für Bildung und Forschung.

Künzler, J. und W. Walter, 2001. Arbeitsteilung in Partnerschaften: Theoretische Ansätze und empirische Befunde, in: Solidarität in Partnerschaft und Familie. Zum Stand familiensoziologischer Theoriebildung, Hrsg. J. Huinink, K. P. Strohmeier und M. Wagner, 185-217. Würzburg: Ergon.

Künzler, J., 1994. Familiale Arbeitsteilung. Die Beteiligung von Männern an der Hausarbeit. Bielefeld: Kleine.

Künzler, J., 1999. Arbeitsteilung in Ehen und Nichtehelichen Lebensgemeinschaften, in: Nichteheliche Lebensgemeinschaften. Analysen zum Wandel partnerschaftlicher Lebensformen, Hrsg. T. Klein und W. Lauterbach, 235-268. Opladen: Leske und Budrich.

Kurdek, L. A., 1995. Predicting Change in Marital Satisfaction from Husbands' and Wives' Conflict Resolution Styles. Journal of Marriage and Family 57, 153-164.

Lambert, N. M. und D. C. Dollahite, 2006. How Religiosity Helps Couples Prevent, Resolve, and Overcome Marital Conflict. Family Relations 55, 439-449.

Larsen, L., S. L. Harlan, B. Bolin, E. J. Hackett, D. Hope, A. Kirby, A. Nelson, T. R. Rex und S. Wolf, 2004. Bonding and Bridging. Understanding the Relationship between Social Capital and Civic Action. Journal of Planning Education and Research 24, 64-77.

Lavee, Y. und R. Katz, 2002. Division of Labor, Perceived Fairness, and Marital Quality: The Effect of Gender Ideology. Journal of Marriage and Family 64, 27-39.

Lavric, M. und S. Flere, 2008. The Role of Culture in the Relationship Between Religiosity and Psychological Well-being. J Relig Health 47, 164-175.

Lazarus, R. S., 1981. The stress and coping paradigm, in: Models for clinical psychopathology, Hrsg. C. Eisdorfer, D. Cohen, A. Kleinman und P. Maxim, 177-214. New\brk: Spectrum.

Lazarus, R. S. und S. Folkman, 1984. Stress, appraisal, and coping. New York: Springer.

Ledermann, T. und G. Bodenmann, 2006. Moderator- und Mediatoreffekte bei dyadischen Daten. Zwei Erweiterungen des Akteur-Partner-Interdependenz-Modells. Zeitschrift für Sozialpsychologie 37, 27-40.

Levin, I., 2004. Living Apart Together: A New Family Form. Current Sociology 52, 223-240.

Levinger, G., 1965. Marital Cohesiveness and Dissolution: An Integrative Review. Journal of Marriage and Family 27, 19-28.

Lewin, K., 1948. The Background of Conflict in Marriage, in: Resolving Social Conflicts. Selected Papers on Group Dynamics, Hrsg. Kurt Lewin, 84-102. New York: Harper und Brothers.

Lewin-Epstein, N., H. Stier und M. Braun, 2006. The Division of Household Labor in Germany and Israel. Journal of Marriage and Family 68, 1147-1164.

Lewis, R. A. und G. B. Spanier, 1979. Theorizing About the Quality and Stability of Marriages, in: Contemporary Theories About the Family. General Theories / Theoretical Orientations, Hrsg. W. R. Burr, R. Hill, F. I. Nye und I. L. Reiss, 268-294. New York: Free Press.

Lin, N., 1999. Social Networks and Status Attainment. Annual Review of Sociology 25, 467-487.

Lin, N., 2001. Social capital. A theory of social structure and action. Cambridge, UK, New York: Cambridge University Press.

Locke, H. J. und K. M. Wallace, 1959. Short marital adjustement prediction tests: Their reliability and validity. Marriage and Family Living 21, 251-255.

Locke, H. J., 1951. Predicting adjustment in marriage: a comparison of a divorced and a happily married group. Oxford, England: Henry Holt.

Lois, D, O. Arránz Becker und C. Kunz, 2009. Fördernde und hemmende Einflüsse auf die Heiratsabsicht. Eine nutzen- und kostentheoretische Analyse. Zeitschrift für Familienforschung 21, 30-54.

Lois, D., 2008. Arbeitsteilung, Berufsorientierung und Partnerschaftsstabilität – Ehen und nichteheliche Lebensgemeinschaften im Vergleich. Kölner Zeitschrift für Soziologie und Sozialpsychologie 60, 53-77.

Lösel, F. und D. Bender, 2003. Theorien und Modelle der Paarbeziehung, in: Sozialpsychologie der Partnerschaft, Hrsg. I. Grau und H.-W. Bierhoff, 43-75. Berlin, New York: Springer.

Lye, D. N und T. J. Biblarz, 1993. The effects of attitudes toward family life and gender roles on marital satisfaction. Journal of Family Issues 14, 157-188.

Lynn, D. B., 1966. The Process of Learning Parental and Sex-Role Identification. Journal of Marriage and Family 28, 466-470.

Mackert, J., 2010. Opportunitätsstrukturen und Lebenschancen. Berliner Journal für Soziologie 20, 401-420.

Mackey, R. A. und B. A. O'Brien, 1998. Marital Conflict Management: Gender and Ethnic Differences. Social Work 43, 128-141.

Margola, D. und R. Rosnati, 2003. Die schwierige Vereinbarung von Familie und Beruf: Eine italienische Studie. Coping with the demanding reconciliation between family and work: Evidence from Italy. Zeitschrift für Familienforschung 15, 220-237.

Marsden, P. V., 1988. Homogenity in Confiding Relations. Social Networks 10, 57-76.

Matthews, L. S, K. A. S. Wickrama und R. D. Conger, 1996. Predicting marital instability from spouse and observer reports of marital interaction. Journal of Marriage and the Family 58, 641-655.

Mayer, K. U, J. Allmendinger und J. Huinink, Hrsg. 1991. Vom Regen in die Traufe. Frauen zwischen Beruf und Familie. Frankfurt am Main [u. a.]: Campus-Verlag

McLoyd, V. C., A. M. Cauce, D. Takeuchi und L. Wilson, 2000. Marital Processes and Parental Socialization in Families of Color: A Decade Review of Research. Journal of Marriage and Family 62, 1070-1093.

Meyer, T., 2002. Sozialstruktur und Migration. Die soziale Lage der Arbeitsmigranten in Deutschland, in: Wohlfahrtsstaat, Einwanderung und ethnische Minderheiten. Probleme, Entwicklungen, Perspektiven, 1. Auflage, Hrsg. A. Treichler, 69-83. Wiesbaden: Westdeutscher Verlag.

Micheel, F. und R. Naderi, 2009. Subjektive Einschätzung der ökonomischen Lage älterer Türkinnen und Türken im Zusammenhang mit ihrer sozialen Einbindung. Zeitschrift für Bevölkerungswissenschaft 34, 165-197.

Mikula, G., 1992. Austausch und Gerechtigkeit in Freundschaft, Partnerschaft und Ehe: Ein Überblickt über den aktuellen Forschungsstand. Psychologische Rundschau 43, 62-82.

Miller, A. S. und J. P. Hoffmann, 1995. Risk and Religion: An Explanation of Gender Differences in Religiosity. Journal for the Scientific Study of Religion 34, 63-75.

Morgenroth, O. und H. Merkens, 1997. Wirksamkeit familialer Umwelten türkischer Migranten in Deutschland, in: Familien in verschiedenen Kulturen. Der Mensch als soziales und personales Wesen, Bd. 13, Stand: 19. August 1997, Hrsg. B. Nauck, 303-324. Stuttgart: Enke.

Münz, R., W. Seifert und R. E. Ulrich, 1999. Zuwanderung nach Deutschland. Strukturen, Wirkungen, Perspektiven. 2, aktualisierte und erw. Frankfurt/Main, New York, N.Y: Campus.

Muthén, L. A. und B. O. Muthén, 1998-2008. Mplus User's Guide. Los Angeles (www.statmodel.com).

Naderi, R., 2008. Ehen und nichteheliche Lebensgemeinschaften im Lebensverlauf von Deutschen und türkischen Staatsbürgern in Deutschland. Zeitschrift für Bevölkerungswissenschaft 33, 433-448.

Naderi, R., J. Dorbritz und K. Ruckdeschel, 2009. Einleitung - Der Generations and Gender Survey in Deutschland: Zielsetzung, Verortung, Einschränkungen und Potenziale. Zeitschrift für Bevölkerungswissenschaft 34, 5-30.

Nagy, M., S. 2002. Using a single-item approach to measure facet job satisfaction. Journal of Occupational and Organizational Psychology 75, 77-86.

Nauck, B. und A. Kohlmann, 1998. Verwandtschaft als soziales Kapital − Netzwerkbeziehungen in türkischen Migrantenfamilien, in: Verwandtschaft. Sozialwissenschaftliche Beiträge zu einem vernachlässigten Thema. Hrsg. M. Wagner, Y.Schütze und M. Diewald, 203-235. Stuttgart: Enke.

Nauck, B., 1985. "Heimliches Matriarchat" in Familien türkischer Arbeitsmigranten? Empirische Ergebnisse zu Veränderungen der Entscheidungsmacht und Aufgabenallokation. Zeitschrift für Soziologie 14, 450-465.

Nauck, B., 1997. Intergenerative Konflikte und gesundheitliches Wohlbefinden in türkischen Familien. Ein interkultureller und interkontextueller Vergleich, in: Familien in verschiedenen Kulturen. Der Mensch als soziales und personales Wesen, Bd. 13, Stand: 19. August 1997, Hrsg. B. Nauck, 324-355. Stuttgart: Enke.

Nauck, B., 2001. Solidarpotenziale von Migrantenfamilien. Bonn.

Nauck, B., 2002. Families in Turkey, in: Family Change and Intergenerational Relations in Different Cultures, Hrsg. R. Nave-Herz, 11-48. Würzburg: Ergon.

Nauck, B., 2004. Familienbeziehungen und Sozialintegration von Migranten. IMIS-Beiträge: Universität Osnabrück.

Nauck, B., 2007. Immigrant families in Germany. Family change between situational adaptation, acculturation, segregation and remigration. Migrantenfamilien in Deutschland. Familiärer Wandel zwischen Situationsanpassung, Akkulturation, Segregation und Remigration. Zeitschrift für Familienforschung 19, 34-54.

Nauck, B., 2008. Assimilation, ethnische Schichtung oder selektive Akkulturation: Theoretische Ansätze und Perspektiven in Psychologie und Soziologie, in: Migration und Integration, Hrsg. F. Kalter, 108-133. Wiesbaden [Germany]: VS Verlag für Sozialwissenschaften.

Nauck, B., H. Diefenbach und K. Petri, 1998. Intergenerationale Transmission von kulturellem Kapital unter Migrationsbedingungen. Zum Bildungserfolg von Kindern und Jugendlichen aus Migrantenfamilien in Deutschland. Zeitschrift für Pädagogik 1998, 701-722.

Nauck, B. und A. Kohlmann und H. Diefenbach, 1997. Familiäre Netzwerke, intergenerative Transmission und Assimilationsprozesse bei türkischen Migrantenfamilien. Kölner Zeitschrift für Soziologie und Sozialpsychologie 49, 477-499.

Nauck, B. und B. H. Settles, 2001. Immigrant and Ethnic Minority families: An Introduction. Journal of Comparative Family Studies, 461-463.

Nauck, B. und D. Klaus, 2008. Family Change in Turkey: Peasant Society, Islam, and the Revolution "From Above", in: International family change. Ideational perspectives, Hrsg. R. Jayakody, A. Thornton und W. G. Axinn, 281-312. New York: L. Erlbaum Associates.

Nave-Herz, R., 2004. Ehe- und Familiensoziologie. Eine Einführung in Geschichte, theoretische Ansätze und empirische Befunde. 1. Auflage Weinheim: Juventa-Verlag

Neyer, F. J., 2003. Persönlichkeit und Partnerschaft, in: Sozialpsychologie der Partnerschaft, Hrsg. I. Grau und H.-W. Bierhoff, 165-189. Berlin, New York: Springer.

Nock, S. L., 1995. Commitment and Dependency in Marriage. Journal of Marriage and Family 57, 503-514.

Noller, P, J. A. Feeney, D. Bonnell und V. J. Callan, 1994. A Longitudinal Study of Conflict in Early Marriage. Journal of Social and Personal Relationships 11, 233-252.

Noller, P. und J. A. Feeney, 1998. Communication in early marriage: Responses to conflict, nonverbal accuracy, and conversational patterns, in: The developmental course of marital dysfunction, Hrsg. Thomas N. Bradbury, 11-43. Cambridge, UK; New York, NY, USA: Cambridge University Press.

Noller, P. und M. A. Fitzpatrick, 1993. Perspectives on marital interaction.

Noyon, A. und T. Kock, 2006. Living apart together: Ein Vergleich getrennt wohnender Paare mit klassischen Partnerschaften. Living apart together: Couples living apart compared with couples in traditional living arrangements. Zeitschrift für Familienforschung 18, 27-45.

NRW-Mehrthemenbefragung. 2008. Ergebnisse der neunten NRW-Mehrthemenbefragung 2008. (http://www.integration.nrw.de/projekte_konzepte/Integration_Allgemein/Mehrthem enbefragungen_t__rkischst__mmiger/9__mehrthemenbefragung_2008_- _zusammenfassung.pdf, Stand: 06.09.2011)

Odendahl, H., 20.07.2011. Experteninterview über deutsches und türkisches Familienrecht, Scheidung von türkischen Paaren in Deutschland. Fachanwalt für Familien-, Asyl- und Ausländerrecht. Köln. Gesprächsnotizen aus Interview sind von Interviewgeber autorisiert.

Oltmer, J., 2010. Migration im 19. und 20. Jahrhundert, Bd. 86. München: Oldenbourg.

Opp, K.-D., 1999. Methodologie der Sozialwissenschaften. Einführung in Probleme ihrer Theorienbildung und praktischen Anwendung. 4, durchges. Opladen [u. a.]: Westdeutscher Verlag.

Orbuch, T. L., J. S. House, R. P. Mero und P. S. Webster, 1996. Marital Quality Over the Life Course. Social Psychology Quarterly 59, 162-171.

Özel, S. und B. Nauck, 1987. Kettenmigration in türkischen Familien. Ihre Herkunftsbedingungen und ihre Effekte auf die Reorganisation der familiären Interaktionsstruktur in der Aufnahmegesellschaft. Migration, 61-94.

Özen, K., 2010. Die Scheidungsgründe im türkischen Zivilgesetzbuch. Frankfurt am Main [u. a.]: Lang.

PAIRFAM. 2008-2022. Beziehungs- und Familienpanel - Panel Analysis of Intimate Relationships and Family Dynamics. (http://PAIRFAM.de/, Stand: 06.09.2011)

Petersen, L.-E. und B. Six, 2008. Stereotype, Vorurteile und soziale Diskriminierung. 1. Auflage s.l.: Beltz PVU.

Peuckert, R., 2008. Familienformen im sozialen Wandel. 7, vollst. überarb. Wiesbaden: VS, Verlag für Sozialwissenschaften.

Phalet, K. und U. Schönpflug, 2001. Intergenerational Transmission of Collectivism and Achievement Values in Two Acculturation Contexts: The Case of Turkish Families in Germany and Turkish and Moroccan Families in the Netherlands. Journal of Cross-Cultural Psychology 32, 186-201.

Pina, D. L. und V. L. Bengtson, 1993. The division of household labor and wives' happiness: Ideology, employment, and perceptions of support. Journal of Marriage and the Family 55, 901-912.

Pisa-Studie. (http://www.oecd.org/document/20/0,3343,de_34968570_39907066_- 39648148_1_1_1_1,00.html, Stand: 06.09.2011)

Portes A., 1995. The Economic Sociology of Immigration. New York: Russell Sage.

Portes, A., 1998. Social Capital: Its Origins and Applications in Modern Sociology. Annual Review of Sociology 24, 1-24.

Proulx, C. M., H. M. Helms und C. Buehler, 2007. Marital Quality and Personal Well-Being. A Meta-Analysis. Journal of Marriage and Family 69, 576-593.

Putnam, R. D., 2000. Bowling alone. The collapse and revival of American community. New York: Simon und Schuster.

RAM. 2006/2007. Repräsentativuntersuchung „Ausgewählte Migrantengruppen in Deutschland". (http://www.integration-indeutschland.de/nn_441298/SharedDocs/Projekte/DE/Migration/-Forschung/Integration/abgeschlossen/forschung-repraesentativ.html,Stand: 06.09.2011)

Razum, O. und S. Rohrmann, 2002. Der Healthy-Migrant-Effekt: Bedeutung von Auswahlprozessen bei der Migration und Late-entry-Bias. Das Gesundheitswesen 64, 82-88.

Razum, O., I. Geiger, H. Zeeb und U. Ronellenfitsch, 2004. Gesundheitsversorgung von Migranten. Deutsches Ärzteblatt 101, A 2882 - A 2887.

Reichle, B., 1994. Die Geburt des ersten Kindes – eine Herausforderung für die Partnerschaft. Bielefeld: Kleine.

Reichle, B. und D. Dette-Hagenmeyer, 2008. Individuelle und dyadische Bewältigung von Alltagskonflikten: Themen, Copingstrategien und Partnerschaftsqualität, in: Neuere Entwicklungen in der Beziehungs- und Familienforschung. Vorstudien zum Beziehungs-und Familienentwicklungspanel (PAIRFAM). Schriftenreihe des Beziehungs- und Familienentwicklungspanels, Bd. 1, Hrsg. M. Feldhaus und J. Huinink, 229-256. Würzburg: Ergon-Verlag.

Religionsmonitor. 2008a. Muslime in Deutschland sind sehr religiös und orientieren sich auch im Alltag an ihren Glaubensvorstellungen. (http://www.bertelsmann-stiftung.de/cps/rde/-/xchg/bst/hs.xsl/nachrichten_90459.htm, Stand: 06.09.2011)

Religionsmonitor. 2008b. Muslimische Religiosität in Deutschland. Überblick zu religiösen Einstellungen und Praktiken. (http://www.stiftung.bertelsmann.de/cps/rde/xchg/SID-CB0BAA3C-FA1B7D8F/bst/hs.xsl/85217_85220.htm?drucken=true&, Stand: 06.09.2011)

Richter, M. und K. Hurrelmann, Hrsg. 2009. Gesundheitliche Ungleichheit. Grundlagen, Probleme, Perspektiven. 2. Auflage Wiesbaden: VS Verlag für Sozialwissenschaften/GWV Fachverlage GmbH, Wiesbaden.

Ridley, C. A., M. S. Wilhelm und C. A. Surra, 2001. Married Couples' Conflict Responses and Marital Quality. Journal of Social and Personal Relationships 18, 517-534.

Robins, R. W., H. M. Hendin und K. H. Trzesniewski, 2001. Measuring Global Self-Esteem: Construct Validation of a Single-Item Measure and the Rosenberg Self-Esteem Scale. Personality and Social Psychology Bulletin 27, 151-161.

Rogers, S. J. und D. D. Deboer, 2001. Changes in Wives' Income: Effects on Marital Happiness, Psychological Well-Being, and the Risk of Divorce. Journal of Marriage and the Family 63, 458-472.

Rogers, S. J. und D. C. May, 2003. Spillover between Marital Quality and Job Satisfaction: Long-Term Patterns and Gender Differences. Journal of Marriage and Family 65, 482-495.

Rohmann, E., 2003. Fairness in Beziehungen, in: Sozialpsychologie der Partnerschaft, Hrsg. Ina Grau und Hans-Werner Bierhoff, 315-342. Berlin, New York: Springer.

Rohmann, E., M. Schmohr und H.-W. Bierhoff, 2002. Aufteilung der Hausarbeit, verletzte Erwartungen und Beziehungsqualität. Zeitschrift für Familienforschung 14, 133-152.

Röhr-Sendlmeier, U. M und J. Yun, 2006. Familienvorstellungen im Kulturkontakt: ein Vergleich italienischer, türkischer, koreanischer und deutscher junger Erwachsener in Deutschland. Family concepts of young adults in Germany: A comparison of Italian, Turkish and Korean migrants and their German peers. Zeitschrift für Familienforschung 18, 89-110.

Rommelspacher, B., 2002. Anerkennung und Ausgrenzung. Deutschland als multikulturelle Gesellschaft. Frankfurt/Main;, New York: Campus.

Ross, C. E., 1987. The division of labor at home. Social Forces 65, 816-833.

Ruckdeschel, K., A. Ette, G. Hullen und I. Leven, 2006. Generations and Gender Survey. Dokumentation der ersten Welle der Hauptbefragung in Deutschland. Materialien zur Bevölkerungswissenschaft 121a. Wiesbaden.

Ruiner, C., 2010. Paare im Wandel. Eine qualitative Paneluntersuchung zur Dynamik des Verlaufs von Paarbeziehungen. Wiesbaden: VS, Verlag für Sozialwissenschaften

Rusbult, C. E., D. J. Johnson und G. D. Morrow, 1986a. Determinants and Consequences of Exit, Voice, Loyalty, and Neglect: Responses to Dissatisfaction in Adult Romantic Involvements. Human Relations 39, 45-63.

Rusbult, C. E., 1980. Commitment and satisfaction in romantic associations: A test of the investment model. Journal of Experimental Social Psychology 45, 101-117.

Rusbult, C. E., 1983. A longitudinal test of the investment model: The development (and deterioration) of satisfaction and commitment in heterosexual involvements. Journal of Personality and Social Psychology 45, 101-117.

Rusbult, C. E., 1987. Response to dissatisfaction in close relationships. The exit-voice-loyalty-neglect model, in: Intimate relationships. Development, dynamics, and deterioration, Hrsg. D. Perlman und S. Duck, 209-237. Beverly Hills: Sage Publications.

Rusbult, C. E., V. L. Bissonnette, X. B. Arriaga und C. L.Cox, 1998. Accommodation processes during the early years of marriage, in: The developmental course of marital dysfunction, Hrsg. T. N. Bradbury, 74-113. Cambridge, UK, New York, NY, USA: Cambridge University Press.

Rusbult, C. E., D. J. Johnson und G. D. Morrow, 1986b. Impact of couple patterns of problem solving on distress and nondistress in dating relationships. Journal of Personality and Social Psychology 50, 744-753.

Rusbult, C. E., I. M. Zembrodt und L. K. Gunn, 1982. Exit, voice, loyalty, and neglect: Responses to dissatisfaction in romantic involvements. Journal of Personality and Social Psychology 43, 1230-1242.

Rüssmann, K., 2004. Sozialstruktur und Konfliktpotenzial in Partnerschaft und Ehe, in: Interaktion und Kommunikation. Eine empirische Studie zu Alltagsinteraktionen, Konflikten und Zufriedenheit in Partnerschaften, Hrsg. P. Hill, 103-157. Würzburg: Ergon-Verlag.

Rüssmann, K., 2006. Sozialstruktur und Konflikte in Partnerschaften. Eine empirische Studie zur Auswirkung von sozial- und familienstrukturellen Merkmalen auf partnerschaftliche Konflikte. Hamburg: Kovač.

Rüssmann, K. und O. Arránz Becker, 2004. Die Interdependenz von Sozialstruktur, Familienzyklus, Interaktionsstil und Partnerschaftszufriedenheit, in: Interaktion und Kommunikation. Eine empirische Studie zu Alltagsinteraktionen, Konflikten und Zufriedenheit in Partnerschaften, Hrsg. P. Hill, 207-247. Würzburg: Ergon-Verlag.

Sabatelli, R. M., 1988. Measurement Issues in Marital Research: A Review and Critique of Contemporary Survey Instruments. Journal of Marriage and Family 50, 891-915.

Sadri, G. und M. Rahmatian, 2003. Resolving Conflict: Examining Ethnic-Racial and Gender Differences. Equal Opportunities International 22, 25-39.

Gül, S. S. und H. Gül, 2000. The Question of Women in Islamic Revivalism in Turkey: A Review of the Islamic Press. Current Sociology 48, 1-26.

Sauer, M. und D. Halm, 2009. Erfolge und Defizite der Integration türkeistämmiger Einwanderer. Entwicklung der Lebenssituation 1999 bis 2008. 1. Auflage Wiesbaden: VS Verlag für Sozialwissenschaften.

Scanzoni, J. H., 1972. Sexual bargaining. Power politics in the American marriage.

Scheepers, P., M. T. Grotenhuis und F. van der Slik, 2002. Education, Religiosity and Moral Attitudes: Explaining Cross-National Effect Differences. Sociology of Religion 63, 157-176.

Schiffauer, W., 2004. Die Islamische Gemeinschaft Milli Görüs - ein Lehrstück zum verwickelten Zusammenhang von Migration, Religion und sozialer Integration, in: Migrationsreport. Fakten - Analysen - Perspektiven, Hrsg. Campus Verlag, 67-96. Frankfurt am Main, New York.

Schneewind, K. A., E. Wunderer und M. Erkelenz, 2004. Beziehungskompetenzen und Beziehungsmuster in stabilen (Langzeit-) Ehen: Ausgewählte Ergebnisse des Münchner DFG-Projekts „Was hält Ehen zusammen?". Relationship competencies and patterns in stable (long-term) marriages: selected results of the Munich DFG-project "What makes marriages last?" Zeitschrift für Familienforschung 15, 225-243.

Schneewind, K. A und E. Wunderer, 2003. Bedingungen von „wahrgenommener Positivität" und „Konfliktkompetenz" in Ehebeziehungen. Determinants of "perceived positivity" and "conflict competence" in marital relationships. Zeitschrift für Familienforschung 15, 191-219.

Schneider, N. F., 1990. Woran scheitern Partnerschaften? Subjektive Trennungsgründe und Belastungsfaktoren bei Ehepaaren und nichtehelichen Lebensgemeinschaften. Zeitschrift für Soziologie 19, 458-470.

Schneider, W., 1994. Streitende Liebe. Zur Soziologie familialer Konflikte. Opladen: Leske und Budrich.

Schnell, R., P. B. Hill und E. Esser, 1999. Methoden der empirischen Sozialforschung. 6. Auflage München: R. Oldenbourg.

Schnur, O., 2008. Gute Beziehungen, schlechte Beziehungen: Lokales Sozialkapital und soziale Integration von Migranten im Quartier. Bundesverband für Wohnen und Stadtentwicklung e.V., http://www.vhw.de/nc/publikationen/studien/, Stand: 14.08.2011

Schröttle, M., 2007. Zwangsverheiratung, Gewalt und Paarbeziehungen von Frauen mit und ohne Migrationshintergrund in Deutschland. Differenzierung statt Polarisierung. Zwangsverheiratung in Deutschland. Hrsg. Bundesministerium f. F. S. F. u. J. Deutsches Institut für Menschenrechte. 145-167. Berlin. (http://www.bmfsfj.de/RedaktionBMFSFJ/Broschuerenstelle/Pdf-Anlagen/Zwangsverheiratung-_20Forschungsreihe-Band_201,property=pdf,bereich=bmfsfj,-sprache=de,rwb=true.pdf, Stand: 06.09.2011)

Schröttle, M. und U. Müller, 2004. Lebenssituation, Sicherheit und Gesundheit von Frauen in Deutschland. Eine repräsentative Untersuchung zu Gewalt gegen Frauen in Deutschland. Berlin. (http://www.bmfsfj.de/BMFSFJ/Service/Publikationen/publikationen,did=20560.html, Stand: 06.09.2011)

Schütz, A., 1972. Der Fremde. Ein sozialpsychologischer Versuch, in: Der Fremde. Ein sozialpsychologischer Versuch. Gesammelte Aufsätze, Hrsg. Alfred Schütz, 53-69. Den Haag.

Şen, F., 2002. Türkische Minderheit in Deutschland. Informationen zur politischen Bildung 277: Bundeszentrale für politische Bildung.

Shell-Jugendstudie. (http://www.shell.de/home/content/deu/aboutshell/our_commitment/-shell_youth_study/, Stand: 31.08.2011).

Sillars, A. L, C. S. Burggraf, S. Yost und P. Zietlow, 1992. Conversational Themes and Marital Relationship Definitions Quantitative and Qualitative Investigations, Bd. 19.

Simmel, G., 1908. Soziologie: Untersuchungen über die Formen der Vergesellschaftung: Duncker und Humblot.

Sinus-Studie. 2008. Zentrale Ergebnisse der Sinus-Studie über Migranten-Milieus in Deutschland. (http://www.sinus-institut.de/uploads/tx_mpdownloadcenter/MigrantenMilieus-_Zentrale_Ergebnisse_09122008.pdf, Stand 03.08.2011).

Sinus-Studie. 2010. Sinus-Milieus in Deutschland. (http://www.sinus-institut.de-/fileadmin/dokumente/Infobereich_fuer_Studierende/Infoblatt_-Studentenversion_2010.pdf, Stand 03.08.2011).

Small, S. A. und D. Riley, 1990. Toward a Multidimensional Assessment of Work Spillover into Family Life. Journal of Marriage and Family 52, 51-61.

Snyder, D. K., 1979. Multidimensional Assessment of Marital Satisfaction. Journal of Marriage and Family 41, 813-823.

Spanier, G. B., 1976. Measuring dyadic adjustment: New scales for assessing the quality of marriage and similar dyads. Journal of Marriage and the Family 38, 15-28.

Spanier, G. B und R. A. Lewis, 1980. Marital Quality: A Review of the Seventies. Journal of Marriage and Family 42, 825-839.

Spörrle, M., J. Kruse, C. Gschwendtner und I. Wieland, 2010. Wenn der Partner nicht die erste Wahl ist: Zum Zusammenhang zwischen soziometrischer Wahl im Rahmen elterlicher Betreuungsaufgaben und Partnerschaftszufriedenheit. Zeitschrift für Psychodrama Soziometrie 9, 49-62.

Sprecher, S., S. Metts, B. Burleson und E. Hatfield und A. Thompson, 1995. Domains of Expressive Interaction in Intimate Relationships: Associations with Satisfaction and Commitment. Family Relations 44, 203-210.

Spuler-Stegemann, U., 2008. Islamisches Leben der türkischen Sprachgruppe. Religionsmonitor.

Stack, S. und J. R. Eshleman, 1998. Marital Status and Happiness: A 17-Nation Study. Journal of Marriage and the Family 60, 527-536.

Stafford, F. P., E. Backman und P. Dibona, 1977. The division of labor among cohabitating and married couples. Journal of Marriage and the Family 39, 43-57.

Stauder, J., 2002. Eheliche Arbeitsteilung und Ehestabilität. Eine Untersuchung mit den Daten der Mannheimer Scheidungsstudie 1996 unter Verwendung ereignisanalytischer Verfahren. Würzburg: Ergonverlag.

Stein, N. L., Brainerd, C. J. und B. Tversky, 1997. Memory for everyday and emotional events. Mahwah, N.J: Lawrence Erlbaum Associates.

Steinbach, A., 2009. Die häusliche Aufgabenteilung bei Paaren mit türkischem Migrationshintergrund und einheimischen deutschen Paaren im Vergleich. Zeitschrift für Bevölkerungswissenschaft 34, 79-104.

Steinhilber, B., 1994. Grenzüberschreitungen. Remigration und Biographie : Frauen kehren zurück in die Türkei. Frankfurt/Main: IKO-Verlag für Interkulturelle Kommunikation.

Sternberg, R. J. und M. Hojjat, Hrsg. 1997. Satisfaction in close relationships. New York: Guilford Press.

Steuerwald, K., 1987. Deutsch-türkisches Wörterbuch. 2. Auflage Wiesbaden: Harrassowitz.

Stöcker, K., K. Strasser und M. Winter, 2003. Bindung und Partnerschaftsrepräsentation, in: Sozialpsychologie der Partnerschaft, Hrsg. I. Grau und H.-W. Bierhoff, 137-163. Berlin, New York: Springer.

Straßburger, G., 2007. Zwangsheirat und arrangierte Ehe. Zur Schwierigkeit der Abgrenzung. Zwangsverheiratung in Deutschland. Hrsg. BMFSFJ. Deutsches Institut für Menschenrechte. 68-83. Berlin.

Straus, M. A., 1979. Measuring Intrafamily Conflict and Violence: The Conflict Tactics (CT) Scales. Journal of Marriage and Family 41, 75-88.

Straus, M. A. und S. Sweet, 1992. Verbal/Symbolic Aggression in Couples: Incidence Rates and Relationships to Personal Characteristics. Journal of Marriage and Family 54, 346-357.

Surra, C. A., 1990. Research and theory on marital selection and premarital relationships in the 1980s. Journal of Marriage and the Family 52, 844-865.

Thibaut, J. W. und H. H. Kelley, 1959. The social psychology of groups. New York: Wiley.

Thielmann, J., 2008. Vielfältige muslimische Religiosität in Deutschland, in: Muslimische Religiosität in Deutschland. Überblick zu religiösen Einstellungen und Praktiken, Hrsg. Religionsmonitor, 13-22.

Thomas, E.J, M. R. Yoshioka und R. D. Ager, 1994. Spouse Enabling Inventory, in: Measures for clinical practice: A Sourcebook. Vol. 1: Couples, Families and Children (2nd edition), Hrsg. J. Fischer und K. Corcoran. New York: Free Press.

Thomas, W. I. und D. S. Thomas, 1928. The Child in America: Behavior Problems and Programs: Knopf.

Timmerman, C., 2006. Gender Dynamics in the Context of Turkish Marriage Migration: The Case of Belgium. Turkish Studies 7, 125-143.

Treibel, A., 1990. Migration in modernen Gesellschaften. Soziale Folgen von Einwanderung und Gastarbeit. Weinheim: Juventa-Verlag.

Treibel, A., 2008. Von der exotischen Person zur gesellschaftlichen Normalität: Migrantinen in der soziologischen Forschung und Lehre, in: Migrations- und Integrationsforschung in der Diskussion. Biografie, Sprache und Bildung als zentrale Bezugspunkte, 1. Auflage, Hrsg. G. Hentges, V. Hinnenkamp und A. Zwengel, 141-169. Wiesbaden: VS, Verlag für Sozialwissenschaften

Treichler, A., Hrsg. 2002. Wohlfahrtsstaat, Einwanderung und ethnische Minderheiten. Probleme, Entwicklungen, Perspektiven. 1. Auflage Wiesbaden: Westdeutscher Verlag.

Tsai, H.-Y., 2008. Work-Family Conflict, positive Spillover, and Emotions among Asian American Working Mothers. Dissertation. Michigan.

Tufan, B., 1998. Migration von Arbeitnehmern aus der Türkei (Prozesse der Migration und Remigration), in: Chancen und Risiken von Migration. Deutsch-türkische Perspektiven, Hrsg. E. Koch und N. Arat, 38-325. Freiburg im Breisgau: Lambertus.

Twenge, J. M., W. K. Campbell und C. A. Foster, 2003. Parenthood and Marital Satisfaction: A Meta-Analytic Review. Journal of Marriage and Family 65, 574-583.

Tyrell, H., 2001. Das konflikttheoretische Defizit der Familiensoziologie. Überlegungen im Anschluss an Georg Simmel, in: Solidarität in Partnerschaft und Familie. Zum Stand familiensoziologischer Theoriebildung, Hrsg. J. Huinink, K. P. Strohmeier und M. Wagner, 43-63. Würzburg: Ergon.

Ünal, A., 08.07.2011. Experteninterview über Partnerschaften von türkischen Migranten in Deutschland. Psychologische Probleme und therapeutische Praxis. Dipl. Sozialarbeiter, Psychotherapeut, Leiter des Gesundheitszentrum für MigrantInnen Köln. Gesprächsnotizen aus Interview sind von Interviewgeber autorisiert.

Urban, D. und J. Mayerl, 2006. Regressionsanalyse. Theorie, Technik und Anwendung. 2, überarb. Wiesbaden: VS, Verlag für Sozialwissenschaften

Urban, D. und K. U. Mayer, 2007. Mediator-Effekte in der Regressionsanalyse (http://app.gwv-fachverlage.de/ds/resources/w_41_162.pdf, Stand: 06.09.2011)

van den Troost, A., 2005. Marriage in motion. A study on the social context and processes of marital satisfaction. Belgium: Leuven University Press.

Vinokur, A. D., R. H. Price und R. D. Caplan, 1996. Hard times and hurtful partners: How financial strain affects depression and relationship satisfaction of unemployed persons and their spouses. Journal of Personality and Social Psychology 71, 166-179.

Voydanoff, P., 1990. Economic Distress and Family Relations: A Review of the Eighties. Journal of Marriage and the Family 52, 1099-1115.

Voydanoff, P., 2005. Social Integration, Work-Family Conflict and Facilitation, and Job and Marital Quality. Journal of Marriage and Family 67, 666-679.

Wagner, M., 1997. Scheidung in Ost- und Westdeutschland. Zum Verhältnis von Ehestabilität und Sozialstruktur seit den 30er Jahren. Frankfurt am Main, New York: Campus.

Wagner, M. und B. Weiß, 2004-2008. Paarkonflikte, Kommunikation und die Stabilität von Partnerschaften. Pairfam-Vorstudie.

(http://www.pairfam.uni-bremen.de/de/links/pairfam-vorstudien/paarkonflikte-kommunikation-und-die-stabilitaet-von-partnerschaften.html, Stand: 06.09.2011).

Wagner, M. und B. Weiß, 2005. Konflikte in Partnerschaften. Erste Befunde der Kölner Paarbefragung. Zeitschrift für Familienforschung 17, 217-250.

Wagner, M. und B. Weiß, 2008. Stehen Konflikte einer guten Partnerschaft entgegen? Eine empirische Analyse auf Grundlage dyadischer Daten, in: Neuere Entwicklungen in der Beziehungs- und Familienforschung. Vorstudien zum Beziehungs- und Familienentwicklungspanel (PAIRFAM), Hrsg. M. Feldhaus und J. Huinink, 187-227. Würzburg: Ergon.

Wagner, M. und B. Weiß, 2010. Erwerbssituation und Partnerschaft: Deutsche und türkische Paare im Vergleich, in: Komparative empirische Sozialforschung, Hrsg. T. Beckers, K. Birkelbach, J. Hagenah und U. Rosar, 169-198. Wiesbaden: VS Verlag.

Waller, M. R. und S. S. McLanahan, 2005. "His" and "Her" Marriage Expectations: Determinants and Consequences. Journal of Marriage and Family 67, 53-67.

Wallerstein, J. S. und S. Blakeslee, 1995. The Good marriage. How and why love lasts. Boston: Houghton Mifflin.

Walper, S., C. Thönnissen, E.-V. Wendt und M. Schaer, 2010. Der lange Arm der Familie: Die Paarbeziehungen junger Männer und Frauen im Lichte ihrer Beziehung zu Mutter und Vater, in: Partnerschaften und die Beziehungen zu Eltern und Kindern. Befunde zur Beziehungs- und Familienentwicklung in Deutschland, Hrsg. S. Walper und E.-V. Wendt, 289-321. Würzburg: Ergon-Verlag

Walster, E., G. W. Walster und E. Berheide, 1978. Equity: Theory and Research. Boston.

Wanous, J. P., A. E. Reichers und M. J. Hudy, 1997. Overall job satisfaction: How good are single-item measures? Journal of Applied Psychology 82, 247-252.

Wanous, J. P. und A. E. Reichers, 1996. Estimating the reliability of a single-item measure. Psychological Reports 78, 631-634.

Watzek, D., 2008. Spillover und Crossover bei Erwerbsarbeit, Familienarbeit und Freizeit. Belastungen und Kontrollerleben wirken auf das emotionale Befinden - Eine Untersuchung per Timesamplingmethode. Dissertation. Freiburg (Schweiz).

Weiß, B. und M. Wagner, 2008. Stehen Konflikte einer guten Partnerschaft entgegen? Eine empirische Analyse auf Grundlage dyadischer Daten, in: Neuere Entwicklungen in der Beziehungs- und Familienforschung. Vorstudien zum Beziehungs-und Familienentwicklungspanel (PAIRFAM). Schriftenreihe des Beziehungs- und Familienentwicklungspanels, Bd. 1, Hrsg. M. Feldhaus und J. Huinink, 187-228. Würzburg: Ergon-Verlag

Weiß, B. und M. Wagner, 2010. Beeinflussen Konflikte die Partnerschaftsstabilität? Eine Längsschnittanalyse auf der Grundlage zweier Paarbefragungen, in: Partnerschaften und die Beziehungen zu Eltern und Kindern. Befunde zur Beziehungs- und Familienentwicklung in Deutschland, Hrsg. S. Walper und E.-V. Wendt, 135-151. Würzburg: Ergon-Verlag

Westoff, C. F. und T. Frejka, 2007. Religiousness and Fertility among European Muslims. Population and Development Review 33, 785-809.

Westphal, M., 2007. Migration und Genderaspekte, in: Zwangsverheiratung in Deutschland, Hrsg. Bundesministerium f. F. S. F. u. J. Deutsches Institut für Menschenrechte, 131-148. Berlin.

Whitchurch, G. G. und F. C. Dickson, 1999. Family communication, in: Handbook of marriage and the family, Hrsg. M. Sussman, S. K. Steinmetz und G. W. Peterson, 687-704. New York: Plenum.

White, L. K. und A. Booth, 1991. Divorce Over the Life Course: The Role of Marital Happiness. Journal of Family Issues 12, 5-21.

White, L. und S. J. Rogers, 2000. Economic Circumstances and Family Outcomes: A Review of the 1990s. Journal of Marriage and the Family 62, 1035-1051.

Wiese, B., 2004. Konflikte zwischen Beruf und Familie im Alltagserleben erwerbstätiger Paare. Querschnittliche und prozessuale Daten. Zeitschrift für Sozialpsychologie 35.

Wiik, K. A., E. Bernhardt und T. Noack, 2009. A Study of Commitment and Relationship Quality in Sweden and Norway. Journal of Marriage and Family 71, 465-477.

Wilkie, J. R., M. M. Ferree und K. S. Ratcliff, 1998. Gender and Fairness: Marital Satisfaction in Two-Earner Couples. Journal of Marriage and Family 60, 577-594.

Willi, J., 2004. Die Zweierbeziehung. Spannungsursachen, Störungsmuster, Klärungsprozesse, Lösungsmodelle; Analyse des unbewußten Zusammenspiels in Partnerwahl und Paarkonflikt: das Kollusionskonzept. 16. Auflage Reinbek bei Hamburg: Rowohlt.

Winship, C. und L. Radbill, 1994. Sampling Weights and Regression Analysis. Sociological Methods und Research 23, 230-257.

Woellert, F., S. Kröhnert, L. Sippel und R. Klingholz, 2009. Ungenutzte Potenziale. Zur Lage der Integration in Deutschland.

Wolf, W., 1987. Alltagsbelastung und Partnerschaft. Eine empirische Untersuchung über Bewältigungsverhalten. Freiburger Beiträge zur Psychologie. Freiburg, Schweiz: Universitätsverlag.

Wuermeling, F., 2007. Passt die Türkei zur EU und die EU zu Europa? Eine Mehrebenenanalyse auf der Basis der Europäischen Wertestudie. Kölner Zeitschrift für Soziologie und Sozialpsychologie 59, 185-214.

Wunderer, E., 2005. Partnerschaft zwischen Anspruch und Wirklichkeit: Anforderungen von Ehepartnern und ihre Wirkung in der Ehebeziehung. Couple relationships – demand and reality: Standards of spouses and their effects within marriage. Zeitschrift für Familienforschung 17, 308-332.

Yilmaz, A.T und R. Battegay, 1997. Gewalt in der Partnerschaft bei Immigrantinnen aus der Türkei. Nervenarzt 68, 884-887.

Zimmerman, M., C. J. Ruggero, I. Chelminski, D. Young, M. A. Posternak, M. Friedman, D. Boerescu und N. Attiullah, 2006. Developing Brief Scales for Use in Clinical Practice: The Reliability and Validity of Single-Item Self-Report Measures of Depression Symptom Severity, Psychosocial Impairment Due to Depression, and Quality of Life. The Journal of Clinical Psychiatry 67, 1536-1541.

Anhang

Tabelle 26: *Deskriptive Kennwerte zu türkischer Stichprobe (Merkmale der Akkulturation)*

	M	SD	Median	n	Fehlend n	%
Türken gesamt						
Einwanderungsalter	19,96	9,12	20	1.595	39	2,4
Aufenthaltsdauer	24,07	10,62	26,00	1.598	36	2,2
Deutschkenntnisse	2,63	1,00	3	1.587	47	2,9
Türkische Männer						
Einwanderungsalter	20,21	9,46	21,00	804	22	2,7
Aufenthaltsdauer	26,02	10,20	28,00	805	21	2,5
Deutschkenntnisse	2,47	0,91	2,00	798	28	3,4
Türkische Frauen						
Einwanderungsalter	19,70	8,77	20,00	791	17	2,1
Aufenthaltsdauer	22,10	10,68	25,00	793	15	1,9
Deutschkenntnisse	2,78	1,07	3,00	789	19	2,4

Quelle: Eigene Darstellung.

Tabelle 27: *Mittelwerte zur Religiosität*

	M	SD	Median	Min	Max	n	Fehlend n	%
Deutsche gesamt	6,47	2,52	7,00	1,00	10,00	4.646	21	0,40
Türken gesamt	8,41	1,83	9,00	1,00	10,00	1.602	32	2,00
Deutsche Männer	6,52	2,49	7,00	1,00	10,00	2.179	10	
Deutsche Frauen	6,43	2,55	7,00	1,00	10,00	2.467	11	
Türkische Männer	8,34	1,89	8,00	1,00	10,00	810	16	
Türkische Frauen	8,47	1,76	9,00	2,00	10,00	792	16	

Quelle: Eigene Darstellung.

Tabelle 28: Häufigkeit der Paarkonflikte über Hausarbeit, Geld und
Freizeitgestaltung (nach Geschlecht und Staatsangehörigkeit)

		Türken gesamt	Deutsche gesamt	Deutsche Männer	Deutsche Frauen	Türkische Männer	Türkische Frauen
Hausarbeit	n	1.031	2.304	1.081	1.223	516	515
nie		63,1	49,4	49,4	49,4	62,5	63,7
	n	576	2.221	1.059	1162	297	279
selten/manchmal		35,3	47,6	48,4	46,9	36,0	34,5
	n	27	142	49	93	13	14
häufig/sehr oft		1,7	3,0	2,2	3,8	1,6	1,7
Geld	n	905	2.610	1.232	1378	456	449
nie		55,4	55,9	56,3	55,6	55,2	55,6
	n	694	1.918	912	1.006	352	342
selten/manchmal		42,5	41,1	41,7	40,6	42,6	42,3
	n	35	139	45	94	18	17
häufig/sehr oft		2,1	3,0	2,1	3,8	2,2	2,1
Freizeit	n	956	2.351	1.112	1.239	480	476
nie		58,5	50,4	50,8	50,0	58,1	58,9
	n	655	2.218	1.037	1.181	338	317
selten/manchmal		40,1	47,5	47,4	47,7	40,9	39,2
	n	23	98	40	58	8	15
häufig/sehr oft		1,4	2,1	1,8	2,3	1,0	1,9
gesamt	n	1.634	4.667	2.189	2.478	826	808
		100,0	100,0	100,0	100,0	100,0	100,0

Quelle: Eigene Darstellung.

Tabelle 29: Mittelwerte zu vier Konfliktstilen (nach Staatsangehörigkeit und Geschlecht)

	„Wenn Sie eine ernsthafte Meinungsverschiedenheit mit Ihrem(r) (Ehe-) Partner/in haben, wie oft...			
	(a) behalten Sie Ihre Meinung für sich."	b) diskutieren Sie die Meinungsverschiedenheit ruhig aus."	(c) streiten Sie und werden laut."	(d) endet es in Gewalttätigkeit."
Deutsche gesamt	2,09	3,20	1,85	1,02
	(1,01)	(1,35)	(0,86)	(0,19)
Türken gesamt	2,18	2,77	1,75	1,06
	(1,19)	(1,38)	(0,87)	(0,32)
Deutsche Männer	2,11	3,20	1,76	1,01
	(1,00)	(1,38)	(0,80)	(0,14)
Deutsche Frauen	2,07	3,20	1,93	1,02
	(1,01)	(1,33)	(0,90)	(0,22)
Türkische Männer	2,08	2,81	1,74	1,05
	(1,13)	(1,40)	(0,86)	(0,31)
Türkische Frauen	2,28	2,73	1,77	1,07
	(1,25)	(1,37)	(0,88)	(0,34)

Wert in Klammern = Standardabweichung
Quelle: Eigene Darstellung.

Tabelle 30: Deskriptive Kennwerte zu Mediatorvariablen (Gesamt)

GGS-G Variable	M	SD	Min	Max	n
Eheorientierung (niedrig bis hoch)	4,11	0,97	1	5	7.218
Trennungsgedanken (nein/ja)	0,04	0,20	0	1	7.252
Ruhig diskutieren (nie bis sehr oft)	3,88	1,06	1	5	7.252
Traditionalität (niedrig bis hoch)	7,77	2,74	1	15	7.247
Soziales Kapital (niedrig bis hoch)	13,83	1,71	3	15	7.225
Paarkonflikte „Haus." (nie bis sehr oft)	1,68	0,84	1	5	7.252
Paarkonflikte „Geld" (nie bis sehr oft)	1,63	0,83	1	5	7.252
Paarkonflikte „Freizeit" (nie bis sehr oft)	1,66	0,81	1	5	7.252
Laut streiten (nie bis sehr oft)	1,83	0,87	1	5	7.252
Religiosität (niedrig bis hoch)	7,12	2,48	1	10	7.189
Aufgabenteil.zufr. (niedrig bis hoch)	8,44	1,82	0	10	7.234

Quelle: Eigene Darstellung.

Tabelle 31: Deskriptive Kennwerte zu Mediatorvariablen (Deutsche)

GGS-D Variable	M	SD	Min	Max	n
Eheorientierung (niedrig bis hoch)	4,05	0,94	1	5	4.647
Trennungsgedanken (nein/ja)	0,05	0,22	0	1	4.667
Ruhig diskutieren (selten bis sehr oft)	3,92	1,02	1	5	4.667
Traditionalität (niedrig bis hoch)	7,05	2,45	1	15	4.665
Soziales Kapital (niedrig bis hoch)	13,92	1,67	3	15	4.662
Paarkonflikte „Haus." (nie bis sehr oft)	1,73	0,85	1	5	4.667
Paarkonflikte „Geld" (nie bis sehr oft)	1,61	0,81	1	5	4.667
Paarkonflikte „Freizeit" (nie bis sehr oft)	1,68	0,80	1	5	4.667
Laut streiten (nie bis sehr oft)	1,85	0,86	1	5	4.667
Religiosität (niedrig bis hoch)	6,47	2,52	1	10	4.646
Aufgabenteil.zufr. (niedrig bis hoch)	8,42	1,76	0	10	4.661

Quelle: Eigene Darstellung.

Tabelle 32: Deskriptive Kennwerte zu Mediatorvariablen (Türkische Migranten)

GGS-T Variable	M	SD	Min	Max	n
Eheorientierung (niedrig bis hoch)	4,24	0,99	1	5	1.625
Trennungsgedanken (nein/ja)	0,02	0,15	0	1	1.634
Ruhig diskutieren (nie bis sehr oft)	3,81	1,15	1	5	1.634
Traditionalität (niedrig bis hoch)	9,33	2,62	1	15	1.631
Soziales Kapital (niedrig bis hoch)	13,70	1,77	4	15	1.634
Paarkonflikte „Haus." (nie bis sehr oft)	1,51	0,75	1	5	1.634
Paarkonflikte „Geld" (nie bis sehr oft)	1,64	0,83	1	5	1.634
Paarkonflikte „Freizeit" (nie bis sehr oft)	1,56	0,76	1	5	1.634
Laut streiten (nie bis sehr oft)	1,75	0,87	1	5	1.634
Religiosität (niedrig bis hoch)	8,41	1,83	1	10	1.602
Aufgabenteil.zufr. (niedrig bis hoch)	8,54	1,85	0	10	1.628

Quelle: Eigene Darstellung.

Tabelle 33: Deskriptive Kennwerte zu Mediatorvariablen (Türkische Migranten 1. Generation)

GGS-T1 Variable	M	SD	Min	Max	n
Eheorientierung (niedrig bis hoch)	4,25	0,96	1	5	1.006
Trennungsgedanken (nein/ja)	0,02	0,14	0	1	1.011
Ruhig diskutieren (nie bis sehr oft)	3,82	1,15	1	5	1.011
Traditionalität (niedrig bis hoch)	9,67	2,58	1	15	1.009
Soziales Kapital (niedrig bis hoch)	13,57	1,83	4	15	998
Paarkonflikte „Haus." (nie bis sehr oft)	1,49	0,75	1	5	1.011
Paarkonflikte „Geld" (nie bis sehr oft)	1,60	0,82	1	5	1.011
Paarkonflikte „Freizeit" (nie bis sehr oft)	1,52	0,73	1	5	1.011
Laut streiten (nie bis sehr oft)	1,71	0,86	1	5	1.011
Religiosität (niedrig bis hoch)	8,44	1,81	1	10	986
Aufgabenteil.zufr. (niedrig bis hoch)	8,46	1,86	0	10	1.007

Quelle: Eigene Darstellung.

Tabelle 34: Deskriptive Kennwerte zu Mediatorvariablen (Türkische Migranten 2. Generation)

GGS-T2 Variable	M	SD	Min	Max	n
Eheorientierung (niedrig bis hoch)	4,22	1,04	1	5	619
Trennungsgedanken (nein/ja)	0,03	0,17	0	1	623
Ruhig diskutieren (nie bis sehr oft)	3,79	1,14	1	5	623
Traditionalität (niedrig bis hoch)	8,79	2,59	2	15	622
Soziales Kapital (niedrig bis hoch)	13,90	1,67	4	15	620
Paarkonflikte „Haus." (nie bis sehr oft)	1,54	0,76	1	5	623
Paarkonflikte „Geld" (nie bis sehr oft)	1,70	0,83	1	5	623
Paarkonflikte „Freizeit" (nie bis sehr oft)	1,62	0,79	1	5	623
Laut streiten (nie bis sehr oft)	1,83	0,89	1	5	623
Religiosität (niedrig bis hoch)	8,35	1,85	2	10	616
Aufgabenteil.zufr. (niedrig bis hoch)	8,67	1,82	0	10	621

Quelle: Eigene Darstellung.

Tabelle 35: Deskriptive Kennwerte zu soziodemografischen Variablen (GGS-T1, GGS-T2 und GGS_Kontrollgruppe)

	M	SD	Min	Max	n	fehlend n	%
GGS-T1							
Frau	0,52	0,50	0,00	1,00	1.011	0,00	0,00
Alter (in Jahren)	47,57	12,79	20,50	78,67	1.007	4,00	0,40
Kind(er) im HH	0,72	0,45	0,00	1,00	1.011	0,00	0,00
Bildungsniveau	0,76	0,83	0,00	3,00	1.011	0,00	0,00
Subj. finanz. Lage	3,04	1,17	1,00	6,00	993	18,00	1,80
Arbeitslosigkeit	0,14	0,34	0,00	1,00	1.009	0,00	0,00
Frauenerwerbst.	0,10	0,30	0,00	1,00	1.011	0,00	0,00
GGS-T2							
Frau	0,46	0,50	0,00	1,00	623	0,00	0,00
Alter (in Jahren)	38,85	6,91	19,75	60,92	623	0,00	0,00
Kind(er) im HH	0,91	0,28	0,00	1,00	623	0,00	0,00
Bildungsniveau	1,00	0,77	0,00	3,00	623	0,00	0,00
Subj. finanz. Lage	3,14	1,23	1,00	6,00	616	7,00	1,10
Arbeitslosigkeit	0,14	0,35	0,00	1,00	623	0,00	0,00
Frauenerwerbst.	0,14	0,35	0,00	1,00	623	0,00	0,00
GGS-D_Kontrollgruppe							
Frau	0,51	0,50	0,00	1,00	1.920	0,00	0,00
Alter (in Jahren)	51,73	16,14	18,17	79,42	1.916	4,00	0,20
Kind(er) im HH	0,38	0,49	0,00	1,00	1.920	0,00	0,00
Bildungsniveau	1,61	0,74	0,00	3,00	1.920	0,00	0,00
Subj. finanz. Lage	3,73	1,09	1,00	6,00	1.917	3,00	0,20
Arbeitslosigkeit	0,09	0,28	0,00	1,00	1.920	0,00	0,00
Frauenerwerbst.	0,18	0,38	0,00	1,00	1.920	0,00	0,00

Quelle: Eigene Darstellung.

Tabelle 36: Deskriptive Kennwerte zu Mediatorvariablen (Deutsche Kontrollgruppe)

GGS-D Variable	M	SD	Min	Max	n
Eheorientierung (niedrig bis hoch)	4,03	0,95	1,00	5,00	1.915
Trennungsgedanken (nein/ja)	0,05	0,22	0,00	1,00	1.920
Ruhig diskutieren (selten bis sehr oft)	3,93	1,06	1,00	5,00	1.920
Traditionalität (niedrig bis hoch)	7,39	2,51	1,00	15,00	1.920
Soziales Kapital (niedrig bis hoch)	13,81	1,69	3,00	15,00	1.918
Paarkonflikte „Haus." (nie bis sehr oft)	1,50	0,56	1,00	3,00	1.920
Paarkonflikte „Geld" (nie bis sehr oft)	1,50	0,57	1,00	3,00	1.920
Paarkonflikte „Freizeit" (nie bis sehr oft)	1,48	0,55	1,00	3,00	1.920
Laut streiten (nie bis sehr oft)	1,82	0,89	1,00	5,00	1.920
Religiosität (niedrig bis hoch)	6,30	2,60	1,00	10,00	1.914
Aufgabenteil.zufr. (niedrig bis hoch)	8,42	1,73	0,00	10,00	1.916

Quelle: Eigene Darstellung.

Tabelle 37: Teilregressionen von SES auf Mediatoren (D und T)

Teilhypothesen zu Verbindungen: SES →Mediatoren	D	T
Wenn arbeitslos[333], dann...→	β	β
(+) Paarkonflikt	0,023	0,006
(-) konstr. Konfliktver.	0,002	0,009
(-) soziales Kapital	-0,023	**-0,038***
(+) Religiosität	**-0,094***	-0,008
(+) Traditionalität	-0,041*	**0,076***
(+) Aufg.teilungszufr.	-0,025	**-0,108**
(-) Eheorientierung	**-0,066***	0,026***
(+) Trennungsged.	0,022	-0,006
Je höher die subjektive finanzielle Lage, ...		
(-) Paarkonflikt	**-0,203***	**-0,083**
(+) konstr. Konfliktv.	**0,077***	0,044
(+) soziales Kapital	0,143***	**0,219***
(-) Religiosität	**0,069***	-0,041
(-) Traditionalität	**-0,054**	-0,065
(-) Aufg.teilungszufr.	**0,130***	0,105***
(+) Eheorientierung	**0,078***	0,051*
(-) Trennungsged.	**-0,069***	**-0,089**
Je höher die Bildung, ...		
(-) Paarkonflikt	0,019	**-0,067***
(+) konstr. Konfliktv.	**0,041**	0,031
(+) soziales Kapital	**0,095***	-0,041
(-) Religiosität	**-0,129***	-0,038
(-) Traditionalität	**-0,176***	-0,119***
(-) Aufg.teilungszufr.	-0,006	0,020
(+) Eheorientierung	-0,002	-0,004
(-) Trennungsged.	0,013	0,011

Quelle: Eigene Darstellung.   *** p ≤ 0,001, ** p ≤ 0,01, * p ≤ 0,05

---

333 Direkter Effekt unter Kontrolle der indirekten Effekte.

Tabelle 38: Teilregressionen von Mediatoren auf Partnerschaftszufriedenheit (D und T)

Teilhypothesen zu Verbindungen: Mediatoren→ PZ	D	T
	β	β
Paarkonflikt→ (-)PZ	**-0,146***	-0,128**
Konstr. Konfliktver. → (+)PZ	**0,050***	0,024
soziales Kapital→ (+)PZ	0,099***	**0,130***
Religiosität→ (+) PZ	0,018	0,012
Traditionalität→ (+) PZ	**-0,074***	-0,002
Aufg.teilungszufr.→ (+) PZ	0,395***	**0,450***
Eheorientierung→ (+) PZ	**0,059***	0,021
Trennungsged. → (-) PZ	**-0,180***	-0,147***
↑ die selben Koeffizienten		
Paarkonflikt→ (-)PZ	**-0,146***	-0,128**
Konstr. Konfliktver. → (+)PZ	**0,050***	0,024
soziales Kapital→ (+)PZ	0,099***	**0,130***
Religiosität→ (+) PZ	0,018	0,012
Traditionalität→ (+) PZ	**-0,074***	-0,002
Aufg.teilungszufr.→ (+) PZ	0,395***	**0,450***
Eheorientierung→ (+) PZ	**0,059***	0,021
Trennungsged. → (-) PZ	**-0,180***	-0,147***
↑ die selben Koeffizienten		
Paarkonflikt→ (-)PZ	**-0,146***	-0,128**
Konstr. Konfliktver. → (+)PZ	**0,050***	0,024
soziales Kapital→ (+)PZ	0,099***	**0,130***
Religiosität→ (+) PZ	0,018	0,012
Traditionalität→ (+) PZ	**-0,074***	-0,002
Aufg.teilungszufr.→ (+) PZ	0,395***	**0,450***
Eheorientierung→ (+) PZ	**0,059***	0,021
Trennungsged. → (-) PZ	**-0,180***	-0,147***

Quelle: Eigene Darstellung.   *** $p \leq 0,001$, ** $p \leq 0,01$, * $p \leq 0,05$

VS Forschung | VS Research
Neu im Programm Soziologie

Ina Findeisen
Hürdenlauf zur Exzellenz
Karrierestufen junger Wissenschaft-
lerinnen und Wissenschaftler
2011. 309 S. Br. EUR 39,95
ISBN 978-3-531-17919-3

David Glowsky
Globale Partnerwahl
Soziale Ungleichheit als Motor
transnationaler Heiratsentscheidungen
2011. 246 S. Br. EUR 39,95
ISBN 978-3-531-17672-7

Grit Höppner
Alt und schön
Geschlecht und Körperbilder
im Kontext neoliberaler Gesellschaften
2011. 130 S. Br. EUR 29,95
ISBN 978-3-531-17905-6

Andrea Lengerer
Partnerlosigkeit in Deutschland
Entwicklung und soziale Unterschiede
2011. 252 S. Br. EUR 29,95
ISBN 978-3-531-17792-2

Markus Ottersbach /
Claus-Ulrich Prölß (Hrsg.)
**Flüchtlingsschutz als globale
und lokale Herausforderung**
2011. 195 S. (Beiträge zur Regional-
und Migrationsforschung) Br. EUR 39,95
ISBN 978-3-531-17395-5

Tobias Schröder / Jana Huck /
Gerhard de Haan
Transfer sozialer Innovationen
Eine zukunftsorientierte Fallstudie zur
nachhaltigen Siedlungsentwicklung
2011. 199 S. Br. EUR 34,95
ISBN 978-3-531-18139-4

Anke Wahl
Die Sprache des Geldes
Finanzmarktengagement
zwischen Klassenlage und Lebensstil
2011. 198 S. r. EUR 34,95
ISBN 978-3-531-18206-3

Tobias Wiß
**Der Wandel der
Alterssicherung in Deutschland**
Die Rolle der Sozialpartner
2011. 300 S. Br. EUR 39,95
ISBN 978-3-531-18211-7

Erhältlich im Buchhandel oder beim Verlag.
Änderungen vorbehalten. Stand: Juli 2011.

 Springer VS

VS Forschung | VS Research
Neu im Programm Psychologie

Marina Brandes
Wie wir sterben
Chancen und Grenzen einer
Versöhnung mit dem Tod
2011. 144 S. Br. EUR 34,95
ISBN 978-3-531-17886-8

Tobias Böhmelt
International Mediation Interaction
Synergy, Conflict, Effectiveness
2011. 145 S. Br. EUR 34,95
ISBN 978-3-531-18055-7

Peter Busch
Ökologische Lernpotenziale in Beratung und Therapie
2011. 287 S. Br. EUR 39,95
ISBN 978-3-531-17949-0

Thomas Casper-Kroll
Berufsvorbereitung aus entwicklungspsychologischer Perspektive
Theorie, Empirie und Praxis
2011. 111 S. Br. EUR 34,95
ISBN 978-3-531-17906-3

Michael Stephan /
Peter-Paul Gross (Hrsg.)
Organisation und Marketing von Coaching
Aktueller Stand in Forschung und Praxis
2011. 293 S. Br. EUR 39,95
ISBN 978-3-531-17830-1

Erhard Tietel / Roland Kunkel (Hrsg.)
Reflexiv-strategische Beratung
Gewerkschaften und betriebliche Interessenvertretungen professionell begleiten
2011. 227 S. Br. EUR 29,95
ISBN 978-3-531-17955-1

Robert H. Wegener / Agnès Fritze /
Michael Loebbert (Hrsg.)
Coaching entwickeln
Forschung und Praxis im Dialog
2011. 264 S. Br. EUR 34,95
ISBN 978-3-531-18024-3

Erhältlich im Buchhandel oder beim Verlag.
Änderungen vorbehalten. Stand: Juli 2011.

Einfach bestellen:
SpringerDE-service@springer.com
tel +49 (0)6221 / 3 45 – 4301
springer-vs.de

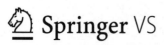
Springer VS